D1746275

s BASELBIET

Meinrad Ballmer und Mitarbeiter

Verlag des Kantons Basel-Landschaft

© Verlag des Kantons Basel-Landschaft, Liestal
Konzept, Text, Gestaltung, Satz: AXON Werbeagentur Meinrad Ballmer, Liestal
Laserbelichtet von Paul Oberli, Basel
Druck: BDV, Liestal
Lithos: Interrepro AG, Münchenstein/Litho 2000 AG, Füllinsdorf/Steiner & Co. AG, Reinach
Titelbild: Paul Degen
ISBN: 3-85673-608-5, 2. akt. und erw. Auflage 1989 (3-85673-601 - Erstausgabe)
Printed in Switzerland

ZUM GELEIT

Liebe Leserinnen
Liebe Leser

Das Buch «s Baselbiet», das Ihnen den Kanton Basel-Landschaft in seiner Vielfalt näher bringen will, kam bei den Leserinnen und Lesern so gut an, dass bereits eine zweite, aktualisierte und erweiterte Auflage notwendig wurde.

Mit seiner übersichtlichen und originellen Gliederung vermag es interessante Einblicke in das vielfältige Leben unseres Kantons zu vermitteln. Einzelne Themen wurden vertieft oder sogar neu behandelt.

Wie in der ersten Auflage finden Sie kurze Zusammenfassungen von im Schrifttum über das Baselbiet bereits ausführlich behandelten Themen. Wer sich mit einem speziellen Gebiet befassen will, findet in diesem Buch nützliche Hinweise auf weitere Publikationen.

Das Baselbiet ist ein junger Kanton. Deshalb wird immer wieder auf das geschichtliche Werden in seiner 150jährigen Entwicklung eingegangen. Das heutige Erscheinungsbild unseres Kantons gilt es aber im direkten Kontakt selbst zu entdecken.

Der Regierungsrat des
Kantons Basel-Landschaft

An diesem Buch haben mitgearbeitet:

Brigitte Ballmer, Meinrad Ballmer, Peter Basler, Daniel Baumgartner, Karl Bischoff, Werner Bitterlin †, Nelly Brennwald, Pierre Brennwald, Daniel Brunner, Hans Buner, Urs Burkhart, Raymond Clémençon, Paul Degen, René Diethelm, Heike Fischer-Fehling, Rita Frei, Urs Gasser, Maria Gessler, Christian Gilgen, Sibylla Glutz, Marc Gusewski, Stefan Gyr, Felix Gysin, Hannes Huber, Paul Imhof, Caroline Joss, Georg Kissling, Anne Kunz, Fridolin Leuzinger, Dr. Franz Lienert, Hildegard Lienert, Andreas Loosli, Esther Maag, Dr. Matthias Manz, Rudolf Messerli, Erich Michel, Markus Ott, George C. Ottowitz, Lislott Pfaff, Primarklasse 5f/1982 (Helmut Häfelfinger), Peter O. Rentsch, Peter Scheidegger, Dr. Wulf Schmid, Christoph Schneider, Werner Schneider, Heinrich Schwob, Martin Seeger, Alfred Spinnler, Dr. Hans Sutter †, Dr. Jürg Tauber, Sandra Wenaweser, Willi Wenger, Daniel Wiener, Dominik Wunderlin.

Für die kritische Prüfung der verschiedenen Texte und für die zahlreichen wertvollen Hinweise danken wir besonders:

Peter Aegler, Armin Brenner, Dr. Reinhold Eichrodt, Dr. Jürg Ewald, Dr. Hans-Rudolf Heyer, Dr. Max Huldi, Dr. Hans-Rudolf Kuhn, Ernst Lehmann, Dr. Peter Meier, Walter Mundschin, Dr. Wulf Schmid, Rolf Schneider, Dr. Hans Sutter †, Dieter Wronsky, Peter Wyss.

Für den Verlag des Kantons Basel-Landschaft haben an der Buchherstellung mitgewirkt:

Fritz Epple, Max Zoller.

ZUM GEBRAUCH

«s Baselbiet» ist ein Bilderbuch, ein Lesebuch und ein Nachschlagewerk über unseren Kanton

«s Baselbiet» umfasst *16 Kapitel* und einen *Anhang*. Die *Kapitel* sind so gegliedert, dass auf jeder der über 90 Doppelseiten ein Thema zum Anschauen und zum Lesen einlädt.

Der *Anhang* enthält in Stichworten die wichtigsten Informationen über die 73 Baselbieter Gemeinden. Diese sind alphabetisch geordnet.

Das *Inhaltsverzeichnis* auf der folgenden Doppelseite und das *Schlagwort- und Namenregister* am Ende des Buches ermöglichen ein gezieltes Suchen nach Themen, einzelnen Fakten und Zusammenhängen. Ausgewählte *Literaturhinweise* erlauben bei verschiedenen Themen eine weitere Vertiefung der Information.

Das Bilderbuch

Sie können «s Baselbiet» an *einem* gemütlichen Abend von vorne bis hinten einfach *durchblättern*. Dann erleben Sie unseren Kanton aus über 200 Blickwinkeln: aus historischen und aktuellen, aus alltäglichen und sensationellen, aus beschaulichen und originellen.

Das Lesebuch

Sie können «s Baselbiet» in *einem* Zug von vorne bis hinten *durchlesen*. Oder sich Ihre Lektüre nach Belieben *auslesen:* Jede Doppelseite steht zwar in einem Zusammenhang, kann aber auch für sich allein gelesen werden. Dann *erfahren* Sie Vieles und Verschiedenartiges über Land und Leute: Begeisterndes und Befremdendes, Anekdotisches und Akademisches, Poetisches und Politisches.

Das Nachschlagewerk

«s Baselbiet» enthält *nützliche Hinweise, Adressen und Tips*. Das Buch kann Ihnen deshalb immer wieder als *Orientierungshilfe* dienen. Das *Stichwort- und Namenregister* auf den letzten Seiten des Buches hilft Ihnen bei der Suche.

Ihre Meinung...

...über «s Baselbiet» interessiert uns. Ob Bilderbuch, Lesebuch oder Nachschlagewerk – «s Baselbiet» soll Ihnen ein unterhaltender und nützlicher Begleiter sein. Wir freuen uns daher auch auf Ihre Ideen und Vorschläge, die wir in der nächsten Auflage berücksichtigen wollen. Richten Sie Ihre Anregungen bitte an die

Landeskanzlei
«s Baselbiet»
Postfach
4410 Liestal

Besten Dank für Ihre Mitarbeit und viel Lese-Vergnügen!

ZUM GELEIT
Vorwort des Regierungsrates — 5

ZUM GEBRAUCH
Hinweise für den Benutzer — 7

INHALT
— 8/9

s BASELBIET
Das ist die Sonnenseite des Baselbiets — 10/11
Bilder vom Baselbiet — 12/13

WOHNEN UND LEBEN
Die Landschaften der Landschaft — 14/15
Die vier Verwaltungsbezirke — 16/17
Zur Herkunft des Baselbieter Kantons-Wappens — 18/19
Die Wappen der 73 Baselbieter Gemeinden — 20/21
Von der Bevölkerungsexplosion zur stabilen Entwicklung — 22/23
Über 60% der Baselbieter wohnen im Bezirk Arlesheim — 24/25
Die Wachstums-Gemeinden — 26/27
«s Guschti-Hanse Hedi». Von den «Alteingesessenen» — 28/29
Die Zuzüger: Impulse aus der Fremde — 30/31
Berühmte Baselbieter — 32/33

PLANEN UND BAUEN
Das Baselbiet im Sog der Agglomeration — 34/35
Strassenbau im Baselbiet:
   Gestaltung wird immer wichtiger — 36/37
Pro Wohnung nur noch 2,44 Personen — 38/39
Denkmalpflege – für die Zukunft der Vergangenheit — 40/41
Planung für die Zukunft — 42/43

SCHÜTZEN UND HEGEN
Umweltschutz: zentrale Staatsaufgabe — 44/45
Der Wald: ein Feind des Menschen wird dessen Freund — 46/47
Von Schweinemast und Schwellenholz — 48/49
Unsere Ansprüche von heute prägen das Waldbild
   von morgen — 50/51
Unsere Gewässer und das Hochwasser — 52/53
Das Militär: schrötig, aber nötig — 54/55

FAHREN UND TRANSPORTIEREN
Das Tempo des Verkehrs — 56/57
Das «goldene Tor» zur Schweiz — 58/59
Gründerjahre eines Eisenbahn-Kantons — 60/61
Aus der langen Geschichte einer kurzen Schmalspurlinie — 62/63
Die Gelb-Orangen kommen! Der öffentliche Verkehr — 64/65
Bahn frei für Baselbieter Velofahrer! — 66/67

WANDERN UND REISEN
Das Baselbiet verlockt zum Wandern — 68/69
Tourismus im Durchgangsland — 70/71
«Es war einfach toll».
   Eine Wanderung von Schönenbuch bis Ammel — 72/73

ARBEITEN UND PRODUZIEREN
Bilder unserer Landwirtschaft — 74/75
Mist ist des Bauern List. Entwicklung der Landwirtschaft — 76/77
Vom Getreideanbau zur Viehwirtschaft.
   Die landwirtschaftliche Produktion — 78/79
«Mir wei go luege»: Die Märkte im Baselbiet — 80/81
Die Baselbieter Weltwirtschaft — 82/83
Vom Bauernland zum Industriekanton — 84/85
Boom-Jahrzehnte — 86/87
Regionale Wirtschaft heute: Die Chemie dominiert — 88/89
Das Gewerbe: Basis der Baselbieter Wirtschaft — 90/91
Technologien für eine umweltfreundliche Energienutzung — 92/93
Preise für innovative Unternehmen aus dem Baselbiet — 94/95

LERNEN UND BILDEN
Streifzüge durch die Baselbieter Schulgeschichte — 96/97
Der Schulaufbau — 98/99
Die berufliche Ausbildung — 100/101
Technikum und Uni: Erfolge in der Partnerschaft — 102/103

HELFEN UND FÖRDERN
Medizinische Versorgung für alle — 104/105
Das «andere» Heilen. Naturheiler im Baselbiet — 106/107
Hilfe für die Seele — 108/109
Öffentliche Fürsorge: Hilfe zur Selbsthilfe — 110/111
Institutionen im Dienste des Behinderten — 112/113
Hilfe für alle Fälle. Weitere soziale Institutionen — 114/115

INHALT

VERWALTEN UND BESTIMMEN
Die Volksrechte	116/117
Drei Stärkeklassen. Das Panorama der Parteien	118/119
Der Landrat	120/121
Der Regierungsrat	122/123
Die Verwaltung	124/125
Die Gemeinde: ein Stück Kanton für sich	126/127
Recht, Richter und Gerichte – ein Führer durch das kantonale Rechtssystem	128/129
Stadt und Land Hand in Hand	130/131

ESSEN UND TRINKEN
Von der Selbstversorgung zur Selbstbedienung. Baselbieter Küche	132/133
Die Getränke	134/135
Mehr als «Schnitz und drunder». Gaststätten im Baselbiet	136/137

LESEN UND SCHREIBEN
Zeitungen: Vom Papierkrieg zum Kampf um Marktanteile	138/139
Mundartdichter und Nobelpreisträger	140/141
Literatur der Gegenwart	142/143
Literarische Müschterli	144/145
Die Bibliotheken: Lesen im Aufwind	146/147
150 Jahre Kantonsbibliothek	148/149

HÖREN UND SEHEN
Guggerblueme und Sunnewirbel – die Poesie der Baselbieter Mundart	150/151
Klassische Konzerte: Live im Baselbiet	152/153
Mir wei lose/Mir wei luege. Radio und Fernsehen im Baselbiet	154/155
Baselbieter Meister. Berühmte bildende Künstler	156/157
Baselbieter Maler	158/159
Kunstkredit: Der Kanton als Mäzen	160/161
Raum für vielfältige Veranstaltungen: das Kantonsmuseum im Alten Zeughaus	162/163
Sehenswertes in Sicht: Ortsmuseen und Galerien	164/165
Wer sagt, im Baselbiet laufe nichts? Veranstaltungen im Baselbiet	166/167

BEGEGNEN UND SPIELEN
Baselbiet für Kinder	168/169
Die Treffpunkte	170/171
«Mehbesseri» auf krummen Touren. Die Laienbühnen	172/173
Sportliches Baselbiet	174/175
Fitness für alle	176/177

FESTEN UND FEIERN
Eierleset, Maibäume, Banntag, Uffertwegge. Frühlings- und Sommerbräuche	178/179
Öpfelhauet, Santichlaus und Fasnacht. Herbst- und Winterbräuche	188/181
Saure Wochen – frohe Feste. Brauchtumskalender	182/183

GLAUBEN UND DENKEN
Glaubensfreiheit von Anfang an. Aus der Konfessionsgeschichte	184/185
Gotteshäuser: Ausdruck des Glaubens	186/187
Jeder soll nach seiner Fasson selig werden. Landeskirchen und konfessionelle Gruppierungen	188/189
Der «Aberglaube» der alten Baselbieter	190/191

ERINNERN UND HOFFEN
Das Baselbiet – eine Landschaft mit Vergangenheit	192/193
Unter den «Gnädigen Herren» von Basel	194/195
Revolution aufs neue. Die Kantonsgründung	196/197
150 Jahre jung. Die Geschichte des Kantons	198/199
In welcher «Verfassung» ist das Baselbiet?	200/201
Zeittafel I. Die wichtigsten Ereignisse bis 1830	202/203
Zeittafel II. Die wichtigsten Ereignisse bis 1936	204/205
Zeittafel III. Die wichtigsten Ereignisse bis zur Gegenwart	206/207

DIE GEMEINDEN (blaue Seiten)	208–263
BASELLAND IN ZAHLEN	266/267
BASELBIETER BÜCHER	268–271
STICHWORTREGISTER	273–281
NAMENREGISTER	282–285
BILDNACHWEIS	286–288

Das ist die Sonnenseite des Baselbiets

Um diese Sonnenseite geht es in diesem Buch. Auch wenn die Schattenseiten – die Probleme und Unzulänglichkeiten – nicht verschwiegen werden. Denn nur die Kenntnis der Probleme ermöglicht deren Lösung. Und daran arbeiten die Einwohnerinnen und Einwohner unseres Kantons gemeinsam – um sich an der Sonnenseite freuen zu können.

s BASELBIET

s BASELBIET

Die Landschaften der Landschaft

«Vo Schönebuech bis Ammel» sind´s 35,7 km, und auch vom «Bölche bis zum Rhy» ist es nicht sehr weit. Das Baselbiet liegt, was Grösse und Ausdehnung betrifft, im Mittelfeld der Schweizer Kantone. Doch trotz der relativ kleinen Fläche hat das Baselbiet Anteil an sehr verschiedenen Landschaften: Das *Sundgauer Hügelland* wird im Norden und im Osten von der Rheinebene und im Süden vom Blauen begrenzt. Zum Sundgauer Hügelland gehören Birs- und Leimental, die vom langgestreckten, lössbedeckten Hügelzug des Bruderholzes getrennt sind. Die *Oberrheinische Tiefebene* beginnt beim Austritt der Birs aus der Grellinger Klus, verläuft dem Birstal entlang und wird im Osten von der Gempenhochfläche und im Westen von den Talterrassen des Bruderholzes begrenzt. Das *Oberrheintal* zieht sich dem Rheinbecken entlang durch den südlichen Teil des Baselbiets. Dazu gehören auch die linksufrigen Talterrassen zwischen Augst und Basel und der Hardwald. Der *Tafeljura* wird von steilen, süd-nord gerichteten Tälern durchschnitten, die alle zum Talsystem der Ergolz gehören. Der Tafeljura erstreckt sich im Baselbiet zwischen der Birs im Westen und dem Ursprung der Ergolz im Osten. Der *Kettenjura* wurde vom gewaltigen Druck der Alpen aufgeschoben und bildet durch seine west-ost gerichteten Bergketten einen natürlichen Abschluss des Baselbietes gegen Süden.

Sundgauer Hügelland beim Allschwilerwald. Im Hintergrund Allschwil, Basel und die Oberrheinische Tiefebene

Oberrheintal von Basel bis Pratteln. Reben am westlichen Abhang des Alders und Industriegebiet Schweizerhalle

WOHNEN UND LEBEN

Tafeljura bei Rünenberg. Alle Höhen liegen auf einer Ebene, über die kein Berg der Umgebung ragt

Kettenjura beim Passwang. Am Ende des Bogentals liegt 1105 m ü.M. der Vogelberg, der höchstgelegene Hof im Baselbiet

Basel-Landschaft, Porträt eines jungen Kantons, Ludwig Bernauer/Fritz Klaus, Bottmingen 1982.
Basler Mosaik aus Stadt und Landschaft (Bildband), M. Zweifel/H.U. Christen, Freiburg i.B. 1977.

Die vier Verwaltungsbezirke

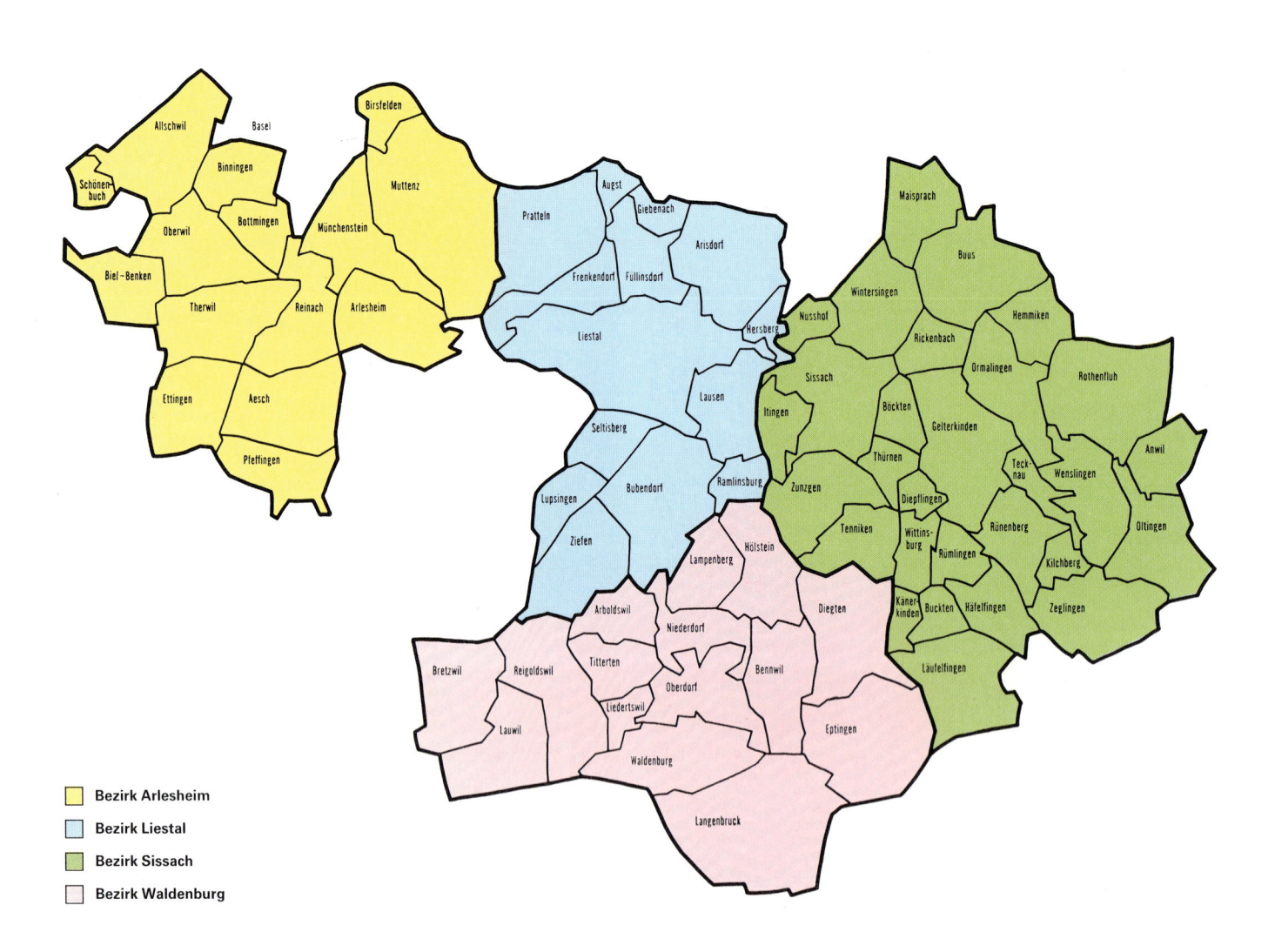

- Bezirk Arlesheim
- Bezirk Liestal
- Bezirk Sissach
- Bezirk Waldenburg

WOHNEN UND LEBEN

Die heutige Form der Bezirkseinteilung stammt im wesentlichen aus der Zeit der Helvetik, die von 1798 bis 1803 dauerte. In dieser Epoche machte die öffentliche Verwaltung *unter französischem Einfluss* einen Sprung von der gewachsenen Struktur zu einem rational organisierten Kunstprodukt.

Vorher hatte die Alte Basler Landschaft aus *sieben Landvogteien* bestanden, in denen jeweils ein Obervogt als Vertreter der städtischen Obrigkeit residierte: Farnsburg, Homburg, Kleinhüningen, Liestal, Münchenstein, Riehen und Waldenburg. Diese Verwaltungseinheiten widerspiegelten noch stark die mittelalterlichen Adelsherrschaften, die die Stadt Basel zwischen 1392 und 1534 nach und nach erworben hatte.

Als im Jahre 1798 der helvetische Zentralstaat eingeführt wurde, galt die unterschiedliche Grösse der Landvogteien als unzweckmässig. Aus diesem Grunde wurde der Kanton *gleichmässiger* in vier Bezirke aufgeteilt: Basel mit den rechtsrheinischen Gemeinden und der Landvogtei Münchenstein, Gelterkinden, Liestal und Waldenburg. Seit dieser Reorganisation gehören Diegten und Eptingen – anders als das im gleichen Tal gelegene Zunzgen – zu Waldenburg, weil sonst der Bezirk Gelterkinden zu gross geworden wäre. Tenniken, das 1798 ebenfalls Waldenburg zugeteilt worden war, wechselte anno 1834 zum Bezirk Sissach.

Als der Kanton Basel im Jahre 1803 wieder weitgehend selbständig wurde, blieb die Bezirkseinteilung grösstenteils unverändert – abgesehen davon, dass nun die Stadt Basel einen eigenen Bezirk und die stadtnahen Gemeinden bis und mit Pratteln den Unteren Bezirk bildeten. Die neun katholischen Gemeinden des ehemaligen Fürstbistums, die 1815 zum Kanton Basel gestossen waren, wurden in einem Bezirk Birseck zusammengefasst.

Der neugeschaffene Kanton Basel-Landschaft formte die vier Verwaltungsbezirke, wie sie heute noch bestehen. Der Untere Bezirk und der Bezirk Birseck vereinigten sich zum Bezirk Arlesheim, gaben aber Pratteln an den Bezirk Liestal ab. Dieser wiederum verlor die Gemeinden Buus, Maisprach, Nusshof und Wintersingen an den Bezirk Sissach, dem auch Tenniken vom Bezirk Waldenburg zugeteilt wurde.

Weil die Bezirke – im Unterschied zu anderen Kantonen – bei uns *kein politisches Eigenleben* führen, ist die Zugehörigkeit zu einem Bezirk einzig eine praktische Frage. Fast: Die Rivalität der etwa gleich grossen Oberbaselbieter Metropolen Sissach und Gelterkinden führte 1798 zu einem Tauziehen, das durch einen echt schweizerischen Kompromiss beendet wurde: Der umstrittene Bezirk hiess – bis 1803 – Gelterkinden, Sissach wurde Hauptort. Spuren dieser Auseinandersetzung sind heute noch sichtbar: Gelterkinden verfügt zwar über einen eigenen Gerichtsbezirk, der aber Präsident, Schreiber und Weibel mit dem Bezirksgericht Sissach teilt.

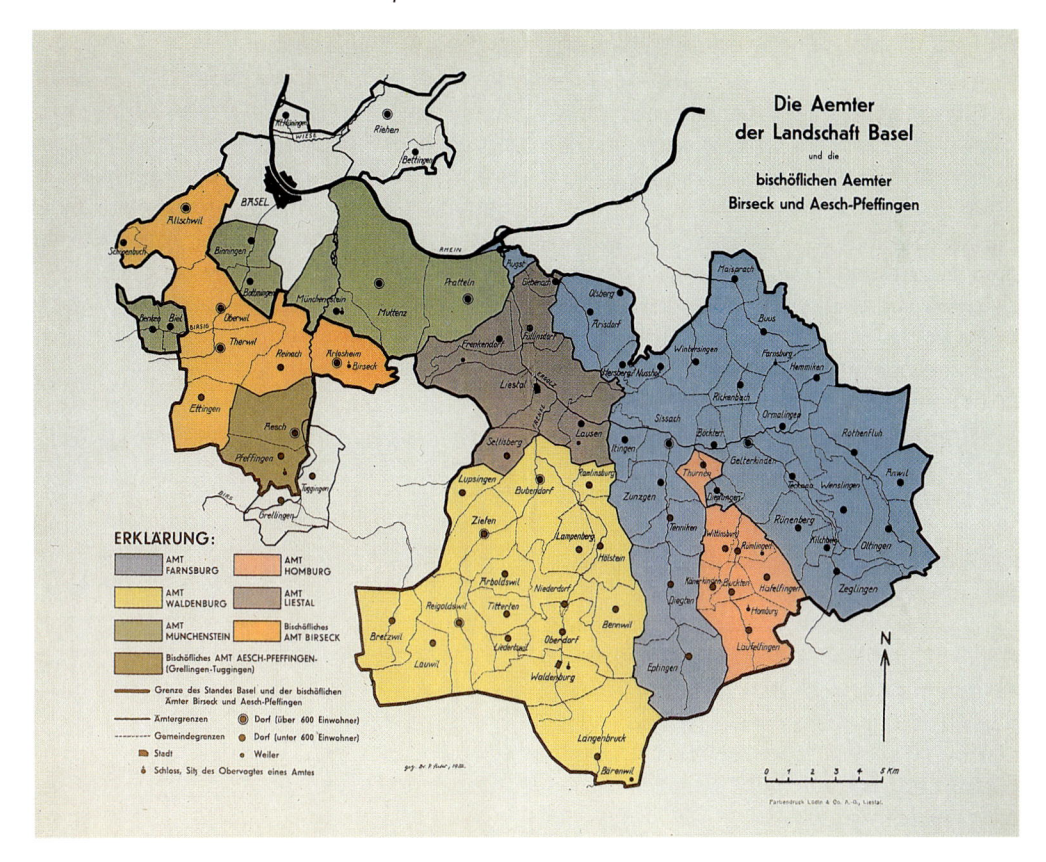

Bezirkseinteilung während der Helvetik (1798–1803)

Quelle: Karl Gauss, Geschichte der Landschaft Basel, Band II, Liestal 1932.

Zur Herkunft des Baselbieter Kantons-Wappens

Das seit 1947 offiziell geführte Kantonswappen in den Standesfarben weiss-rot. Die sieben Kugeln am Knauf des Baselbieter Stabs (sog. Krabben) haben in der Bevölkerung schon zu vielen Spekulationen Anlass gegeben: Sehen die einen darin die ehemals sieben Landvogteien der Alten Landschaft Basel, so wollen andere die sieben 1653 nach dem Bauernkrieg hingerichteten Anführer symbolisiert wissen. Tatsächlich handelt es sich bei den Krabben nur um stilisierte gotische Verzierungen!

Die Wappen entstanden im 12. Jahrhundert aus dem praktischen Bedürfnis heraus, die Krieger in ihren Rüstungen für Freund und Feind weithin kenntlich zu machen. Das Wort «Wappen» lässt sich denn auch von «Waffen» ableiten. Als geeignetste Fläche, solche Kennzeichen anzubringen, erwies sich der Schild – das Symbol für die persönliche Ehre seines Trägers.

Dasselbe Bedürfnis hatten auch Staatswesen, Städte und Dörfer: Sie schufen sich Zeichen, die jedermann erkennen konnte. Angebracht wurden die Wappen auf Grenzsteinen entlang dem Bann, aber auch an öffentlichen Gebäuden sowie auf Schriftstücken (Siegel). Ihre endgültige Form fanden sie schliesslich meistens durch behördliche Beschlüsse.

In der Schweiz verfügten die Gemeinden stets über verhältnismässig grosse Eigenständigkeit. Trotzdem nahmen nur einige wenige das Recht in Anspruch, ein eigenes Wappen zu führen. Als 1832 der Kanton Basel-Landschaft gegründet wurde, fehlte ihm ein eigenes Hoheitszeichen. Deshalb übernahm das junge Staatswesen den roten Stab seines Hauptortes – allerdings mit «Krümme» auf die entgegesetzte Seite.

Der rote Stab im Baselbieter Kantonswappen geht wie der schwarze Baselstab auf den Hirten- oder Bischofsstab zurück, weil beide Gebiete seit 1041 zum Fürstbistum Basel gehört hatten. Dessen Landeswappen war der rote Bischofsstab auf weissem (silbernem) Grund gewesen. Noch heute findet er sich auf alten Marksteinen, z.B. auf der Grenze zwischen Biel-Benken und Oberwil.

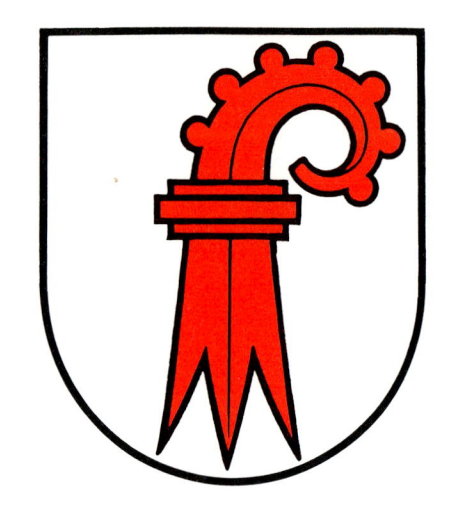

Die Form des Baselbieterstabes hat sich im Lauf der Zeit verändert, wie die untenstehende Darstellung zeigt.

Wappen, Siegel und Stempel

Am 10. Mai 1832 wurden die Bezirksverwalter angewiesen, «dass alle Baselstäbe an öffentlichen oder andern Gebäuden, sowie allfällsige andere städtische Insignien sogleich vertilgt werden». Die Behörden liessen sich allerdings Zeit, ein neues Wappen zu kreieren. Seit Sommer 1834 ziert jedoch der Bischofsstab das Titelblatt des Amtsblattes.

Entwicklung vom Hirtenstab zum Baselbieterstab

WOHNEN UND LEBEN

ne Siegel anfertigen liessen. Der heute gültige Staatsstempel mit einem Durchmesser von 40 mm, wie ihn Landrat und Regierungsrat verwenden, sieht so aus:

Stempel von Landrat und Regierungsrat

Entlang der Kantonsgrenze stösst man immer wieder auf alte Marksteine mit dem Baselbieter Wappen

Das Kantonswappen von 1834 auf dem Amtsblatt. Der Schildrand des alten Liestaler Wappens ist noch zu sehen

Mit Beschluss vom 1. April 1947 entschied der Regierungsrat: «Das Staatswappen des Kantons Baselland ist so gestaltet, dass der Stab vom Standpunkt des Beschauers aus sich nach rechts wendet.» Der Baslerstab war nach links (vom Betrachter aus nach rechts) gewendet worden, «wahrscheinlich im Bestreben, dem alten Souverän (Basel) den Rücken zu kehren» (Paul Suter).

Über die Entstehung des *Staatssiegels* gibt es nur wenig gesicherte Anhaltspunkte. Es wird angenommen, dass die verschiedenen Amtsstellen ohne vorherigen Beschluss eige-

Die Wappen der 73 Baselbieter Gemeinden

Die grosse Mehrheit der Gemeindewappen wurde erst zwischen 1937 und 1949 gestaltet und festgelegt. Beflügelt wurde diese Aktion durch die Landesausstellung 1939 («Landi»), wo an der sogenannten Höhenstrasse bereits 29 Baselbieter Gemeindefahnen flatterten. 1951, beim Festumzug aus Anlass der 450-Jahrfeier des Eintritts Basels in die Eidgenossenschaft, konnte dann jede Baselbieter Gemeinde ihr eigenes Hoheitszeichen präsentieren.

Die Entwürfe waren von einer Fachkommission unter der Leitung von Dr. Paul Suter zusammen mit Kunstmalern erarbeitet und den Gemeindebehörden unterbreitet worden. Die Motive dieser Neuschöpfungen sind sehr vielfältig: Oft nehmen sie die Hoheitszeichen früherer adliger Geschlechter (Biel-Benken) oder Symbole des Kirchenpatrons (Titterten) auf, verweisen auf topographische Besonderheiten wie Flüsse (Oberwil), Berge (Rothenfluh) und Wälder (Wenslingen) oder lehnen sich an die Ortsnamen an (Nusshof).

Zunzgens «Hausberg», der Büchel, eine künstliche Aufschüttung, wurde bei der Schaffung des Gemeindewappens übernommen

Wahrzeichen von Füllinsdorf: Links ein Wappen aus dem Jahre 1679, rechts der seit 1946 gültige Gemeindestempel

Einige Gemeinden besitzen ein «redendes» Wappen. So weist beispielsweise das Füllen von Füllinsdorf auf dessen Namen hin, obwohl der Ort nichts mit einem jungen Pferd zu tun hat. Auch andere Tiere, wie der Wolf im Lupsinger Wappen (Lupus = Wolf), charakteristische Berufsembleme, z.B. Hemmiken mit seinen gekreuzten Steinhauerwerkzeugen, erscheinen neben rein farblichen Flächen, z.B. Anwil oder Gelterkinden, in den Gemeindewappen.

Die Stadt Liestal hatte seinerzeit den roten Stab in Weiss im Wappen und versah den Knauf mit sieben Krabben (Kreisen oder Tupfen). Seit 1921 führt Liestal – wohl zur Unterscheidung vom Baselbieterstab im Kantonswappen – sein altes Stadtsiegel mit einer roten unteren Hälfte als Wappen.

Am 28. Oktober 1952 wurden alle Gemeindewappen vom Regierungsrat «als rechtmässige Hoheitszeichen der Gemeinden bestätigt. Sie geniessen damit staatlichen Schutz und dürfen ohne Beschluss der hierfür in den Gemeinden zuständigen Instanz und ohne Genehmigung des Regierungsrates nicht mehr abgeändert werden».

Im Anhang dieses Buches werden die Gemeinden und ihre Wappen im einzelnen vorgestellt.

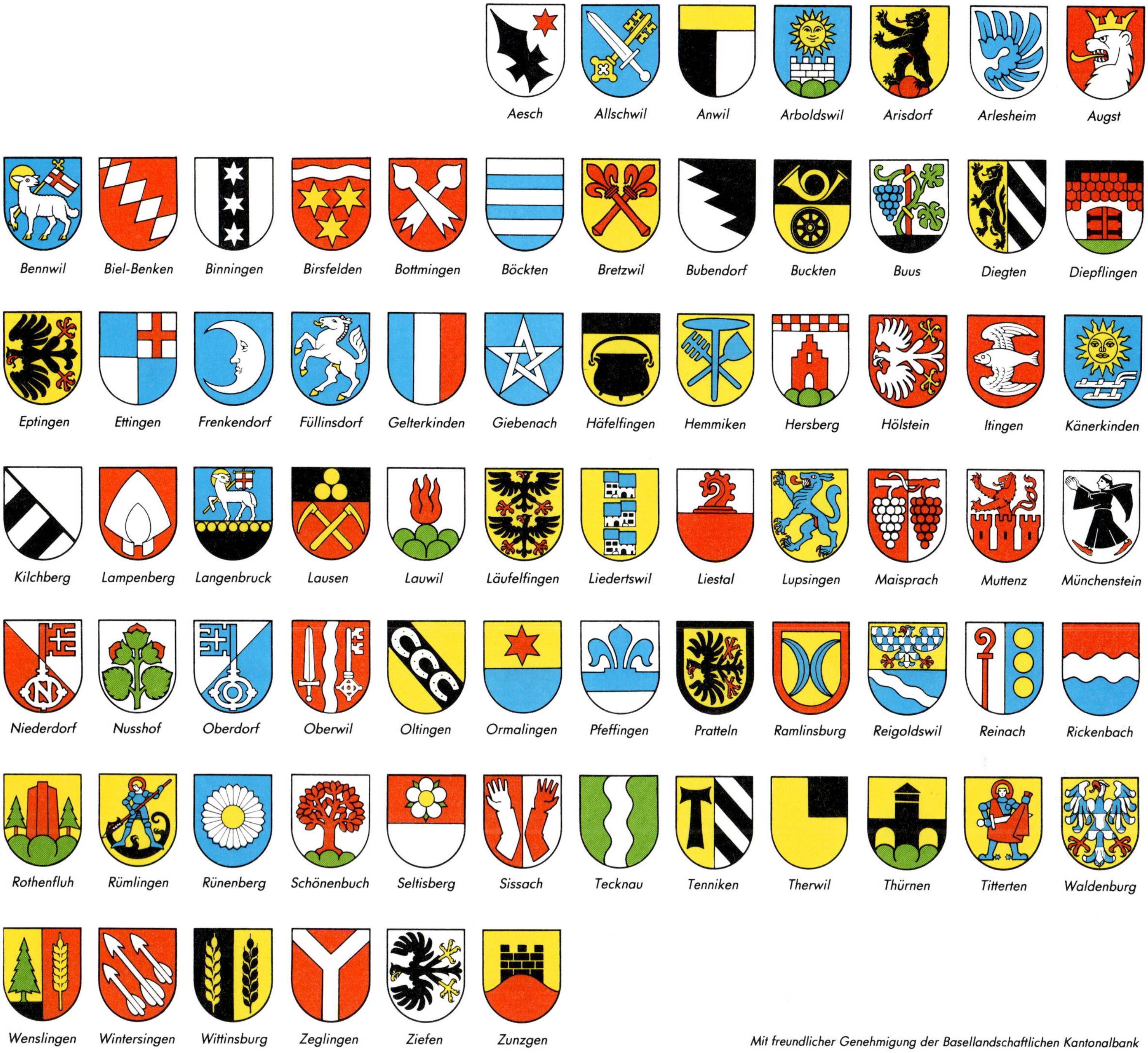

WOHNEN UND LEBEN

| Aesch | Allschwil | Anwil | Arboldswil | Arisdorf | Arlesheim | Augst |

| Bennwil | Biel-Benken | Binningen | Birsfelden | Bottmingen | Böckten | Bretzwil | Bubendorf | Buckten | Buus | Diegten | Diepflingen |

| Eptingen | Ettingen | Frenkendorf | Füllinsdorf | Gelterkinden | Giebenach | Häfelfingen | Hemmiken | Hersberg | Hölstein | Itingen | Känerkinden |

| Kilchberg | Lampenberg | Langenbruck | Lausen | Lauwil | Läufelfingen | Liedertswil | Liestal | Lupsingen | Maisprach | Muttenz | Münchenstein |

| Niederdorf | Nusshof | Oberdorf | Oberwil | Oltingen | Ormalingen | Pfeffingen | Pratteln | Ramlinsburg | Reigoldswil | Reinach | Rickenbach |

| Rothenfluh | Rümlingen | Rünenberg | Schönenbuch | Seltisberg | Sissach | Tecknau | Tenniken | Therwil | Thürnen | Titterten | Waldenburg |

| Wenslingen | Wintersingen | Wittinsburg | Zeglingen | Ziefen | Zunzgen |

Mit freundlicher Genehmigung der Basellandschaftlichen Kantonalbank

Paul Suter: Die Gemeindewappen des Kantons Baselland, 4. ergänzte Auflage, Liestal 1984.

Von der Bevölkerungsexplosion zur stabilen Entwicklung

Von 1945 bis 1974 erlebte das Baselbiet eine regelrechte Bevölkerungsexplosion. Die Zunahme der Bevölkerung war fast dreimal so gross wie im schweizerischen Durchschnitt. Heute wächst die Baselbieter Bevölkerung nur noch langsam: 1988 zählte der Kanton 232'707 Einwohner.

Bis zu Beginn des 19. Jahrhunderts ist die Bevölkerung des Baselbiets zahlenmässig klein geblieben. Im Jahre 1497 waren es schätzungsweise 5000 Einwohner, 1798 lebten im Baselbiet erst 26'000 Menschen.

Auch die Stadt Basel war bevölkerungsmässig klein. Bis zum Zeitpunkt der Kantonsgründung von 1833 zählte die Landschaft fast doppelt soviele Menschen und wies auch die höhere Wachstumsrate auf.

Erst die Industrialisierung und die ab 1848 gültige Niederlassungsfreiheit änderten die Verhältnisse radikal. Die arbeitssuchende Landbevölkerung wanderte mehr und mehr in die neuen städtischen Fabrikzentren ab. Die Einwohnerzahl von Basel-Stadt stieg von 1850 bis 1950 um das Sechsfache, während die Landschaft mit der Verdoppelung der Bevölkerung etwa dem schweizerischen Durchschnitt entsprach.

Hochkonjunktur und Bevölkerungsexplosion

Erst nach dem Zweiten Weltkrieg begann die Bevölkerung auf der Landschaft deutlich rascher zu wachsen als in der Stadt. Die Hochkonjunktur der 50er und 60er Jahre bescherte dem Kanton Basel-Landschaft eine regelrechte Bevölkerungsexplosion: Von 1945 bis 1974 nahm nämlich die Bevölkerung von 99'600 auf 223'000 um sage und schreibe 124% zu. Der gesamtschweizerische Durchschnitt von immerhin 46% mutet im Vergleich dazu geradezu bescheiden an.

Schuld an dieser Entwicklung war die fast unersättliche Nachfrage nach Arbeitskräften. Viele davon wanderten aus dem Ausland ein: Im Baselbiet erreichte die Ausländerzahl 1937 mit 42'140 ihren höchsten Stand, was einem Bevölkerungsanteil von über 19% entsprach. Das gesamtschweizerische Mittel lag dagegen bei etwas über 10%.

Von 1954 bis 1974 gewann der Kanton durch die Zuwanderung von Schweizern und Ausländern fast 66'000 neue Einwohner. Damit war 1974 jeder dritter Einwohner innerhalb der letzten zwanzig Jahre neu ins Baselbiet eingewandert.

Abwanderung

Die Rezessionsjahre 1974 bis 1975 brachten dem Baselbiet eine drastische Kehrtwendung in der Bevölkerungsentwicklung. Im Jahre 1975 war die Bilanz der Wanderungsbewegung für den Kanton zum ersten Mal seit den frühen 40er Jahren negativ. Gesamthaft verlor der Kanton in diesem Jahr 2500 Einwohner. Bei den Schweizern liessen sich allerdings immer noch fast 1000 Personen mehr im Kanton Baselland nieder, als wegzogen. Der Ausländeranteil an der Bevölkerung ging als Folge der Rezession innerhalb von sieben Jahren bis 1980 von 19% auf 14% zurück.

Pillenknick

Nicht nur die erzwungene Abwanderung ausländischer Arbeitskräfte in den Rezessionsjahren führte zur Stagnation in der Bevölkerungsentwicklung. Der berühmte «Pillenknick», der alle westlichen Industrienationen mehr oder weniger stark erfasste, hatte auch im Baselbiet einen starken Rückgang der Geburtenrate zur Folge. Im geburtenstarken Jahr 1961 wurden auf 1000 Einwohner pro Jahr noch durchschnittlich 22,2 Kinder geboren. Seit Mitte der 70er Jahre pendelt die Geburtenrate um etwa 11 Geburten pro 1000 Einwohner und Jahr. Und anders als in früheren Jahren ist heute auch kaum mehr ein Unterschied zwischen Schweizern und Ausländern festzustellen.

Die grosse Zahl der Zuwanderer, die in den 50er und 60er Jahren ins Baselbiet gekommen sind, trug wesentlich dazu bei, dass der Kanton auch heute noch eine relativ junge Bevölkerungsstruktur besitzt. Im Baselbiet gibt es trotz niedriger Geburtenrate immer noch einen Geburtenüberschuss, der etwa doppelt so hoch ist wie im schweizerischen Mittel.

Von 1975 bis 1977 nahm die Bevölkerung im Baselbiet wegen der grossen Abwanderung von Ausländern für kurze Zeit ab. Seit 1978 ist aber sogar bei der Wanderungsbewegung wieder ein leichter Überschuss zu verzeichnen.

WOHNEN UND LEBEN

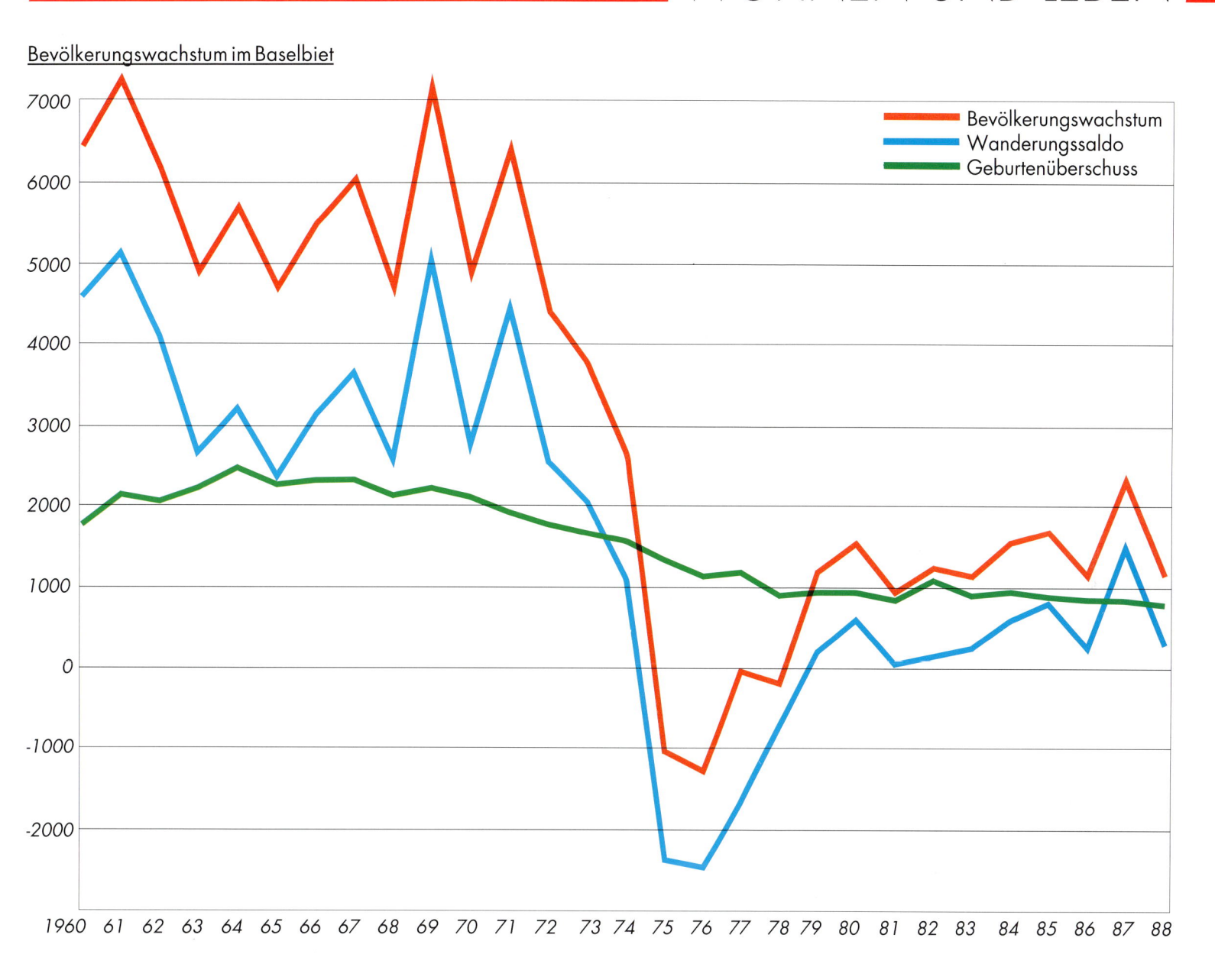

Bevölkerungswachstum im Baselbiet

— Bevölkerungswachstum
— Wanderungssaldo
— Geburtenüberschuss

In den 70er Jahren kam die Trendwende: das rasche Bevölkerungswachstum des Kantons Basel-Landschaft wurde abrupt gebremst. Infolge der wirtschaftlichen Rezession kam es für kurze Zeit sogar zu einer Rückwanderung ausländischer Arbeitskräfte.

In den 80er Jahren nahm die Bevölkerung wieder leicht zu. Die Geburtenrate hat sich auf diesem Niveau stabilisiert, das nur noch halb so hoch ist wie in den 60er Jahren. Und die Wanderungsüberschüsse sind sogar noch stärker zurückgegangen.

Statistische Jahrbücher des Kantons Basel-Landschaft, Liestal, erscheinen jährlich.

Über 60% der Baselbieter wohnen im Bezirk Arlesheim

Dieser Kartenausschnitt zeigt die starke Bevölkerungskonzentration im Birs- und Birsigtal

Zu Beginn war der Kanton Basel-Landschaft relativ gleichmässig besiedelt. Heute wohnen zwei von drei Baselbietern unterhalb der Hülftenschanz, über 60% im Bezirk Arlesheim.

Die Baselbieter Bevölkerung verteilte sich um 1850 prozentual noch fast gleichmässig auf die vier Bezirke. Mit 137 Einwohnern pro Quadratkilometer wies damals der Bezirk Liestal die grösste Bevölkerungsdichte auf. Ein Viertel der Baselbieter Bevölkerung lebte im Bezirk Arlesheim, der damals etwa so dicht besiedelt war wie der Bezirk Waldenburg heute.

Die extrem ungleiche Bevölkerungszunahme führte dazu, dass hundert Jahre später bereits 50% der Baselbieter im Bezirk Arlesheim lebten; 1980 waren es sogar über 61%. Diese Entwicklung ist jedoch anfangs der 80er Jahre zum Stillstand gekommen, die Verteilung der Baselbieter Wohnbevölkerung auf die vier Bezirke hat sich also stabilisiert. 1988 entfielen 60% auf den Bezirk Arlesheim, 22% auf den Bezirk Liestal, 12% auf den Bezirk Sissach und 6% auf den Bezirk Waldenburg.

Die am dichtesten besiedelten Gemeinden des Kantons sind heute jene, die um den Stadtkanton herum liegen. Pro Quadratkilo-

WOHNEN UND LEBEN

meter lebten 1988 in Birsfelden 4661, in Binningen 3215, in Reinach 2580 und in Allschwil 2117 Einwohner. Die Bevölkerungsdichte betrug 1988 im Bezirk Arlesheim 1467, im Bezirk Liestal 588, im Bezirk Sissach 195 und im Bezirk Waldenburg 127 Einwohner pro Quadratkilometer.

Arbeiten in der Stadt, Wohnen auf dem Land

Wenn man die Entwicklung der Einwohnerzahlen für die vier Bezirke betrachtet, wird sofort klar, wie stark der Zusammenhang zwischen dem Arbeitsplatzangebot der Stadt Basel und der Bevölkerungszunahme im unteren Baselbiet ist.

1980 arbeiteten 41'061 Baselbieter in der Stadt, während 8397 Städter auf der Landschaft ihren Arbeitsplatz hatten. Mit dem Ausbau des Strassennetzes und der öffentlichen Verkehrsmittel nahm für die in der Stadt arbeitenden Menschen die Notwendigkeit ab, in der Stadt zu wohnen. Viele Gemeinden im Unterbaselbiet entwickelten sich daher immer mehr zu attraktiven Wohngegenden für Personen, die wegen ihrer Arbeit auf die Nähe zur Stadt Basel angewiesen waren.

Einige Gemeinden, zum Beispiel Allschwil und Reinach, wurden zu eigentlichen Schlaf- und Wohngemeinden. Etwa zwei Drittel der Allschwiler und die Hälfte aller Reinacher Erwerbstätigen arbeiteten 1980 in der Stadt Basel. Andere Vorortsgemeinden von Basel wie Muttenz und Pratteln vermochten dank günstiger Bahnverbindungen schon früher Industrie – und entsprechend Arbeitsplätze – anzuziehen. Von Pratteln pendeln nur etwa 30% der Erwerbstätigen nach Basel. Auch Allschwil und vor allem Reinach weisen in den letzten Jahren eine steigende Anzahl eigener Arbeitsplätze auf.

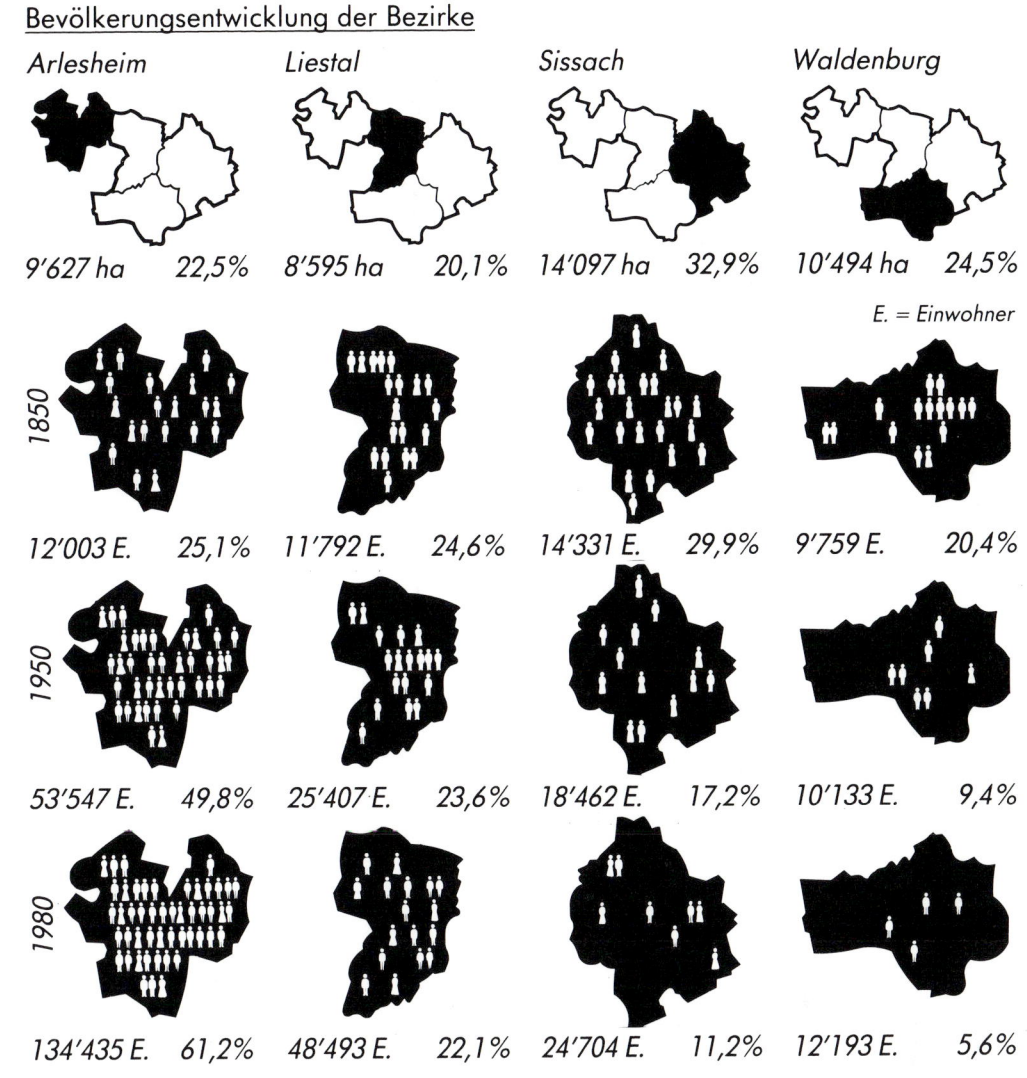

Bevölkerungsentwicklung der Bezirke

	Arlesheim	Liestal	Sissach	Waldenburg
	9'627 ha 22,5%	8'595 ha 20,1%	14'097 ha 32,9%	10'494 ha 24,5%
1850	12'003 E. 25,1%	11'792 E. 24,6%	14'331 E. 29,9%	9'759 E. 20,4%
1950	53'547 E. 49,8%	25'407 E. 23,6%	18'462 E. 17,2%	10'133 E. 9,4%
1980	134'435 E. 61,2%	48'493 E. 22,1%	24'704 E. 11,2%	12'193 E. 5,6%

E. = Einwohner

Die Grafik führt drastisch vor Augen, wie ungleich sich die Bevölkerung im Kanton entwickelt hat. Die Figuren in den einzelnen Feldern sind jeweils ein Mass für den prozentualen Anteil eines Bezirks an der Bevölkerung des Kantons.

War 1850 die Einwohnerschaft noch ziemlich gleichmässig auf die vier Bezirke verteilt, so sind die Verhältnisse heute völlig anders: Während im Bezirk Waldenburg nicht einmal mehr 6% der Kantonsbevölkerung wohnen, sind es im Bezirk Arlesheim über 60%.

Statistische Jahrbücher des Kantons Basel-Landschaft, Liestal, erscheinen jährlich.

Die Wachstums-Gemeinden

Zunzgen: innerhalb von nur 10 Jahren von 1500 auf über 2200 Einwohner

Bevölkerungsentwicklung ausgesuchter Gemeinden des Bezirks Arlesheim

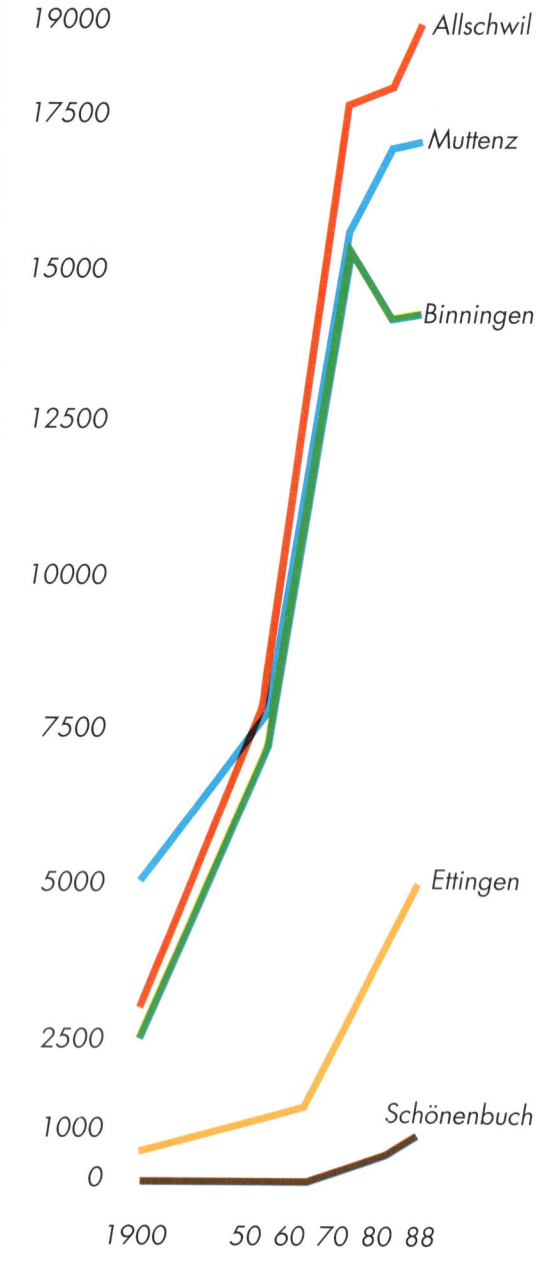

Von 1950 bis 1960 vergrösserte sich die Einwohnerzahl im Bezirk Arlesheim um 56%. Die Bevölkerung im Bezirk Waldenburg nahm dagegen lediglich um 7,2, im Bezirk Sissach um 15,6 und im Bezirk Liestal um 27,9% zu.

In den 50er Jahren verzeichneten Reinach und Bottmingen mit 77% die grösste Zuwachsrate. Aber auch Münchenstein mit 71,5, Muttenz mit 67,9 und Allschwil mit 63% Wachstum innert zehn Jahren entwikkelten sich in rasantem Tempo.

Der Trend hielt in den 60er Jahren an, erfasste nun aber auch Gemeinden, die zuvor nur einen bescheidenen Bevölkerungszuwachs aufgewiesen hatten. Eine solche Ortschaft ist Therwil. Von 1950 bis 1960 vergrösserte sich das Dorf um relativ bescheidene 33,4%. In den nächsten zehn Jahren allerdings schossen die Überbauungen nur so aus dem Boden und verhalfen der Gemeinde zu einem Wachstum von 178%. Auch Reinach vergrösserte sich in den 60er Jahren in unvermindertem Tempo um weitere 118%.

Neue Bevölkerungs-Magnete

Heute wächst die Baselbieter Bevölkerung nur noch langsam. Doch das Wachstum verteilt sich auch heute nicht regelmässig auf alle Gemeinden.

Während einige Ortschaften wie Allschwil, Reinach und Muttenz nur noch langsam wachsen oder stagnieren, nimmt bei anderen die Bevölkerungszahl wieder ab. Deutlich rückläufige Tendenzen weisen Gemeinden mit ausgesprochen städtischem Charakter wie Binningen und Birsfelden auf.

Überdurchschnittlich gewachsen sind in den 70er und 80er Jahren dagegen einige kleinere Dörfer wie zum Beispiel Biel-Benken, Schönenbuch, Giebenach, Hersberg oder Lupsingen. Die Verteilung der Bevölkerung auf die Bezirke hat sich dagegen in den letzten Jahren nur noch sehr wenig verändert.

26

WOHNEN UND LEBEN

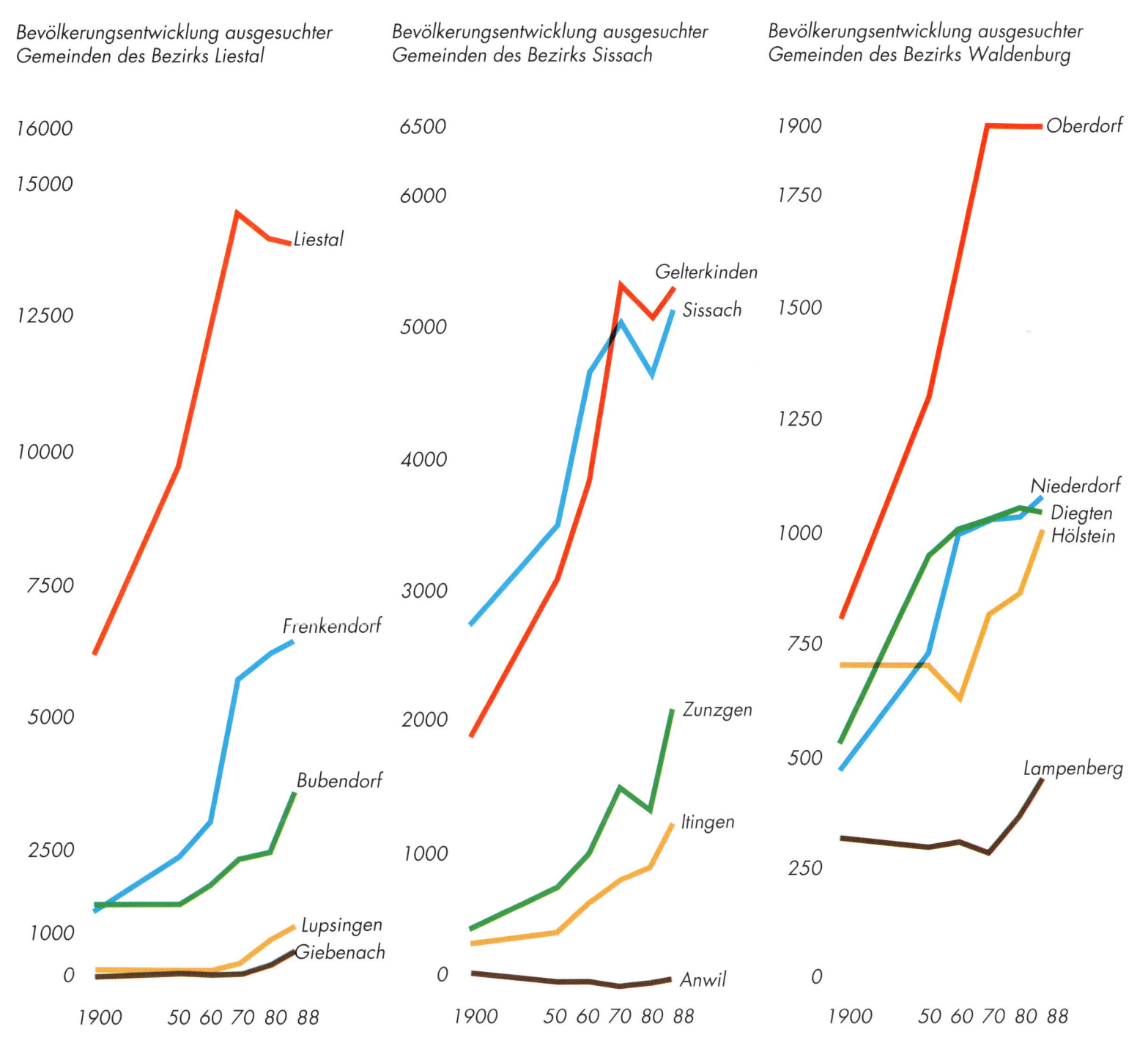

Bevölkerungsentwicklung ausgesuchter Gemeinden des Bezirks Liestal

- Liestal
- Frenkendorf
- Bubendorf
- Lupsingen
- Giebenach

Bevölkerungsentwicklung ausgesuchter Gemeinden des Bezirks Sissach

- Gelterkinden
- Sissach
- Zunzgen
- Itingen
- Anwil

Bevölkerungsentwicklung ausgesuchter Gemeinden des Bezirks Waldenburg

- Oberdorf
- Niederdorf
- Diegten
- Hölstein
- Lampenberg

«s Guschti-Hanse Hedi»

Viele «Alteingesessene» waren vor Jahren Zuzüger

In einem Kanton, dessen Bevölkerung sich zwischen 1950 und 1980 fast ausschliesslich durch Zuwanderung mehr als verdoppelt hat, geraten die Geschlechternamen der Alteingesessenen leicht in Vergessenheit. Doch auch viele «Urbaselbieter» waren vor Jahrhunderten Zuwanderer.

Aus Pfäffikon (Zürich) stammt zum Beispiel die Alt-Liestaler Familie *Stutz.* Sie bürgert sich 1581 in Liestal ein, wo sie auch schon bald politisch aktiv wird: 1653 wird Heinrich Stutz als einer der Anführer der Baselbieter Bauern im Bauernkrieg in Basel hingerichtet. Nach der Entstehung des Kantons Basel-Landschaft 1832 wird ein weiteres Mitglied der Familie, Johann Jakob Stutz, Statthalter des Bezirks Liestal – ein Amt, das er 44 Jahre lang ausüben sollte. Ein sehr vielseitig beschäftigter Mann wird dann sein gleichnamiger Sohn, der Richterämter versieht, im Landrat sitzt (und nicht weniger als acht Mal sein Präsident ist), in den Nationalrat gewählt wird, danach während 23 Jahren der Baselbieter Ständerat ist und ausserdem 33 Jahre lang als Gemeindepräsident amtet. Auf seinen Rücktritt folgt unverzüglich sein Sohn Oskar in den Gemeinderat nach; er wird später der Gemeinde während sechs Jahren auch als Präsident vorstehen. Ein anderes Mitglied der Familie, der spätere Bäckermeister Eugen Stutz, gilt als «Vater des *Chienbäsen-Umzugs*», jenes typischen Liestaler Feuerbrauchs an der Fasnacht, der um 1920 das heutige Gesicht bekam.

Über den Ursprung eines anderen Ur-Liestaler Bürgergeschlechts, der Familie *Strübin,* haben eingehende Forschungen ergeben, dass 1416 ein Junker Hans Strübin aus Wattweiler beim elsässischen Sennheim Bürger der Stadt Basel wurde und 1445 sogar Zunftmeister zum Schlüssel war. Sein Sohn erwarb in Liestal das Wirtshaus zur Sonne und wurde um 1470 Bürger des Landstädtchens. In der Folge kämpfte er auf eidgenössischer Seite in den Schlachten des Burgunderkrieges mit. Sein Enkel Chrispinus, Schultheiss zu Liestal, begründete durch seine 1604 errichtete Stiftung zugunsten von Studierenden und Handwerkslehrlingen aus der eigenen Familie ein Werk, das bis heute Bestand hat. Zu erwähnen ist auch, dass nach

Familienwappen Sutter...   ...und Strübin

der Reformation Angehörige der Familie Strübin während 270 Jahren die Pfarrherren der Kirchgemeinde Bubendorf-Ziefen stellten. Ein Vertreter dieser Pfarrerdynastie soll übrigens für ein geisterhaftes Pferdegetrappel im Pfarrhaus Bubendorf verantwortlich sein: Sein Schimmel habe ihm mehr bedeutet als die Armen seiner Gemeinde.

Der Blick in die Geschichte dieser beiden Familien, die als Inbegriff von alten Geschlechtern gelten, stellt natürlich einen Ausdruck wie «alteingesessen» sehr in Frage. Doch welche Geschlechter sind im Baselbiet wenigstens seit mehreren Jahrhunderten ansässig? Dies herauszufinden, ist je nach Gemeinde unterschiedlich schwierig. In ländlichen Dörfern des Oberbaselbietes mag ein Blick ins Telefonbuch schon ausreichen: die dort am häufigsten genannten Familiennamen sind mit Sicherheit auch alteingesessene Geschlechter.

Nicht ganz so leicht dürfte die Recherche in einer jener Gemeinden im Basler Agglomerationsgürtel sein. Denn die dort in den Spalten des Telefonbuches überall sehr zahlreich anzutreffenden «Meier» («Meyer»), «Müller» oder «Huber» könnten durchaus auf die falsche Fährte führen. Auch eine Durchsicht von Listen mit den Gemeindebehörden (Gemeinderat, Einwohnerrat [sofern vorhanden]) kann kaum eine befriedigende Antwort geben, denn in diesen Gremien bilden heute die «Eingeborenen» zumeist bloss noch eine Minderheit. Und im Kantonsparlament, dem Landrat, wo die Verhandlungen in Mundart geführt werden, werden die Voten in den verschiedensten schweizerdeutschen Dialekten abgegeben.

WOHNEN UND LEBEN

Dass ausserdem vor nicht allzulanger Zeit während mehrerer Jahre gleich drei Zürcher im Regierungsrat (Exekutive) sassen, spricht für die Baselbieter, deren ausgeprägtes «Wir-Bewusstsein» übrigens erstaunlich rasch und in hohem Masse von Neuansiedlern übernommen wird.

Laut einer 1938 erschienenen Untersuchung über unsere Geschlechternamen sind von den zirka *1400 alteingesessenen Familien* folgende 10 Geschlechter am stärksten vertreten: *Schaub* an 33 Bürgerorten, *Meier* (Meyer) an 31, *Gysin* (Gisin) an 25, *Buser* an 23, *Suter* (Sutter) an 21, *Schweizer* an 20, *Thommen* an 19, *Bürgin* an 16, *Rudin* und *Schneider* an je 15. Alle diese Geschlechter sind noch heute sehr häufig, namentlich im mittleren und oberen Baselbiet. Wir finden sie aber auch in teilweise recht grosser Zahl in der Stadt Basel, wo sie oft schon vor vielen Generationen sesshaft geworden und «verstädtert» sind.

Während die genannten Geschlechter nicht nur an einem Ort als alteingesessen gelten, gibt es andere Familiennamen, die sich ursprünglich nur in einer oder in einigen wenigen Gemeinden finden. Zu ihnen zählen (ohne Anspruch auf Vollständigkeit): Ballmer, Bider (Bieder), Blapp, Bohny, Bossert, Brüderlin, Erny, Holinger, Jauslin, Jenni, Kern, Kestenholz, Kettiger, Kohler, Krattiger, Löliger, Mundschin, Oberer, Probst, Pümpin, Recher, Regenass, Rickenbacher, Schad, Schmassmann, Scholer, Spinnler, Spitteler, Strübin, Tanner, Völlmin, von Arx und Wahl.

Typische Familiennamen weist auch das Unterbaselbiet auf. Gleich ihrer vier enthält jene Erzählung aus Therwil, welche von einer nächtlichen Grenzstein-Versetzung zum Schaden der Reinacher Nachbarn berichtet. Als die Therwiler bei ihrem Tun entdeckt werden, treten sie die Flucht ins Dorf an, verfolgt von den Reinachern. Noch vor den ersten Häusern schreien die Hintersten plötzlich: «Um dr Gutts Wille, laufet gschwind zum Tor y, si heinis!» So seien die Therwiler Namen Gutzwiller, Gschwind, Zumthor und Heinis entstanden...

Andere Geschlechter im Birseck und im Leimental lauten zum Beispiel folgendermassen: Boeglin, Brodmann, Bubendorf, Butz, Düblin, Ettlin, Feigenwinter, Freund, Glaser, Gürtler, Haberthür, Hasenböhler, Hauser, Heckendorn, Heller, Heyer, Hügin, Kron, Löw, Oser, Rapp, Schweighauser, Spichty, Stöcklin (Stöckli), Vogt und Werdenberg.

*Stammbaum der Familie Ramstein,
Ausdruck eines entwickelten Familienbewusstseins*

Manche dieser Geschlechter begegnen uns übrigens auch im nahen Elsass. Zur Entstehung der Namen lässt sich generell festhalten, dass sie sich unter anderem aus Taufnamen, aus Örtlichkeiten, aus Berufen oder aus körperlichen Eigenheiten entwickelt haben.

In der noch geschlosseneren dörflichen Gemeinschaft kennt man bis auf den heutigen Tag im mündlichen Verkehr zwischen Einheimischen die Dorfnamen, wie zum Beispiel «Botte-Luggi Schorsch», «s Guschti-Hanse Hedi» oder «Bammerts-Joggeli Franz Sepp». Diese früher sogar in den Gemeindeakten verwendeten Dorfnamen sind oft über viele Generationen vererbt. Sie sind nun mancherorts im Verschwinden, zumal die neu ins Dorf Zugezogenen kaum mehr mit solchen Zunamen bezeichnet werden und diese mit den Dorfnamen ihres neuen Wohnortes nichts anfangen können.

Die Zuzüger: Impulse aus der Fremde

Die historische Weltoffenheit des Baselbiets hat es zahlreichen Zuzügern ermöglicht, ihre Fähigkeiten zum Wohl des Kantons hier zu entfalten.

«Höchst anerkennenswert ist, dass in Baselland jener bedauerliche Fremdenhass, welcher den Deutschen so oft das Leben in der schönen, freien fremden Schweiz verbittert, nicht existiert. Im Gegenteil, es hat Flüchtlinge und Verfolgte immer mit offenen Armen aufgenommen, sie gern die Wohltaten seiner trefflichen Institutionen teilen lassen und sich niemals um das Gerede oder die Missbilligung anderer Städte gekümmert.»

Diese vom deutschen Reiseschriftsteller *Wilhelm Hamm* 1848 verfassten Zeilen sind zwar sehr schmeichelhaft, doch sie entsprechen leider nicht ganz den Tatsachen. 1835 sah sich nämlich das basellandschaftliche Regierungsblatt *«Der unerschrockene Rauracher»* zur Klage über einen plötzlich in Liestal zu bemerkenden Fremdenhass veranlasst. Und im Herbst 1839 forderte ein «Komitee der Vaterlandsfreunde» den Landrat in einer Fremdenpetition auf: «Säubern Sie die Landschaft von dem sich eingenisteten Ungeziefer!»

Kuriosum in Liestal: Denkmal für einen eingebürgerten Ausländer, der nie in unserem Kanton gelebt hat

Diese damalige Fremdenfeindlichkeit erklärt sich aus dem Neid vieler Baselbieter, nachdem sich im jungen Kanton Basel-Landschaft eine grössere Gruppe Ausländer gute Stellen hatte sichern können. Es waren vor allem Deutsche, die nach dem Scheitern der Aufstände im Gefolge der Pariser Julirevolution von 1830 in der Schweiz Schutz suchten. Als dann die Heilige Allianz (Russland, Preussen und Österreich) der Schweiz Sanktionen androhte, falls sie die Flüchtlinge nicht des Landes verweise, umgingen verschiedene Kantone – so auch Baselland – einen diesbezüglichen Tagsatzungsbeschluss von 1834, indem sie die Ausländer (fast alles Akademiker) einfach einbürgerten.

Diese *politischen Flüchtlinge* waren als Intellektuelle in einem Kanton, dem nach der Trennung eine geistige Elite fehlte, die Regierungs-, Pfarrer- und Lehrerstellen besetzen konnte, höchst willkommen. Manche machten sich auch als Mediziner, Advokaten und Offiziere um das Wohl des jungen Staates verdient.

Wie sehr die Baselbieter auf fremde Hilfe angewiesen waren, zeigt sich bei der Errichtung der Bezirksschulen 1836: Auf die Ausschreibung der ersten acht Lehrerstellen, die auch in der «Frankfurter Zeitung» publiziert worden war, befand sich unter den 72 Bewerbern ein einziger Baselbieter. Vor allem auf die Fähigkeit der Lehrer achtend, wählte der Erziehungsrat dann sechs Deutsche und zwei Schweizer (einen Thurgauer und einen Appenzeller). Und so sollte es noch Jahrzehnte weitergehen. Erst ab 1853 erscheinen die ersten Baselbieter im Lehrkörper.

Doch es sind nicht allein Intellektuelle, die im Laufe der Zeit in unserem Land sesshaft wurden. Namentlich Handwerksgesellen von überall waren immer wieder in den Landstädtchen Liestal und Waldenburg oder in einem der Dörfer hängengeblieben. So wurde bereits 1608 in Ziefen der aus Savoyen kommende *Claude Rippas* eingebürgert, und 1614 wird in Sissach der aus Bayern stammende *Hans Gunzenhauser* genannt.

In Stammtafeln entdeckt man aber auch Frauen, die von hiesigen Handwerkern in der Fremde gefreit worden sind. Zu nennen wäre der Liestaler Schneider *Ambrosius Brodbeck* (1759–1835), der «Preussenschneider» (seine Mutter stammte aus Preussen), der sich 1795 mit Johanna Franziska Glor aus Zäziwil BE verheiratete.

Als Beispiel für die Offenheit der Baselbieter wäre auch die Einbürgerung des berühmten deutschen «Sängers der Freiheit» *Georg Herwegh* (1817–1875) zu nennen: er wurde 1843 von der kleinen Gemeinde Augst für 600 Franken und dem üblichen Feuereimer ins dortige Bürgerrecht aufgenommen, obwohl er nie in unserem Kanton wohnhaft gewesen war. Seinem Wunsche gemäss

WOHNEN UND LEBEN

wurde er in Liestal bestattet. Der Kanton Baselland hat bis heute nichts von seiner Anziehungskraft eingebüsst. Neuzuzüger aus dem In- und Ausland fühlen sich in der Regel schon bald einmal sehr wohl. Ausländer, die lange genug im Baselbiet sesshaft sind, haben die Möglichkeit, sich in der Wohn- oder in einer anderen Gemeinde einbürgern zu lassen und damit Schweizer zu werden. Die Bedingungen dafür sind von Ort zu Ort sehr unterschiedlich.

Eine sehr liberale Einbürgerungspraxis auch für Personen, die nicht in der Gemeinde wohnen, pflegen zum Beispiel Nusshof und Niederdorf. Die Gemeinde Seltisberg feierte gar das 150jährige Kantonsjubiläum mit einer Masseneinbürgerung von 30 Personen, die allerdings alle bereits Schweizer Bürger waren und über 25 Jahre im Dorf wohnten.

In anderen Kommunen werden die Bürgerschafts-Anwärter einer schwierigen Prüfung unterzogen. In Ziefen hingegen galt von 1836 bis 1965 ein nahezu totaler Einbürgerungsstopp: während fast 130 Jahren wurden nur zwei Personen neu ins Bürgerbuch eingetragen.

Ein kleine Auswahl von prominenten Zuzügern, die im letzten Jahrhundert in unserem Kanton gewirkt haben

Wilhelm Snell (1789–1851) aus Nassau. Seit 1821 als Rechtsprofessor in Basel. Stellte sich in den Trennungswirren auf die Seite der Landschaft. 1833 Professor in Zürich, 1834 in Bern. Durch seine Reden wurde er zum Haupturheber des 2. Freischarenzuges, weshalb ihn Bern des Kantons verwies. Kehrte nach Liestal zurück, hielt hier Vorlesungen und wurde 1845 in den Landrat gewählt. Erwarb sich grosse Verdienste um den inneren Ausbau des jungen Staatswesens. Ab 1849 war er wieder Professor in Bern.

Karl Kramer (1812–1895) aus Sachsen. Kam 1836 als politischer Flüchtling in die Schweiz. 1840–1856 Bezirkslehrer in Therwil, 1856–1882 in Liestal. Gründer der «Natura Liestal», einer Vorläuferin der Naturforschenden Gesellschaft Baselland, Verfasser der Heimatkunde von Liestal (1863). Seit 1871 Bürger von Nusshof.

Joseph Otto Widmann (1816–1873) von Wien. 1845 bis zu seinem Tode Pfarrer in Liestal, seit 1842 Bürger in Augst, seit 1869 in Liestal. Er hat grosse Verdienste um die Förderung des musikalischen Lebens.

Jakob Friedrich Emil Zschokke (1808–1889) von Aarau. 1832–1842 Pfarrer in Lausen, dann bis 1845 in Liestal. Als Erziehungsrat und Gründer gemeinnütziger Vereine hat er viel für Baselland geleistet. 1833 wurde er, zusammen mit seinem Vater, dem Schriftsteller und Politiker Heinrich Zschokke, in Lausen eingebürgert.

Einbürgerungen von 1956–1985

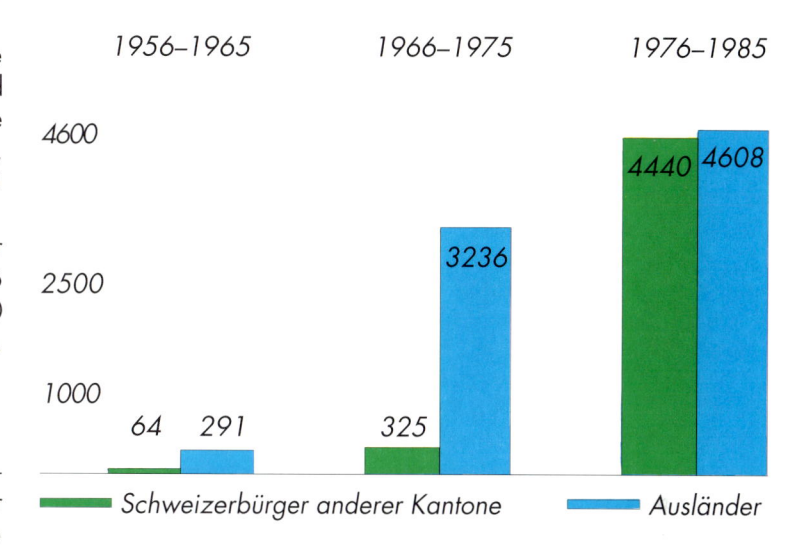

	1956–1965	1966–1975	1976–1985
Schweizerbürger anderer Kantone	64	325	4440
Ausländer	291	3236	4608

Benedikt Banga (1802–1865) von Basel. Ausbildung als Maler und Zeichner in Genf. Bis 1831 Zeichenlehrer in Zofingen. Er schliesst sich der Landschäftler Unabhängigkeitsbewegung an, 1832 Einrichtung der von ihm besorgten Druckerpresse, Redaktor der ersten Zeitung im Kanton, des «Unerschrockenen Rauraders». 1832–1844 Landschreiber, 1845–1863 Regierungsrat (Erziehungsdirektion), 1863–1865 wieder Landschreiber. Gründer der Kantonsbibliothek, des Kantonsmuseums und der ersten Mädchensekundarschule im Kanton.

Dr. iur. Emil Remigius Frey (1803–1889) von Basel. 1826–1831 Privatdozent an der Universität Basel, 1831 Übertritt zur Landpartei. 1832 Bürger von Münchenstein. 1832–1835 Obergerichtspräsident. Ab 1835 Redaktor des «Volksblattes». 1837–1846 Tagsatzungsgesandter. 1841–1854 und 1857–1862 Oberrichter. 1848–1851 Nationalrat, 1854–1857 Regierungsrat, 1862–1868 Landrat, 1864–1868 Ständerat.

Berühmte Baselbieter

Baselbieter Persönlichkeiten, die im Kanton oder auswärts Ausserordentliches leisteten oder leisten, Leute mit «verrückten» Ideen, Abenteurer, Originale, Querköpfe gab und gibt es bestimmt viele. Greifen wir einige *historische* heraus.

Der Baselbieter «General», «König von Neu-Helvetien»

Johann August Sutter (1803–1880), Hochstapler, Bankrotteur, Fabulierer, letzter grosser Kolonisten-Pionier Amerikas, einer der reichsten Männer seiner Zeit, stammt aus Rünenberg.

«General» Johann August Sutter (1803–1880) war Baselbieter

Im badischen Kandern aufgewachsen, macht er in Basel eine Buchhändlerlehre und eröffnet nach seiner Heirat in Burgdorf eine Tuch- und Kurzwarenhandlung, die bald in Konkurs geht. Vor den Gläubigern flieht er – ohne Frau und seine vier Kinder – nach Amerika, gibt sich als «ehemaliger Hauptmann der Königlich-Französischen Schweizergarde» aus, was ihm Kredit verschafft, und steigt zum Grossgrundbesitzer im damals mexikanischen Kalifornien auf. Er besitzt nach acht Jahren am Sacramento River Ländereien, anderthalbmal so gross wie das Baselbiet, 20'000 Rinder und 4500 Pferde und Maultiere.

«Laufbursche, Packer, Kohlenschipper, Hufschmied, Zahnarzt, Schneider, Boxer, Beizer, Farmer, Händler, Schieber, das war ich, bis ich wurde der Kapitän Joh. Aug. Sutter, der Herr von Neuhelvetien, des grössten Besitztums in den Vereinigten Staaten, Selfmademan durch härteste Arbeit, Wille, Talent, auch Glück – und Verbrechen.»

Seine Siedlung befestigt er zum Fort und lässt «Sutter county» von Indianerburschen in Militäruniform gegen Eindringlinge verteidigen. Als Landbauer mit wechselndem Geschick kontrolliert er das fruchtbare Sacramentotal – bis ein Arbeiter beim Ausheben eines Mühlekanals Gold findet. Goldgierige Abenteurer fallen in seine Ländereien ein, schlachten sein Vieh, stehlen seine Geräte, bauen Hütten und Häuser, bis ein grosser Teil seines Besitzes in Schutt und Asche fällt. Der 1836 neugegründete Staat Kalifornien anerkennt seine Rechte, was die inzwischen auf Sutters Land sesshaft gewordenen Goldsucher zu Ausschreitungen veranlasst, denen die Hock-Farm und die letzten Habseligkeiten Sutters zum Opfer fallen. Zum Trost machen ihn die Kalifornier zum «Generalmajor» ihrer Miliz – ein reiner Repräsentationsposten. Dreissig Jahre prozessiert er vergebens gegen die USA um die Entschädigung seiner Verluste.

An der Stelle von Sutters Fort entsteht 1848 Sacramento, die Hauptstadt Kaliforniens. Sutter zieht nach Pennsylvania, um von dort aus seine Prozesse zu führen. Er stirbt verbittert und arm in einem Hotelzimmer in Washington.

Bider, der Flieger

Oskar Bider (1891–1919), Flugpionier aus Langenbruck, wird durch seinen spektakulären Pyrenäenflug mit seinem zerbrechlichen Blériot-Apparat (1913) und durch die erste Alpenüberquerung als «Bezwinger der Alpen» Schweizer Nationalheld und damit weltbekannt.

Oskar Bider (1891–1919), der allzu jung verstorbene Flugpionier

WOHNEN UND LEBEN

Der Oberbaselbieter Draufgänger, begeisterte Skifahrer, Reiter und Bergsteiger soll Bauer werden und hält sich für ein Praktikumsjahr im Gran Chaco, Argentinien, auf, bis ihn das Flugfieber endgültig packt: «Wenn ich nicht Flieger werden kann, bleibe ich in Argentinien.»

Wieder in Europa, reisst Bider nach Südfrankreich aus: «Als ich im November 1912 bei Blériot in Pau eintrat, hatte ich noch keinen Flugapparat in der Luft gesehen. Ich musste fliegen. Zwei Jahre habe ich gegen diesen Wunsch, gegen diese Leidenschaft angekämpft.»

Innerhalb einer Woche wird er Aviateur und kauft sich eine zweiplätzige Blériot, die er «Langenbruck» tauft. Mit seinem Mechaniker Saniez zusammen bereitet er die Rekordflüge vor und meistert sie dank «Kaltblütigkeit und Vorsicht». Biderstumpen, -mützen, -krawatten und -kragen werden enorm populär.

Bei Ausbruch des Ersten Weltkrieges wird der Patriot Bider einer der ersten Militärpiloten und setzt sich mit Schauflügen für den Vormarsch der Aviatik in der Schweiz ein: «Ich war sicher, beweisen zu können, dass das Fliegen nicht bloss ein Abenteuer sei und eine waghalsige Spielerei, sondern dass der menschliche Flug eine grosse militärische und verkehrspolitische Aufgabe erfüllen werde.» Er wird Chefpilot und Fluglehrer der Schweizer Fliegertruppe – eines zusammengewürfelten Geschwaders von 13 Maschinen – und unternimmt über 60 Passagierflüge.

1914 überquert er mit einem Fluggast erneut die Alpen, und 1919 umfliegt er – ebenfalls mit einem Passagier an Bord – in 7 Stunden und 28 Minuten die Schweiz, indem er zweimal die Alpen überquert. Nach seinem Bordbuch legt er in 4249 Flügen über eine Million Flugkilometer zurück. Bei einem Akrobatikflug mit einem Nieuport-Jagddoppeldecker stürzt Bider 1919, erst 28jährig, über Dübendorf tödlich ab. Kurz zuvor war er berufen worden, die Schweizer Zivilluftfahrt aufbauen zu helfen.

Rickenbackers amerikanische Karriere

Edward Vernon Rickenbacker (1890-1973), Rennfahrer, Automobilkonstrukteur, Jagdflieger, Überlebender einiger Flugzeugabstürze, Mitbegründer einer Fluggesellschaft, macht als Sohn von Baselbieter Auswanderern aus Zeglingen eine amerikanische Bilderbuchkarriere.

Spross von Baselbieter Auswanderern: Edward V. Rickenbacker (1890–1973)

Nach dem frühen Tod seines Vaters sorgt er schon als Elfjähriger in Columbus/Ohio als Fabrikarbeiter für seine Familie. Er lernt Automechaniker und wird Versuchsleiter bei Charles E. Firestone. Er erfindet die Kühlerpumpe und wird Rennfahrer. Rick träumt vom «grossen amerikanischen Wagen, der nicht nur auf Betonstrassen, sondern auch auf steilen, staubigen und morastigen Wegen brauchbar ist». Von der Sunbeam Motor Company in England bekommt er 1917 das Angebot, einen Rennwagen zu bauen. Dabei kommt er mit Fliegern in Kontakt und lernt fliegen. Seiner Mutter schreibt er: «Flugzeuge sind viel sicherer als Rennwagen, weil der Himmel ja geräumig ist und es keine Hecken gibt.»

Nach allerlei Tricks wird er im Ersten Weltkrieg Jagdflieger und schiesst an der Westfront 22 Flugzeuge und vier Beobachtungsballone der «Hunnen» ab. Er wird «As der Asse» (ein As hat fünf feindliche Flugzeuge abgeschossen), und ist schliesslich Hauptmann seiner Fliegerstaffel.

1921 gründet er mit den Gewinnsummen aus seinen Autorennen die «Rickenbacker Car Company» (RCC) mit einem Aktienkapital von fünf Millionen Dollar. Ein Jahr später zeigt er am New Yorker Autosalon seine ersten Modelle, die sich durch Vierradbremsen auszeichnen. Anfänglich hat die RCC riesigen Absatz, doch nach vier Jahren – und nach dem Unfalltod eines seiner Teilhaber – muss Rickenbacker Konkurs anmelden.

Jetzt widmet er sich der Zivilluftfahrt: er wird Mitbegründer der «Eastern Air Lines» und ihr Präsident und General Manager. Bei einem Flugzeugabsturz in der Nähe von Atlanta kommt er nur knapp mit dem Leben davon. Im Zweiten Weltkrieg wird er Inspizient der amerikanischen Fliegerlager auch in Europa und im Südwest-Pazifik. 1942, nach der Notwasserung einer Fliegenden Festung B17 mit sechs Mann Besatzung im Pazifik, beginnt die spektakuläre Irrfahrt in Gummibooten ohne Proviant und Wasser, die 21 Tage dauern wird. Die 20th Century-Fox hat sie unter dem Titel «Captain Eddie» verfilmt.

Der Gänneral Sutter, Traugott Meyer, Liestal 1953.

Das Baselbiet im Sog der Agglomeration

In der zweiten Hälfte des 20. Jahrhunderts hat sich das Gesicht des Baselbiets radikal verändert. In wenigen Jahrzehnten wurde mehr Raum für neue Bauten beansprucht, als in allen vorangegangenen Jahrhunderten zusammen. Ganze Dörfer sind in den Sog der Agglomeration der Stadt Basel geraten. Im unteren Kantonsteil sind nur wenige der alten Siedlungskerne einigermassen intakt geblieben. Der obere Kantonsteil entwickelte sich langsamer. In den Bezirken Waldenburg und Sissach haben sich einige Dörfer und Landschaften noch in ihrer gewachsenen Gestalt erhalten.

Münchenstein, schon früh industrialisiert...

...heute Puzzle von alt und neu

PLANEN UND BAUEN

Reigoldswil 1949, ein Bauerndorf...

...mit wachsenden Neubauquartieren

Füllinsdorf, 1925 ein verträumtes Nest...

...heute Pendler-Gemeinde (Aufnahme 1986)

Strassenbau im Baselbiet: Gestaltung wird immer wichtiger

Als Durchgangsland stellt das Baselbiet seit jeher wichtige Strassenverbindungen für den Nord-Süd-Verkehr zur Verfügung. Heute erzeugt die Region selbst grosse Verkehrsströme: Weit über 100'000 Autos und Motorräder zirkulierten 1988 auf den Strassen des Baselbiets. 1945 wurden erst 2289 Motorfahrzeuge gezählt.

Mit den Mitteln des modernen Strassenbaus versuchte man in den 50er, 60er und 70er Jahren, die Strassenverbindungen der zunehmenden Motorisierung anzupassen. Leistungsfähige Strassen waren gefragt. Der Druck, entsprechende Investitionen vorzunehmen, war enorm. Schon anfangs der 60er Jahre – es gab noch keine N2 – quälten sich über sieben Millionen Fahrzeuge im Jahr durch das «Nadelöhr» Liestal.

Kanalisierung auf Hochleistungsstrassen
Heute verfügt der Kanton über ein Netz von Hochleistungsstrassen, die einen grossen Teil des Verkehrs absorbieren: die Nationalstrasse N2, die Jurastrassen J18 und die noch unvollendete J2. Über die Hälfte des auf dem Kantons- und Hochleistungsstrassennetz zirkulierenden Verkehrs wickelt sich auf den Autobahnen ab. Die Hochleistungsstrassen brachten eine ganze Reihe von Vorteilen:
– Entlastung der Kantonsstrassen und der Ortschaften
– dank grösserer Verkehrssicherheit weniger Strassenverkehrsunfälle
– bessere Möglichkeiten für bauliche Lärmschutzmassnahmen.

Dass die Entlastung der Kantonsstrassen nicht nur von kurzer Dauer war, sondern bis heute anhält, zeigen zum Beispiel die Verkehrsmengen auf den beiden Hauensteinübergängen, die nach der Inbetriebnahme der N2 im Jahre 1970 etwa auf den Stand von 1955 reduziert worden sind und seit nun bald zwanzig Jahren stagnieren.

Strassenbau mit neuen Zielen
Der Strassenbau befindet sich heute in einem starken Wandel. Die Erhöhung der Leistungsfähigkeit unserer Strassen steht dabei nicht mehr an vorderster Stelle. Nebst der Förderung des öffentlichen Verkehrs sind für die Strassenbau-Projekte seit Beginn der 80er Jahre neue Ziele massgebend:
– Der Schutz der schwächeren Verkehrsteilnehmer (Fussgänger und Radfahrer)
– die Gestaltung der Strassenräume im Hinblick auf eine positive Beeinflussung des Verkehrsverhaltens
– die Schonung der Landschaft, der Schutz der Ortsbilder und die Anpassung der Bauten an ihre natürliche Umgebung.

Strassengestaltung beeinflusst Verkehrsteilnehmer
Heute wird sehr grosser Wert auf die Gestaltung der Strassenräume im Bereich der Ortschaften gelegt. Dabei ist der Schutz der erhaltenswerten Ortskerne ein wichtiges Motiv. Doch auch Aspekte der Verkehrssicherheit führen heute zu einem grösseren Gestaltungsaufwand im Strassenbau. Neuere wissenschaftliche Untersuchungen haben nämlich gezeigt, dass die optische Breite und Tiefe des Strassenraums das Fahrverhalten der Automobilisten stärker beeinflussen als alle anderen Faktoren. Der Kanton hat in den letzten Jahren begonnen, diesen Erkenntnissen vermehrt Rechnung zu tragen. So werden sämtliche Innerortsstrecken seit einigen Jahren konsequenterweise nach diesen Richtlinien geplant und ausgeführt.

Naturnahe Gestaltung schafft neue Lebensräume für Pflanzen und Tiere
Durch die Anlage von standortgerechten Wiesen, Hecken und Baumbeständen können die im Zusammenhang mit Strassenbau-Projekten nötigen nachteiligen Eingriffe in die Natur gemildert werden. Durch die Anpflanzung von einheimischen Bäumen, Sträuchern, Kräutern und Gräsern können an vielen Orten naturnahe Verhältnisse neu geschaffen werden. Solche Bepflanzungen lassen neue Lebensräume für bedrängte Pflanzen und Tiere entstehen. Überdies unterstützen sie die Integration von Strassenbauten in die Landschaft und vermindern die Immissionen gegenüber Anwohnern und angrenzendem Kulturland.

PLANEN UND BAUEN

Kanalisierung des Verkehrs auf Hochleistungsstrassen: N2 im Diegtertal

An die Umgebung angepasste Gestaltung von Kantonsstrassen in Ortskernbereichen: Ettingerstrasse in Therwil (oben), Hauptstrasse in Bubendorf (unten)

150 Jahre Strassenbau im Kanton Basel-Landschaft 1832–1982, Liestal 1982.

Pro Wohnung nur noch 2,44 Personen

In der ersten Hälfte der 80er Jahre wurde im Baselbiet jedes Jahr für rund 950 Millionen Franken gebaut. Jährlich ging fast eine halbe Milliarde Franken in den Wohnungsbau. Die Nachfrage nach Wohnraum hält an: Zwar wächst die Bevölkerung heute nur noch langsam, doch die Zahl der Kleinhaushalte steigt immer noch an. 1990 werden der Baselbieter Bevölkerung rund 100'000 Wohnungen zur Verfügung stehen.

Die Stadt wächst aufs Land
Wer zu Beginn des 19. Jahrhunderts zu Fuss oder zu Ross im Baselbiet unterwegs war, kam durch idyllische Landschaften und geschlossene Dörfer. Erst nach der Kantonsgründung begannen sich manche Ortschaften im Baselbiet rascher zu entwickeln. Dörfer im Oberbaselbiet wuchsen dank der Heimindustrie; die Gemeinden im unteren Kantonsteil erhielten neue Quartiere wegen der Nähe städtischer Manufakturen. Neben Allschwil wurde Neu-Allschwil, und auf Muttenzer Boden wurde Birsfelden gegründet. «Bei der immer grösseren Ausdehnung Basels und dem zunehmenden Wachstum Binningens nach der Grenze hin, wird ein Fremder das Dorf Binningen bald für einen Teil der Stadt Basel halten...», so beschrieb die *Basellandschaftliche Zeitung* die Entwicklung im Jahre 1860 und formulierte damit die Tendenz für mehr als die nächsten hundert Jahre: «Verstädterung» im unteren Kantonsteil.

Von 1950 bis 1984 hat sich die Zahl der Einwohner im Kanton mehr als verdoppelt, die Zahl der Wohnungen sogar mehr als verdreifacht.

Gesünder wohnen
Zentrales Thema der Wohnungsfrage war vor hundert Jahren die Gesundheit. Dicht belegte Räume, schlechte sanitäre Anlagen und die minderwertige Qualität vieler Bauten zogen Flöhe, Wanzen und Ratten an.

Manche Posamenter schliefen aus Raummangel neben dem Webstuhl und betteten ihre Kinder in grosse Schubladen unter der *Chouscht* (Kachelofen). Wenn es sein musste, stellte man Betten auch auf den offenen Estrich, wo es im Winter zuweilen auf die Schlafenden schneite.

Selten besser, öfter schlechter und ebenso eng wohnte in der zweiten Hälfte des 19. Jahrhunderts die «industrielle Bevölkerung». Im Sog der Fabrikzentren entstanden Schlafquartiere. In Birsfelden machten Hausbesitzer aus Tanzböden, Scheunen, Ställen, Remisen, Estrichen und Werkstätten – wie in den 70er und 80er Jahren unseres Jahrhunderts – Wohnungen.

Erst das 20. Jahrhundert brachte entscheidende Verbesserungen: 1902 gab sich der Kanton ein Baugesetz.

Jedem seine eigenen vier Wände
Aus einer Studie der Regionalplanungsstelle beider Basel aus dem Jahre 1977 geht hervor, dass ein Baselbieter zu diesem Zeitpunkt im Durchschnitt 42,75 m² Wohnfläche für sich beanspruchte. Dieser Wert dürfte heute schätzungsweise etwas mehr als 50 m² betragen: 1980 standen im Kanton Basel-Landschaft 83'944 Wohnungen zur Verfügung, 1987 waren es 94'723. Gleichzeitig haben sich die durchschnittliche Zimmerzahl und die Wohnfläche pro Wohnung erhöht. Diesem Sachverhalt steht eine Bevölkerungsentwicklung gegenüber, die prozentual wesentlich kleiner war als das Wachstum des Wohnungsbestandes. 1980 hat die Bevölkerungsbilanz einen Endbestand von 221'266 Einwohnern ausgewiesen. Ende 1987 wurden 231'632 Einwohner gezählt. Dem Wohnungszuwachs von 12,84% stehen somit 4,68% Wachstum gegenüber. Die durchschnittliche Einwohnerzahl pro Wohnung hat 1980 2,64 und 1987 2,44 betragen. Als Folge des weiterhin anhaltenden Trends zum Kleinhaushalt, der auf wirtschaftliche und soziale Faktoren und zu einem wesentlichen Teil auf Veränderungen des Altersaufbaus der Bevölkerung zurückzuführen ist, muss für die Zukunft mit einem weiteren Absinken der Wohnungsbelegung und einem weiteren Ansteigen der durchschnittlichen Wohnfläche pro Einwohner gerechnet werden.

Posamenterhaus in Allschwil mit Würgi *(Dachknick)*

PLANEN UND BAUEN

Freidorf in Muttenz: erste Gesamtüberbauung im Baselbiet

In Birsfelden entstanden Schlafstätten für Stadtpendler

Siedlung Pfaffenmatt in Muttenz: gestalteter Aussenraum

Siedlung Freuler in Muttenz: Gartenanteil für jeden

Denkmalpflege – für die Zukunft der Vergangenheit

Neben den augenfällig schützenswerten Gebäuden mit historischer Bausubstanz sind auch scheinbar unwichtige Bauten einer Siedlung als Denkmäler zu betrachten. Sie sind Teil des gewachsenen Gefüges einer Siedlung. Nur so verstandene Denkmalpflege wird die bauliche Substanz nicht als Relikt, sondern als Zeugnis einer Entwicklung erhalten können.

Die Bestrebungen, wertvolle Baudenkmäler zu erhalten, reichen weit zurück. Sie begannen damit, dass sich interessierte Bürger für die Pflege und den Schutz wertvoller Gebäude einsetzten. So drohte den Baselbieter Baudenkmälern *Arlesheimer Dom* und *Muttenzer Befestigungsmauer* mit beiden Tortürmen der Abbruch, der nur durch das Engagement Privater verhindert werden konnte.

Der Fortschritt forderte seinen Tribut: Vor allem dem Ausbau des Verkehrswesens fielen historische Baudenkmäler, aber auch die Geschlossenheit alter Siedlungsbilder, zum Opfer. Fuhrleute forderten breitere Strassen. Beinahe schafften sie es, auch das obere *Liestaler Stadttor* niederreissen zu lassen: Nur dem energischen Eingreifen der Besitzer der Nachbarparzellen des Tors, die den Einsturz ihrer Häuser befürchteten, ist es zu verdanken, dass das Tor heute noch steht! Die Entwicklung der Kirchenrestaurierungen verlief wesentlich ruhiger. Man erkannte früh deren Sinn. Vor allem bei Restaurierungsarbeiten zum Vorschein gekommenen Wandgemälden schenkte man grosse Aufmerksamkeit. So regte etwa der berühmte Basler Historiker Jakob Burckhardt 1874 die Freilegung der aus dem 15. Jahrhundert stammenden Wandbilder der *Kirche Lausen* an.

Bei der Restaurierung der *Kirche Oltingen* in den Jahren 1956/57 kamen in der Reformationszeit übertünchte spätgotische Wandmalereien zum Vorschein. Der reiche Kirchenschmuck aus dem 15. Jahrhundert wurde mit grossem Einfühlungsvermögen restauriert.

Auch die Wandbilder der *Dorfkirche St. Arbogast in Muttenz* aus dem Jahre 1507 wurden 1528 übertüncht. Bei Renovationsarbeiten stiess man 1880/81 auf diese Bilder und vergipste sie. Erst 1972–1974 wurden die Bilderzyklen bei der Gesamtrestaurierung ganz freigelegt.

Der Prattler Bildersturm

Ein ähnliches Schicksal erlitten die Wandbilder der *Pratteler Kirche*. Sie wurden erstmals 1927 entdeckt, aber, theologischen Bedenken folgend, gleich wieder übertüncht. Doch die Erinnerung an diese Bilder blieb wach. Bei der 1952 begonnenen Restaurierung legte man die Wandbilder wieder frei. Doch die Pratteler waren sich nicht klar darüber, ob Heiligenbilder aus noch katholischer Zeit in ihre schmucklose protestantische Kirche gehörten. Ein wilder Meinungsstreit entbrannte. Als eine Kommission zur endgültigen Entscheidung in der Kirche zusammentraf, musste sie feststellen, dass glaubenseifrige Protestanten die Bilder mit Hämmern zerschlagen und mit Bürsten heruntergekratzt hatten.

Staatlicher Denkmalschutz

Der Kanton erkannte die Notwendigkeit, Bau- und Naturdenkmäler zu schützen. Er sorgte deshalb dafür, dass Natur- und Baudenkmäler unter Schutz gestellt, die Restaurierung von Baudenkmälern überwacht sowie Bauvorhaben und Ortsplanungen mit Blick auf den Schutz des Orts- und Landschaftsbildes geprüft werden.

Ein Gebäude unter Denkmalschutz zu stellen, ist eine heikle Angelegenheit, bedeutet sie doch oft einen Eingriff in private Eigentumsverhältnisse. Heute bringt man meist mehr Verständnis dafür auf, dass auch einfachere Gebäude ins Inventar der Denkmäler aufgenommen werden müssen, um ein Ortsbild zu schützen.

Doch die Umnutzung eines Gebäudes birgt Gefahren. Die historische Substanz kommt oft mit heutigen Wohnbedürfnissen in Konflikt. Wohnungen brauchen viel Licht. Sehr beliebt ist auch der Ausbau leerstehender Dachstöcke. In alten Ortskernen gibt es deshalb oft erhebliche Schwierigkeiten, die erforderlichen Aufbauten in die bestehende Dachlandschaft einzupassen und minimale Fensterflächen zu realisieren, die den strengen Vorschriften des Denkmalschutzes gerade noch entsprechen.

Es geht weniger um die Lösung restaurativer baulicher Probleme als vielmehr darum, eine möglichst ganzheitliche Betrachtungsweise anzustreben. Was nützen uns gut erhaltene Ortskerne, wenn in der Umgebung konzept- und phantasielose Neusiedlungen entstehen! Im oberen Kantonsteil ist glücklicherweise das Wander- und Erholungsgebiet mit noch weitgehend intakten Bauerndörfern erhalten geblieben – in Stadtnähe dagegen sind die Ortsbilder stark reduziert, oft nur noch in Fragmenten erhalten.

PLANEN UND BAUEN

Ein Riegelbau in Allschwil...

...der Andlauer Hof in Arlesheim...

...die fachgerechte Renovation eines Buuser Ständerhauses...

...ein traditioneller Bauerngarten in Rickenbach...

...ein Posamenterhaus in Wenslingen...

...oder das Dorfbild Ziefens: lebendige Vergangenheit

Kunstführer Kanton Basel-Landschaft, Hans-Rudolf Heyer, Bern 1978. Die Kunstdenkmäler des Kantons Basel-Landschaft, Hans-Rudolf Heyer. Band I: Der Bezirk Arlesheim, Basel 1969; Band II: Stadt und Bezirk Liestal, Basel 1974; Band III: Der Bezirk Sissach, Basel 1986.

Planung für die Zukunft

Als einer der ersten Kantone unternahm der Kanton Basel-Landschaft schon 1968 den Versuch, die kommende Entwicklung des Kantons für eine Zeitspanne von 15 Jahren abzuschätzen und zu planen. Seit damals gehört die Planung auch im Baselbiet zu den bewährten Instrumenten politischen Handelns: Für jede Amtsperiode erstellt der Regierungsrat ein *Regierungsprogramm* und einen *Finanzplan*.

Leitbild Baselland
In den Hochkonjunkturjahren ab 1950 zeichnete sich im Baselbiet immer mehr die Notwendigkeit ab, die öffentliche Bautätigkeit längerfristig zu planen. Nur so konnte man hoffen, den Bedürfnissen der rapide wachsenden Bevölkerung gerecht zu werden. So legte die Regierung erstmals 1958 auf Veranlassung des Bundesbeauftragten für Arbeitsbeschaffung einen *Fünfjahresplan* für die öffentlichen Bauten vor.

Als eine der ersten Kantonsregierungen der Schweiz unternahm der Baselbieter Regierungsrat 1968 den Versuch, die kommende Entwicklung des Kantons für eine Zeitspanne von 15 Jahren in einer umfassenden Analyse abzuschätzen. Das «Leitbild Baselland» basierte auf der Annahme, dass das Bevölkerungswachstum im Ausmass der 60er Jahre weitergehen werde. Entsprechend rechnete der Bericht mit 259'000 Einwohnern bis 1980. Effektiv lag die Bevölkerungszahl dann 1980 um knapp 15% unter der Prognose.

Bevölkerungsentwicklung: Prognose und Realität

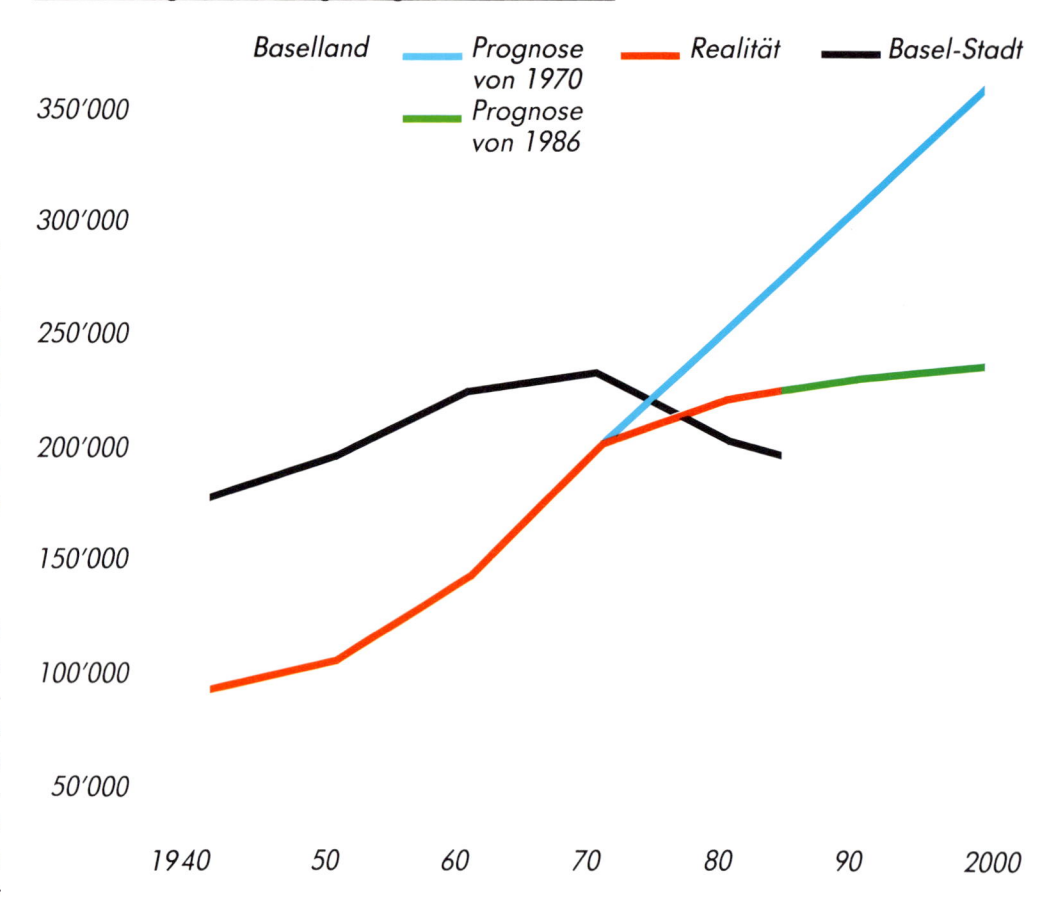

Noch 1970, unter dem Eindruck der Boom-Jahre, wurde für das Jahr 2000 eine Bevölkerungszahl von 360'000 Einwohner im Baselbiet prognostiziert. Die Fehlschätzung beweist, wie schwierig Prognosen sind, denn Trendbrüche lassen sich eben selten rechtzeitig erkennen.

Aufgrund dieser Annahmen hielt die Regierung für die 15-Jahres-Periode 1969 bis 1983 Investitionen von 2,5 Milliarden Franken für wünschbar und 1,38 Milliarden für finanziell realisierbar. Für die Periode 1969 bis 1973 rechnete die Regierung mit einem Gesamtaufwand von 489 Millionen Franken, davon 200 Millionen für den Sektor Gesundheit und 180 Millionen für den Sektor Verkehr. Das Bauprogramm in diesem ersten Zeitabschnitt wurde zu drei Vierteln tatsächlich erfüllt. Im Mittelpunkt stand der Bau des Bruderholzspitals und der Neubau der psychiatrischen Klinik. In dieser Periode wurden auch die Gymnasien Liestal, Münchenstein und Oberwil eröffnet.

PLANEN UND BAUEN

Regionalplanung gemeinsam mit Basel
In verschiedenen Bereichen politischen Planens erbrachte das Baselbiet Pionierleistungen. Mit Basel-Stadt vereinbarte der Kanton im Jahre 1969 die Schaffung einer gemeinsamen Regionalplanungsstelle mit Sitz in Liestal.

1970 wurde mit dem «Provisorischen Regionalplan Siedlung» ein befristeter Stopp für Baugebietserweiterungen erlassen.

Anfang der 70er Jahre führte das Baselbiet ein fortlaufendes Schulraumplanungssystem ein, das Kanton und Gemeinden die nötigen Daten für die Planung des Schulwesens liefert.

1975 wurde mit dem Landratsbeschluss über das Verfahren bei Schaffung neuer Verkaufsflächen dafür gesorgt, dass keine Einkaufszentren auf der «grünen Wiese» mehr gebaut werden können.

Regionalplan Landschaft
Am 1. Januar 1981 trat im Baselbiet der *Regionalplan Landschaft* in Kraft. Er verpflichtet die Gemeinden, einen Landschaftsplan für ihr Gebiet zu erstellen. Der Regionalplan Landschaft enthält hauptsächlich Bestimmungen über:
– Naturschutzgebiete
– Landschaftsschutzgebiete
– Landschaftsschongebiete
– Schutz von Einzelelementen.

Mit dem Regionalplan Landschaft wurden die Gemeinden verpflichtet, mittels eines kommunalen Landschaftsplans die Zielsetzungen des Regionalplanes grundeigentümerverbindlich festzulegen. Heute sind sämtliche Gemeinden im Besitz eines rechtskräftigen Zonenplanes Landschaft oder befassen sich intensiv mit dessen Ausarbeitung.

1976 legte der Regierungsrat ein umfangreiches Konzept mit programmatischem Titel vor: «Grünes Licht für den öffentlichen Verkehr».

Regierungsprogramm 1974–1978
Im November 1973 erschien das Regierungsprogramm für die Periode 1974 bis 1978. Gegenüber den Schätzungen aus dem Jahre 1968 ging die Studie bereits von einer leicht nach unten revidierten Bevölkerungsprognose aus. Sie schätzte jetzt nur noch 241'000 Einwohner bis 1980. Die wirkliche Entwicklung lag noch 8% unter der Prognose.

Die Rezession Mitte der 70er Jahre, die in ihrem Ausmass kaum vorherzusehen war, machte eine starke Revision des ursprünglichen Regierungsprogrammes notwendig. Das projektierte Bauprogramm für die Planungsperiode 1974–1978 wurde real zu knapp zwei Dritteln ausgeführt. Die Reduktion der Investitionen wurde dabei durch die Stagnation der Bevölkerungsentwicklung erleichtert.

Vor allem im Bildungsbereich konnte gespart werden. Die Investitionen betrugen hier nur noch einen Zehntel der geplanten Summe.

Regierungsprogramme 1980–1984 und 1985–1989
Das Regierungsprogramm für die Periode 1980 bis 1984 war gegenüber seinem Vorgänger vorsichtiger abgefasst und stimmt mit der effektiven Entwicklung im wesentlichen überein. Unter dem Titel «Regieren unter veränderten Rahmenbedingungen» ging man von einem weiteren Wachstumsrückgang aus und rechnete noch mit einer Bevölkerungszahl von 227'000 Menschen bis 1985, eine Prognose, die sich als sehr genau erweisen sollte.

Das Regierungsprogramm 1985 bis 1989 gibt Auskunft über alle Bereiche der staatlichen Tätigkeit und enthält auch ein detailliertes Investitionsprogramm.

Regierungsprogramm 1990–1994
Das neue Regierungsprogramm 1990 bis 1994 ist zur Zeit der Drucklegung dieser Buchauflage noch in Arbeit; es dürfte in der ersten Hälfte des Jahres 1990 verfügbar sein. Es wird sich vor dem Hintergrund einer prosperierenden Wirtschaft und eines gesunden Finanzhaushaltes des Kantons mit der Bewältigung der Zukunftsaufgaben vor allem im Umweltschutz, im Gesundheitswesen und im öffentlichen Verkehr beschäftigen und durch die Erarbeitung von Prioritäten die zukünftigen Ansprüche an das Staatswesen mit seinen Möglichkeiten in Einklang bringen.

Das zur Zeit der Drucklegung noch aktuelle Regierungsprogramm 1985–1989

Umweltschutz: zentrale Staatsaufgabe

In den 70er und 80er Jahren ist es immer stärker ins Bewusstsein der Öffentlichkeit gedrungen: Die menschliche Zivilisation bedroht die natürliche Umwelt und damit die eigenen Lebensgrundlagen. Richtiggehend aufgeweckt, ja aufgeschreckt wurde die Bevölkerung der Region Basel am 1. November 1986 durch die Brandkatastrophe von Schweizerhalle und die anschliessende verheerende Vergiftung des Rheins durch das eingeleitete, chemikalienhaltige Löschwasser.

Die Katastrophe von Schweizerhalle hat Normen in Frage gestellt, die bisher als ausreichend gegolten hatten. Und sie hat im Umweltschutzbereich zweifellos vieles in Bewegung gebracht oder beschleunigt. Als direkte Konsequenz aus der Chemiekatastrophe beschloss der Landrat die Schaffung eines Sicherheitsinspektorates und einer Stelle für Katastrophenvorsorge. Mit der Bildung einer Bau- und Umweltschutzdirektion wurden im weiteren anfangs 1989 alle wesentlichen Umweltschutzaufgaben in einer einzigen Direktion konzentriert. Auch personell wurden die Umweltschutzfachstellen deutlich verstärkt. Denn die vom Bund in den verschiedenen Verordnungen erlassenen Umweltschutzvorschriften stellen die kantonalen Behörden vor grosse Vollzugsaufgaben.

Kampf gegen die Luftverschmutzung

Die 1986 in Kraft getretene Luftreinhalte-Verordnung schreibt die Einhaltung von strengen Immissionsgrenzwerten vor. Diese Werte sind heute im Kanton Basel-Landschaft zum Teil noch erheblich überschritten. Bedenklich sind vor allem die chronisch hohen Belastungen der Luft durch Stickstoffdioxid im dichtbesiedelten stadtnahen Gebiet, während auf der anderen Seite der gesamte ländliche Raum unter massiven Spitzenbelastungen durch Ozon zu «leiden» hat.

Die vom Kanton bisher eingeleiteten Massnahmen haben schon ermutigende Anfangserfolge gebracht. Der Trend geht bei der Luftverschmutzung nach unten. Aber es braucht noch grosse Anstrengungen, bis die gesteckten Ziele erreicht sind. Die Massnahmenpläne, die partnerschaftlich mit dem Kanton Basel-Stadt realisiert werden sollen, verlangen von jedem einzelnen eine gewisse Opferbereitschaft.

Kampf gegen die Abfallflut

Herr und Frau Baselbieter produzierten 1987 durchschnittlich rund 380 Kilogramm Haushaltabfälle. Dieser beängstigend hohe Abfallberg muss unbedingt verkleinert werden. Das kantonale Abfallkonzept hat zum Ziel, den wiederverwertbaren Anteil deutlich zu erhöhen – durch Separatsammlungen, durch Kompostieren, aber auch durch abfallbewusstes Verhalten jedes einzelnen.

Die kantonale Abfallentsorgung basiert auf zwei Pfeilern: der Deponie Elbisgraben bei Liestal, die laufend ausgebaut wird, und der Kehrichtverbrennungsanstalt Basel. In Anbetracht der beschränkten Deponiemöglichkeiten dürfte längerfristig der Abfallverbrennung noch grössere Bedeutung zukommen.

Energiesparen als politische Aufgabe

Das Baselbieter Energiegesetz, das seit 1980 in Kraft ist, gilt als schweizerische Pionierleistung. Im Rahmen des Baubewilligungsverfahrens kontrolliert der Kanton, ob bei Neu- oder Umbauten auf einen ausreichenden Wärmeschutz und auf energiesparende haustechnische Anlagen geachtet wird. Einen weiteren wichtigen Sparbeitrag leistet die für Gebäude mit fünf oder mehr Wohnungen obligatorische individuelle Heizkostenabrechnung. Durch regelmässige und obligatorische Abgaskontrollen soll auch ein optimaler Betrieb der Heizungen sichergestellt werden.

Die Grundzüge der Baselbieter Energiepolitik werden im übrigen laufend überprüft und wenn nötig den veränderten Verhältnissen angepasst. Die Glaubwürdigkeit aller energiepolitischen Absichtserklärungen steht und fällt jedoch mit dem Vorbild der öffentlichen Hand, und zwar von Kanton *und* Gemeinden. Der Kanton unternimmt auf diesem Gebiet grosse Anstrengungen und treibt bei seinen eigenen Bauten eine systematische energietechnische Sanierung voran. Erste ermutigende Sparerfolge liegen bereits vor.

Mittelfristig werden folgende ehrgeizigen Ziele angestrebt:

- In den kantonalen und kommunalen Bauten und Anlagen (ausgenommen Spitäler) soll der Wärmeverbrauch bis 1992 auf durchschnittlich unter 500 Megajoule pro Quadratmeter und Jahr gesenkt werden.
- Mit konsequenten Sparmassnahmen soll erreicht werden, dass der Stromverbrauch in den heute bestehenden kantonalen und kommunalen Bauten im Jahr 1995 nicht höher liegt als 1988.

SCHÜTZEN UND HEGEN

Wasserversorgung und Abwasserreinigung

Wasser ist eines unserer wertvollsten Güter. Sein Schutz ist darum von entscheidender Bedeutung. Der Kanton treibt zu diesem Zweck die Ausscheidung von Wasserschutzzonen voran und stellt deren Überwachung sicher.

Langfristig werden die folgenden Ziele angestrebt:
- Die Grundwasserqualität muss für die Trinkwassernutzung erhalten und örtlich verbessert werden.
- Der Wasserverbrauch muss stabilisiert und wenn möglich reduziert werden.

Nach Abschluss der ersten Phase der kantonalen Abwasserreinigung, des baulichen Gewässerschutzes, ist nun die Phase des sogenannt *differenzierten Gewässerschutzes* angebrochen. Es geht dabei darum, für jedes Gewässer die massgeschneiderte Lösung zu finden und zu realisieren mit dem Ziel, die Qualität der Baselbieter Bäche und Flüsse weiter zu verbessern.

Als Folge der anhaltend starken Bevölkerungsentwicklung und der fortschreitenden Industrialisierung müssen zahlreiche Abwasserreinigungsanlagen in den kommenden Jahren saniert, erweitert und technisch nachgerüstet werden. Diese umfangreichen Gewässerschutzmassnahmen werden dem Staat respektable Kosten verursachen.

Waldschadenerfassung «Sanasilva»

Gemeinde: Itingen
Schadenintensitätskarte Sommer 1984

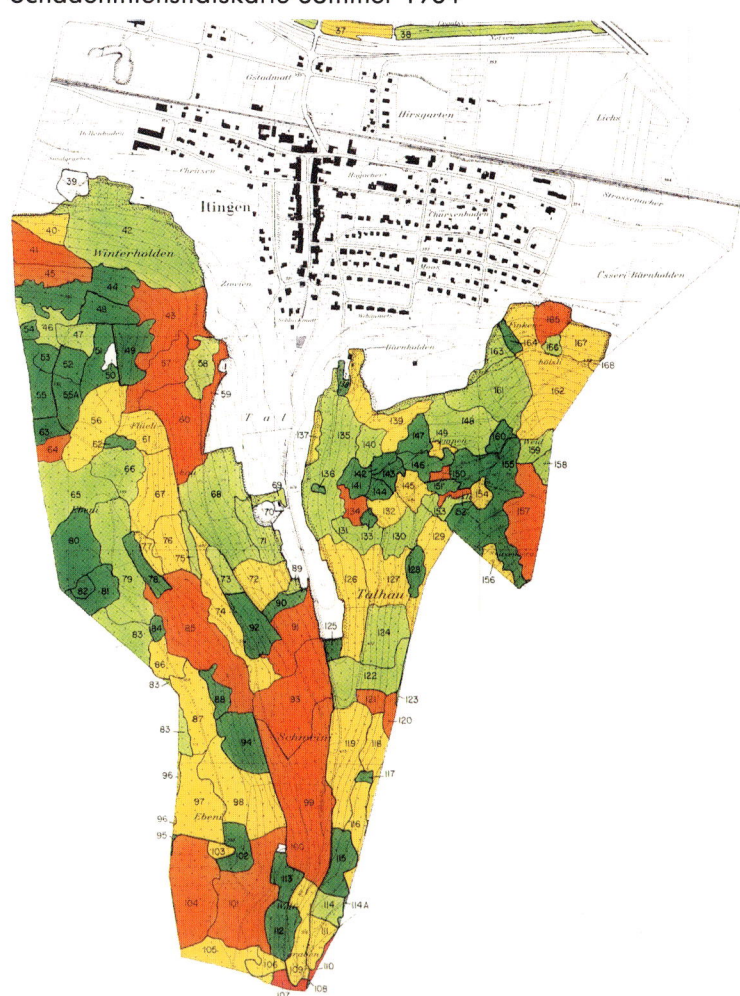

Schadenstufen

- 0 gesunder Bestand
- 1 A / 1 B schwach geschädigter Bestand
- 2 A / 2 B stark geschädigter Bestand
- 3 A / 3 B sehr stark geschädigter Bestand
- 4 absterbender/toter Bestand

Die an den Bäumen auftretenden Krankheitssymptome veranlassten die Baselbieter Behörden, ein Programm zur Erfassung der Waldschäden durchzuführen. Infrarot-Luftbilder geben detailliert Auskunft über die Intensität der Schäden jedes Waldbestandes in den 73 Baselbieter Gemeinden.

Der Wald:
ein Feind des Menschen wird dessen Freund

Der Wald wird vom Menschen seit Beginn unserer Zeitrechnung geprägt. War er ursprünglich der Aufenthaltsort der Jäger und Sammler, so diente er mit dem Beginn des Ackerbaues als Bodenreserve, die es nur noch zu roden galt. Noch heute bestehende Ortsbezeichnungen wie *Rüti* oder *Schwendi* deuten auf die Waldrodung hin.

Wurde der Wald zuerst im eigentlichen Sinne bekämpft, so hatten die verbliebenen Überreste der Wälder in späteren Jahrhunderten als Lieferanten von Bauholz, Brennholz, Laubstreue und als Weideflächen für Kühe, Schweine, Geissen, Schafe und Gänse zu dienen. Die Folge dieser beispiellosen, unkontrollierten Waldnutzungen waren Waldverwüstungen und Holzknappheit.

Unter diesem Eindruck trat bereits im 17. Jahrhundert die erste *Waldordnung* in der alten Landschaft Basel in Kraft. Darin wurde unter anderem gefordert, dass «jede Gemeinde jährlich eine grössere Anzahl Eichen zu pflanzen habe». Die Kontrolle dieser ersten Polizeivorschrift durch Untervögte und Geschworene, den damaligen Verantwortlichen, schien jedoch nicht von Erfolg gekrönt gewesen zu sein. Auf jeden Fall kehrte eine Waldordnung im 18. Jahrhundert den Spiess um, indem sie besagte, dass «Bauholz nur für Gebäude verwendet werden darf, die nicht mit Mauerwerk erstellt werden können».

Bis zur Kantonstrennung 1833 wurde mittels Dutzenden von Mandaten, Gesetzen, Verordnungen, Dekreten usw. mit wechselndem Erfolg versucht, die Waldbewirtschaftung in geordnete Bahnen zu lenken. Markus Lutz (1772–1835) stellte dazu in seiner «Kurzen Geschichte und Beschreibung des Kantons Basel» im Jahre 1834 fest, dass mit Ausnahme der Baslerhard keine Talebene mehr mit Wald bedeckt sei.

Nach der Trennung von Basel-Stadt und Basel-Landschaft blieben die Wälder vorerst Staatseigentum mit einem Nutzungsrecht der Gemeinden. Erst ein Gesetz im Jahre 1836 übertrug die Eigentumsrechte zu sieben Achteln den Gemeinden. Da der übriggebliebene sogenannte Staatsachtel zu einem grossen Teil auch von den Gemeinden losgekauft wurde, gehört heute nur noch etwa ein Prozent der Waldfläche dem Staat.

1833 hatte auch von Gesetzes wegen jede Gemeinde eine Waldkommission zu bestellen und einen Bannwart anzustellen. Neben der Bekämpfung des Waldfrevels waren die Aufgaben von Bannwart und Waldchef vor allem wirtschaftlicher Natur.

Erst aufgrund von Naturkatastrophen in den Berggebieten wich in der zweiten Hälfte des 19. Jahrhunderts das reine Nutzungsdenken der Einsicht, dass auch die Schutzfunktionen des Waldes von grosser Wichtigkeit sind. In der Folge der eidgenössischen Forstgesetzgebung schuf der Kanton Basel-Landschaft ebenfalls eine entsprechende Verordnung. Dadurch fasste neben dem Gedanken der Walderhaltung auch die nachhaltige Waldbewirtschaftung im Kanton durch gesetzliche Normen Fuss. Die Gemeinden hatten Waldreglemente aufzustellen, die die Aufgaben des Bannwartes oder Försters näher umschrieben und weiter ausdehnten.

Die heutigen Formen der Waldgebiete sind immer noch von der ungeordneten Nutzung geprägt, die bis ins 19. Jh. vorherrschte

SCHÜTZEN UND HEGEN

Markus Lutz: Kurze Geschichte und Beschreibung des Kantons Basel, 1834.
G.A. Rebmann: Die forstlichen Verhältnisse im Kanton Baselland, 1898.

Von Schweinemast und Schwellenholz

Dem Betrachter der heutigen Waldungen fällt sicher der hohe Anteil an Buchen-Hochwäldern in unserem Kanton auf. Vergleicht man diese mit benachbarten Nadelholz-Beständen, so wird man befriedigt feststellen, dass es im Kanton noch Naturwald gibt. Es wird einem deshalb schwerfallen zu glauben, dass dies in den wenigsten Fällen zutrifft. Im 17. Jahrhundert war die Waldfläche im Ergolzgebiet bedeutend geringer als heute. Am Abhang des Schleifenberges in Liestal zum Beispiel stockten vor 150 Jahren noch Reben.

Von der Eiche

Die Wunschbaumart war auch in unserer Gegend über Jahrhunderte hinweg nicht die Buche, sondern die Eiche. Sie lieferte gutes Bau- und Pfahlholz, diente der Medizin und den Gerbereien und war in Notzeiten sogar Kaffeeersatz.

Die Eichenwälder mit ihren Früchten waren jedoch vor allem begehrte Weideflächen für die Schweine. Das *Ackerit*, wie in der Landschaft Basel die Schweinemast genannt wurde, war eine wichtige Ertragsquelle für die Landwirtschaft. Dies wird auch daraus deutlich, dass oft Streitigkeiten um das Weiderecht entbrannten. So wurde im 15. Jahrhundert ein Streit um einen Eichenwald zwischen Gelterkinden und Rümlingen dahingehend geschlichtet, «dass dieser Eichwald denen von Gelterkinden verbleiben, sie aber denen von Rümlicken gestatten sollen alljährlich mit einer gewissen Anzahl Schweine darin zu fahren, die Eichbäume aber von denen von Rümlicken nicht geschüttelt noch die Eicheln aufgelesen werden» (aus Daniel Bruckner, Historische und natürliche Merkwürdigkeiten um die Landschaft Basel). Noch heute deutet der Flurname «Hard» auf ehemalige offene Eichen-Weidwälder hin.

Der Übergang von der Dreifelderwirtschaft zur Wechselwirtschaft mit vermehrtem Kartoffelanbau im 19. Jahrhundert und die dadurch ermöglichte Stallfütterung verminderten die Attraktivität der Schweinemast und damit auch das Interesse an den Eichenwäldern. Neben dem allgemeinen Holzmangel war insbesondere der Bau der Eisenbahnen mit ihrem grossen Bedarf an Schwellen für den Niedergang der Eichenwälder im Mittelland, aber auch im Jura, verantwortlich.

Mit Ausnahme der Flaumeichenbestände auf den Jurahöhen waren und sind die Eichenwälder ein Teil der Kulturlandschaft. Ohne die Obhut des Menschen hätten sie gegenüber anderen Baumarten, namentlich der Buche, wenig Überlebenschancen.

Von der Buche

Der Buche gelang es in den vergangenen Jahrhunderten nie, die Begehrtheit der Eiche zu erreichen. In dem Masse, wie die Eiche gehätschelt wurde, wurde die Buche verdrängt. Es ist wohl ihrer grossen Konkurrenzkraft und dem Brennholzbedarf bis zum Zweiten Weltkrieg zu verdanken, dass die Buche in unserem Kanton auch heute noch die dominierende Baumart ist.

Wie die Nutzung der Eichenwälder das Waldbild stark beeinflusste, so prägte die Stärke der Buche, ihre Qualität als Brennholz, über Jahrhunderte das Waldbild in unseren Buchenwäldern. Betrachtet man Abbildungen aus dem 18. Jahrhundert von Emanuel Büchel, fällt sofort auf, dass die Flühe viel höher sind und alle Burgen und selbst die Ruinen aus dem Wald hervorschauen. Es wäre zu einfach, dies mit der romantischen Weltsicht jener Zeit zu erklären. Vielmehr waren diese Buchenwaldungen als Nieder-, allenfalls als Mittelwälder, bewirtschaftet. Die Niederwaldbewirtschaftung bedeutete, dass in kurzen Zeiträumen (zum Teil unter zehn Jahren) auf grossen Flächen alle Bäume auf den Stock gesetzt wurden. Diese Hauschicht wuchs nur einige Meter hoch, bevor sie wiederum genutzt wurde, war also eher mit einer landwirtschaftlichen Produktion vergleichbar als mit unserer heutigen Waldbewirtschaftung.

Mit der Zeit gelang es auch, aus der Buche mehr als nur Energie zu gewinnen. Mit den Imprägnierungsmöglichkeiten fand und findet sie als Bahnschwelle Verwendung. Die Holzindustrie entdeckte sie als wichtigen Rohstoff, und auch im Konstruktionsbereich und als Möbelholz gewinnt die Buche an Bedeutung.

Für die Waldeigentümer hingegen ist die Buche auch heute noch ein Problembaum. Wohin mit dem Ast- und Kronenmaterial? Hier setzt nun eine Renaissance im Bereich der energetischen Verwendung ein: Das Brennholz wird nicht mehr in Niederwäldern, sondern vielmehr als Kuppelprodukt der Stammholzproduktion sowie bei den Pflegemassnahmen gewonnen. Das Brennholz wird auch nicht mehr ausschliesslich für den Hausbrand verwendet, sondern dient heute vermehrt zur Beheizung kommunaler Bauten.

Vom Nadelholz

Das Nadelholz hat nicht erst im 19. und 20. Jahrhundert Bedeutung erlangt. Bereits in mittelalterlichen Burgen unserer Region wurden Rot- und Weisstannnen als Bauholz verwendet. Daniel Bruckner erwähnt Mitte des 18. Jahrhunderts in seinen «Merkwürdigkeiten» in

SCHÜTZEN UND HEGEN

vielen Waldbeschreibungen neben Eichen und Buchen auch die Tannen, *Fiechten* und *Fohren*. Im Grossholz zu Wenslingen zum Beispiel steht damals bereits ein «schöner Tannenwald». Betrachten wir ein weiteres Mal die Abbildung von Emanuel Büchel, so fällt auch auf, dass nicht nur Flühe und Burgen, sondern auch die Fichten auf dem Sulzkopf das Laubholz überragen. Es gab also schon in jener Zeit Nadelhochwälder. Wegen des grossen Bedarfs an Bau- und Konstruktionsholz genossen diese Nadelwälder oft einen besonderen Schutz. Der erwähnte «schöne Tannenwald» bei Wenslingen war beispielsweise für den Weidgang gebannt.

Ansicht von Muttenz nach einer Zeichnung von Emanuel Büchel: Die Burgen ragen aus dem Niederwald heraus

Hans Meier-Küpfer: Florenwandel und Vegetationsänderungen in der Umgebung von Basel seit dem 17. Jahrhundert, 1985.
Paul Suter: Beiträge zur Landschaftskunde des Ergolzgebietes, 1971. Daniel Bruckner: Historische und natürliche Merkwürdigkeiten um die Landschaft Basel, 1748.

Unsere Ansprüche von heute prägen das Waldbild von morgen

Der Forstdienst schützt und hegt die Bäume, damit auch spätere Generationen sich in einem gesunden, in seiner Fläche erhaltenen Wald erholen können

Sowohl die noch existierenden Reste von Eichen-Weidwaldungen als auch die aufgewachsenen Buchen-Niederwälder und die Nadelholz-Bestände sind die Folge früherer Bewirtschaftungsformen. Doch hatten die damaligen Waldeigentümer oder Förster nicht das heutige Waldbild zum Ziel.

Die heutigen Bedürfnisse der Öffentlichkeit gegenüber dem Wald und damit die Ansprüche an den Waldbesitzer und den Forstdienst werden immer vielfältiger. Sehen die einen in der Holzerei einen rücksichtslosen Baummord des schnöden Geldes wegen, so wünschen andere mehr und schöneres Holz aus dem Wald. Fordern manche die Rückführung der Wälder in Urwälder, so wird er gleichzeitig von anderen als grösster Sportplatz des Kantons betrachtet.

Dabei wird leicht übersehen, dass jeder Wald einen Eigentümer hat. Zum grossen Teil sind es die Bürgergemeinden, zum kleineren Private. Diese Waldeigentümer haben einerseits zum Wald Sorge zu tragen und andererseits das Land mit Holz zu versorgen. Eine Aufgabe, welcher der Wald bei der heutigen Nutzungsmenge in der Schweiz nur gut zur Hälfte nachkommt. Der Rest – es sind dies über drei Millionen Kubikmeter pro Jahr – muss vom Ausland importiert werden.

Der Waldbesitzer und mit ihm der Forstdienst machen es sich auch heute zur Aufgabe, allen diesen Bedürfnissen Rechnung zu tragen. – Welche Ansprüche haben spätere Generationen an den Wald? Sind es reine Schutz- und Erholungsbedürfnisse oder spielt in fernerer Zukunft der Rohstoff Holz eine wichtige Rolle? Wir wissen es nicht. Wir können deshalb heute auch nicht sagen, ob unsere Vorstellungen von Waldbewirtschaftung und Naturschutz – so richtig sie nach dem heutigen Wissensstand auch sein mögen – kommende Generationen erfreuen oder verärgern werden. Sicher ist nur, dass sie von uns einen gesunden, stabilen und in seiner Fläche erhaltenen Wald erwarten.

<u>Daten des schweizerischen Landesforstinventars (LFI) für den Kanton Basel-Landschaft</u>
Das Ziel des LFI ist die grossflächige Zustandserfassung des Schweizer Waldes. Die Erhebung der Daten im Kanton Basel-Landschaft erfolgte 1984 mittels einer Stichprobe pro Quadratkilometer. Die vorliegenden Daten des Kantons Basel-Landschaft ergaben sich aus der Auswertung von ca. 150 Stichproben.

SCHÜTZEN UND HEGEN

Waldflächen und Vorrat in ha nach Eigentumskategorie

	absolut	prozentual	Vorrat
Öffentlicher Wald	11'300 ha	74%	299 m³/ha
Privatwald	4'000 ha	26%	366 m³/ha
Total	15'300 ha	100%	317 m³/ha

Waldfläche nach Bestandesalter

Alter	Waldfläche	Anteil in %
– 40 Jahre	2'000 ha	14,0%
– 80 Jahre	2'600 ha	18,1%
– 120 Jahre	4'700 ha	32,9%
> 120 Jahre	2'800 ha	19,6%
Keine Angaben	2'200 ha	15,4%

Der Baselbieter Wald heute

Laubwald 78%

- Esche 5%
- Ahorn 7%
- Buche 47%
- Übrige 14%
- Eiche 5%

Nadelwald 22%

- Tanne 10,7%
- Fichte 6,5%
- Föhre 4,5%
- Lärche 0,1%
- Übrige 0,2

Unsere Gewässer und das Hochwasser

Bereits im Jahr 1856 beschloss das Baselbieter Volk ein kantonales Gesetz über die Gewässer und die Wasserbaupolizei. Die «Macht der Verhältnisse» war jedoch damals in mancher Beziehung stärker als die Gesetzeskraft. So konnten allzu strenge Einzelbestimmungen von Anfang an nicht eingehalten werden. Trotzdem wurde schon im vergangenen Jahrhundert im Wasserbauwesen ganz Erhebliches geleistet. Das alte Wasserbaugesetz verfolgte indessen nur ein Hauptziel: die schadlose Hochwasserabführung. Die Folge davon waren gepflästerte und betonierte Kanäle, wie sie sich auf weiten Strecken beim Birsig, beim Diegterbach und bei der Vorderen Frenke präsentieren.

Mit Ausnahme der Region Waldenburg/Langenbruck sind unsere Gewässer keine eigentlichen Wildwasser. Das Gefälle ist aber doch so gross, dass zur Vermeidung von Erosionen durchgehend eine sorgfältige Sohlensicherung notwendig ist. Dank umfangreicher Stabilisierungsmassnahmen bis in die 40er Jahre unseres Jahrhunderts hinein sind die Bachsohlen heute geschiebetechnisch weitgehend im Gleichgewicht.

Derart einschneidende Eingriffe in die Gewässer sind heute nicht mehr nötig. Sie beschränken sich in Zukunft zur Hauptsache auf die Erhaltung der bestehenden Werte. Immerhin wird es in einigen Gemeinden unumgänglich sein, gewisse Bachkorrektionen an die Hand zu nehmen, um die Abflusskapazität zu verbessern und Überschwemmungen vorzubeugen. Dies wird vor allem dort der Fall sein, wo unsere Nutzungsplanungen es erlaubt haben, in Bachnähe Wohnhäuser zu bauen und teure Produktionsstätten zu errichten. Dabei gilt die allgemein anerkannte Wasserbauregel als Richtschnur, wonach unsere Gewässer imstande sein müssen, das sogenannte hundertjährliche Hochwasser aufzunehmen.

Das neue Wasserbaugesetz von 1974 verpflichtet die Behörden zu einem umweltschonenden Wasserbau. Notwendige Eingriffe werden *mit* der Natur und nicht *gegen* sie vollzogen. Dies ist allerdings nicht immer konsequent realisierbar. Je grösser das Hochwasserrisiko und je weniger Fläche für die Abflussvergrösserung zur Verfügung steht, desto schwieriger wird notgedrungen die Verwirklichung naturnaher Lösungen.

Überschwemmung vom 3. August 1982 in Niederdorf

Kastensperre im Schöntalbach in Langenbruck

SCHÜTZEN UND HEGEN

Sohlensicherungen in der Ergolz: links Holzschwelle, rechts Blockrampe

Der in den 30er Jahren nur nach dem Grundsatz «Schadloser Hochwasserabfluss» korrigierte Diegterbach in Sissach

Früheres Überschwemmungsareal der Birs in Aesch

Kombinierte Bauweise beim 1978 korrigierten Birsig in Oberwil

Das Militär: schrötig, aber nötig

Wer erinnert sich nicht – gern oder ungern – an die ersten Sporen, die er als Soldat seinerzeit auf der Gitterliwiese und im Kasernenhof in Liestal abverdiente? Noch sind die alten Kommandos im Ohr: «Liegen, laden!» und die Antwort auf Befehle: «Hier, Korporal, zu Befehl, Korporal!», die möglichst laut abgegeben werden mussten.

Alte Zeiten

Das Militär galt zur Zeit der Kantonsgründung als «Stolz und Freude der Basel-Landschaft». Zum Schutz der neu errungenen Freiheit, der Verfassung und der öffentlichen Ruhe war die Miliz offenbar nötig, schrieb der spätere Bundesrat Emil Frey doch über das Jahr 1832: «Feinde ringsum, Feinde auch im Innern.»

Viele Einwohner des Kantons hätten in der Waffenkunst mit dem «Feuerrohr» eine vorzügliche Gewandtheit, steht in einem Bericht aus jenen Tagen. Um die Uniformen war es damals nicht gerade gut bestellt: viele waren unbrauchbar geworden und verdorben und wurden im Alltag getragen.

Waffenplatz Liestal: Militärische Ausbildungsstätte für die Region

SCHÜTZEN UND HEGEN

Baselbieter Milizen zur Zeit der Kantonsgründung; nach Albert von Escher (1833–1905)

*Vor dem Abmarsch an die Landesgrenze:
August 1914 auf dem Exerzierplatz Gitterli in Liestal*

Kein Wunder, denn in den mehrjährigen Revolutionswirren und den provisorischen Verhältnissen auf der Landschaft wurden weder Rekruten instruiert noch die schon Eingeteilten gemustert oder inspiziert. Das muss wunderlich ausgesehen haben, wenn die Mannen in halben Uniformen und Bürgerkleidern in Reih und Glied aufgestellt waren! Aus jeder Übung wurde ein Volksfest. Wann und wo immer die Sturmglocken erklangen, eilten sogleich Knaben und Jünglinge und ergraute Männer mit Stutzer und Kommissgewehr herbei, um die junge Freiheit mit leuchtenden Augen zu verteidigen.

Waffenplatz Liestal

Die Zeit der Landserromantik ist vorbei, als es noch eine «basellandschaftliche Militärmacht» gab. Auch die Zeit der Bedrohung im Ersten und Zweiten Weltkrieg, als es galt, die Schweizergrenze zu sichern. Der Baselbieter tut seinen Militärdienst heute meist ungern, aber pflichtgetreu. Schätzungsweise 100'000 junge Schweizer Wehrmänner haben seit Bestehen des Waffenplatzes ihre Rekrutenschule in Liestal absolviert. Die jetzige Kaserne stammt aus dem Jahre 1862. Als 1875 die Ausbildung der Armee in die Verantwortung des Bundes überging, wurde Liestal zum Hauptwaffenplatz und 1938 zum Infanterie-Waffenplatz. Infanteristen aus den Kantonen Basel-Landschaft, Basel-Stadt, Solothurn und dem Laufental bekommen seither ihre militärische Grundausbildung in Liestal. Heute sind der Kanton, die Stadt Liestal und die Eidgenossenschaft Eigentümer der militärischen Anlagen rund um die Liestaler Garnison.

Seit 1933 hat auch die Eidgenössische Zollverwaltung ihre Ausbildungsstätte in Liestal, deren neu erstellte Anlage im Jahre 1979 bezogen werden konnte.

Das Tempo des Verkehrs

Der Sissacher Postzusteller Brodbeck dachte am 30. Juni 1855 auf seinem letzten Botengang nach Anwil nicht im Traum daran, dass man sich zwischen Schönenbuch und Ammel einmal gegen den Ausbau von Verkehrsverbindungen auflehnen würde. Und als sich die ersten Wegmacher 1839 den Tageslohn auszahlen liessen, hätten sie niemals begreifen können, wie der Kanton in einem Jahr 12 Millionen Franken nur für den Unterhalt von Kantons- und Nationalstrassen ausgeben könnte. Und was hätten sie zu den 1000 Unfällen gesagt, die sich heute jedes Jahr auf den Baselbieter Strassen ereignen?

Wer heute von Hamburg, Amsterdam, London oder Helsinki via Gotthard mit Bahn oder Auto in den Süden will, fährt unweigerlich durch das Baselbiet.

Doch nicht nur der Transitverkehr trieb die Frequenzen auf den Baselbieter Strassen und Schienen in die Höhe. Die unmittelbare Nähe der Stadt trug dazu bei. Seit Mitte des 19. Jahrhunderts wuchs die Industrie in Basel-Stadt stark an, womit die Heimindustrie (vor allem die Posamenterei) der Landschaft an Bedeutung verlor. Der Ausbau des Eisenbahnnetzes (1854 Eröffnung der Linie Basel-Liestal) ermöglichte den Landschäftlern, nach Basel zur Arbeit zu

Die Entwicklung der Zupendler nach Basel von 1960–1980

FAHREN UND TRANSPORTIEREN

fahren. Nach dem Zweiten Weltkrieg setzte ein reger Pendelverkehr zwischen Stadt und Land ein. Viele Basler waren aufs Land gezogen, arbeiteten aber in der Stadt. Heute stauen sich die Autos in der Hülften jeden Morgen zwischen Viertel vor sieben und acht Uhr in Fahrtrichtung Basel und jeden Abend ab fünf Uhr in Richtung Liestal. Zur gleichen Zeit sind Züge und Busse überfüllt.

Entscheidend zu dieser Entwicklung trug das Auto bei, dessen Bestand sich wie erwähnt in den letzten Jahren vervielfacht hat.

Spätestens seit Beginn der Diskussion um die Waldschäden ist man sich einig, dass diese Entwicklung nicht im gleichen Stil weitergehen darf. Die Ziele der heutigen Verkehrspolitik bestehen darin, den Strassenverkehr soweit als möglich auf ein paar wenige Hochleistungsstrassen (N2, J18, J2) zu konzentrieren und die Baselbieter durch eine attraktive Transportkette mit Bus, Tram und SBB und mit einem preisgünstigen Tarif zum Umsteigen auf den öffentlichen Verkehr zu motivieren.

Abenteuerliche Eisenkutschen, wie sie unsere Väter sahen...

...sind hochmodernem Wagenmaterial gewichen

«Der Reigoldswiler»

Um das Jahr 1850 hoffte die Bevölkerung in der Region von Reigoldswil auf die Eisenbahnverbindung nach Liestal (Wasserfallenbahn). Doch der Bundesrat lehnte ab. Dafür fährt seit dem 1. Juni 1905 der «Reigoldswiler» nach Liestal und seit dem 1. Oktober 1928 bis nach Basel. Heute hat diese Linie die älteste Strassenkonzession der Schweiz.

Angefangen hat die Geschichte der 70er-Linie allerdings mit grossen Enttäuschungen. Bereits nach dem Eröffnungstag traten Betriebsstörungen auf. Die Motoren erwiesen sich für die schweren Omnibusse als zu schwach. Reparaturen, Betriebsunfälle und zu hoher Brennstoffverbrauch trugen zu einem grossen Verlust im ersten Betriebsjahr bei. 58 Minuten benötigte der Bus damals für die Distanz von Reigoldswil nach Liestal. Dank ständiger Modernisierung des Wagenparks und dank besser ausgebauten Strassen fährt er heute die gleiche Strecke in 26 Minuten.

Das «goldene Tor» zur Schweiz

Über 50 Prozent aller Ein- und Ausfuhren der Schweiz gingen 1984 über die Region Basel. Zusammen mit dem benachbarten Stadtkanton bildet das Baselbiet für den Güterumschlag «das goldene Tor zur Schweiz». Doch auch aus dem Personenverkehr ziehen die Baselbieter seit Jahrhunderten wirtschaftlichen Nutzen.

Ob auf dem Strom, auf der Strasse oder auf der Schiene: Das Baselbiet hat den Verkehr, und der Verkehr hat das Baselbiet. Die Lage im Dreieck zwischen Rheinknie, Bözberg und den beiden Hauenstein-Pässen drängte die Region schon im Altertum in die Rolle eines Transitlandes und Umschlagplatzes.

Transitland

Auf dem Oberen Hauenstein bei Langenbruck sind noch heute zwanzig Meter der römischen Hauenstein-Strasse mitsamt Karrengeleisen zu sehen. Dieser Pass war vor 2000 Jahren die wichtigste Verbindung über den Jura zwischen Rom, dem Grossen St. Bernhard, dem heutigen Mittelland und den nördlichen Provinzen des römischen Reiches.

Als um 1220 der Gotthard als zentraler Alpenübergang durch den Bau der Teufelsbrücke in der Schöllenenschlucht neue Bedeutung erlangte, reagierte der damalige geistliche und weltliche Führer von Basel, Bischof Heinrich von Thun, blitzschnell: Er liess 1225 die Rheinbrücke bauen und festigte damit die Stellung der Region als Transitland auf Jahrhunderte hinaus.

Der darauffolgende Ausbau der beiden Hauensteinstrassen verstärkte auch die Stellung Liestals, wo die Juraübergänge zusammenkommen.

15 Pferde für ein Fuhrwerk

Eine Passüberquerung gestaltete sich noch bis ins letzte Jahrhundert hinein sehr mühsam. Die Wege stiegen so steil an, dass manche Fuhrwerke bis zu 15 Pferde vorspannen mussten, und zwar hintereinander, weil die Stasse für zwei Pferde nebeneinander zu schmal war.

Diese Vorspanne, die Pferdewechsel und die notwendigen Ruhepausen liessen die Gastwirtschaften an den Passstrassen aufblühen und gaben Hufschmieden, Wagnern, Sattlern sowie Schlossern Brot. Bis zum Bau der Eisenbahnlinien in der Mitte des letzten Jahrhunderts waren diese Gewerbe neben Landwirtschaft und Seidenbandweberei die wichtigsten Einkommensquellen der Baselbieter.

Von den diversen Zolleinnahmen lebten die Träger der militärischen, geistlichen und staatlichen Macht bis hin zum jungen Kanton Baselland. Doch mit der Gründung des Bundesstaates 1848 wurden alle Wegzölle abgeschafft. Seither herrscht freier Verkehr.

Das Jahrhundert der Eisenbahn

Der Bundesstaat verhalf auch der Eisenbahn zum Durchbruch, indem er nun die Erteilung von Konzessionen gegen widerspenstige Kantone erzwingen konnte. Das Jahrhundert der Eisenbahn verdrängte den Strassentransit.

Erst mit der zunehmenden Motorisierung nach dem Zweiten Weltkrieg und mit dem Nationalstrassenbau wuchsen die Ausgaben für die Strassen wieder, und zwar ab 1950 innert weniger Jahre um mehrere 100 Prozent.

Mit der Eröffnung der Eisenbahnlinie Basel-Olten durch den Hauenstein-Scheiteltunnel zwischen Läufelfingen und Trimbach am 27. April 1858 verloren die Handwerker und Gewerbetreibenden entlang der Passstrassen ihr Auskommen. Erst die Ansiedlung der Uhrenindustrie half den betroffenen Regionen langsam aus der Krise.

1916 erlebte der Hauenstein-Basistunnel seine Feuertaufe. Noch um die Jahrhundertwende waren zudem mehrere Schmalspurbahnen eröffnet worden, die in den folgenden Jahrzehnten als Träger des Pendelverkehrs und damit als Zubringer von Arbeitskräften in die Industiezentren an Bedeutung gewannen. Die wichtigsten Strekken verbanden Liestal mit Waldenburg, Basel mit dem Leimental sowie mit Aesch, Allschwil, Binningen, Birsfelden, Dornach und Pratteln.

FAHREN UND TRANSPORTIEREN

Ideale Lage für das Speditionsgewerbe

Unter den wirtschaftlichen Gewinnern des Eisenbahnzeitalters ragen die Gemeinden Muttenz und Birsfelden heraus: In Muttenz entstand in den Jahren von 1920 bis 1933 der grösste Rangierbahnhof der Schweiz. In den 60er Jahren erfolgte ein weiterer Ausbau dieses Knotenpunktes.

Die umfangreichen Hafenanlagen von Muttenz und Birsfelden realisierte der Kanton 1937 bis 1940. Die Erweiterung erfolgte 1956.

Besonders anziehend für die Ansiedlung einer bedeutenden Speditionsbranche in der Region wirkte die Verknüpfung von Hafen, Rangierbahnhof, Grenzlage, Autobahn, von chemischer, Metall- und Maschinenindustrie – und in neuester Zeit auch das Wachstum des Luftfrachtvolumens auf dem Flughafen Basel-Mülhausen.

Wachsender Rangierbahnhof in Muttenz

Der Rheinhafen in Birsfelden: wichtiger Umschlagplatz für Rohstoffe

Gründerjahre eines Eisenbahn-Kantons

Achtzehn Jahre waren vergangen, seit der erste Personenzug durch Nordengland gedampft war, da wurden die Baselbieter Regierungsräte von ihren Zürcher Amtskollegen zu einer Konferenz nach Baden eingeladen. Thema: Eine Eisenbahnlinie von Basel nach Zürich. Die Baselbieter Regierungsräte lehnten aus – wie ihnen das «Wochenblatt» attestierte – «triftigen Gründen» ab: Eine «Basel-Zürcher Eisenbahn» würde den Bewohnern der Landschaft eine «Hauptquelle ihres Wohlstandes, welche sie in dem äusserst lebhaften Durchgang von Reisenden und Handelsgegenständen durch denselben findet, mit einem Male abgraben».

Zweieinhalb Jahre später noch, im Dezember 1845, wurden die «Mitbürger von Baselland» vom «Wochenblatt» angemahnt, sich ja nicht die in der Revolution «so teuer erkämpften Güter durch einen Eisenbahnzug durch unseren Kanton» abjagen zu lassen. Doch schon im Januar 1846 war in einer Zeitung zu lesen: «Wir können nicht ohne Eisenbahnen bleiben, wenn ringsum solche gebaut werden.»

Der Politiker Stephan Gutzwiller, eine der zentralen Figuren bei der Gründung unseres Kantons, sah einen «Schicksalsmoment vielleicht für Jahrhunderte» gekommen: Wer sich der Eisenbahnbewegung nicht anschliesse, dem bleibe der Zugang zum «Kreis des höheren kommerziellen Lebens» für immer verwehrt: «Wehe dem Land, das den Verkehr verloren, er kehrt in der Regel nicht wieder.»

In den folgenden Jahren drängten wirtschaftliche Nöte und politische Unruhen, die zum Sonderbundskrieg und zur Gründung des Bundesstaates im Jahre 1848 führten, die Eisenbahnpläne nicht nur im Kanton Baselland in den Hintergrund. Vor dem Kampf mit dem Sonderbund wurde einzig die 23 km lange «Spanischbrötlibahn» von Zürich nach Baden eröffnet.

Erst im Jahre 1854 wurden die Bauarbeiten für die nächste schweizerische Eisenbahnlinie – die erste, die an das internationale Schienennetz anschloss – aufgenom-

Eisenbahn gestern: Die Dampf-Lokomotive «A 3/5» im Liestaler Bahnhof, 1918

Eisenbahn heute: Der moderne, leise «Kolibri» im Liestaler Bahnhof, 1989

FAHREN UND TRANSPORTIEREN

men. Es handelte sich um die Linie Basel-Läufelfingen-Olten, die am 1. Mai 1858 eingeweiht wurde. Bereits im November 1854 wurde das Teilstück Basel-Liestal zum ersten Mal befahren. Die «schöne Lokomotive Schweiz wurde von viel Volk, worunter die liebe heranwachsende Jugend sich durch Unvorsichtigkeit hervortat, empfangen», wie die Basellandschaftliche Zeitung damals anmerkte.

Dem Bau, der «vom grössten Teil des Volkes mit Misstrauen betrachtet» wurde, vorausgegangen war die Gründung einer «Centralbahngesellschaft», zu der sich 200 Vertreter der Kantone Aargau, Bern, Luzern, Solothurn, Basel-Stadt und Baselland zusammengerauft hatten. Sie wollten einem Zürcher und Neuenburger Projekt zuvorzukommen, das die Umfahrung Basels über Waldshut vorsah und damit die Stellung des Baselbiets im Weltverkehr gefährdet, es «gleichsam zu einem Eilande» gemacht hätte.

Am St. Nikolaus-Tag 1852 erteilte der Landrat der Centralbahngesellschaft die Konzession zum Bau und Betrieb einer Eisenbahn, die «das basellandschaftliche Territorium von der Stadt Basel'schen Grenze an der Birs bis zur solothurnschen Grenze am unteren Hauenstein durchschneidet». Von Olten an sollte die Bahnlinie «ostwärts in der Richtung gegen Zürich, westwärts gegen Solothurn und Bern» gebaut werden.

Die Centralbahngesellschaft ging nun in forschem Tempo daran, ihr Vorhaben zu verwirklichen. Sie überging aber bei der Festlegung der Linienführung und der Standorte der Stationen die Gemeiden und – was den Volkszorn noch mehr anfachte – eignete sich mit einer Rücksichtslosigkeit ohnegleichen Land für den Bahnbau an. «Die prächtigsten Obstbäume fallen unter den Streichen der Axt, und auf Wiesen und Feld wühlt die Schaufel im teuer erworbenen Eigentum des Landmannes», berichtete der «Bundesfreund». Auf die Beschwerden der empörten Kleingrundbesitzer antworteten die «Eisenbahnbarone» höhnisch: «Wenn Ihr's nicht freiwillig gebt, so nimmt man's Euch!»

Da die «landabtretungspflichtigen Bürger und Einwohner» weder bei der Baselbieter Regierung noch bei dem ausserordentlichen Schiedsgericht, das den Wert des enteigneten Landes festlegte, Gehör fanden, hatten die arroganten Eisenbahnherren freie Bahn. «Die gesamte Expropriation in unserem Ländchen» kostete 1'126'650 Franken, wie die bz berichtete.

Das neue, rasche Transportmittel belebte den Handel und erleichterte die Versorgung der Bevölkerung in Notzeiten, brachte aber nicht nur eitel Sonnenschein über das Baselbiet: Beim Bau des Hauenstein-Tunnels, des ersten Tunnels in der Schweiz, forderte im Juni 1857 eine Gasentzündung 63 Menschenleben. Dem Tunnel durch den Hauenstein fielen auch die Homburger Bachquellen und damit die Lebensgrundlage aller Müller und Zimmerleute im Homburgertal zum Opfer.

Die Centralbahn im Baselbiet: Viaduktbau in Rümlingen

Aus der langen Geschichte einer kurzen Schmalspurlinie

Sie bedurften dringend einer Schienenverbindung zwischen Liestal und Waldenburg, die Bewohner des Waldenburgertals. Ihr Wohlstand hatte merklich darunter gelitten, dass der Transitverkehr im Gefolge der ersten Eisenbahn-Bauten weggefallen war. Doch erst, als die Gemeinden der Talschaft und die Centralbahn Barbeiträge und Subventionen zugesichert und die Landschäftler die Konzession gutgeheissen hatten, konnte an die Verwirklichung dieser Pläne gedacht werden. Nach der Volksabstimmung vom 18. Juni 1871 sollten neun weitere Jahre verstreichen, bis die kurze Schmalspurlinie in Betrieb genommen werden konnte: Erst am 1. November 1880 dampfte der erste Zug von Liestal nach Waldenburg.

Dieser historischen Premiere ging eine Serie von turbulenten Probefahrten voraus: Zwischen August und September 1880 entgleiste jeder Zug, der sich auf die neue Strecke zwischen Liestal und Waldenburg wagte. Die letzte Probefahrt am 22. September 1880 sollte die unglücklichste von allen werden: «Dreimal entgleiste ein und derselbe Wagen, er musste unterhalb der Felsköpfe zurückgelassen werden», berichtete die Basellandschaftliche Zeitung. Nun rüstete man die Wagen mit einem «Balancier» aus, und siehe da, sie fuhren auch an den heikelsten Stellen ruhig auf den schmalen Schienen.

Nach der Eröffnung des Personentransports erfreute sich die Waldenburgerbahn grossen Zuspruchs und beförderte bald einmal weit mehr Reisende als die Post. «Die Zweifel an der Lebensfähigkeit des Unternehmens dürften nun wohl füglich dahinfallen», jubelte die bz. Die beiden zweiachsigen Lokomotiven «Dr. Bider» und «Rehhag», mit denen der Betrieb eröffnet worden war, vermochten den rasch anwachsenden Bahnverkehr schon bald nicht mehr zu bewältigen, und so traten die dreiachsigen Lokomotiven «Dubs» und «Waldenburg» in den Dienst. Die «Waldenburg» wurde 1909 abgebrochen und im folgenden Jahr durch die «Langenbruck» ersetzt.

Doch schon bald genügten auch vier Lokomotiven nicht mehr, und so wurden zwei weitere dreiachsige Loks angeschafft: Im Jahre 1902 die «Gedeon Thommen», die nach einem der Pioniere der Bahn benannt wurde, und zehn Jahre später die neue «Waldenburg». Diese beiden Lokomotiven sind die einzigen von insgesamt sieben Dampfrössern der Waldenburgerbahn, die heute noch erhalten sind. Die übrigen, einschliesslich der prächtigen vierachsigen Lokomotive Nr. 7, sind nach der Elektrifizierung der Bahn im Jahre 1953 dem Schneidbrenner anheimgefallen.

Die Dampflokomotive «Waldenburg» ist heute im Schweizerischen Verkehrshaus in Luzern zu bestaunen. Die «Gedeon Thommen», die zwischen 1961 und 1975 auf einem Betonsockel auf dem Liestaler Bahnhofsgelände gestanden hatte, wurde anlässlich der Hundertjahrfeier der Bahn restauriert und am 7. Juni 1980 wieder in Betrieb genommen. Seither haben sich so manche Hochzeits- und andere Gesellschaften von der «Gedeon Thommen» durchs Waldenburgertal chauffieren und in die gute alte Zeit zurückversetzen lassen.

Der Alltagsverkehr auf der Linie Liestal-Waldenburg wird heute von hochmodernen elektrischen Zugskompositionen bewältigt. Aber auch sie sind vor Unglücksfällen und Pannen nicht gefeit: Am 24. August 1988 stiessen in der Nähe der Station Altmarkt zwei Züge zusammen; das Unglück forderte zwei Menschenleben. Die Direktion der Waldenburgerbahn hat auf dieses tragische Ereignis rasch reagiert und den ohnehin geplanten Ausbau der Streckensicherung vorangetrieben.

Neuer Pendelzug der Waldenburgerbahn vor der Kirche St. Peter in Oberdorf

FAHREN UND TRANSPORTIEREN

Die Lokomotive Nr. 4 «Langenbruck», die die erste «Waldenburg» im Jahre 1910 ersetzt hatte, in Hölstein, 1944

Die Gelb-Orangen kommen!

Gelb und orange sind die Farben des öffentlichen Verkehrs im Baselbiet: Die seit 1974 bestehende «Baselland Transport AG» (BLT) hat diese Farben für ihre Busse und Tramwagen gewählt. Auch die Busse der betriebsbeauftragten Unternehmen sind entweder gelb-orange oder gelb (PTT).

Schon länger vetraut sind den Baselbietern die crème-roten Wagen der Waldenburgerbahn (WB), die zwischen Liestal und Waldenburg seit etwas mehr als einem Viertel Jahrhundert elektrifiziert ist und seit 1986 mit modernen Pendelzügen verkehrt. Seit langem im Baselbiet präsent sind die Basler Verkehrs-Betriebe (BVB) mit ihren grünen Trams und Bussen. Die BVB betreiben vier eigene und zwei BLT-Linien im Unterbaselbiet.

Eine grosse Vergangenheit hat auch die Eisenbahn im Baselbiet. 1854 eröffnete die Schweizerische Centalbahn ihre erste Eisenbahnstrecke von Basel nach Liestal. Heute betreiben die SBB vier Linien im Baselbiet: Basel-Tecknau, Basel-Aesch, Basel-Augst (Kaiseraugst) und Sissach-Läufelfingen.

Seit dem 1. Juni 1987 können Baselbieter, Basler, Laufentaler und Fricktaler mit dem Tarifverbund-Abonnement (TNW-Abo) für 40 Franken pro Monat alle öffentlichen Verkehrsmittel einschliesslich SBB und PTT benützen. Das U-Abo war seit dem 1. März 1984 ein Vorläufer des TNW-Abos. Im Baselbiet wird das von etwa 130´000 in der Region wohnhaften Personen benutzte TNW-Abo vom Kanton und den Gemeinden mit 22,50 Franken pro Monat subventioniert. Die Einführung des U-Abos übertraf alle Erwartungen und führte bei der BLT bis heute zu einer Frequenzsteigerung von 16 auf 27 Millionen Passagiere pro Jahr.

Anreize für Jugendliche, die öffentlichen Verkehrsmittel zu benützen, werden mit dem nur 25 Franken kostenden Jugend-Abo geboten. Dasselbe gilt auch für die Senioren, die das günstige Abonnement sehr oft für ihre täglichen Ausflüge benützen.

Nicht nur die Tarife sind in Bewegung, auch die Fahrpläne werden ständig verbessert. Neue Buslinien wurden in den 80er Jahren eingeführt, und das Platzangebot bei Tram und Bus wird laufend erhöht. Es wurden und werden Millionenbeträge in neues Rollmaterial und in Trassee-Sanierungen investiert. Die nebenstehende Karte beweist: Der öffentliche Verkehr erschliesst heute alle Teile des Baselbiets. Gute Anschlüsse erleichtern das Umsteigen – im doppelten Sinn.

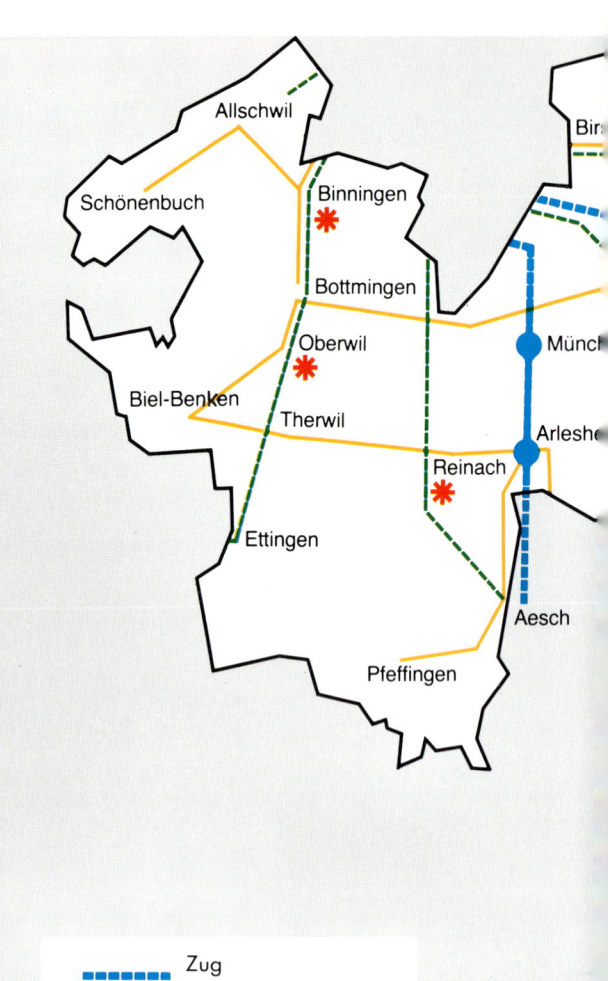

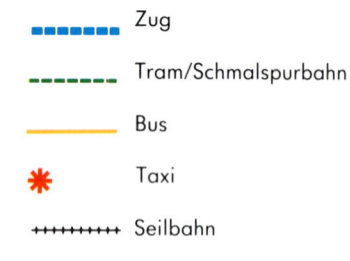

FAHREN UND TRANSPORTIEREN

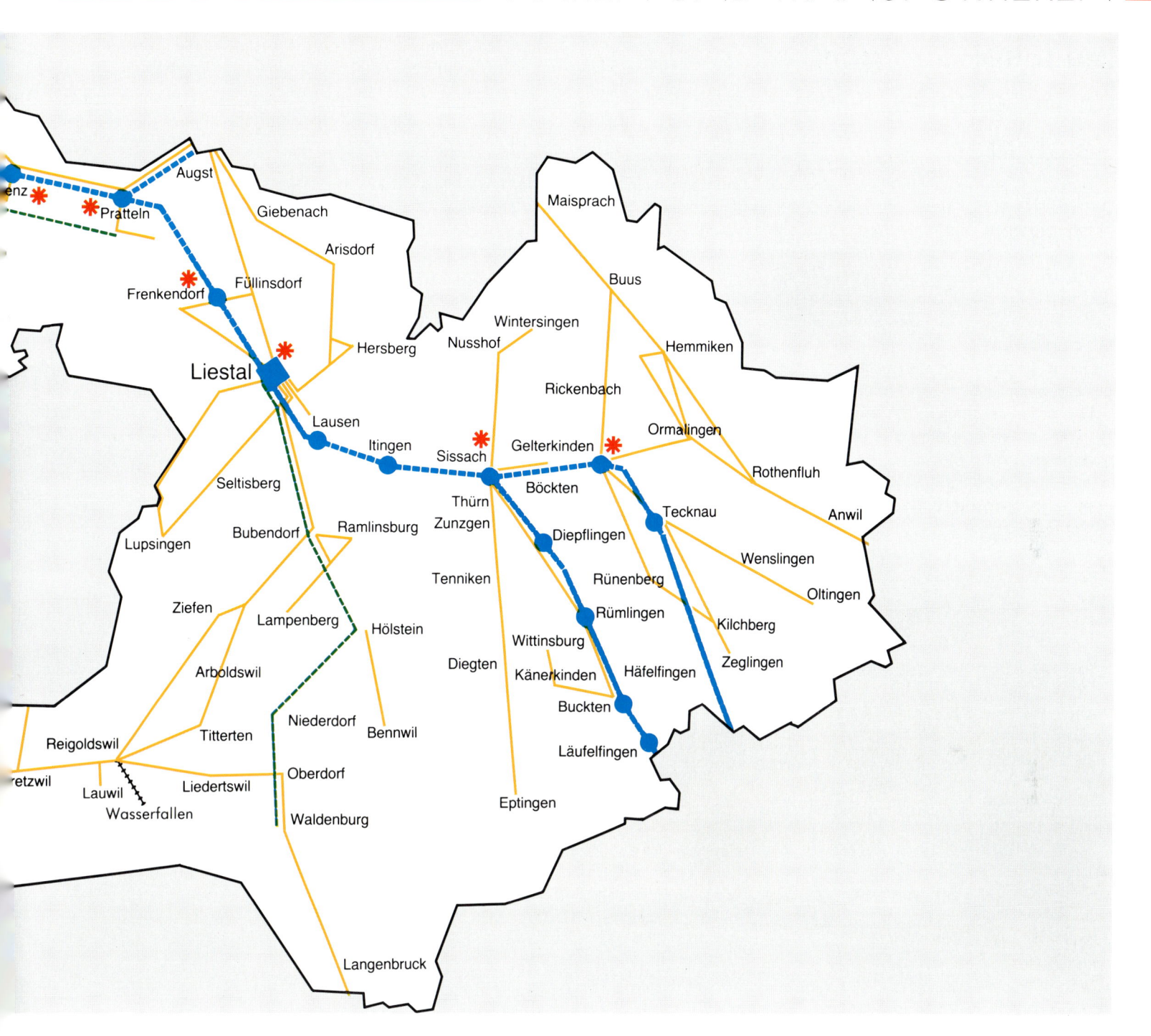

Bahn frei für Baselbieter Velofahrer!

Der Baselbieter ist wieder vermehrt mit der Nase im frischen Wind unterwegs: Die Zahl der Velos hat in den letzten Jahren ganz erheblich zugenommen (zwischen 1973 und 1988 von 56'000 auf über 115'000) und hat inzwischen den Bestand an Motorfahrzeugen überholt.

Grund für den rasanten Anstieg ist, dass zur Hauptsache Schüler mit dem Velo zur Schule oder zur Lehrstelle fahren. Der Anteil der berufstätigen Velopendler ist dagegen eher gering.

So schnell, wie neue Velos gekauft wurden, stieg auch die Zahl der Unfälle mit Radfahrern. Am gefährdetsten sind die jüngsten: Die Hälfte aller verunfallten Velofahrer ist noch keine zwanzig Jahre alt. 1950 betrug deren Anteil noch 28%!

Der Grund für die vielen Unfälle liegt einerseits in jugendlicher Unvorsichtigkeit und andererseits in der Verkehrssituation auf den Strassen, die selten auch für Velos konzipiert sind.

Das hat sich in der Zwischenzeit geändert: Im Februar 1984 bewilligte der Landrat einen Kredit zur Planung eines durchgehenden Radroutennetzes im ganzen Kanton. In der Folge beschloss er im Mai 1987 den Regionalplan Radrouten im Kanton Basel-Landschaft und bewilligte gleichzeitig einen Kredit von 25 Millionen Franken für den Bau der Radrouten erster Priorität. Die Realisierung der ersten Etappe ist im Gang.

Die neuen Routen verlaufen soweit wie möglich abseits der Autostrassen; sie sollen auch vermehrt die Pendler zum Umsteigen aufs Velo anregen. Vorgesehen ist, dass man auf dem ausgebauten Radroutennetz alle wichtigen Baselbieter Zentren erreichen kann, ohne auf eine Autostrasse angewiesen zu sein.

Die meisten der geplanten Routen liegen im dichtbesiedelten Unterbaselbiet. Im oberen Kantonsteil verlaufen sie in den wichtigsten Tälern.

Die Velowege werden so geplant, dass der Radfahrer keine grossen Umwege fahren und sich nicht mit unnötigen Steigungen abquälen muss. Die neuen Routen sollen vorwiegend auf bestehenden Wegen und Nebenstrassen realisiert werden.

Gemeinsam mit dem Kanton planen auch einzelne grössere Gemeinden kommunale Radweg-Netze. Sie sollen gewährleisten, dass der Velofahrer auch innerorts sicher ans Ziel kommt.

Auf der Linie Basel-Rodersdorf verkehrt sonntags ein Tramwagen, in den Ausflügler ihre Fahrräder verstauen können

FAHREN UND TRANSPORTIEREN

Die Natur erleben auf zwei Rädern – erst noch gesund

Radfahrer mit Rückenwind
Velofahrer, die sich mit Gleichgesinnten zusammentun wollen, haben eine grosse Auswahl an Vereinen im Baselbiet:
- Der *Arbeiter-Touring-Bund ATB* hat in Liestal, Augst, Pratteln, Birsfelden, Aesch, Münchenstein und in Reinach Sektionen. Dort widmet man sich den verschiedensten Kunstfahrer- und Radsportarten.

- *Schweizerischer Rad- und Motorfahrer-Bund SRB*. Dieser widmet sich dem Velo-Sport, dem Auto- und Motorradfahrsport. Der SRB hat folgende Sektionen im Baselbiet:
Velo Club, Allschwil; Velo-Moto-Club, Birsfelden; Verein freier Radfahrer, Birsfelden; Velo-Moto-Club, Ettingen; Radfahrer-Verein, Frenkendorf; Velo-Club, Füllinsdorf; Velo-Club, Gelterkinden; Radfahrer-Verein, Oberwil; Vereinigte Radler, Pratteln; Velo-Club, Sissach, und Velo-Club, Zunzgen.

- *Die Interessengemeinschaft Velo beider Basel* vertritt die Anliegen der Radfahrer in der Region. Rund 6000 Einzel- und 20 Kollektivmitglieder tragen heute die IG Velo. Sie hat sich verpflichtet, die Anliegen der Velofahrer gegenüber den Behörden und der Öffentlichkeit zu vertreten. Die IG Velo gibt periodisch eine kleine Zeitung heraus und veröffentlichte in letzter Zeit auch Velopläne.
Auskunft: IG Velo, Postfach, 4011 Basel.

- *Touring-Club der Schweiz TCS*, Sektion beider Basel; Velogruppe.
Ergolzstrasse 81, 4414 Füllinsdorf.

Das schnellste Velo stammt aus dem Baselbiet
So rasend schnelle Velos konstruiert kein zweiter Schweizer: Ernst Wagner aus Böckten tüftelte eine Muskelmaschine aus, deren Geschwindigkeitsrekord bis heute ungebrochen ist. Im Sommer 1987 erreichte der Elite-Amateurfahrer Urs Vescoli auf Wagners schnittigem Gefährt die Traumgeschwindigkeit von 88,6 Stundenkilometern.

Nur noch ausländische Teams fahren schneller. Heute steht für Wagner die Entwicklung von behindertengerechten Velos im Vordergrund. Die «Phase des Geschwindigkeitsrausches» sei um, sagt er. Derzeit entwickelt Wagner, der sich nur nebenberuflich darum kümmert, ein Velo, das per Handschlag angetrieben werden kann. Das Velo soll einem Querschnittsgelähmten helfen, sich fortzubewegen.

Triplex mit Elite-Amateur Urs Vescoli

Wo bekommt man Velonummern?
Statt wie bisher als Aluminium-Schilder werden die Velonummern nun in Form von Vignetten abgegeben, die auf eine Aluminium-Grundplatte geklebt werden. Vignette und Grundplatte kosten Fr. 8.20 und sind je nach Grösse der Ortschaft auf der Gemeindekanzlei oder auf dem Polizeiposten erhältlich.

Das Baselbiet verlockt zum Wandern

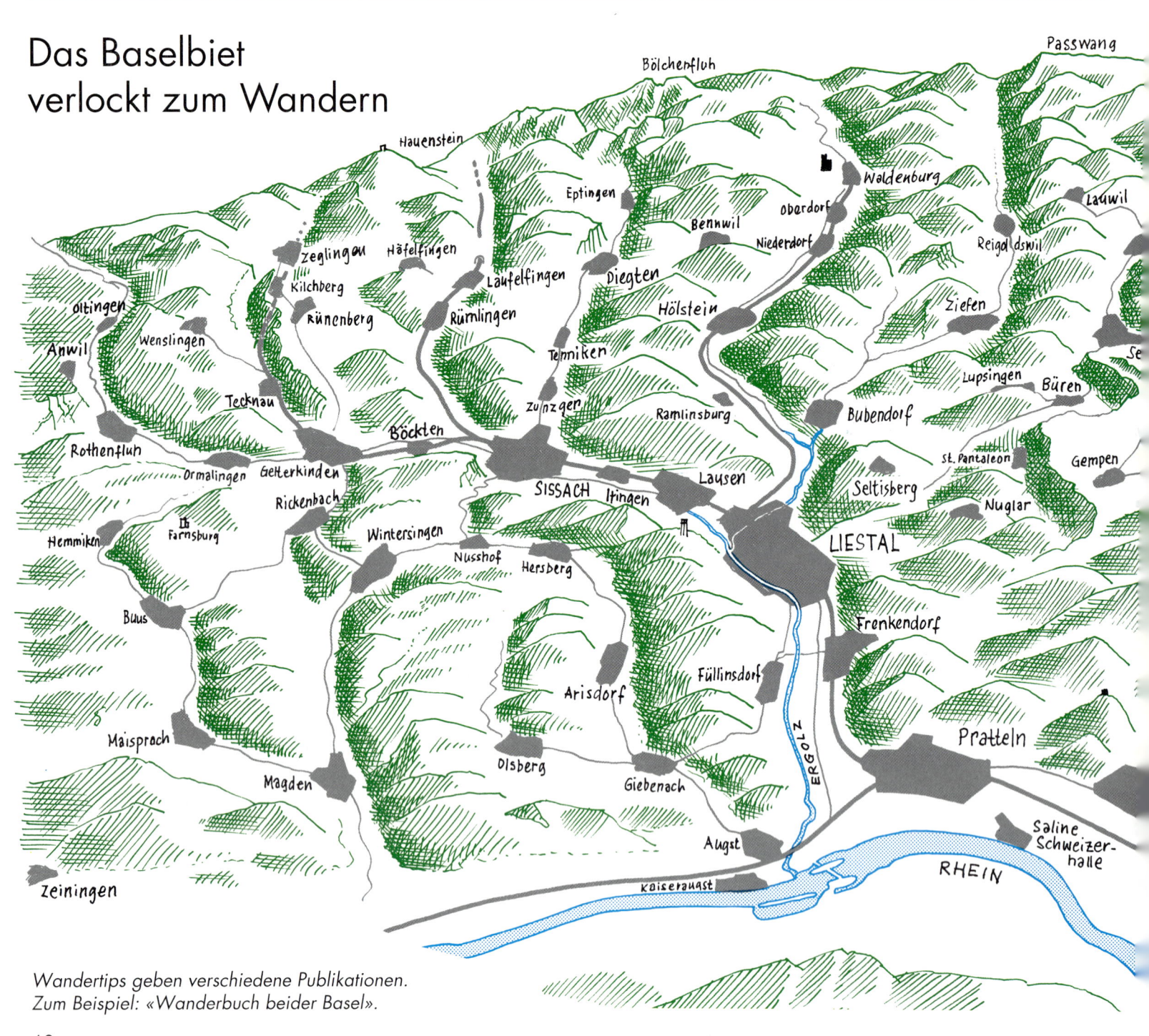

*Wandertips geben verschiedene Publikationen.
Zum Beispiel: «Wanderbuch beider Basel».*

WANDERN UND REISEN

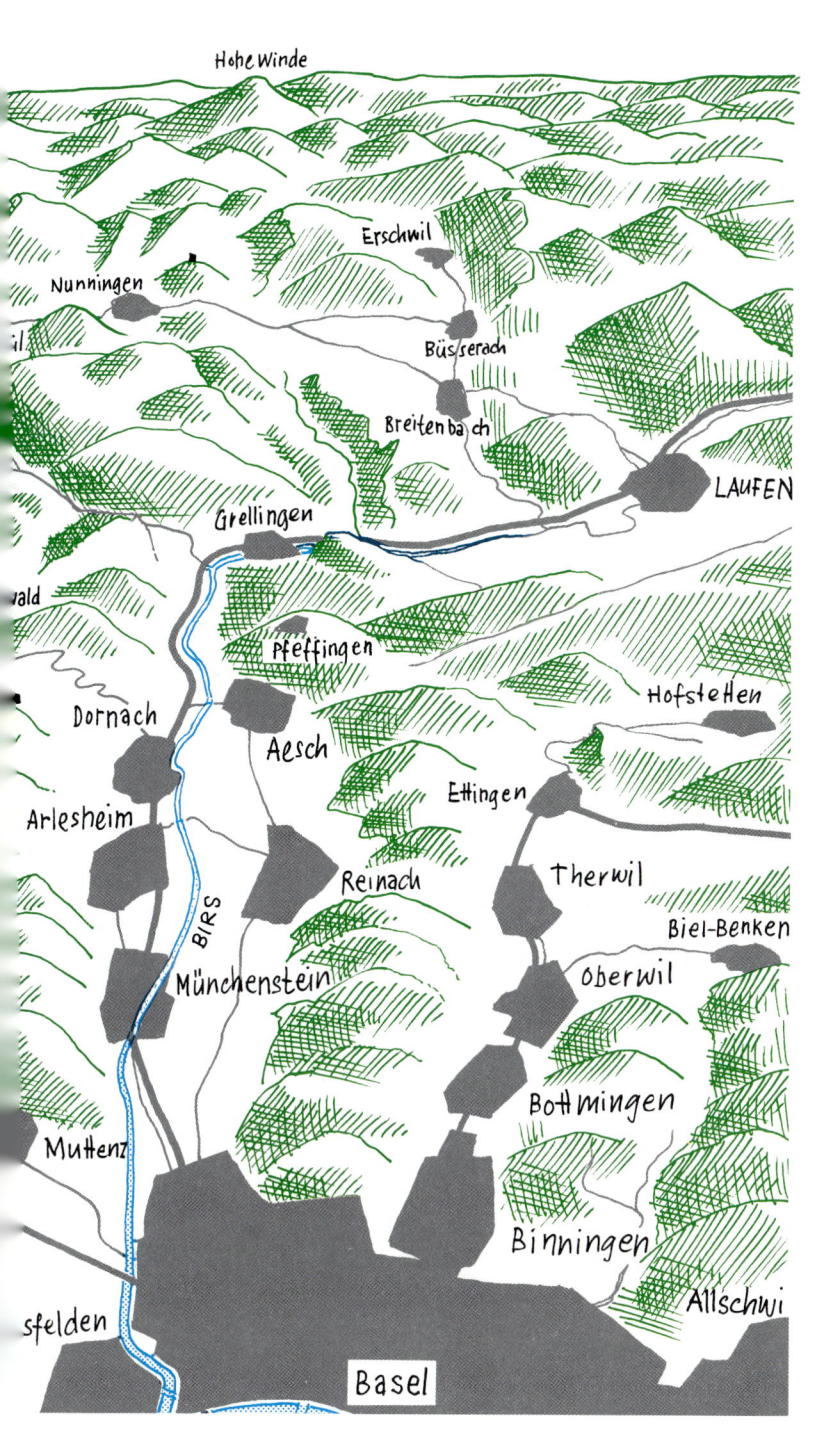

Heute kann man die Vergangenheit der Baselbieter Landschaft an vielen Zeugnissen ablesen – am besten wandernd. In den Kalkablagerungen der Jurahöhen findet man leicht Versteinerungen der Meereslebewesen, die Millionen Jahre vor den ersten Menschen im Gebiet unseres Kantons gelebt haben.

Das Gebiet des heutigen Kantons Baselland war vor etwa 200 Millionen Jahren mit einem warmen Meer überdeckt. Damals war unsere Gegend ein flacher Ozeanboden, auf dem Korallen ihre Bauten errichteten. Der Kalk dieser «Korallenburgen» bildet den Untergrund unserer Landschaft und ist heute bei den vielen Flühen sichtbar.

Diese harten, oft bis an die Oberfläche reichenden Kalkschichten brachen bei der Jurabildung an vielen Stellen senkrecht ab: Der damalige Meeresboden wurde aus Südosten gegen das Schwarzwaldmassiv gedrückt, so dass sich die mehr oder weniger flache Platte ein erstes Mal hob. Deshalb haben die Gesteinsschichten des Tafeljuras eine leichte Südneigung. Gleichzeitig wurden in einem langsamen Prozess die Falten des Kettenjuras gebildet, indem sich die Schichten wellenförmig verformten und übereinanderschoben. Deutlich ist als Übergang zwischen Ketten- und Tafeljura eine «Brandungszone» mit kleineren «Wellen»-Bergen heute noch zu erkennen. Erosion begann die Hügel abzutragen und die Täler zu formen. Nach einer zweiten Hebung von 500 bis 600 m erhielt das obere Baselbiet im Verlauf von sieben Millionen Jahren sein heutiges Gesicht.

Die Gegend des Birsecks und des Leimentals hat eine ganz andere geologische Vergangenheit. Diese unteren Kantonsteile bilden nämlich das Südende der Oberrheinischen Tiefebene, eines 300 km langen und 40 km breiten tektonischen «Grabens» zwischen Vogesen und Schwarzwald. Diese Ebene senkte sich, bevor Tafel- und Kettenjura sich anhoben und der südliche Teil des Juras sich in Falten legte. Noch heute wächst der Jura weiter, während die Tiefebene sich weiter senkt.

Ausser der Erosion durch Bäche und Flüsse formte auch Gletscherschliff die Baselbieter Landschaft. Während der vierten und grössten Eiszeit reichte ein Arm des Rhonegletschers über den Hauenstein bis zur Hülften bei Frenkendorf. Findlinge aus den Walliser Alpen bezeugen dieses Ereignis.

Im Gegensatz zum oberen Kantonsteil war das Leimental nie von Eis bedeckt. Dort lagerte sich durch Winderosion fruchtbarer Löss-Lehm ab, deshalb der Name «Leimental».

Geographische Exkursionsführer der Region Basel, Basel 1983. Spezialkarte des Jura Blatt 2 mit Höhen- und Wanderwegen, Bern 1984.

Tourismus im Durchgangsland

«Eine wunderliebe Landschaft», pries Jeremias Gotthelf die Vielfalt der Baselbieter Natur. Und zwei Zeilen des traditionellen Baselbieterliedes von Wilhelm Senn lauten: «Nei, schöner als im Baselbiet cha's währli niene sy.»

Liestals sehenswerte Altstadt aus der Vogelschau

Alpen-Rundsicht
Wer im Zug oder auf der Autobahn das Baselbiet durchfährt, ahnt kaum, welche vielversprechenden Panoramen Tafel- und Faltenjura anbieten. Das städtische Bild der Agglomeration Basel verändert sich zu einem kurzweiligen Wechsel von Bergen, Hügeln und Tälern. Auf den weiten Hochflächen liegen stille Bauerndörfer, weltentrückt und waldumrandet. Hellgraue Kalkfelsen, steile Flühe, würzige Bergmatten, breite Rücken und schmale Grate fliessen in spielerischer Weise ineinander über. Die aussichtsreichen Höhen des Kettenjuras bieten überraschende Fernblicke. Im Norden ist die Sicht frei auf das französische Elsass bis zu den Vogesen, die Oberrheinische Tiefebene und den deutschen Schwarzwald.

Das schönste Erlebnis aber bietet an klaren (Föhn-)Tagen die Fernsicht gegen Süden auf die schimmernden Schneeberge, die sich aus dem Dunst des Mittellandes emportürmen. «Schon um dieses grossen Anblickes willen muss dem Jura ein höchster Preis verliehen werden. Denn nur eine Jurahöhe kann uns dem Hochgebirge so gegenüberstellen, dass sich vor unserem Auge ein Bild des ganzen Alpenkreises vom Säntis bis zum Mont Blanc entrollt», schrieb Hermann Hiltbrunner.

Radfahrer, Surfer und Schlittler
Ein weitverzweigtes Strassennetz verhilft Radsportfreunden zu abwechslungsreichen Rundfahrten. In den letzten Jahren hat die IG Velo Basel Radfahrer-Karten mit den sichersten Verbindungen im Baselbiet herausgegeben. Sonnenhungrige baden in zahlreichen Schwimmbädern oder im Rhein, wo auch Paddler und Windsurfer anzutreffen sind. Über vierzig Schlösser, Burgen und Ruinen thronen auf hervorstehenden Bergrücken; sie leiten Wanderer von Aussichtspunkt zu Aussichtspunkt.

Fällt der erste Schnee, bricht jung und alt zur vergnügten Schlittenfahrt auf, zum Beispiel nach Reigoldswil, wo die «Wasserfallen»-Gondelbahn einen drei Kilometer langen Schlittelweg bequem erschliesst. Skifahrer erfreuen sich in Langenbruck eines einheimischen Wintersportzentrums. Langlaufen und Skiwandern finden immer grösseren Anklang; dies trotz der nur sehr kurzen Saison.

Das ganze Jahr hindurch aber sorgen zahlreiche gastliche Restaurants, gediegene Landgasthöfe und einfache rustikale Berghotels für einen ausgeglichenen Service von Speisen à la carte bis zu währschafter Bauernkost. Volkskundliche und künstlerische Museen hinterlassen ihren Besuchern lebendige Eindrücke.

Naturschutz
Im Rahmen der kommunalen Landschaftsplanung haben die Gemeinden wertvolle Biotope und Naturdenkmäler als Naturschutzgebiete auszuscheiden. Dieses Netz naturnaher Ökosysteme soll dazu beitragen, dass die Artenvielfalt der einheimischen Flora und Fauna erhalten werden kann. Meist handelt es sich dabei um kleinflächigere Schutzobjekte. Zu den grössten und bekanntesten Naturschutzgebieten gehören:

– Die *Reinacherheide*: ein vielfältiges Gebiet mit Magerrasen-Beständen, Trockengebüschen und Auenwald-Fragmenten.

WANDERN UND REISEN

- Der *Chilpen*, Diegten: mit interessanten Stadien der Vegetationsentwicklung von Pionierstandorten und Magerrasen auf wechselfeuchten Mergeln bis zu waldföhrenreichen Pionierwald-Stadien.
- Die *Talweiher*, Anwil: ein typisches Tafeljura-Tal mit steilen, bewaldeten Talflanken und künstlich geschaffenen, artenreichen Feuchtstandorten.

Diese drei Gebiete sind beliebte Ausflugsziele und stehen daher unter einem starken Erholungsdruck. Spezielle Orientierungstafeln erinnern deshalb die Besucher an die erforderlichen Verhaltensregeln..

Fremdenverkehr

Der Fremdenverkehr, einst bedeutende Einnahmequelle entlang der alten Passstrassen, hat mit dem Bau der Nationalstrasse im Kanton nur vorübergehend abgenommen. Durch die Bemühungen der Hoteliers und die Umstrukturierung vieler Hotelbetriebe konnte die Gastwirtschaft erhalten bleiben. Die Zahl der Logiernächte pro Gast ist heute mit durchschnittlich ein bis zwei Tagen etwa gleich wie vor der Schnellstrasseneröffnung. Früher waren es Passanten, die in einem gemütlichen Hotelzimmer Ruhe fanden. Heute sind länger logierende Gäste vor allem Geschäftsleute, die an Messen, Tagungen, Kursen oder Seminarien teilnehmen und deshalb mehrere Tage im Baselbiet verbringen. 50 bis 60 Prozent der Übernachtungen entfallen auf diese Besucher, die damit an die Stelle der früheren Durchreisetouristen getreten sind.

Offizielles Verkehrsbüro
für Liestal und Baselland
Rathausstrasse 51
4410 Liestal
Telefon 921 07 21

Die Gondelbahn auf die «Wasserfallen»

Skizentrum Langenbruck: Loipen, Pisten, Schanzen

«Es war einfach toll»

Vo Schönebuech bis Ammel

Mit ihrem Lehrer Helmut Häfelfinger wanderte die Liestaler Primarklasse 5f im September 1982 «Vo Schönebuech bis Ammel». Die erste Zeile des Baselbieterliedes hatte den Lehrer auf die Idee gebracht, zum 150-jährigen Kantonsjubiläum mit seiner Klasse diese Wanderung zu machen.

Wir dokumentieren die Route mit Ausschnitten aus Schüleraufsätzen und -berichten. Jedes Kind übernahm die Beschreibung einiger Kilometer der viertägigen Wanderung. Die Texte sind stark gekürzt.

«In *Schönenbuch* nahmen wir Abschied von den Eltern. Herr Häfelfinger zeigte uns noch die Kirche, die ich nicht so schön fand. Und dann ging es los. Wir sangen das Baselbieterlied. Die Strasse nach *Neuwiller* war eben. In Frankreich ging es hinunter ins Tal, und Neuwiller war in Sichtweite. Ich hörte einen Hund französisch bellen. Vor uns lag ein schönes und verträumtes Dorf.»

«Oberwil ist eine schöne Stadt»

«In *Oberwil* haben wir Äpfel gegessen. Oberwil ist eine schöne Stadt. Nachher kamen wir in den Wald. Es hat grosse Bäume gehabt. Und dort haben wir zu Mittag gegessen.»

«Als wir in *Reinach* ankamen, war ich ganz aufgeregt. Denn ich habe früher in Reinach gewohnt und habe gehofft, dass ich jemanden von meiner Klasse sehen würde. Vor einem Restaurant namens Waage machten wir Halt, denn Herr Häfelfinger kam nicht mehr draus. Wir wollten in den Tierpark. Aber da hätten wir beim Coiffeurladen abbiegen müssen. Dann wären wir direkt in den Tierpark gekommen. Aber das machte nichts, denn ich kannte noch einen andern Weg. Im Tierpark blieben wir eine Weile zum Fotografieren. Dann marschierten wir weiter. Mit Witzeerzählen wurden wir fast nicht fertig. Wir kamen zur T18. Über sie führte eine Brücke. Dann kam man in einen Wald. Als wir aus dem Wald kamen, ging es durch eine Unterführung bei der Birs in Richtung *Dornach*. An der Birs war es schön kühl, weil dort der Wasserfall war. Als wir aus der Unterführung rauskamen, sah man auf einer Brücke ein Denkmal, von wem weiss ich nicht. Ich habe ein Foto davon gemacht, weil es mir so gut gefallen hat. Wir marschierten weiter durch Dornach. Bei der Kirche machten wir Halt. Dort war ein Bildhauerkunstwerk mit Kriegern drauf und auch eine Glastüre respektive eine Vitrine. Und dort waren Schädel von Kriegern drin. Es ging dann weiter auf einer Teerstrasse auf den Gempen. Es war langweilig und mühsam die Teerstrasse hinauf. Endlich kamen wir in den Wald. Aber da ging es ganz schön steil hinauf. Wir haben geschnauft. Und als wir zu einem schönen Flecken kamen, standen dort endlich die Zelte.»

«Was ist das für ein Dorf?»

«Am nächsten Morgen standen alle ganz kribbelig an der Kreuzung. Nun ging es los. Wir kamen schon nach einem kleinen Stück im Wald an. Als wir aus dem Wald herauskamen, sahen wir ein Dorf. Da fotografierte Herr Häfelfinger schon wieder. Dann fragte er: 'Was ist das für ein Dorf?' Ach du liebe Zeit. Was konnte das bloss sein? Es war *Büren*.»

«Wir spazierten ein hübsches, kleines Weglein weiter bis zur Kirche. In der Kirche hatte es hübsche Wandmalereien. Aussen an der Kirchenmauer hatte es eine Sonnenuhr. Danach wanderten wir Richtung *Arboldswil*. Dort war die ganze Klasse eingeladen bei Tschopps, dem Gemeinderat, den Colette gut kennt. Es gab etwas zu trinken.

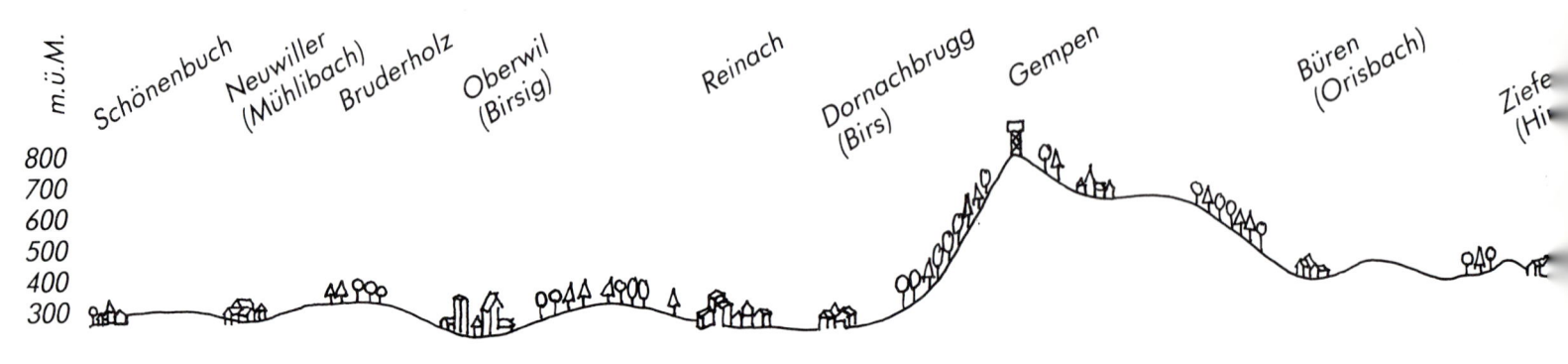

WANDERN UND REISEN

Ich war sehr froh. Auf der Höhe wanderten wir weiter nach *Titterten*. Als wir beim Blaukreuzhaus angekommen waren, waren alle froh.»

«Unwahrscheinlich, die Trauben»

«In Titterten standen wir schon um halb acht Uhr auf. Wir marschierten ab. Zuerst über den Hügel nach *Oberdorf*. Herr Häfelfinger sagte, in Oberdorf sollen wir uns den Uli Schad-Brunnen anschauen. Uli Schad war ein Bauernführer im Krieg.

Nachher spazierten wir dem Rebberg entlang. Unwahrscheinlich, die Trauben! Sie gelüsteten mich. Nach dem Rebberg gelangten wir auf die Fuchsfarm. Dort assen wir unser Znüni.»

«Nach dem Znüni sind wir hinab gewandert zu dem Walibach. Es war sehr angenehm zu wandern, denn es war ein warmer Tag. Wir folgten dem Bach ein Weilchen. Da sahen wir ein Reh. Danach ging es wieder hinauf. Es war sehr streng, denn es ging sehr steil hinauf. Es wurde immer wärmer. Alle waren müde. Plötzlich kamen wir auf eine Matte. Dort, auf dem Hornberg, machten wir Mittagshalt.»

«*Eptingen* war bald erreicht. In Eptingen bin ich, ohne lange zu suchen, zum ersten Brunnen gesprungen. Ich habe mich richtig erfrischt. Auf dem Weg zur Berghütte Skylla haben wir Quartett gespielt.»

«Am nächsten Morgen ging es ganz steil hinunter. Es war eine Zeitlang sehr langweilig, denn es war der gleiche Weg, den wir uns schon hinaufgeschleppt hatten. Dann kam eine Kurve und wir stolzierten weiter. Wir waren nun bei einer Teerstrasse angelangt und sahen schon *Läufelfingen*.»

«Weiher gesichtet»

«Das Znüni nahmen wir oberhalb des Bades Ramsach ein. Wir mussten weiter, einem Hang entlang. Bald schon kam unser Mittagessenrastplatz in Sicht. Das Essen war bald gegessen, und wir stürmten zu einer Kuhherde.»

«Als Herr Häfelfinger die Postkarten von *Zeglingen* gekauft hatte, kraxelten wir von fünfhundertfünfunddreissig bis siebenhundert Meter hinauf. Dieses Stück schlichen wir fast auf den Knien hinauf. Oben marschierten wir weiter auf fünfhundertachtzig Meter runter.

In *Oltingen* kaufte Herr Häfelfinger wieder drei Karten. Danach eilten wir zur meterbreiten Ergolz. Dann spazierten wir munter weiter Richtung Anwilerweiher. Auf einmal schrien alle: 'Weiher gesichtet!' Und sie sausten auf die Halbmondinsel, weil sie wie ein Halbmond geformt ist.»

«Dann ging es eine ganze Weile bergauf. Dann riefen alle: 'Anwil in Sicht.' Danach liefen wir durchs ganze Dorf. Anschliessend gingen wir zum Gemeindepräsidenten Schaffner. Danach überreichte uns Herr Schaffner das Heimatkundebuch. Wir hatten sehr viel Freude.»

«Ich konnte es fast nicht glauben, wir waren in *Anwil* angekommen. Vier Tage vorher waren wir noch in Schönenbuch gestartet, 55 Kilometer von Anwil entfernt.

Und ganz zuletzt dachte ich: Schade, dass die ganze wunderschöne Wanderung vorbei ist.»

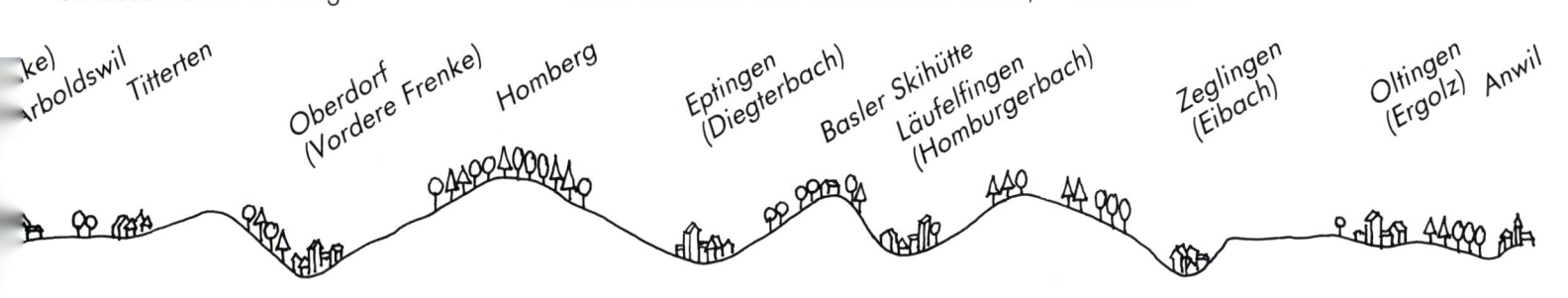

Eine Schulklasse wanderte quer durch den ganzen Kanton: ein unvergessliches Erlebnis

Bilder unserer Landwirtschaft

Zur Zeit der Dreifelderwirtschaft wäre es noch einfach gewesen, die Baselbieter Landwirtschaft in Bildern darzustellen: ein Getreidefeld und eine Kuhwiese hätten ausgereicht. Heute ist das viel komplizierter, denn im Kanton Baselland ist jedes Produkt zu finden, das in der übrigen Schweiz gedeihen kann. Milch- und Fleischproduktion machen heute fast drei Viertel des Ertrages aus, der Getreideanbau noch knapp sechs Prozent (vgl. Grafik auf der Doppelseite «Vom Getreideanbau zur Viehwirtschaft»). Das liegt einmal an der für Viehhaltung geeigneten hügeligen Juralandschaft, aber auch an den verbauten Talsohlen, die dem Getreideanbau verlorengingen.

Der Kanton Baselland ist der traditionelle Schwerpunkt des schweizerischen Kirschenanbaus

Blühende Rapsfelder schmücken unsere Landschaft und dienen der Landesversorgung mit Speiseöl

Trotz geringer Bedeutung wachsen im Baselbiet viele Apfelsorten, die verschiedenen Ansprüchen genügen

Für viele kleinere Landwirtschaftsbetriebe ist der Gemüseanbau für den Verkauf von Bedeutung

ARBEITEN UND PRODUZIEREN

Die Zahl der traditionellen Arbeitspferde ist rückläufig, hingegen wächst der Bestand an Sport- und Freizeitpferden

Etwa die Hälfte des Rindviehbestandes gehört zur Simmentaler Rasse, gefolgt vom Braunvieh und Schwarzfleckvieh

Die «Kühe des armen Mannes» drohten zu verschwinden, doch scheinen sich die Ziegen erneuter Beliebtheit zu erfreuen

Seit den fünfziger Jahren hat sich der Schweinebestand im Baselbiet fast verdreifacht: die Zahl der Betriebe aber sank

Mist ist des Bauern List

Moderner Landwirtschaftsbetrieb

Die Entwicklung der Baselbieter Landwirtschaft ist die Geschichte des Selbstversorgers, der zum Nahrungsmittelproduzenten wurde. Naturwissenschaften, technische Fortschritte und Veränderungen im sozialen Gefüge haben die Landwirtschaft vom Mittelalter ins 20. Jahrhundert geführt.

Dreifelderwirtschaft

Der grösste Teil der Baselbieter Landwirte baute, wie in anderen Landesteilen auch, vom Mittelalter bis ins 18. Jahrhundert vor allem Getreide an. Auf höher gelegenen Gütern betrieben die Bauern Milchwirtschaft. Sie versorgten die Städter in Basel mit frischer Jurabutter.

Gemüse war noch kein Feldprodukt – Vitamin C holte man sich im Garten und von Obstbäumen.

Ziel der Kornbauern war – wie heute noch – die Produktion von möglichst viel Getreide. Ihre Methode hiess Dreifelderwirtschaft. Pflanzte ein Bauer jedes Jahr die gleiche Fruchtsorte auf einem Feld, war der Boden bald ausgelaugt. Zwar düngte man mit Mist, doch das reichte nicht, um den Boden genügend mit Nährstoffen zu versorgen. Deshalb gab man dem Boden eine «Lieferpause» – als Brachweide konnte er sich regenerieren. Mit dieser Methode konnten Äcker jahrhundertelang bebaut werden, ohne dass der Boden zur Wüste verkam.

Verlauf der Dreifelderwirtschaft

1. Jahr	Wintergetreide	Sommergetreide	Brache
2. Jahr	Sommergetreide	Brache	Wintergetreide
3. Jahr	Brache	Wintergetreide	Sommergetreide

Verbesserte Dreifelderwirtschaft

Die Methode der Dreifelderwirtschaft verlangte von den Bauern viel Gemeinsinn und hemmte individuelle Schaffenskraft. Zudem waren der Ertragssteigerung Grenzen gesetzt. Die Bevölkerung aber wuchs und mit ihr neue Beschäftigungszweige – die Landwirtschaft verlor langsam Personal und sollte gleichzeitig mehr Menschen versorgen. Der Boden musste also mehr hergeben. Aber wie?

Das Zauberwort hiess Mist. Je mehr Mist ein Bauer auf seine Felder zetteln konnte, desto mehr Nährstoffe wurden dem Boden zugeführt. Der Erntesegen fiel üppiger aus.

Mist liefern die Nutztiere – Milchkühe und Zugochsen. Je mehr Nutztiere ein Bauer besass, desto mehr Mist konnte er vor dem Stall aufstocken.

Doch brauchte er genügend Futter, auch für den Winter. Je mehr Land ein Bauer besass, desto mehr Vieh konnte er füttern. Hier schliesst sich der Kreis. Schon damals hatten kleine Bauern Mühe mitzuhalten. Der Beginn der modernen Landwirtschaft setzte im 18. Jahrhundert mit grösserer und besserer Futtermittelproduktion ein. Klee war das Erfolgsgeheimnis, denn diese eiweissreiche Pflanze schonte den Boden und reicherte ihn mit Stickstoff an. Der Effekt war doppelt: Futtermittel und Getreide, weil das Kleefeld nicht mehr gedüngt werden musste.

Die nächste Massnahme war die Erschliessung der Felder: man legte ein Feldwegnetz an. Der erweiterte Zugang zu den verstreuten Äckern brach den Flurzwang auf. Die Landwirte erhielten mehr persönlichen Spielraum und konnten die Fruchtfolge auf ihren Feldern der Bodenbeschaffenheit anpassen.

Was man an Dünger sparte, liess sich für neue Produkte verwenden. Kartoffeln und Runkelrüben, vorher in Gärten gepflanzt, wurden grossflächig angebaut.

Erste Agrarreform

Naturwissenschaftliche Erkenntnisse und technologische Errungenschaften wirkten sich langsam aus. Vier Gebiete waren mit der ersten Agrarreform in der ersten Hälfte des 19. Jahrhunderts verbunden:

ARBEITEN UND PRODUZIEREN

- Förderung der Viehzucht
- Meliorationen
- Ausbau des landwirtschaftlichen Kreditwesens
- Weiterbildungskurse für die Bauern.

Erste Agrarkrise

Der Aufschwung der Landwirtschaft hielt nicht lange an. Als Basel an das französische Eisenbahnnetz angeschlossen wurde (1845), konnte man Getreide importieren. Zuerst russisches, dann amerikanisches. Die Preise im Basler Kornhaus fielen zusammen, die Baselbieter Landwirtschaft schlitterte in eine Krise, die bis Ende des Ersten Weltkrieges dauerte. Immer mehr Bauern setzten auf Milchwirtschaft, die Äcker verwandelten sich in Wiesen.

Die Einführung von Schutzzöllen durch den Bund milderte die Krise langsam. Die Abwanderung eines grossen Teils der Bevölkerung von der Landwirtschaft in die schnell wachsende Industrie war ein weiteres Hemmnis. Ende des Ersten Weltkrieges war die Krise vorbei.

Zweite Agrarkrise

Die Zeit zum freier Atmen war von kurzer Dauer, die Krise der Posamenter folgte. Zwischen 1920 und 1935 verschwanden rund 75% der Bandwebstühle. Die meisten Posamenter betrieben neben der Bandweberei in kleinem Rahmen Landwirtschaft. Als die Krise hereinbrach, suchten sie sich Arbeit in der Industrie. Ihre eigene Landwirtschaft konnten sie kaum vergrössern, sie hätten zuviel investieren müssen. Einige verlegten sich auf den Feldgemüsebau und fanden so einen Ausweg. Die Gründung der Zentralstelle Gemüsebau war eine Folge davon. Ein grosser Teil der Posamenter hingegen wanderte in die Industriegemeinden ab. Das Land der Bandweber wurde verkauft oder verpachtet. Die nebenberufliche Landwirtschaft nahm ab. Dies illustriert folgende Tabelle:

Entwicklung der Landwirtschaftsbetriebe nach ihrer Grösse

	1939	1955	1965	1975	1985
Betriebe bis 5 ha	2966	1802	911	730	702
Betriebe 5–10 ha	1069	902	554	240	171
Betriebe über 10 ha	693	810	889	899	870
Total Betriebe	4728	3514	2354	1869	1743

Siedlungs-, Strassen- und Industriebau verschlangen Land. Die Kulturfläche im Baselbiet verringerte sich von 1905 bis 1975 um 20%. 1985 sind noch 3,2% der Bevölkerung in der Landwirtschaft beschäftigt.

Zweite Agrarreform

Der gesamtwirtschaftliche Aufschwung nach dem Zweiten Weltkrieg mit einem grossen Arbeitskräftebedarf in der Industrie zwang die Landwirtschaft zur Mechanisierung und Rationalisierung der Betriebe. Dem steigenden Lohnniveau konnte die Landwirtschaft nicht folgen, und auch die Preise für landwirtschaftliche Erzeugnisse wurden nicht entsprechend erhöht. Daraus ergab sich der ökonomische Zwang für eine Produktivitätssteigerung in der Landwirtschaft, die von keinem anderen Wirtschaftszweig übertroffen wurde. Grosse Maschineninvestitionen und auch Betriebsvergrösserungen hatten zur Folge, dass viele Bauern ihre Gebäude sanieren, vergrössern und den neuen Verhältnissen anpassen mussten. Trotz namhafter Unterstützung von Bund und Kanton war eine starke Verschuldung die Folge.

Da und dort setzten die Bauern auf die Spezialisierung. So kam es, dass nicht mehr alle Bauern alles produzierten, sondern sich auf wenige Betriebszweige beschränkten, diese aber möglichst rationell betrieben. Eigentliche Farmen und hochspezialisierte Landwirtschaftsbetriebe gibt es aber keine in Baselland.

Dritte Agrarreform

Die grosse Produktivitätssteigerung, der verstärkte Einsatz von verschiedenen Hilfsstoffen (Futtermittel, Handelsdünger, Pflanzenbehandlungsmittel usw.), von neuen Zuchtmethoden und die Einführung anderer Rassen und Varianten bei Tieren und Pflanzen lassen mögliche Grenzen des Wachstums erkennen.

Mahnungen und Forschungen von sogenannten biologischen Landbaurichtungen führen dazu, dass vermehrt ökologische Zusammenhänge betrachtet werden. Dazu gehört auch eine weitere wichtige Aufgabe unserer Landwirtschaft, nämlich der Schutz des unvergleichlich schönen und abwechslungsreichen Landschaftsbildes und die Erhaltung einer möglichst reichhaltigen natürlichen Flora und Fauna.

Die heutige Zeit ist daher mehr und mehr ge-prägt vom Bemühen, den guten Mittelweg zu finden zwischen Ökonomie und Ökologie.

Vom Getreideanbau zur Viehwirtschaft

Abgesehen von einigen kleinen Unterschieden deckt sich das Bild der Baselbieter Landwirtschaft fast ganz mit jenem der gesamtschweizerischen. Die Grafik über den Endrohertrag der Landwirtschaft zeigt deutlich, dass die Rindviehhaltung das wichtigste Teilgebiet ist. Zwei Drittel aller Milchproduzenten sind in der voralpinen Hügelzone oder in einer der Bergzonen (I oder II) zu Hause.

Erstaunlich ist, dass der ehemals dominante Getreideanbau heute auf fast die gleiche Menge wie beim Gemüseanbau zusammengeschrumpft ist. Die Obstkulturen hingegen sind immer noch ein wichtiger Teil der Baselbieter Landwirtschaft, vor allem die Kir-

Landwirtschaftliche Produktion: Endrohertrag in Franken nach Betriebszweigen (BS/BL) 1984

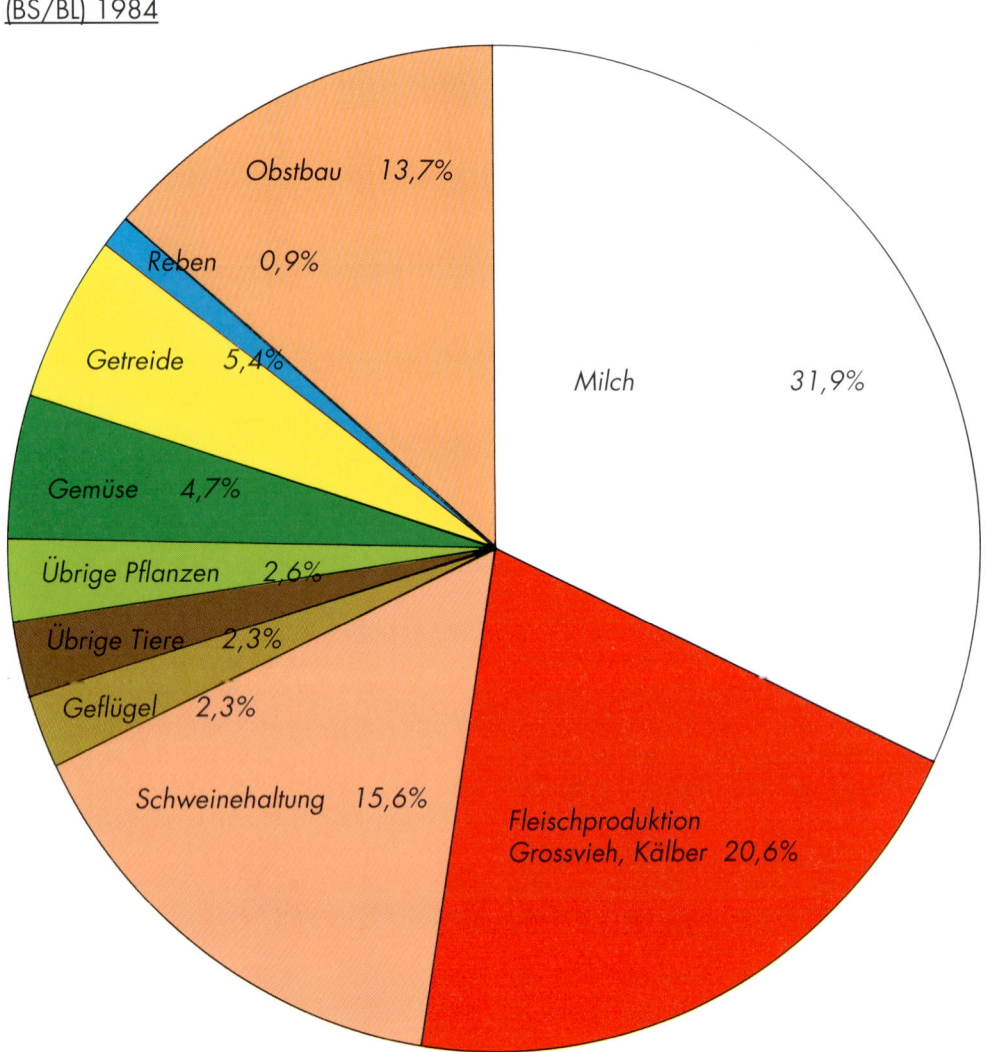

- Milch 31,9%
- Fleischproduktion Grossvieh, Kälber 20,6%
- Schweinehaltung 15,6%
- Obstbau 13,7%
- Reben 0,9%
- Getreide 5,4%
- Gemüse 4,7%
- Übrige Pflanzen 2,6%
- Übrige Tiere 2,3%
- Geflügel 2,3%

Obstkulturen: Anbaufläche in %

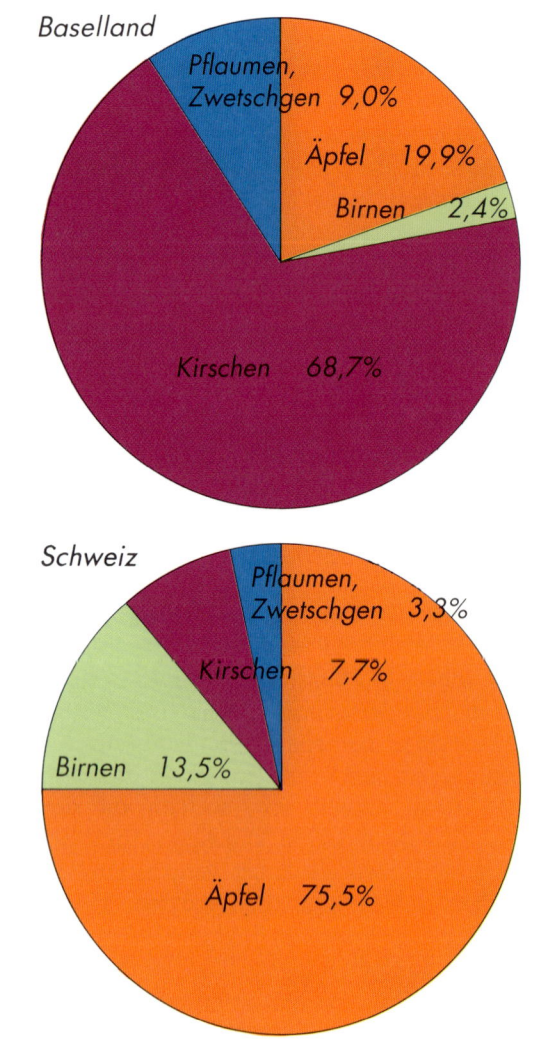

Baselland
- Kirschen 68,7%
- Äpfel 19,9%
- Pflaumen, Zwetschgen 9,0%
- Birnen 2,4%

Schweiz
- Äpfel 75,5%
- Birnen 13,5%
- Kirschen 7,7%
- Pflaumen, Zwetschgen 3,3%

ARBEITEN UND PRODUZIEREN

schen, die dem Kanton eine Art Erkennungsmarke eingebracht haben.

Klein, aber fein ist die Weinproduktion, die immer wieder für Auszeichnungen gut ist.

Tiere gehören zur Landwirtschaft wie der Dotter zum Ei, das weiss jedes Kind. Was es nicht weiss, ist die Tatsache, dass sich der Nutztierbestand sehr stark verändert hat. Züchtungen haben einige alte Rassen zum Verschwinden gebracht, auch wurde der Bestand von weniger ertragreichen Tieren abgebaut.

In den letzten dreissig Jahren hat sich hingegen die Zahl der Schafe verdreifacht; der Ziegenbestand hat sich erst in letzter Zeit vom «Aderlass» erholt und scheint sich auf eine zwar geringe, aber doch konstante Zahl einzupendeln. Von den weltweit 89 Gross- und 58 Zwergrassen der Hühner ist leider wenig zu sehen: Im Geflügelstall herrscht immer noch Monotonie.

Entwicklung des Bestandes an landwirtschaftlichen Nutztieren

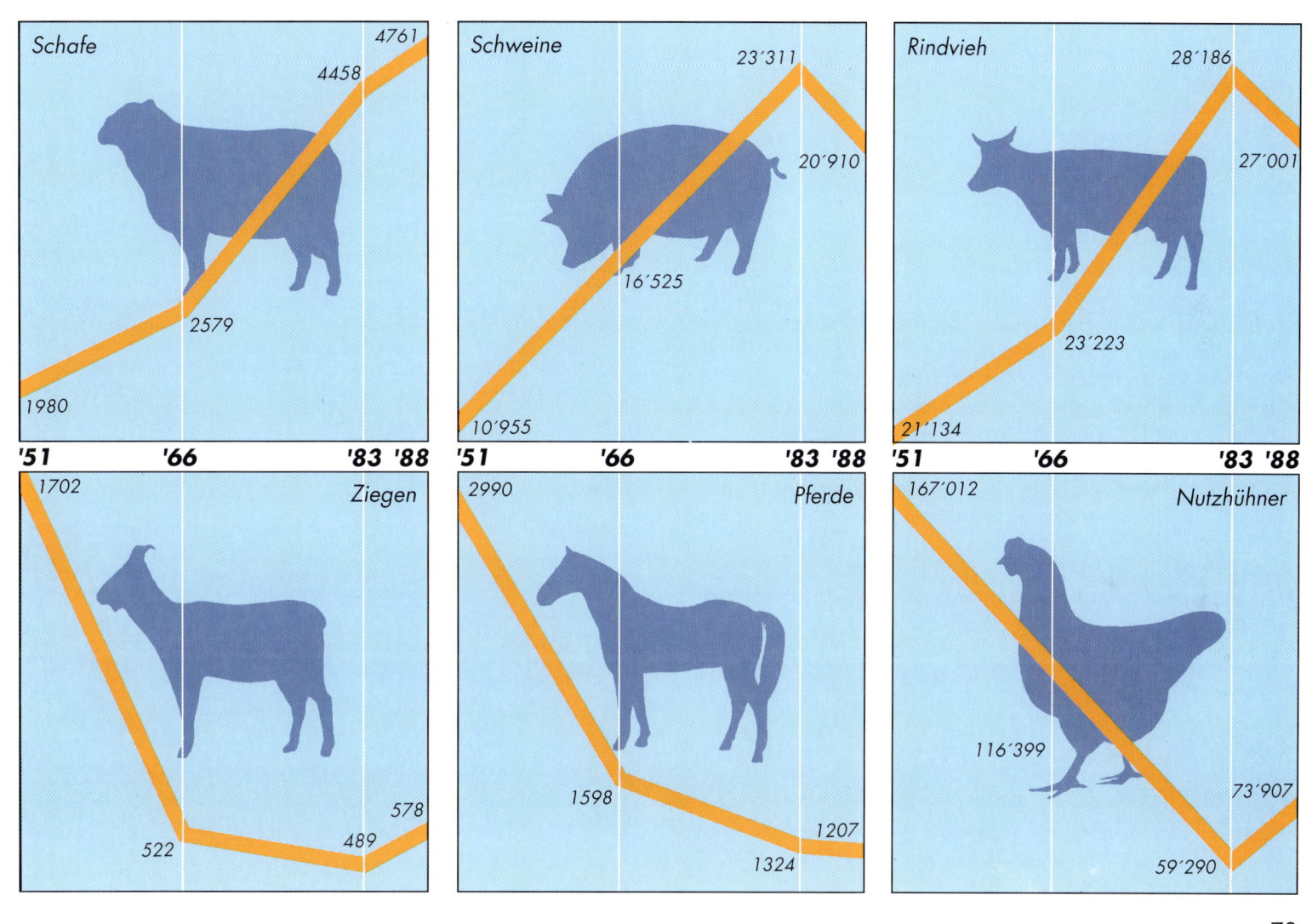

Schafe
- '51: 1980
- '66: 2579
- '83: 4458
- '88: 4761

Schweine
- '51: 10'955
- '66: 16'525
- '83: 23'311
- '88: 20'910

Rindvieh
- '51: 21'134
- '66: 23'223
- '83: 28'186
- '88: 27'001

Ziegen
- '51: 1702
- '66: 522
- '83: 489
- '88: 578

Pferde
- '51: 2990
- '66: 1598
- '83: 1324
- '88: 1207

Nutzhühner
- '51: 167'012
- '66: 116'399
- '83: 59'290
- '88: 73'907

«Mir wei go luege»: Die Märkte im Baselbiet

Allschwil	letzter Samstag im März
	1. Samstag im Mai (Neuallschwil)
	1. oder 2. Samstag im Juni
	1. Samstag im September
	1. Samstag im Dezember
Arlesheim	Frühlings-, Sommer-, Herbst- und Wintermarkt

Wer verzichtet für einmal nicht gerne auf das anonyme Einkaufszentrum und taucht in das Gewühl der Marktstrasse ein? Wo gibt's heute noch das Durcheinander von Bratwurstduft und gebrannten Mandeln, Magenbrot und Zuckerwatte, Drehorgelmann, Keramikgeschirr und Plastikblumen?

Vor Jahrhunderten erschienen auch auf den alten Baselbieter Märkten vor allem die Gaukler, die Spielleute und Sänger, die aus unbekannten Fernen gar Schauerliches und Lustiges berichteten, die einheimischen Bauern und Handwerker, die Obst, Wein, Gemüse und Vieh oder Werkzeuge, Tuch, Schuhe und Hüte anboten. Heute sind es die professionellen Marktfahrer, die Ladenbesitzer, aber auch Frau Meier und Herr Müller am Flohmarktstand und Leute von Vereinen und Gruppen wie Behindertenwerkstätten, Heilsarmee oder Dritte-Welt-Organisationen. An einzelnen Orten wie Sissach oder Langenbruck ist jedoch bis auf den heutigen Tag der traditionell bäuerliche Charakter des Marktes erhalten geblieben.

Zwar ist der Markt nicht mehr der wichtigste Verkaufsort von Gütern. Geblieben sind aber die Faszination des Marktes und die einzigartige Ambiance. Auf den Markt geht man nicht nur, um etwas Bestimmtes zu kaufen, sondern *me goht go luege*. Diesen sinnlichen Reizen verdanken die Baselbieter Märkte, ob Jahrhunderte alt oder erst in unseren Tagen neu entstanden, ihre weiterhin zunehmende Anziehungskraft.

> «Es gibt herrlich schöne und es gibt trostlose Märkte. Das sind die, an denen man als Kind kein Geld hatte.»
> *Fritz Dettwiler*
> *Alt Stadtpräsident, Liestal*

Wo und wann Märkte sind, kann man dieser Aufstellung entnehmen. Detailliertere Auskünfte erteilen die Gemeindeverwaltungen (Adressen siehe Anhang):

Markt in Liestal, gesehen vom Kunstmaler Otto Plattner (1886–1951)

ARBEITEN UND PRODUZIEREN

Binningen	Samstag vor Muttertag 1. Samstag im September
Birsfelden	jeweils 1. Mittwoch im April, Juni, September und Dezember
Bottmingen	Weihnachtsmarkt anfangs Dezember
Füllinsdorf	Warenmarkt im Frühling und Herbst (Schönthal)
Gelterkinden	Mittwoch vor Auffahrt, 2. Mittwoch im Oktober Flohmarkt im April und September
Langenbruck	Viehschau jeweils Samstag vor Bettag
Lausen	jeweils im Frühling vor Weissem Sonntag
Liestal	2. Mittwoch im März (ausgenommen Fasnachtsmittwoch) / letzter Mittwoch im Mai (fällt der Mittwoch vor Auffahrt, ist der Markt eine Woche früher)/2. Mittwoch im August / Mittwoch vor Basler Herbstmesse. Flohmarkt im Frühling, Sommer und Herbst. Gemüsemarkt jeden Dienstag und Freitag von 7–12 Uhr (Fischmarkt)
Münchenstein	Frühlings- und Herbstmarkt
Muttenz	1. Mittwoch im Mai und letzter Mittwoch im November
Oberdorf	Frühlings- und Herbstmarkt
Oberwil	Frühlings-, Sommer-, Herbst- und Wintermarkt
Pratteln	zweitletztes Wochenende im September
Reigoldswil	3. Maiwochenende/Wochenende vor dem 1. Montag im Oktober
Reinach	jeweils am letzten Dienstag in den Monaten März bis November / Weihnachtsmarkt / Gemüse- und Fischmarkt jeden Freitagmorgen auf dem Gemeindehausplatz. Kinderflohmarkt im Juni und September
Sissach	4. Mittwoch im März 4. Mittwoch im Juli und 1. Mittwoch nach Martini

Für Kinder und solche, die es im Herzen...

...geblieben sind, ist der Markttag...

...heute noch eine Attraktion

700 Jahre Liestaler Markt, Fritz Dettwiler, Liestal 1981.

Die Baselbieter Weltwirtschaft

Wenn das Raketenauto in der Black-Rock-Wüste in Nevada mit 1019,25 km/h einen neuen Geschwindigkeitsweltrekord aufstellt, wenn in der Nordsee nach Öl gebohrt wird oder wenn im Bahnhof von Dammam ein Zug einfährt – Baselbieter Know-How ist dabei.

Sei dies mit den Präzisionsinstrumenten im Raketenauto, dem Wärmeträgererhitzer auf der Bohrinsel oder dem Fahrgestell und der Karosserie des Saudi-Zuges.

Denn im internationalen Rennen um Gunst und Absatz von Produkten halten spezialisierte Betriebe aus dem Kanton mit.

Hier eine kleine Auswahl:

Weltrekordfahrt in der Wüste von Nevada mit Präzisionsgeräten aus Waldenburg (Revue Thommen AG)

Wärmeträgererhitzer aus Muttenz für aussergewöhnliche Bedingungen auf einer Nordsee-Bohrinsel (Bertrams AG)

Fahrgestell und Karosserie aus Pratteln für Züge in Saudi-Arabien (Schindler Waggon AG)

Kleinkehrmaschinen aus Liestal für moderne Strassenreinigung in Karachi (Konrad Peter AG)

ARBEITEN UND PRODUZIEREN

Linearantriebe aus Liestal am Eiffelturm (Magnetic Elektromotoren AG)

Fotografie in Japan mit Allschwiler Blitzgeräten (Bron Elektronik AG)

Fassade aus Aesch für Geschäftshaus in Croydon GB (Hans Schmidlin AG)

Modische Damenunterwäsche aus Liestal (Hanro AG)

Betten aus Lausen für Schlafzimmer in New York (Lattoflex-Degen AG)

Natürliche Heilmittelherstellung in Arlesheim für die ganze Welt (Weleda AG)

Vom Bauernland zum Industriekanton

Zur Zeit der Kantonsgründung ist das Baselbiet ein Land von Bauern und Handwerkern. Doch schon dreissig Jahre später beschäftigt die Textilindustrie ebenso viele Menschen wie die Landwirtschaft.

1833 lebt der weitaus grösste Teil der Bevölkerung als Kleinbauern, die meistens auf einen Noterwerb als Heimarbeiter oder Kleinhandwerker angewiesen sind. Ackerbau, Weidwirtschaft, Forstwirtschaft, Rebbau und die Arbeit der Müller, Metzger, Gerber, Wagner, Hufschmiede und anderer landwirtschaftsnaher Gewerbe machen die Baselbieter Wirtschaft aus.

Daneben profitieren Handwerker und Gewerbetreibende von der günstigen Verkehrslage. Doch es ist eine bescheidene Existenz, die der karge Boden den rund 40'000 Einwohnern bietet.

Die Seidenbandweberei oder Posamenterei ist für viele Kleinbauern ein lebensnotwendiger Nebenerwerb. Rund 3500 Webstühle stehen 1836 in den Bauernstuben des Baselbiets. Doch die Heimposamenter sind völlig von den in Basel lebenden Verlegern, den «Seidenherren», abhängig. Die Heimposamenterei ist während Jahrzehnten die wichtigste Bargeldquelle der kleinbäuerlichen Bevölkerung im mittleren und oberen Baselbiet.

Aufstieg der Textilindustrie

Zur Zeit der Kantonsgründung gibt es nur ganz bescheidene Anfänge einer eigenen Industrie. Als Vorläufer moderner Fabriken finden sich im Baselbiet wie anderswo wassergetriebene Mühlen: Getreide-, Öl- und Papiermühlen, die zum Teil schon seit

Die 1587 gegründete Papiermühle Christen in Lausen

Jahrhunderten als gewerbliche Betriebe bestanden haben. Es sind nur wenige industrielle Betriebe, die 1832 schon existieren:
- die Papiermühlen von Lausen (seit 1587), Waldenburg (1666) und Augst (1777);
- die Lausner Handelsmühle (1817), die als Hägler AG noch heute besteht;
- ein seit 1658 im Niederschönthal betriebenes Eisenwerk.

Daneben gibt es im jungen Kanton Basel-Landschaft Anfänge einer fabrikmässigen Textilindustrie.

1837 beginnt die Ausbeutung der neu entdeckten Salzlager am Rhein bei Pratteln, aus denen später die 1909 gegründete Vereinigte Schweizerische Rheinsalinen AG Schweizerhalle nahezu den gesamten Salzbedarf der Schweiz deckt.
- 1837 entsteht in Pratteln der erste Chemiebetrieb, die Chemische Fabrik Schweizerhall;
- 1840 wird in Liestal eine Eisengiesserei gegründet, die heutige Giesserei Erzenberg AG; 1848 nimmt in Liestal eine weitere Giesserei den Betrieb auf, die heutige Chrétien & Co.;
- 1850 wird in Liestal an der Stelle einer alten «Ziegelschür» eine Brauerei gegründet, die noch heute das Ziegelhof-Bier liefert;
- 1853 beschliesst die Gemeindeversammlung von Waldenburg die Einführung der Uhrenindustrie durch eine in Gemeinderegie zu betreibende Gesellschaft. Schon sechs Jahre später geht der Betrieb in private Hände über. Als Revue Thommen existiert das Unternehmen noch heute.

In den knapp drei Jahrzehnten von der Kantonsgründung bis 1860 hat sich die Wirtschaft des Baselbiets erstaunlich stark verändert. Während 1832 noch 65% der Bevölkerung direkt von der Landwirtschaft gelebt hatten, sind es 1860, zur Zeit der 2. eidgenössischen Volkszählung, nur noch 34%. Dafür ist die Zahl derer, die von ihrer Arbeit in industriellen und gewerblichen Betrieben leben, auf fast die Hälfte der Gesamtbevölkerung angestiegen. Dominierend sind dabei die Textilbetriebe. Im Jahr 1860 finden 30% der Baselbieter Bevölkerung ihren Lebensunterhalt in der Textilindustrie.

Gründerzeit

Die Industrialisierung wird in der zweiten Hälfte des 19. Jahrhunderts durch den Eisen-

ARBEITEN UND PRODUZIEREN

bahnbau beschleunigt. Viele heute noch bekannte Baselbieter Betriebe stammen ursprünglich aus dieser Zeit. So wurden gegründet:
- 1871 die Cementwarenfabrik W. Brodtbeck AG Pratteln, damals in der Feldmühle in Liestal;
- 1876 die Blech- und Metallwarenfabrik J. Vogel AG in Aesch;
- 1884 die Hanro in Liestal, deren Wäsche auch hundert Jahre später noch Weltruf geniesst;
- 1887 die J. & R. Gunzenhauser AG in Sissach;
- 1892 die Uhrenbestandteilfabrik Tschudin & Heid AG in Waldenburg;
- 1893 eine Brückenbau-Werkstätte der Basler Firma Buss AG in Pratteln und die pharmazeutische Fabrik Knoll AG in Liestal;
- 1897 die Verzinkerei Pratteln AG und die Elektra Birseck in Münchenstein;
- 1899 die Basler Eisenmöbelfabrik in Zunzgen, die Elektroapparatefabrik Prometheus AG in Liestal, das Karosseriewerk E. Frech-Hoch AG in Sissach;
- 1900 die Couvertfabrik Elco Papier AG in Allschwil.

Kurz vor dem Ersten Weltkrieg arbeiten 53,5% der in Industrie und Handwerk beschäftigten Baselbieter in der Textilbranche, 23% in der Baubranche, 16,1% in der Metall- und Maschinenbranche, 4,1% im Bereich Nahrungs- und Genussmittel und in der Chemie erst 1,4%.

30 Jahre Krise

Mit den Kriegsjahren von 1914 bis 1918 beginnt für das Baselbiet eine lange Krisenzeit. Importe und Exporte beginnen zu stokken, die Baugesuche gehen gegenüber den Vorkriegsjahren um 50% zurück, und viele

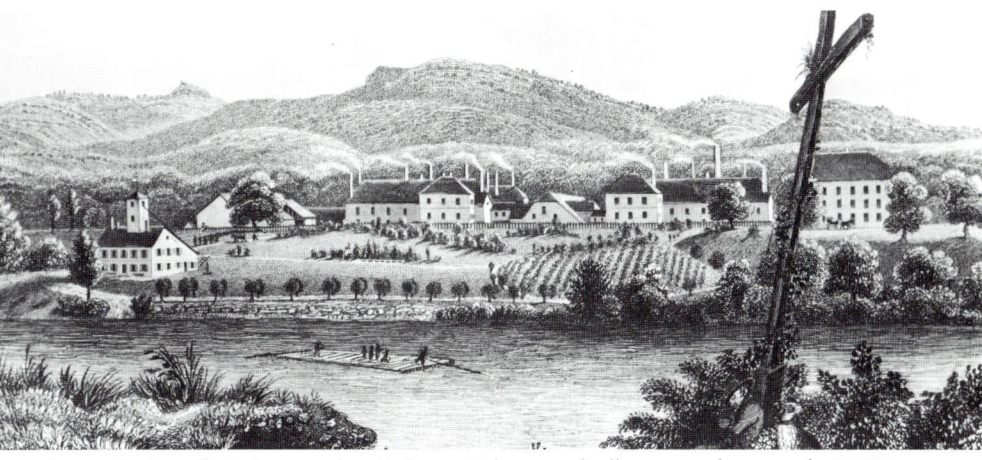

Kostbarer Rohstoff: Salz aus den Salinen Schweizerhalle, ausgebeutet ab 1837

Lebensmittel sind rationiert. Der Preis der Steinkohle steigt auf das Fünffache. 1921 werden im Baselbiet 4233 Arbeitslose gezählt. Besonders die Vorortsgemeinden sind davon betroffen, denn die Stadt Basel sperrt der grossen Arbeitslosigkeit wegen die auf der Landschaft wohnenden Arbeiter praktisch aus. Wenige Jahre später geraten die Heimposamenter in grosse Not, die ohnehin kargen Verdienste fallen zu einem grossen Teil aus. Die Zahl der Bandstühle nimmt zwischen 1924 und 1929 um mehr als 50% ab. Dagegen nimmt die Zahl der Fabrikarbeiter in derselben Zeit stark zu. Eine ganze Reihe von neuen Betrieben der Metallverarbeitung und der Maschinenindustrie entsteht. Seit 1923 produziert aber zum Beispiel auch die heutige Weleda AG pharmazeutische und kosmetische Spezialprodukte.

In der Folge der Weltwirtschaftskrise sind auch die 30er Jahre erneut Krisenjahre. 2827 Arbeitslose werden im Januar 1936 im Kanton gezählt, fünf Jahre, nachdem die obligatorische Arbeitslosenversicherung eingeführt worden ist. 4 Franken und 12 Rappen erhält ein Arbeitsloser im Jahr 1936 als Taggeld. Die Zahl der Fabrikarbeiter nimmt wieder ab. 1939, bei Ausbruch des Zweiten Weltkrieges, liegen die Beschäftigtenzahlen immer noch unter jenen des Jahres 1929.

Metall und Chemie im Aufwind

Die Jahre der Kriegswirtschaft sind Jahre des Mangels und der Stagnation. Viele Betriebe müssen weitere Rückschläge in Kauf nehmen, vor allem in der Textil- und Uhrenindustrie, während die Chemie, die Metall- und Maschinenbranche und das Baugewerbe ihr Wachstum fortsetzen können. Der Strukturwandel in der Baselbieter Wirtschaft geht selbst während der Kriegsjahre weiter.

Der Anteil der Textilindustrie unter den Beschäftigten von Industrie und Handwerk ist von 53,5% im Jahr 1910 auf 18% im Jahr 1950 und auf 2,6% im Jahr 1985 gesunken. Im gleichen Zeitraum hat sich die Metall-, Maschinen- und Instrumentenbranche von 16% über 31,5% auf 45,6% der Beschäftigten verdreifacht. Der Anteil der Chemie ist von 1,4% über 10,8% auf 26,7% der Beschäftigten angestiegen.

Boom-Jahrzehnte

Nach dem Zweiten Weltkrieg erlebte das Baselbiet ein rasantes, ja geradezu explosionsartiges wirtschaftliches Wachstum. Von 1950 bis 1970 verdoppelte sich in nur zwanzig Jahren die Zahl der Erwerbstätigen von knapp 50'000 auf annähernd 100'000. Eine derartige Expansion wurde vorher und nachher nie erreicht.

Geradezu sprunghaft nahmen die Beschäftigtenzahlen in den Jahrzehnten nach dem Zweiten Weltkrieg im Baselbiet zu. Praktisch sämtliche Zweige der industriellen und gewerblichen Produktionen wurden ausgebaut. Von den wichtigen Industriezweigen schrumpfte nur gerade die Textil- und Bekleidungsindustrie in den Jahrzehnten des Booms.

Ein besonders starkes Wachstum wiesen dagegen die Chemie, die Metall- und Maschinenindustrie, die Papierindustrie, das grafische Gewerbe und natürlich die Bauwirtschaft auf. Die Nachfrage nach Arbeitskräften liess sich zwischen 1950 und 1970 nur durch Zuwanderer aus anderen Gebieten der Schweiz und aus dem Ausland decken. Sowohl die Schaffung zusätzlicher Arbeitsplätze als auch der Bedarf nach zusätzlichem Wohnraum gaben dem Baugewerbe Arbeit in Hülle und Fülle. Dazu kamen bedeutende Bauinvestitionen der öffentlichen Hand. Kein Wunder, konnte die Bauwirtschaft immer neue Rekorde melden.

In den Jahrzehnten des ungestümen Wachstums vom Zweiten Weltkrieg bis in die 70er Jahre wurden viele neue industrielle und gewerbliche Betriebe gegründet oder ins Baselbiet verlegt.

1960 entfielen auf den Sektor «Industrie und Handwerk» rund 40'000 oder 58% aller Baselbieter Arbeitsplätze. 1970 waren es 52'000 oder rund 54% aller Erwerbstätigen, die in diesem Bereich arbeiteten. In den 70er Jahren kam es schliesslich zur Trendwende: die Beschäftigtenzahlen in Industrie und Handwerk gingen wieder zurück. Einzelne Branchen mussten massive Einbrüche hinnehmen: von 1970 bis 1980 betrugen die Verluste an Arbeitsplätzen in der Textilindustrie 63%, in der Bekleidungsindustrie 41%, in der Uhrenindustrie 45%, in der Papierindustrie 33% und im Baugewerbe 19%. Andere Branchen sind in den 70er Jahren weitergewachsen: zum Beispiel die Chemie um 16%, die Nahrungsmittelproduktion um 14% und das grafische Gewerbe um 12%.

Noch stärker gewachsen als alle Industriebranchen ist zwischen 1970 und 1980 der Sektor Dienstleistungen, nämlich um insgesamt 35%. In den 70er Jahren wurde der Bereich Dienstleistungen auch im Baselbiet zum Wirtschaftssektor mit den meisten Arbeitsplätzen. In diesem Sektor hat sich von 1950 bis 1980 die Zahl der Arbeitsplätze mehr als verdreifacht.

Kantonsspital Liestal: Architektur vom Anfang...

...und vom Ende der 60er Jahre: Gymnasium Liestal

ARBEITEN UND PRODUZIEREN

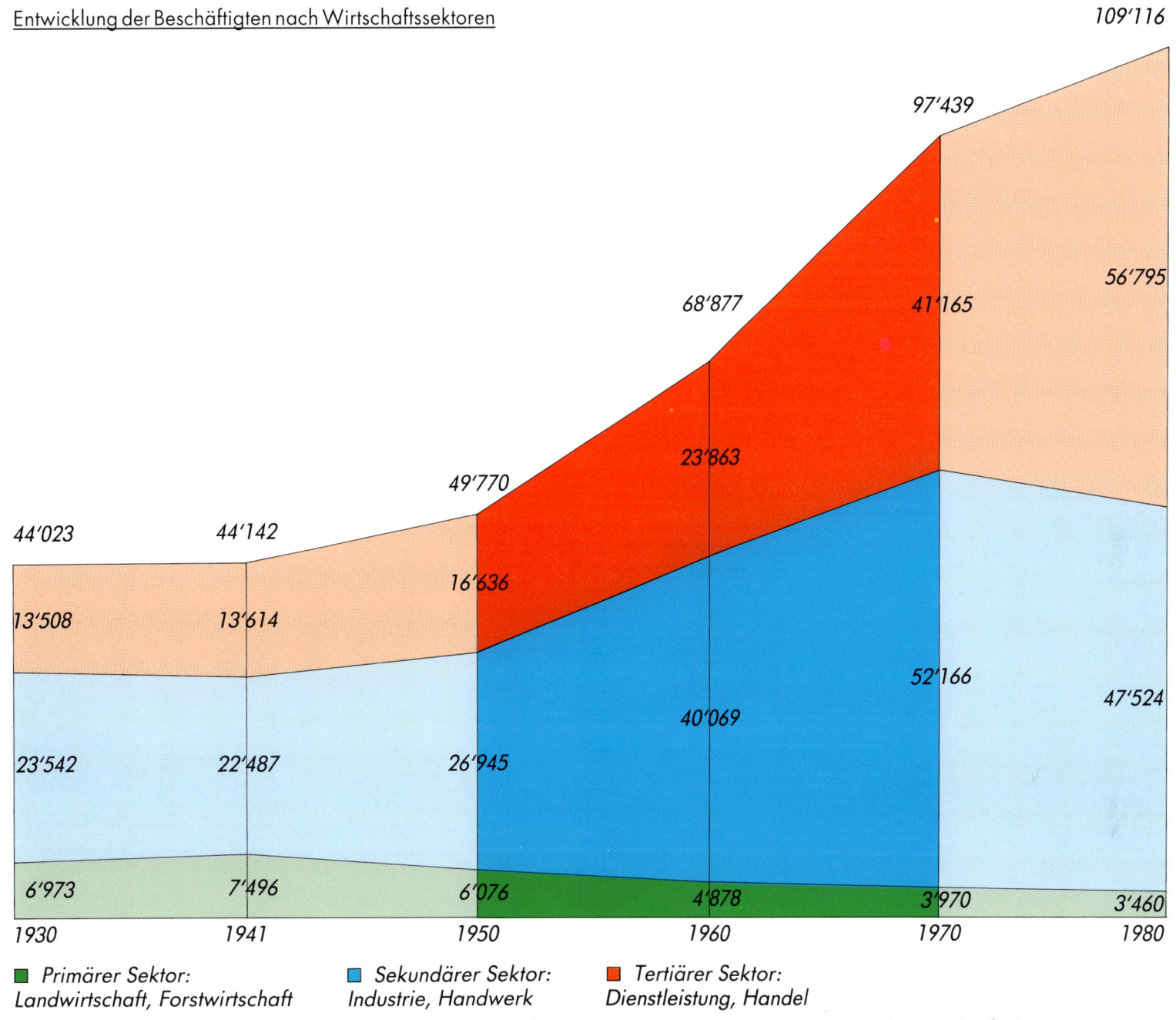

Entwicklung der Beschäftigten nach Wirtschaftssektoren

Jahr	1930	1941	1950	1960	1970	1980
Total	44'023	44'142	49'770	68'877	97'439	109'116
Tertiärer Sektor	13'508	13'614	16'636	23'863	41'165	56'795
Sekundärer Sektor	23'542	22'487	26'945	40'069	52'166	47'524
Primärer Sektor	6'973	7'496	6'076	4'878	3'970	3'460

- Primärer Sektor: Landwirtschaft, Forstwirtschaft
- Sekundärer Sektor: Industrie, Handwerk
- Tertiärer Sektor: Dienstleistung, Handel

Volkszählungsergebnisse bis 1960 ohne, ab 1970 einschliesslich Teilzeiterwerbstätige. Die Ergebnisse der früheren Zählungen wurden soweit als möglich an die Einteilung gemäss Volkszählung 1980 angeglichen.

Regionale Wirtschaft heute: Die Chemie dominiert

Von der fundamentalen Wertschöpfung* der Region, die mit Verkäufen aus dem Wirtschaftsraum Nordwestschweiz erzielt wird, entfällt beinahe die Hälfte auf die Schlüsselbranche Chemie. Viele Firmen aus anderen Branchen verdanken der Chemie entscheidende Impulse. Glücklicherweise ist die chemische Industrie in der Nordwestschweiz stark diversifiziert: Pharma, Farben und Agrochemie sind ihre wichtigsten Sparten.

Das Baselbiet ist ein Teil des Wirtschaftsraums Nordwestschweiz. Trotz vielfältiger politischer Grenzen sind die schweizerischen Gebiete nördlich der Jurakette eine wirtschaftliche Einheit. Seit einigen Jahren wird dieser Raum im Rahmen der «Regio Wirtschaftsstudie Nordwestschweiz» untersucht. Von 1980 bis 1988 sind die Ergebnisse dieser Studien in zehn Bänden veröffentlicht worden.

Die Regio Wirtschaftsstudie schenkt dem sogenannten Fundamentalbereich der regionalen Wirtschaft besondere Beachtung. Beim Fundamentalbereich handelt es sich um jenen Teil der Wirtschaft, der Waren und Dienstleistungen aus der Region nach aussen verkauft. Als Kriterium für die Untersuchung dient die Wertschöpfung: sie setzt sich zusammen aus Löhnen und Lohnnebenkosten, Steuern und Abgaben an die öffentliche Hand sowie Gewinnen und Zinsen der Kapitalgeber.

Fundamentale Wertschöpfung* der Region nach Branchen (1987)

Branche	Anteil
Nahrungsmittel, Getränke	4,2%
Versicherungen	7,3%
Transport, Spedition, Lagerung	3,4%
Banken	6,7%
Maschinen, Apparate, Elektronik	9,3%
Grosshandel	7,3%
Chemie	47,8%
Sonstige	14,2%

Anteil der Teilregionen an der Wertschöpfung* (1987)

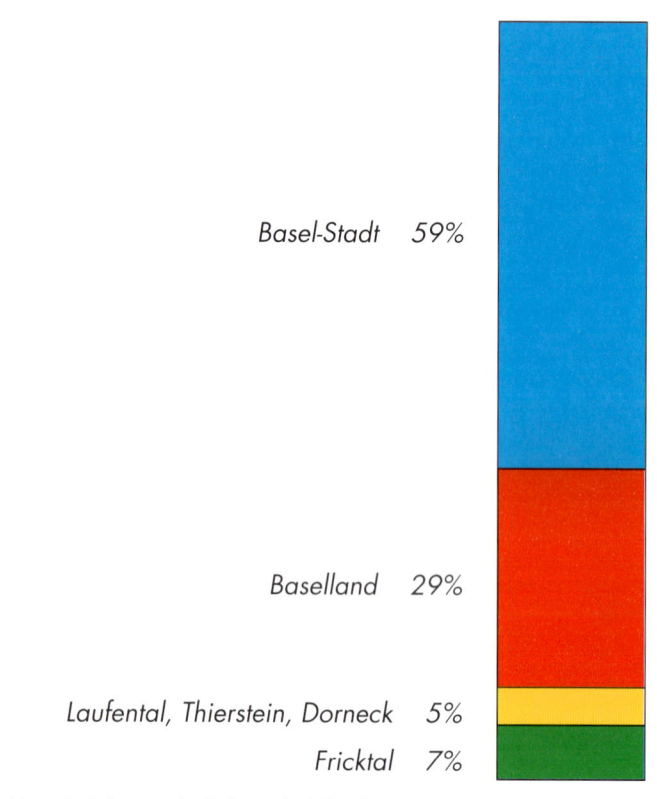

Teilregion	Anteil
Basel-Stadt	59%
Baselland	29%
Laufental, Thierstein, Dorneck	5%
Fricktal	7%

* Die fundamentale Wertschöpfung ist ein Mass für die Wirtschaftskraft der Region. Vereinfacht gesagt, handelt es sich um das Einkommen, das die Region durch den «Export» von Waren oder Dienstleistungen erzielt. Eine präzisere Erklärung steht im obigen Text.

ARBEITEN UND PRODUZIEREN

Die Firmen des Fundamentalbereiches sind es, die sich innerhalb der nationalen und internationalen Konkurrenz bewähren müssen. Ihr Erfolg entscheidet letztlich auch über die Höhe des regionalen Wohlstandes, indem sie direkt oder über die Konsumausgaben ihrer Mitarbeiter auch bei den übrigen regionalen Unternehmungen Umsatz auslösen. Die Regio-Wirtschaftsstudie hat zum Beispiel auch nachgewiesen, dass jene Branchen mit dem höchsten Anteil an Exporten aus der Region die höchsten Investitionen pro Arbeitsplatz tätigen.

1987 wurden 70% der fundamentalen Wertschöpfung von 9,1 Milliarden Franken von der Industrie, 26,7% vom Sektor Dienstleistungen und 3,3% vom Gewerbe erbracht. Interessant ist, dass keine 10% der Firmen in der Region in nennenswertem Umfang Produkte oder Dienstleistungen aus der Region exportieren. Der weitaus grösste Teil der Firmen des Gewerbes und des Dienstleistungssektors sind Zulieferer und Anbieter von Infrastruktur für die aus der Region exportierenden Unternehmungen.

Der Anteil der Chemie an der fundamentalen Wertschöpfung ist von Teilgebiet zu Teilgebiet in der Region verschieden: mit 57% ist er im Kanton Basel-Stadt am grössten, im Bezirk Arlesheim sind es 45%, im Bezirk Liestal nur noch 20,8% und in den Bezirken Sissach und Waldenburg ist der Chemieanteil unbedeutend. Manchmal wird angesichts der Klagen des Stadtkantons über seine finanzielle Lage etwas übersehen: zwei Drittel der fundamentalen Wertschöpfung und damit der eigentlichen Wirtschaftskraft der Region sind auf den Kanton Basel-Stadt konzentriert. Auf das bevölkerungsreiche Baselbiet entfällt nicht einmal halb soviel.

Auf absehbare Zeit wird die Chemie ihre führende Rolle in der Nordwestschweiz wohl nicht verlieren: sie allein tätigt über die Hälfte aller Investitionen der Industrie- und Dienstleistungsbranchen der Region

Regio Wirtschaftsstudie Nordwestschweiz (mehrere Bände). Schriften der Regio 7.1–7.7, Basel 1980–1986.
Die Adressen der wichtigsten Arbeitgeber- und Arbeitnehmerorganisationen im Baselbiet finden Sie auf der folgenden Doppelseite.

Das Gewerbe:
Basis der Baselbieter Wirtschaft

Ein Viertel des regionalen Volkseinkommens wird in der gewerblichen Wirtschaft erarbeitet. Etwa 95% seiner Wertschöpfung erzielt das regionale Gewerbe durch Verkaufserlöse in der Nordwestschweiz selbst. Die Gewerbebetriebe der Region bilden als Zulieferer und Anbieter von Infrastruktur das Rückgrat der regionalen Wirtschaft: im Baselbiet noch ausgeprägter als im Stadtkanton.

Im Baselbiet wird ein grosser Teil der gewerblichen Wertschöpfung im Baugewerbe erarbeitet. «Gastgewerbe, Hotellerie und Verkehr» ist der zweitwichtigste Bereich, aus dem rund ein Fünftel der gewerblichen Wertschöpfung stammt.

Anteil verschiedener Branchen
an der Wertschöpfung des Gewerbes (1985)

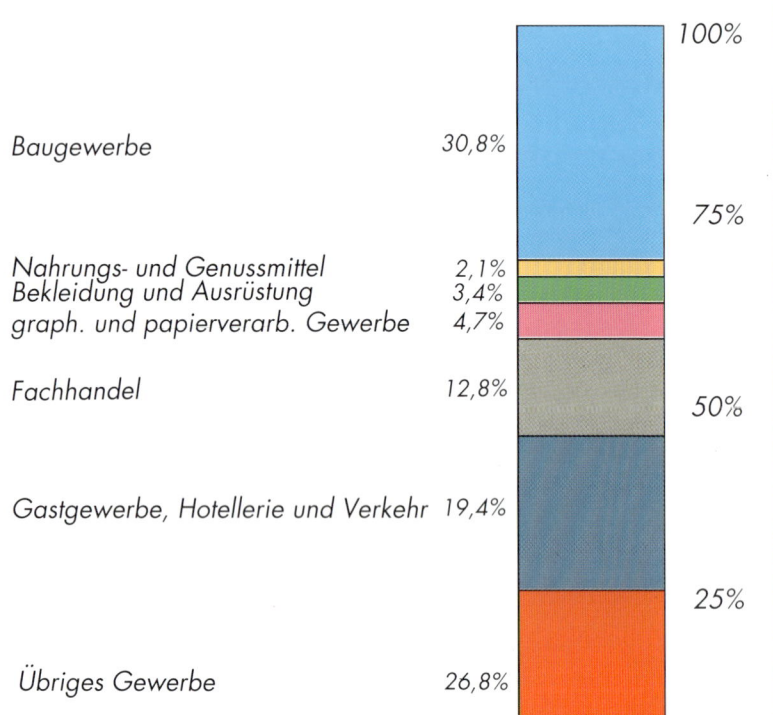

Branche	Anteil
Baugewerbe	30,8%
Nahrungs- und Genussmittel	2,1%
Bekleidung und Ausrüstung	3,4%
graph. und papierverarb. Gewerbe	4,7%
Fachhandel	12,8%
Gastgewerbe, Hotellerie und Verkehr	19,4%
Übriges Gewerbe	26,8%

Die Bauwirtschaft mit vielen verschiedenen Berufen ist mit Abstand die wichtigste Branche der gewerblichen Wirtschaft

ARBEITEN UND PRODUZIEREN

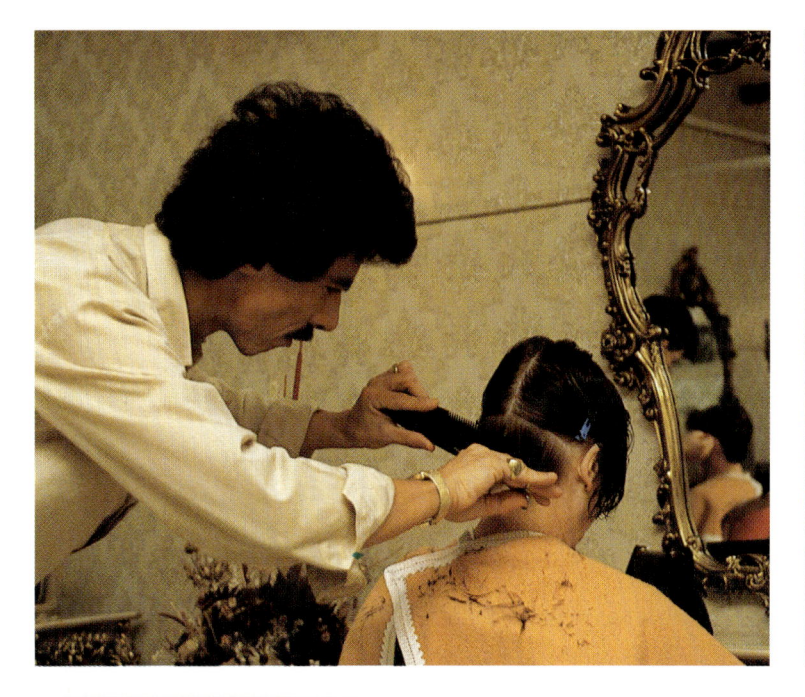

Typisch für das regionale Gewerbe ist seine Vielfalt. In der Region gibt es schätzungsweise 10'000 Gewerbebetriebe

Kantonaler Gewerbeverband Baselland
Altmarktstrasse 96
4410 Liestal
Telefon 921 64 64

Verband der Industriellen von Baselland
Schwieristrasse 2
4410 Liestal
Telefon 921 66 20

Gewerkschaftsbund Baselland
Goldbrunnenstrasse 14/3
4410 Liestal
Telefon 921 60 60

Christliche Gewerkschaftsvereinigung
Rebgasse 2a
4410 Liestal
Telefon 921 98 48

Technologien für eine umweltfreundliche Energienutzung

Solar-Tankstelle in Liestal

Das Baselbiet und besonders der Kantonshauptort als Mekka der Alternativenergien: Was vor ein paar Jahren noch undenkbar schien, ist heute Realität. In unserem Kanton arbeiten immer mehr Ingenieure, Architekten und Wissenschaftler an Technologien für eine umweltfreundliche Energie- und Verkehrszukunft.

Die Energie-Ingenieure

Energiesparen schafft Arbeitsplätze: Dies beweisen die jungen Ingenieurfirmen, die in den letzten Jahren im Baselbiet wie Pilze aus dem Boden geschossen sind. Als Kritiker der traditionellen Energiepolitik entwickeln sie Energiespartechniken und Alternativenergien. Und dieses Gebiet hat sich in jüngster Zeit als Wachstumsmarkt par excellence entpuppt.

Gleich vier Ingenieurfirmen, die sich auf umweltfreundliche und sparsame Energiekonzepte spezialisiert haben, sind heute in Liestal ansässig, eine weitere findet sich in Langenbruck. Zusammen bieten diese fünf Unternehmen um die dreissig Arbeitsplätze – Arbeitsplätze, von denen vor ein paar Jahren noch kein einziger existierte.

Besonders spektakulär ist die Entwicklung der *Dr. Eicher & Pauli AG*. Das junge Unternehmen, das für Gemeinden, Kantone und Industriebetriebe Blockheizkraftwerke und Energiesparmassnahmen plant, beschäftigt heute über ein Dutzend Mitarbeiter und hat gar eine Filiale in Zürich eröffnet.

Das *Ingenieurbüro für integrale Energie- und Umwelttechnik*, kurz IEU AG, wurde 1984 gegründet. Die Liestaler Firma projektiert Energieeinsparungen in den Bereichen Wärme und Strom, Holzschnitzelfeuerungen, Blockheizkraftwerke und Wärmepumpenanlagen.

Die *Scholer & Blatter AG* konnte 1989 bereits ihr zehnjähriges Jubiläum feiern. Das Unternehmen, das seit 1987 in Liestal domiziliert ist, hat sich auf die Sanierung von haustechnischen Anlagen und Gebäudehüllen spezialisiert. Eine grosse Zahl von Wärmepumpenanlagen und solarthermischen Systemen konnte schon realisiert werden.

Ebenfalls seit 1987 arbeitet der HTL-Ingenieur *Jürg Bitterli* als Energieberater und -treuhänder in Liestal. Zu seinen interessantesten Aufträgen gehörten bisher Studien für die keramische Industrie und die Optimierung der Anlagen eines grossen Hotels. Die *Alteno AG* in Langenbruck, ein Ableger des Öko-Zentrums, entwickelt und plant Energiesparmassnahmen, schadstoffarme Holzfeuerungen, Windkraft- und Solaranlagen sowie Solarfahrräder.

Die Solar-Pioniere

Die Sonne scheint für alle – zumindest im Baselbiet. Hier ist die Sonnenenergie seit einigen Jahren auf dem Vormarsch: Seit 1986 beliefert das *Ökozentrum Langenbruck* mit seiner Solar-Energieanlage das öffentliche Netz mit Strom. Im Juni 1988 klinkte sich eine 9-kW-Solarzellen-Anlage auf dem Dach des Liestaler Fraumatt-Schulhauses in den Netzverbund ein. Im März 1989 erfolgte ein weiterer Schritt in die sanfte, abgasfreie Verkehrszukunft: In der Nähe des Liestaler Bahnhofs wurde die erste Solar-«Park and Ride»-Anlage der Schweiz in Betrieb genommen. Seither können dort Solar-Elektrofahrzeuge auf acht Parkplätzen «aufgetankt» werden, während ihre Besitzer mit den öffentlichen Verkehrsmitteln weiterreisen oder im *Stedtli* einkaufen.

Die Solaranlage auf dem Dach des Fraumatt-Schulhauses und die «Solartankstelle» wurden beide von der *Arbeitsgemeinschaft für dezentrale Energieversorgung (ADEV)* erstellt. Die gemeinnützige Organisation mit Sitz in Liestal setzt sich für eine effiziente und umweltgerechte Energienutzung ein. Sie baut, betreibt, finanziert oder unterstützt dezentrale Energieversorgungs-Projekte wie Blockheizkraftwerke, Windkraft-, Solarzellen- und Wasserkraft-Anlagen.

Zu den Baselbieter Solar-Pionieren müssen auch der Liestaler *Heini Holinger* und der Münchensteiner *Bruno Fridez* gezählt werden: Der diplomierte Elektroinstallateur Heini Holinger hat sich auf den Bau von Sonnenenergie-Anlagen spezialisiert. Bruno Fridez hat den «Pinguin 6» konstruiert, das erste Solarfahrzeug, das die Typenprüfung der Kategorie B schaffte. Wichtige Bausteine für die solare Verkehrszukunft liefert auch die *Levo AG* in Diegten: Neben

ARBEITEN UND PRODUZIEREN

Starter-Batterien für «Benzinkutschen» stellt sie Batterien für Solarmobile her. Die Kraftpakete für Solarflitzer werden von der Diegter Kleinfirma in Serie und auch nach den Wünschen der Kunden angefertigt.

Wintergärten aus Liestal

Auch an kühlen und regnerischen Frühjahrs- und Herbsttagen mitten in der Natur wohnen und selbst im kühlen Winter in der Sonne träumen und sich bräunen – das alles kann der glückliche Besitzer eines Wintergartens. Sonne und Licht durchdringen das Glas fast ungeschwächt und wärmen den Boden und die Wände auf.

Mit einem grosszügig verglasten Wintergarten kann aber nicht nur Wärme gewonnen, sondern auch der Wärmeverlust in den angrenzenden Wohnräumen verringert werden. Kein Wunder, dass in der Schweiz immer mehr Wintergärten gebaut werden. Schätzungen von Fachleuten zufolge setzt der Schweizer Wintergarten-Markt jährlich dreissig Millionen Franken um.

Im Baselbiet dürfte sich der Trend zum Wintergarten in den nächsten Jahren noch verstärken. Neue Zonenbestimmungen setzen die gesetzlichen Hürden für nachträglich angebaute verglaste Wohnräume niedriger an. Rosige Aussichten also für alle Wintergarten-Anbieter im Baselbiet. Allein in Liestal gibt es deren drei: Die *Wahl Bauelemente AG*, die *IEU AG* und die Firma *Buchs Wintergärten*.

Die *Wahl AG* wurde anfangs 1985 gegründet und beschäftigt heute vier Mitarbeiter. Sie plant und realisiert verglaste Sitzplätze, Terrassen und komplette Wintergärten – nach den individuellen Wünschen des Bauherrn vom Fundament bis zum Sonnenschutz. Die Firma montiert vorfabrizierte Einzelteile, stellt aber auch in einer eigenen Metallbauabteilung Bauelemente für Wintergärten her.

Eng mit der Wahl AG zusammen arbeitet die von dem HTL-Elektroingenieur Hans Jörg Luchsinger geleitete IEU AG. In einer Abteilung «Artevetro» plant die Firma, die vornehmlich Technologien für eine effiziente Energienutzung entwickelt, architektonisch anspruchsvolle Wintergärten und Sitzplatzverglasungen.

Inhaber der seit 1986 bestehenden Einzelfirma Buchs Wintergärten ist Ralph Buchs, ein gelernter Metallbau-Schlosser und -Konstrukteur. Die Kleinfirma, in der gegenwärtig sechs Personen mitarbeiten, hat sich spezialisiert auf die Architektur, Planung, Herstellung und Montage von Wintergärten, Schrägverglasungen und Glasbauarchitektur in Stahl, Aluminium und Holz. Auch allgemeine Metallbau- und Schlosserarbeiten gehören zum Tätigkeitsbereich der Firma.

Von der Wahl AG und der IEU AG gebauter Wintergarten

Preise für innovative Unternehmen aus dem Baselbiet

Innovationen auf den verschiedensten Gebieten, in gewerblichen und industriellen Betrieben, sind das Aushängeschild der Baselbieter Wirtschaft und sichern ihre Zukunft. Entscheidend ist dabei die Initiative und Risikobereitschaft privater Unternehmen. In den letzten Jahren wurde zunehmend erkannt, welche Bedeutung der Förderung innovativer Firmen zukommt. Mehrere im Baselbiet domizilierte Unternehmen wurden mit verschiedenen Preisen für ihre Neuentwicklungen ausgezeichnet.

Innovationspreis beider Basel

Die wirtschaftliche Attraktivität der Region heben und der regionalen Wirtschaft neue Impulse geben – diese Zielsetzungen schwebten den Regierungen der Kantone Basel-Stadt und Basel-Landschaft vor, als sie am 27. Oktober 1980 die Einführung eines «Innovationspreises beider Basel» beschlossen. Mit einem Preisgeld von 10'000 Franken sollten, so sah es das Reglement für eine fünfjährige Erprobungsphase vor, jährlich höchstens zwei Unternehmen ausgezeichnet werden.

Seit dieses Reglement anfangs 1984 in Kraft getreten ist, wurde der «Innovationspreis beider Basel» an acht Unternehmen aus der Region verliehen. Die ersten Preisträger waren die Pfeffinger Firma *Häring & Kies AG* mit ihrer hinterbelüfteten Kompaktfassade und die *Magnetic Elektromotoren AG* in Liestal mit ihrem elektromotorischen Telescop-Linearführungssystem. 1985 ging der Innovationspreis an die *Rosenmund AG* in Liestal und an die *Bertrams AG* in Muttenz, die gemeinsam einen Mehrzweck-Prozess-Apparat entwickelt hatten.

Im folgenden Jahr wurde die Reinacher *Flotec AG* für ihr Massendurchfluss-Messgerät und die *Kriegel & Schaffner AG* in Basel für ihr «Energie Management System» ausgezeichnet. 1987 wurde der Preis an die *J. & R. Gunzenhauser AG* in Sissach für ihre «Bördelklemmverbindung» verliehen, 1988 an die Bottminger *HT Infors AG* für ihre Wasserbad-Rundschüttelmaschine.

Mit der Preisvergabe des Jahres 1988 war die fünfjährige Versuchsphase abgelaufen. Die siebenköpfige Jury für den «Innovationspreis beider Basel» wusste von positiven Erfahrungen zu berichten: Die Verleihung des Preises habe «nicht nur Wirkung nach aussen, das heisst auf Kunden und Markt des ausgezeichneten Unternehmens, sondern auch nach innen im Sinne einer Motivation der Mitarbeiter des Unternehmens gezeitigt». Dieser Eindruck sei durch eine Umfrage bei den acht preisgekrönten Firmen erhärtet worden. Nach dieser erfreulichen Bilanz haben die Jury und die Regierungen der beiden Basler Halbkantone beschlossen, den «Innovationspreis» bis 1993 weiterzuführen und die Preissumme auf 20'000 Franken zu erhöhen.

Technologiestandort Schweiz

Um die Unterstützung von innovativen Schweizer Hochtechnologie-Unternehmen ging es den Wirtschaftsförderern der Kantone Basel-Landschaft, Solothurn und Thurgau, als sie 1987 die Initiative «Technologiestandort Schweiz» ins Leben riefen. Seither haben sie drei gesamtschweizerische Wettbewerbe für Hochtechnologie-Projekte ausgeschrieben. 1989 wurde die Trägerschaft durch die Kantone Genf, St. Gallen und Tessin erweitert und der Wettbewerb auf Informations- und Kommunikationstechnologien ausgeweitet.

Eine aus Experten aus Wissenschaft, Hochschule, Politik und Wirtschaft zusammengesetzte Jury unter dem Präsidium von Nicolas G. Hayek hat in den ersten zwei Jahren 27 Projekte ausgezeichnet, darunter eine Baselbieter Innovation: Das Plasma-Ultrahochtemperatur-Verfahren zur Zerstörung von Sonderabfällen der *Moser-Glaser & Co. AG* in Muttenz.

Moser-Glaser & Co.: Transformatoren und Plasmatechnologie

Mit ihrem preisgekrönten «Plasmox»-Verfahren hat die Muttenzer Firma Moser-Glaser & Co., MGC, eine neue Methode für die Zerstörung von festen, flüssigen und pasteusen Sonderabfällen und zur Konsolidierung von Schlacken entwickelt. Beim «Plasmox»-Prozess handelt es sich um ein Ultrahochtemperatur-Verfahren, wobei die Sonderabfälle im Plasma pyrolysiert, also nicht verbrannt werden. Enorm hohe Temperaturen zwischen 10'000 und über 20'000 Grad Celsius ermöglichen es, hochproblematische Sonderabfälle in einem einzigen Verfahrensschritt zu einer endlagerfähigen, die Umwelt nicht mehr belastenden homogenen Schlacke zu verglasen.

Mit diesem Verfahren hat die Moser-Glaser & Co., die gegenwärtig zweihundertsiebzig Mitarbeiter beschäftigt und zweiunddreissig Elektromechaniker-Lehrlinge ausbildet, die Voraussetzungen für ein umfassenderes Entsorgungskonzept geschaffen. Dabei stellt die Plasmatechnologie ein relativ neues Tätigkeitsgebiet dieses mittelständischen Muttenzer Unternehmens dar:

ARBEITEN UND PRODUZIEREN

Telescop-Linearführungssystem, Magnetic Elektromotoren

Plasma-Ultrahochtemperatur-Verfahren der Moser-Glaser & Co.: Modell der Anlage

In ihrem Stammhaus entwickelt die Firma Transformatoren, Messwandler und Sammelschienen/Generatorableitungen in Energieverteilungssystemen der Mittel- und Hochspannung. Der Bereich Plasmatechnik im Stammhaus umfasst die Gebiete Metallurgie und Nukleartechnik. Für die Umwelttechnik wurde die MGC Plasma AG gegründet. Die Firma MGC feierte 1989 ihr 75jähriges Jubiläum.

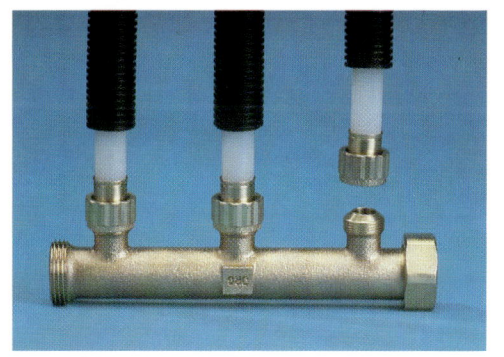

Bördelklemmverbindung, Gunzenhauser

Wasserbad-Rundschüttelmaschine, Infors

Streifzüge durch die Baselbieter Schulgeschichte

Klassengrössen im Spiegel der Schulgesetze

1835: 120 Schüler pro Klasse
§ 16: In Gemeinden, welche nach einer durchschnittsweisen Berechnung mehr als 120 Schulkinder zählen, besteht die Primarschule aus zwei Successivklassen, jede mit einem besonderen Lehrer.

1911: 65 Schüler pro Klasse
§ 15: Wenn innerhalb 4 Jahren im Durchschnitt die Anzahl der gleichzeitig zu unterrichtenden Schüler in einer Schule 65 übersteigt, so ist die Schulgemeinde verpflichtet, eine neue Schulabteilung zu errichten und eine weitere Lehrkraft anzustellen.

1979: 22 Schüler pro Klasse
§ 22: Für die durchschnittlichen Klassengrössen gelten folgende Richtzahlen und für die Grösse der einzelnen Klassen folgende Höchstzahlen:

Primarschule	22/28
Realschule	20/25
Berufswahlklasse	20
Sekundarschule	22/28
Hauswirtschaft	16
Handarbeitsunterricht	16

Zahlen zum Verhältnis Schüler – Gesamtbevölkerung

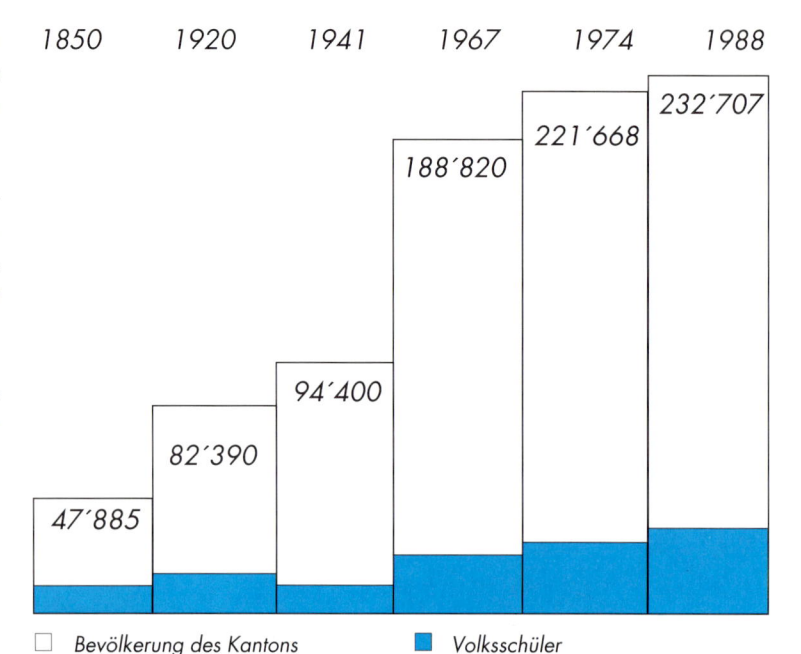

1850	1920	1941	1967	1974	1988
47'885	82'390	94'400	188'820	221'668	232'707

☐ Bevölkerung des Kantons   ■ Volksschüler

Die stolzen Schulhäuser von einst (Beispiel Reinach)…

…sind kubischen Zweckbauten gewichen (Frenkendorf)

LERNEN UND BILDEN

In hellen Klassenzimmern lässt sich's gut lernen

Das Angebot der Schule wächst
Am Beispiel der Liestaler Primarschule

1921 Der Mädchenturnunterricht für die Schülerinnen der 7. und 8. Klasse sowie das Fach Haushaltungskunde werden eingeführt.
1922 Die Kochschule wird eröffnet. Obwohl der Besuch freiwillig ist, wird sie von praktisch allen Schülerinnen des letzten Schuljahres besucht.
1923 Es beginnen die Gartenbau- und Kartonagekurse für die Mädchen der ersten Klasse der damaligen Sekundarschule.
1927 Die hauswirtschaftliche Fortbildungsschule nimmt ihre Tätigkeit auf.
1934 Die Handfertigkeitskurse werden für die Knaben der 7. und 8. Klasse Pflichtfach.
1942 Die Stelle eines Turnfachlehrers wird geschaffen.
1950 Die Schulpflege lässt erstmals Sprachheilkurse durchführen.
1950 Von diesem Jahr an gibt es in Liestal eine Blockflötenschule.
1956 Das kantonale Amt für Schulzahnpflege wird geschaffen.
1958 Der Verkehrsgarten zur Verkehrserziehung wird eingerichtet.
1961 Die Blockflötenschule wird erweitert durch Geigen- und Klavierunterricht.
1963 Die Jugendmusikschule Liestal wird gegründet.
1963 Die Schüler bekommen Verkehrsunterricht durch Polizisten. Ende der 60er Jahre beginnen Zahnhygienikerinnen in Liestal zu arbeiten.
Zur gleichen Zeit nehmen Legasthenie-Therapeutinnen ihre Tätigkeit auf.
1979 Der Gemeinderat richtet einen Logopädischen Dienst ein.

Die Medien im Unterricht –
am Beispiel des Liestaler Schulwesens

1921 Die Primarschulpflege verbietet den Besuch des Schülerfilms «Das Wunder des Schneeschuhs» mit der Begründung, die Schule sei «für solche und ähnliche Vorführungen nicht zur Verfügung zu stellen».
1927 Die gleiche Behörde lehnt öffentliche Filmvorstellungen für Schüler ab, «...wenn auch zugegeben werden muss, dass sich einige Filme zu Lehrzwecken hervorragend eignen».
1933 Von jetzt an werden regelmässig halbstündige Schulfunksendungen ausgestrahlt.
1934 Das Hauptdelikt unter den Disziplinarfällen macht der «unerlaubte Kinobesuch» aus.
1946 Seit diesem Jahr besuchen die Klassen der Real- und Sekundarschule jährlich zwei bis drei Kulturfilme.
1966 Die Filmerziehung wird vom 7. Schuljahr an obligatorisches Schulfach.
Aus dem Geleitwort für die Lehrpläne zur Filmerziehung: «In der heutigen Situation scheint die richtige Lösung darin zu bestehen, jeden Heranwachsenden zu befähigen, das Wesen der Massenmedien, vor allem Film und Fernsehen, zu begreifen, ihre Ausdrucksmittel kennenzulernen, ihre Möglichkeiten zu erfassen und zu werten, sie in sein Leben richtig einzuordnen.»
1969 Die damalige Realschule (heute Sekundarschule) bekommt ein modernes Sprachlabor.
1979 Fernseher und Videogerät werden der Sekundarschule vom Verein ehemaliger Bezirksschüler geschenkt.
1985 Die Sekundarschule richtet ein Fotolabor ein.

Den Verstand von unten wirken lassen, Schule im Kanton Baselland 1830–1863, Markus Locher, Liestal 1985.

Der Schulaufbau

*«Änige, bänige Tintefass;
Gang in d Schuel und lehr mir was,
Chunsch mer hei und chasch mer nüt,
Nimm i d Ruete und pfitz di dermit.»*

Dieser alemannische Kindervers hat, was die Rute angeht, seine Aktualität verloren – die Aufforderung an das Kind jedoch, in der Schule etwas zu lernen, hat nichts von ihrer Gültigkeit eingebüsst. Den unterschiedlichen Begabungen und Interessen der Kinder entspricht ein differenziertes Bildungsangebot.

Der Gesetzgeber hat in §2 des Schulgesetzes vom April 1979 folgendes Ziel festgelegt: «Die Schule soll in Verbindung mit dem Elternhaus dem Schüler eine seinen Anlagen und Möglichkeiten entsprechende Bildung und Erziehung gewährleisten. Sie fördert die Entwicklung seiner körperlichen, geistigen, schöpferischen, emotionalen und sozialen Fähigkeiten. Sie knüpft dabei an die christliche, humanistische und demokratische Überlieferung an und hilft so, den Schüler zu einem selbständigen, verantwortungsbewussten, toleranten und zur Zusammenarbeit fähigen Menschen zu erziehen.»

Vor Beginn der Schulpflicht besucht fast jedes Baselbieter Kind auf freiwilliger Basis den *Kindergarten*. Die Gemeinden sind verpflichtet, den Besuch während mindestens eines Jahres zu ermöglichen.

In dem Jahr, in dem das Kind sein *7. Altersjahr* vollendet, wird es schulpflichtig. Ist es noch nicht ganz schulreif, kann es in eine *Einführungsklasse* eingeschult werden. Am Ende der Primarschulzeit soll feststehen, wie sich das Kind, entsprechend seinen Fähigkeiten und Fertigkeiten, weiterschulen kann: Es tritt in die *Real- oder Sekundarschule* über.

Die *Realschule* vermittelt solides Grundwissen und betont die Ausbildung handwerklich-technischer Fähigkeiten. Die allgemeine Abteilung der *Sekundarschule* bereitet besonders auf gewerbliche, kaufmännische und technische Berufe vor. Die *progymnasiale Abteilung* der Sekundarschule ist die Unterstufe der *Gymnasien*.

Nach der obligatorischen Schulzeit stehen den Schulabgängern die Oberstufe der Gymnasien sowie weitere allgemeinbildende, berufsbildende und berufsbegleitende Schulen offen. Schulträger sind hier entweder der Staat oder Private mit staatlichem Auftrag. So führt zum Beispiel der Kaufmännische Verein Baselland die *Handelsschule* und die *Diplommittelschule 2*.

Die *Gymnasien* in Liestal, Münchenstein, Muttenz und Oberwil bieten alle eidgenössisch anerkannten Maturitätstypen A (humanistisch), B (real), C (mathematisch-naturwissenschaftlich), D (neusprachlich) und E (Wirtschaftsgymnasium) an, ausserdem die kantonal anerkannte Richtung M (musisch).

*«Was Hänschen nicht lernt...»
Primarklasse beim Unterricht*

Die *Diplommittelschule 3 1/2* öffnet den Weg zu pädagogischen – Lehrer- und Kindergartenseminar – paramedizinischen oder kaufmännischen Berufen.

Nach Erreichen der Hochschulreife stehen dem Baselbieter Mittelschüler in der Region die *Universität Basel* und die *Ingenieurschule beider Basel* offen.

Die Rudolf-Steiner-Schule

Die einzige Alternative zu den staatlichen Schulen im Kanton ist die Rudolf-Steiner-Schule Mayenfels in Pratteln, die nach der von Rudolf Steiner entwickelten Pädagogik unterrichtet. Ihre Grundlage bildet eine spezielle Anschauung der Entwicklung des Kindes in Siebenjahresperioden und die Anpassung und Gestaltung des Lehrstoffes an die jeweilige Entwicklungsstufe.

Dabei wird auf die künstlerische Tätigkeit und künstlerische Vermittlung des Lehrstoffs besonderer Wert gelegt. Die Rudolf-Steiner-Schule Mayenfels führt in Pratteln und Liestal einen Rudolf-Steiner-Kindergarten. In Arlesheim werden im «Sonnenhof» auf der Grundlage der anthroposophischen Heilpädagogik behinderte Kinder betreut. Nähere Auskünfte über das Sekretariat, Telefon 821 22 66. In Sissach wird von einem selbständigen Verein ebenfalls ein Kindergarten geführt. Auskunft: Daniel Baumgartner, Hauptstrasse 2, 4441 Thürnen, Telefon 98 64 85.

In der *Elternbildung Baselland* (Sekretariat B. Rodewald, Oberer Rebbergweg 112, 4153 Reinach) sind Eltern zusammengeschlossen, die sich mit der Erziehungsarbeit zu Hause und in der Schule intensiver auseinandersetzen möchten.

LERNEN UND BILDEN

Das Schul- und Ausbildungsangebot im Kanton Baselland

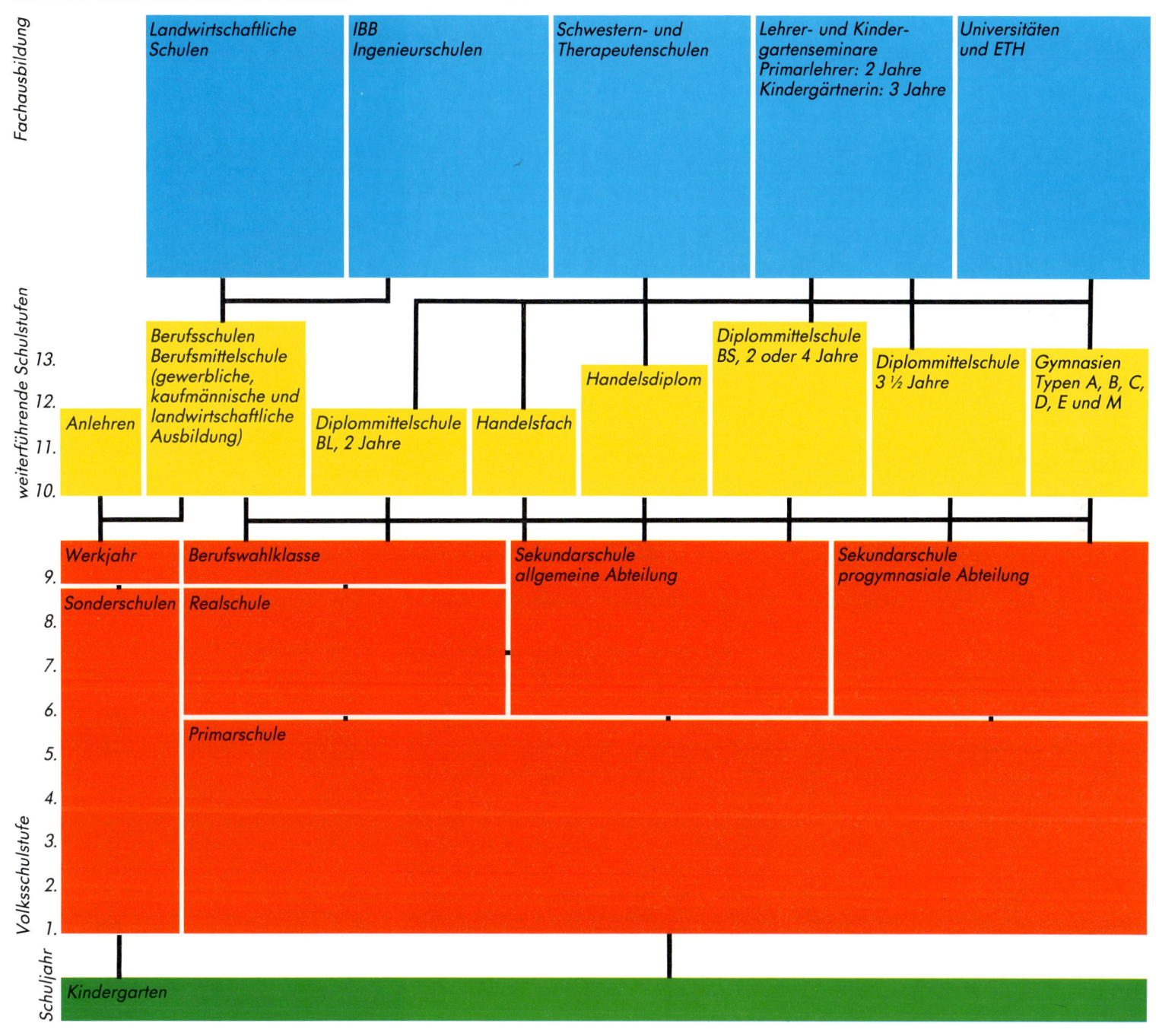

Fachausbildung
- Landwirtschaftliche Schulen
- IBB Ingenieurschulen
- Schwestern- und Therapeutenschulen
- Lehrer- und Kindergartenseminare
  Primarlehrer: 2 Jahre
  Kindergärtnerin: 3 Jahre
- Universitäten und ETH

weiterführende Schulstufen (10.–13.)
- Anlehren
- Berufsschulen Berufsmittelschule (gewerbliche, kaufmännische und landwirtschaftliche Ausbildung)
- Diplommittelschule BL, 2 Jahre
- Handelsfach
- Handelsdiplom
- Diplommittelschule BS, 2 oder 4 Jahre
- Diplommittelschule 3 ½ Jahre
- Gymnasien Typen A, B, C, D, E und M

Volksschulstufe (1.–9.)
- Werkjahr
- Sonderschulen
- Berufswahlklasse
- Realschule
- Sekundarschule allgemeine Abteilung
- Sekundarschule progymnasiale Abteilung
- Primarschule

Schuljahr
- Kindergarten

Die berufliche Ausbildung

«Die Berufswahl ist das Wichtigste im Leben; der Zufall entscheidet darüber.»
Blaise Pascal

Mehr als die Hälfte der Schulabgänger entscheidet sich für eine Berufslehre. Für die Berufsfindung steht den Jugendlichen ein breitgefächertes Angebot von Ausbildungsmöglichkeiten und eine gut ausgebaute, regional organisierte Berufsberatung zur Verfügung.

Berufsberatungsstellen befinden sich in Binningen, Liestal, Muttenz, Reinach und Sissach. Sie stehen Jugendlichen und auch Erwachsenen offen, und ihre Inanspruchnahme ist grundsätzlich kostenlos.

Die berufliche Ausbildung hat Tradition im Kanton, und sie wurde in den letzten beiden Jahrzehnten stark ausgebaut. Sie ist vielschichtig, differenziert und lässt sich unterteilen in:
- Berufe in Industrie, Gewerbe und Handel
- Berufe in der Landwirtschaft
- Berufe im Gesundheitswesen.

Die Hauptlast der beruflichen Ausbildung wird von der Wirtschaft getragen. Der Kanton steuert mit der Führung von Berufsschulen und der Berufsberatung sowie mit Beiträgen an die berufliche Ausbildung (z.B. Einführungskurse) und Weiterbildung namhafte Summen bei.

Berufe in Industrie, Gewerbe und Handel (Biga-Berufe)

In rund 120 Berufen bilden über 2000 Handwerks-, Industrie- und Dienstleistungsbetriebe gegen 4500 Lehrlinge und Lehrtöchter nach den eidgenössischen Vorschriften aus.

Die Lehrzeitdauer der einzelnen Berufe ist unterschiedlich und beträgt in der Regel zwei, drei oder vier Jahre. Neben der praktischen Ausbildung im Betrieb besuchen Lehrlinge und Lehrtöchter wöchentlich an 1 bis 1 1/2 Tagen den allgemeinbildenden berufskundlichen Unterricht an einer Berufsschule. Die Ausbildung wird mit einer obligatorischen mehrtägigen Prüfung abgeschlossen und bei Erfüllung der Minimalanforderungen mit der Abgabe eines eidgenössischen Fähigkeitszeugnisses anerkannt.

Fünf Berufsschulen, davon drei mit privater Trägerschaft, vermitteln den beruflichen Unterricht.

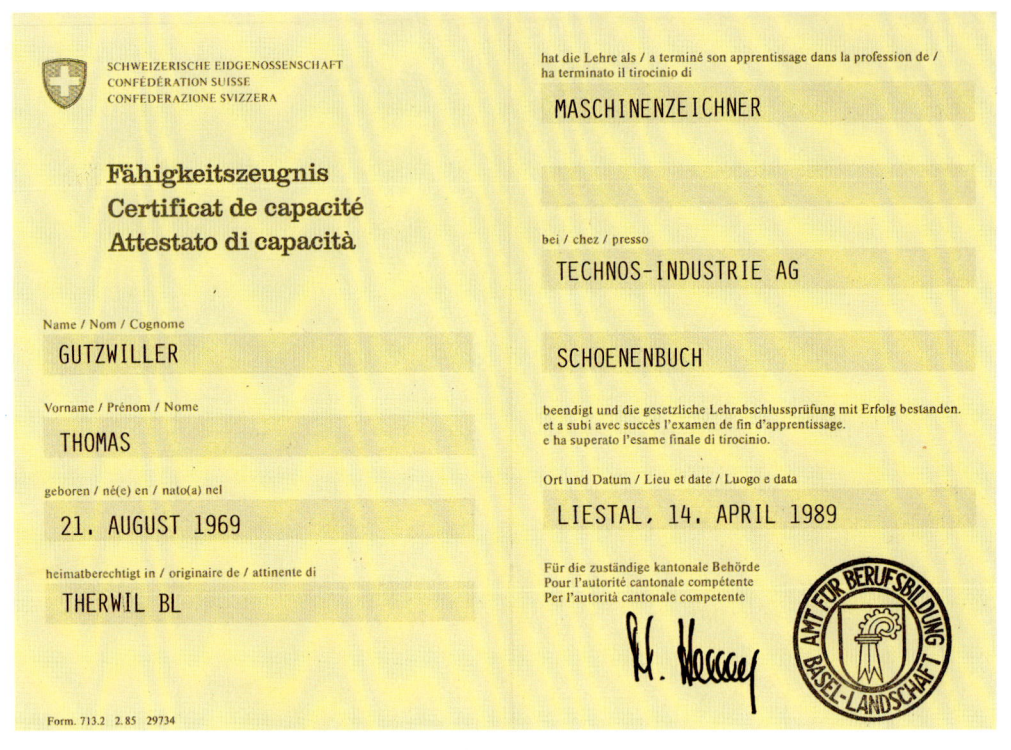

Nach dem Lehrabschluss gibt's einen Fähigkeitsausweis

Der Kanton führt zwei Berufsschulen (Liestal und Muttenz) und eine Berufsmittelschule (Muttenz). Die Handelsschule des Kaufmännischen Vereins Baselland führt neben den Lehrlingsklassen und der Diplommittelschule auch eine Handelsfach- und Handelsmittelschulabteilung. In den Berufen der Chemie (Ciba-Geigy, Sandoz) erhalten diese Lehrlinge und Lehrtöchter ihren Pflichtunterricht an werkseigenen Berufsschulen. Lehrlinge und Lehrtöchter kleinerer Berufsgruppen besuchen den Unterricht ausserhalb des Kantons.

Leistungswilligen Lehrlingen und Lehrtöchtern steht zudem der Besuch der dreijährigen berufsbegleitenden Berufsmittelschule oder die Belegung von Freifächern offen.

LERNEN UND BILDEN

Die «Grundschulen Metall» in Gelterkinden, Liestal und Münchenstein bieten eine einjährige Einführung in die Grundfertigkeiten der metallverarbeitenden Berufe und ermöglichen Unentschlossenen eine sorgfältige Berufswahl. Bei guten Leistungen wird die vermittelte Ausbildung in zehn Berufen der Metallverarbeitung als 1. Lehrjahr nachträglich angerechnet. Töchtern bietet sich auch die Möglichkeit, den Beruf der Damenschneiderin im Lehratelier in Liestal zu erlernen.

Leistungsschwächere Jugendliche, die in einer Berufslehre überfordert sind, können eine zweijährige Anlehre mit Ausweis absolvieren.

Auskünfte:
Amt für Berufsbildung, Burgstrasse 2
4410 Liestal, Telefon 921 44 04

Berufe in der Landwirtschaft
Gegen achtzig anerkannte Lehrbetriebe bilden Landwirte, Gemüsegärtner, Molkeristen und Pferdepfleger aus. Die Landwirtschaftliche Schule in Sissach bietet neben berufsbegleitendem Fachunterricht auch Lehrgänge für Jugendliche an, die an der Landwirtschaft interessiert sind.

Neben der bäuerlichen Haushaltlehre können Töchter an der Kantonalen Bäuerinnenschule Ebenrain in Sissach den Beruf der Bäuerin erlernen.

Auskünfte:
Landwirtschaftliche Schule Ebenrain,
4450 Sissach, Telefon 98 21 21.

Berufe im Gesundheitswesen
Jungen Menschen, die sich für einen Beruf im Gesundheitswesen interessieren, stehen Ausbildungsmöglichkeiten in der Krankenpflege, der Hauswirtschaft und im medizinisch-technischen Sektor offen.

In Zusammenarbeit mit den Spitälern der Region bildet die Schule für Spitalberufe in Liestal Krankenschwestern, Psychiatrieschwestern (-pfleger) und Krankenpflegerinnen aus. Dank enger Zusammenarbeit des Kantons mit auswärtigen Schulen stehen Interessierten auch medizinisch-technische Berufe in den Bereichen Labor, Röntgen und Physiotherapie zur Wahl. Im weiteren können auch die Berufe der Spitalgehilfin (Bruderholzspital) und Arztgehilfin (Privatschule) im Kanton erlernt werden.

Auskünfte:
Beratungsstelle für Berufe im Gesundheitswesen, Rheinstrasse 42, 4410 Liestal,
Telefon 921 91 11, intern 330.

Offsetdrucker-Lehrling beim Aufsetzen der Papierbogen an einer Sechsfarben-Druckmaschine

Technikum und Uni: Erfolge in der Partnerschaft

Im Bereich der höheren Bildungsanstalten hat die Partnerschaft zwischen den beiden Basel bereits Tradition. Um der Unwirtschaftlichkeit und der Zersplitterung der Kräfte zu begegnen, werden heute sowohl das Technikum Muttenz als auch die Universität Basel von beiden Kantonen gemeinsam getragen.

Das Technikum

Die *Ingenieurschule Beider Basel* (HTL), kurz IBB, ist 1962 gegründet worden. Sie wird seither partnerschaftlich von den Kantonen Basel-Stadt und Basel-Landschaft geführt. Die IBB bildet Berufsleute mit abgeschlossener Lehre und mehrjähriger Praxis zu mittlerem Kader weiter. Der Schwerpunkt liegt auf einem praxisorientierten Ingenieurstudium.

An der IBB werden folgende Fächer unterrichtet:
– Architektur (50 Studenten im Wintersemester 88/89)
– Bauingenieurwesen (40)
– Chemie (63)
– Elektrotechnik (143)
– Maschinenbau (123)
– Vermessung (50).

Seit 1982 wird ein Nachdiplomstudium «Energietechnik» (1988/89: 18 Studenten) angeboten mit dem Ziel, Architekten und Ingenieure verschiedener Berufsrichtungen auf dem Gebiet der Energienutzung und in Energiespartechnologie auszubilden.

Mit einem Nachdiplomstudium «Informatik», das seit Sommersemester 1985 geführt wird (1988/89: 35 Studenten), sollen Ingenieuren und Architekten, die über ein Grundwissen in Informatik verfügen, vertiefte Kenntnisse in diesem sich stürmisch entwickelnden Gebiet vermittelt werden.

207 Studenten kamen im Wintersemester 1988/89 aus dem Baselbiet, 93 von Basel-Stadt, 216 aus der übrigen Schweiz und sechs aus dem Ausland.

Auskunft:
Ingenieurschule Beider Basel (HTL)
Gründenstrasse 40, 4132 Muttenz
Telefon 61 42 42.

Die Universität

Die Universität Basel, eine der ältesten in Mitteleuropa und die älteste der Schweiz, ist 1459 von Papst Pius II. gegründet worden. Das rasche Wachstum und die Kostensteigerung der letzten Jahrzehnte haben dazu geführt, dass der Kanton Basel-Stadt Schwierigkeiten bekam, die Universität allein auf ihrem hohen, international anerkannten Niveau zu halten. Dazu kam, dass die Studentenzahl aus dem Kanton Basel-Landschaft stark anwuchs: heute besuchen ungefähr gleichviele Studenten aus Baselland die Basler *Alma mater* wie aus Basel-Stadt.

Deshalb anerkannte der Kanton Basel-Landschaft in den frühen 70er Jahren die Mitbeteiligung oder Mitträgerschaft an dieser regionalen Institution als seine Aufgabe.

1976 stimmte das Baselbieter Volk dem Gesetz über die Beteiligung an der Universität Basel zu. Wesentlicher Inhalt dieses Gesetzes war die Gewährung eines jährlichen Beitrages von 10 Millionen Franken, der bis 1980 auf jährlich 20 Millionen stieg und danach dem jährlichen Stand des Index der Konsumentenpreise angepasst wurde. Der Kanton Basel-Landschaft erhielt als

Modern konzipierte Ingenieurschule Beider Basel

LERNEN UND BILDEN

Der Eingang zum Kollegiengebäude der Universität Basel mit Eglin-Mosaik

Gegenleistung einige Mitspracherechte und die Zusicherung, dass die Studenten aus Baselland gleich behandelt werden wie ihre Basler Kommilitonen.

Am 1. Januar 1986 trat ein neuer Vertrag in Kraft, der die Mitspracherechte und die Mitverantwortung des Kantons Basel-Landschaft erheblich erweitert; der Beitrag des Kantons an die Universität steigt gleichzeitig auf 27 Millionen Franken jährlich (plus Teuerungsausgleich). Die Sicherung der Studienplätze für Baselbieter Studenten ist in dieser Vereinbarung nicht mehr zentraler Punkt – in diesem Bereich sind inzwischen interkantonale Vereinbarungen getroffen worden. Aber nur durch das Zusammenwirken der beiden Halbkantone ist es möglich, die Aufgabe und Bedeutung der Basler Universität weiterhin zu gewährleisten.

Das Lehrangebot der Universität Basel umfasst die fünf klassischen Fakultäten Theologie, Jurisprudenz, Medizin, Philosophie I (mit einer Abteilung Sozialwissenschaften) und Philosophie II (Naturwissenschaften). Den Naturwissenschaften ist seit 1971 das Biozentrum angeschlossen, dessen internationale Bedeutung dadurch unterstrichen wird, dass in seiner erst 18jährigen Geschichte einem seiner Dozenten bereits ein Nobelpreis für Medizin verliehen worden ist.

Auskunft:
Akademische Berufsberatung Baselland
Oristalstrasse 10, 4410 Liestal
Telefon 925 51 11 oder 925 50 83

Rektorat der Universität
Petersplatz 1, 4051 Basel
Telefon 29 31 11.

Universität Basel, Statistik der Studierenden — Immatrikulierte Studierende im Wintersemester 1988/89

Fakultät	Total	davon weiblich	davon Ausländer		nach Herkunft (Ledige = Wohnort der Eltern)					davon Regio
			Niedergelassene Flüchtlinge Liechtensteiner	Andere	Basel-Stadt	Basel-Landschaft	Regiogebiete der Kantone AG – BE – SO	Übrige Schweiz	Ausland	
Theologen	220	61	13	66	66	43	3	47	61	(8)
Juristen	839	302	36	11	321	296	63	137	22	(3)
Mediziner	1407	520	104	14	408	477	72	398	52	(6)
Phil. I (ohne Ök.)	1598	868	119	115	560	508	104	307	119	(31)
Phil. II (Ökonomen)	872	168	65	44	275	413	66	69	49	(20)
Phil. II	1749	566	100	231	504	610	99	297	239	(81)
Gesamt	6685	2485	437	481	2134	2347	407	1255	542	(149)

Medizinische Versorgung für alle

Heute steht der Baselbieter Bevölkerung ein gut ausgebautes Gesundheitswesen zur Verfügung. Dass die Qualität und Vielfältigkeit, die die medizinische Versorgung heute im Baselbiet erreicht hat, keine Selbstverständlichkeit ist, beweist ein Blick zurück.

<u>Das Gesundheitswesen vor rund 100 Jahren...</u>

- Im Kanton praktizieren vor hundert Jahren *19 Ärzte; 79 Hebammen* leisten Geburtshilfe. Der Sanitätsrat ordnet für Hebammen periodische Wiederholungskurse und die regelmässige Überprüfung ihrer Gerätschaften an.
- Der *Sanitätsrat* begutachtet auf richterliches Verlangen Klagen über zu hohe Honorarrechnungen von Ärzten, Apothekern und Hebammen.
- Das 1877 eröffnete Kantonsspital steht unter der Leitung der Oberschwester. Die Patienten werden von einem Arzt im Nebenamt betreut, der auch für die Kranken in der Strafanstalt und im Krankenhaus (Heim für Pfrunder, Alkoholiker und unheilbar Geisteskranke) zuständig ist.
453 Patienten suchen in diesem Jahr im Kantonsspital Heilung, vor allem solche mit Abdominaltyphus, Knochenbrüchen, Lungenschwindsucht und Kindbettfieber. Die Spitalkommission bedauert, dass die Patienten mit den beiden letztgenannten Krankheiten meist viel zu spät eingeliefert würden und deshalb keine Chancen zur Heilung mehr hätten. Trotzdem können in diesem Jahr 264 Patienten geheilt und 63 «gebessert» entlassen werden; nur 17 verlassen das Spital ohne Besserung.
Ständerat *Martin Birmann* berichtet von seiner Inspektion des Spitals und des Krankenhauses:
«Während das Spital bei seiner einfachen Aufgabe und der trefflichen ärztlichen Leitung von competenten Besuchern als eine Musteranstalt für einfache Verhältnisse bezeichnet und von den Mitbürgern wie von den im Hause verpflegten Kranken dankbar anerkannt wird, bietet das Pfrundhaus wahrhaft armselige Zustände... Direkte Heilerfolge und den Anblick reinlicher, heller und stiller Räume, wie das Krankenhaus sie aufweist, kann es nicht zeigen. Das auf 250 Personen berechnete Haus beherbergt 400.»
Die durchschnittliche *Kindersterblichkeit* ist in diesem Jahr bei den ehelich Geborenen 19%, bei den Unehelichen 41% (!). Beide Zahlen liegen über dem schweizerischen Durchschnitt. Die Lebenserwartung beträgt für Männer 43, für Frauen 45 Jahre.
- *Cholera* und *Pocken* grassieren und fordern Todesopfer. Der Regierungsrat ordnet Bekämpfungsmassnahmen an. In den betroffenen Gemeinden werden Isolier- und Pflegehäuser eingerichtet. Die Vorschrift, Miststöcke hätten von den Strassen zu verschwinden, kann nicht durchgesetzt werden; immerhin werden Miststöcke ummauert und Jauchegruben abgedeckt. Eine Pocken-Impfaktion mit verbessertem Impfstoff bringt Erfolg; ein Impfzwang besteht schon seit 1932.
- Im ganzen Kanton gibt es *zwei Apotheken*; die Ärzte geben selber Medikamente ab.
- Die Bevölkerung zeigt weiterhin grosse Sympathie für die *Naturheiler*. Innert kürzester Zeit kommt eine Initiative zur Freigabe solcher Praxen zustande. Krankenwärterdienste, Schröpfen und Zahnziehen gehören zur «niederen Chirurgie» und dürfen ohne Bewilligung ausgeführt werden.

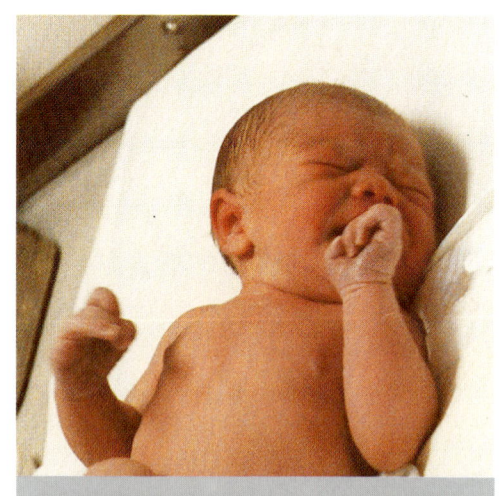

> Dass dieser kleine Baselbieter eine Lebenserwartung von 72 Jahren hat – 79, wenn's ein Mädchen ist –, liegt an den verbesserten sozialen, hygienischen und medizinischen Bedingungen seiner Umwelt.

<u>...und heute</u>

Die gesundheitliche Betreuung der Baselbieter beginnt schon lange vor ihrer Geburt. Der Kanton führt in den gynäkologischen Abteilungen seiner Spitäler *Schwangerschaftsberatungsstellen;* eine weitere führen die kantonalen Frauenverbände in Liestal. Schwangerschaftsuntersuchungen werden von den Krankenkassen bezahlt, und die werdende Mutter hat die Wahl, ob sie in

HELFEN UND FÖRDERN

einem Kantonsspital, einer Privatklinik oder zu Hause gebären will. Zwar sind heute im Kanton nur noch 20 Hebammen tätig, doch ist jede Gemeinde verpflichtet, eine Hebamme zur Verfügung zu stellen und sich an den Kosten zu beteiligen.

Es ist selbstverständlich geworden, die Gesundheit von Kleinkindern ärztlich kontrollieren zu lassen und Kinder wie Erwachsene gegen Infektionskrankheiten zu impfen. Säuglingsschwestern halten regelmässig Mütterberatung ab. Schulkinder werden zu Beginn des ersten und des vierten Schuljahres schulärztlich untersucht, der schulzahnärztliche Dienst überwacht Pflege und gesunde Entwicklung der Zähne.

Kindern und Erwachsenen steht seit den 60er Jahren ein gut ausgebautes medizinisches Versorgungsnetz zur Verfügung: 1962 wird der Neubau des Kantonsspitals in Liestal und 1974 das Kantonsspital auf dem Bruderholz eröffnet. Zusammen mit der Kantonalen Psychiatrischen Klinik in Liestal haben die beiden Spitäler 1984 mehr als *20'000 Patienten* stationär betreut. Für Krankenpflege zu Hause sorgen Gemeindeschwestern und Hauspflegevereine. In den Spitälern kümmern sich zur Zeit rund 140 Ärzte und etwa 850 Mitarbeiter(innen) im Pflegedienst um die Patienten. Der Kranke hat die freie Wahl eines Spitals in Baselland oder Basel-Stadt; solche Verträge bestehen auch mit den Kantonen Aargau und Solothurn. Das Leistungsangebot der kantonalen Spitäler deckt weitgehend den Bedarf; Spezialfälle übernimmt das Universitätsspital Basel.

Für die ambulante Behandlung stehen den Patienten rund *300 Ärzte* und annähernd *100 Zahnärzte* zur Verfügung; alle Fachgebiete sind vertreten.

In Notfällen bieten sich die frei praktizierenden Ärzte und selbstverständlich auch die *Notfallstationen* der Kantonsspitäler Liestal und Bruderholz an. Die frei praktizierenden Ärzte haben eine Notfallorganisation aufgebaut, so dass die Versorgung im ganzen Kanton rund um die Uhr sichergestellt ist.

Ist ein frei praktizierender Arzt abwesend, so gibt er in der Regel auf seinem Anrufbeantworter an, wer ihn vertritt. Besonders für die Vorortsgemeinden steht noch die Notfall-Nummer der Medizinischen Gesellschaft Basel-Stadt zur Verfügung. Unter der *Telefon-Nummer 25 15 15* können Ratschläge eingeholt werden.

Dieses Angebot an medizinischer Versorgung hat aber das Vertrauen der Bevölkerung in die *Heilkraft der Natur* nicht zum Verschwinden gebracht. In Arlesheim befindet sich das medizinische Zentrum der Anthroposophen, hier werden die «Weleda»-Heilmittel hergestellt und Patienten in der Ita-Wegmann- und in der Lukas-Klinik gepflegt. Auch *Naturärzte* dürfen im Kanton Baselland praktizieren, erhalten ihre Bewilligung aber erst nach Ablegen einer Prüfung.

Wenn vor hundert Jahren ein Tag im Krankenhaus auf *2,23 Franken* zu stehen kam, tönt diese Zahl zwar idyllisch. Jedermann, der heute ärztliche Hilfe in Anspruch nehmen muss, wird aber erfahren, dass die heutigen Gesundheitskosten nicht nur auf Geldentwertung und «wilde Kostenexplosion», sondern auch auf Leistungsverbesserung und vielfältigere Hilfen zurückzuführen sind.

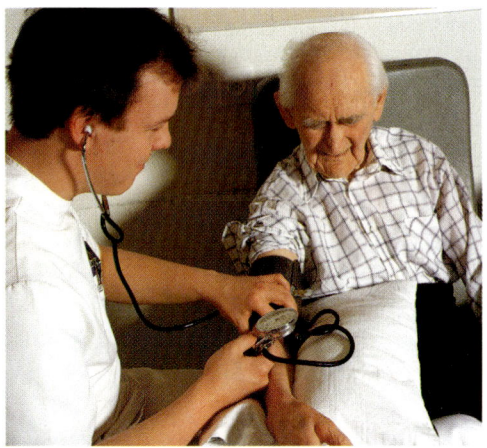

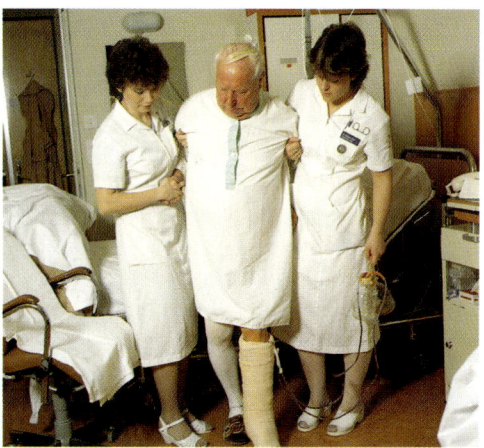

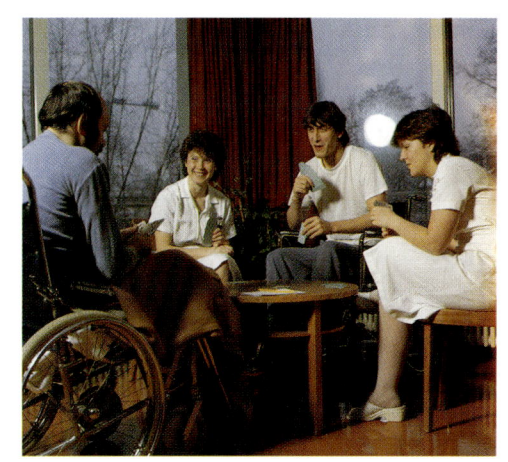

Die Versorgung und Betreuung der Patienten sind heute wirkungsvoll und gut eingespielt

Das «andere» Heilen

*Peter Rickenbacher,
Homöopath, 1841–1915*

> «Peter, Peter von Zeglingen,
> Wunderdoktor, weltbekannt,
> Wie viel taten zu Dir springen,
> Wie viel sind Dir nachgerannt!
> Millionen, Legionen
> Suchten Rettung nur bei Dir.
> Sie strömten aus allen Zonen
> Zu Dir und schrien: Helfe mir!»

So lautet die erste Strophe eines Gedichts, das dem Baselbieter Naturheiler *Peter Rickenbacher* (1841–1915), genannt «Zegliger Peter», gewidmet ist. Damit wollte ein unbekannter Dichter sich einem Mann dankbar erweisen, der vielen Leuten, die von der Schulmedizin längst aufgegeben waren, die letzte Rettung bedeutete. Sein Ruf war denn auch entsprechend und lässt sich durchaus mit jenem von Michel Schüppach (1707–1781) im Emmental vergleichen, von dem wir bei Gotthelf allerhand erfahren. Beiden gemeinsam war etwa ihre grosse Menschenkenntnis, ihre Gabe, keinen Unterschied zwischen hoch und niedrig zu machen, und ihr Humor. Über Peter Rickenbacher kann man noch heute im Oberbaselbiet Anekdoten und *Müschterli* hören.

Weitgehend unbekannt ist aber, dass der gelernte Wagner Peter Rickenbacher als Naturheiler keinen leichten Stand hatte. Mit grossem Argwohn nämlich wurde er, der Tiere und Menschen auf seine Art pflegte, von den Schulärzten beobachtet und auch mehrmals wegen «verbotenen Arznens» bestraft. Doch das Zutrauen, welches das Volk ihm und seinen Kollegen entgegenbrachte und sie den patentierten Ärzten vorzog, konnte mit Justizmassnahmen nicht beseitigt werden. Dies zeigte sich auch, als man 1880 allen im Kanton wohnenden Personen, «von denen offenkundig war, dass sie ohne Patent die Heilkunde betreiben, die fernere Ausübung dieses Berufes» unter Androhung einer empfindlichen Strafe untersagte. Die Folge war nämlich eine Volksinitiative zur Freigabe der ärztlichen Praxis, die durch Abänderung des Sanitätsgesetzes erreicht werden sollte. Obwohl sich das Volk in zwei Volksabstimmungen (1880, 1885) deutlich für eine «Freiheit auch im Gebiete der Arzneiheilkunde» aussprach, wollte der Landrat den wissenschaftlich gebildeten Arzt nicht mit dem sogenannten «Kurpfuscher» gleichsetzen. Er brachte schliesslich eine derart vom Initiativtext abweichende Gesetzesvorlage vors Volk, dass sie an der Urne abgelehnt wurde und das alte Sanitätsgesetz von 1865 in Kraft blieb. Peter Rickenbacher und seine Kollegen konnten aber die Abstimmungsresultate als einen deutlichen Vertrauensbeweis für ihre «Kunst» werten. Vorab natürlich der «Wunderdoktor» von Zeglingen genoss wegen seines erfolgreichen, grösstenteils auf homöopathischer Grundlage basierenden Wirkens ein hohes Ansehen, so dass ihm der Sanitätsrat die Berufsausübung nicht mehr verbieten konnte.

Doch offiziell erlaubt war die Berufsausübung nach wie vor nicht. Dies änderte sich erst mit der am 16. Mai 1943 angenommenen «Kurpfuscher-Initiative». Die Folge war eine Änderung des Sanitätsgesetzes, wonach nun Naturärzte nach Bestehen einer Prüfung ihren Beruf innerhalb bestimmter Grenzen ausüben dürfen.

Der 1982 neu geregelte Prüfungsstoff ist äusserst anspruchsvoll. Verlangt werden unter anderem Kenntnisse in Anatomie, Physiologie, allgemeiner Pathologie, Psychosomatik, in Verfahren und Techniken zur Diagnosestellung, in den verschiedenen Therapieformen sowie in der Heilkräuter- und Medikamentenkunde. Die sich heute meistens in Deutschland auf das Examen vorbereitenden künftigen Baselbieter Naturheiler haben vor einer «Prüfungskommission für Naturärzte» zu erscheinen. Sie setzt sich aus dem Kantonsarzt sowie drei weiteren Ärzten, einem Naturarzt, einem Naturwissenschaftler und einer Apothekerin zusammen.

In Baselland, das neben Appenzell Ausserrhoden einziger Kanton mit behördlich anerkannten Naturheilern ist, hat man bei der Neufassung des Gesundheitsgesetzes (seit 1973 in Kraft) an den Naturärzten als

HELFEN UND FÖRDERN

Ergänzung zur Schulmedizin festgehalten. Mit den Verfahren der Naturheilkunde darf der Naturarzt heilen. Hingegen sind ihm laut Gesetz okkulte Methoden sowie die Behandlung von Epidemie- und Geschlechtskrankheiten nicht gestattet. Die rund ein Dutzend im Kanton praktizierenden Naturärzte geniessen wohl nicht zuletzt wegen der anspruchsvollen Zulassungsprüfung einen sehr guten Ruf und erfüllen als Vertreter der Alternativheilkunst eine nicht zu unterschätzende, wertvolle Aufgabe im Dienste des kranken Menschen.

Volksmedizinische Tips aus dem alten Baselbiet
Eine genaue Überprüfung der vom «Zegliger Peter» angewandten Heilmethoden zeigt, dass er nicht nur nach den Grundsätzen der Homöopathie geheilt hat, sondern auch seine Kenntnisse aus dem Bereich der Volksheilkunde eingesetzt hat. Einige volksmedizinische Ratschläge, allerdings nicht aus der Praxis von Peter Rickenbacher, seien hier erwähnt:

- *Wenn me d'Laubflācke will ewägg bringe, denn mues me se mit Bachschuum wäsche.*
- *Gege d'Mulfüli isch guet, wenn me Schlangechrut dur's Mul zieht oder a Hals hänkt. Wie's Chrut abdoret, vergoht d'Mulfüli.*
- *Gege d'Wärzen-isch guet, wenn me ne brune Schnägg nimmt, d'Wärze drmit rybt und en an e Schwarzdorn schteckt.*
- *Jede Frytig am Morge d'Neegel ab de Fingere schnyde, isch guet gege s'Zahnweh.*
- *Wenn me bös Auge het, söll me Bletter vo Schellchrut in d'Schue legge.*

«Kommt Zeit – kommt Rath.
Ich zahl dem Staat –.»
Der «Zegliger Peter» Peter Rickenbacher wurde wiederholt zu Strafen verurteilt wegen «verbotenen Arznens»

Ein Baselbieter macht die Homöopathie in den USA bekannt
Wenn Peter Rickenbacher, der sich selbst als Homöopath bezeichnete, in einem gewissen Sinn der Wegbereiter der modernen Naturheilkunde im Baselbiet war, so kann ein anderer Landschäftler sogar ihr erster Propagandist in Amerika genannt werden: Henry Detwiller (geb. 1795 in Langenbruck) führte als Arzt 1828 in den Vereinigten Staaten die Homöopathie ein. Er war auch Mitbegründer der nachmalig «Hahnemann Medical College» genannten Fakultät in Philadelphia. (Der deutsche Arzt Samuel Hahnemann [1755–1843] entwickelte die Grundlagen der homöopathischen Heilmethode. Sie wurde erstmals 1796 vorgestellt.)

Die Tollkirsche wirkt auf Kreislauf und Nervensystem

Die Kamille wirkt entzündungshemmend

Der Zegliger Peter. Ein Baselbieter Naturheiler in Akten, Anekdoten und Zeugnissen, Dominik Wunderlin, Liestal 1980.

Hilfe für die Seele

Seelisch Leidende benötigen die Hilfe ihrer Angehörigen, ihrer Hausärzte und sozialer Institutionen. Diese wiederum benötigen die Hilfe von Fachleuten, damit sie ihrer Aufgabe gewachsen sind. Wenn für Probleme psychischer oder emotioneller Art zur richtigen Zeit die richtigen Massnahmen getroffen werden können, lässt sich oft ein Klinikaufenthalt vermeiden. Für manche Leute sind aber die Probleme auch nach der Klinikentlassung nicht abgeschlossen, und eine fachgerechte Nachsorge ist notwendig.

Damit hier wirkungsvolle Arbeit geleistet werden kann, hat der Kanton die *Externen Psychiatrischen Dienste* (EPD) geschaffen. Ihre ambulanten Dienstleistungen werden von den Krankenkassen bezahlt. Es stehen zwei Beratungsstellen zur Verfügung: eine für den unteren Kantonsteil auf dem Bruderholz und eine für den oberen in Liestal. In Liestal ist zugleich eine Tagesklinik angegliedert, die allen zur Verfügung steht.

Die EPD erfüllen drei Aufgaben:

● Sie helfen Betroffenen und ihren Angehörigen, mit den vielfältigsten Problemen umzugehen. Bei persönlicher seelischer Not, bei Konflikten mit den Angehörigen, der Partnerin oder dem Partner, bei Schwierigkeiten am Arbeitsplatz oder mit Behörden, bei Problemen mit der Wohnsituation oder wenn psychisch leidende Angehörige zu betreuen sind, steht gut ausgebildetes Fachpersonal aus den verschiedensten Gebieten zur Verfügung (Ärzte und Ärztinnen, Psychologen und Psychologinnen, Psychiatriepflegerinnen und Psychiatriepfleger, Sozialarbeiterinnen und Sozialarbeiter, Sozialpädagoginnen und Sozialpädagogen).

Das Angebot:
- Abklärung und Beratung bei psychisch bedingten Lebensproblemen
- verschiedene Therapieangebote (Einzel, Gruppen-, Ehe- und Familientherapie)
- Nachsorge spitalentlassener Patientinnen und Patienten
- wenn nötig medikamentöse Behandlung
- Beratung bei der Suche nach einem geschützten Arbeitsplatz, einer sinnvollen Freizeitgestaltung, einer neuen Unterkunft oder Wohnmöglichkeit, dem Wiedereinstieg ins Berufsleben, Selbsthilfegruppen, Treffpunkten oder einem Therapieplatz.

Gespräche sind bei seelischen Problemen wichtig und helfen, Lösungen zu finden

HELFEN UND FÖRDERN

Für seelisch Leidende und ihre Angehörigen

**EPD
Externe Psychiatrische Dienste Baselland**

Kontakt- und Beratungsstellen Liestal und Bruderholz

Diese Broschüre gibt umfassend Auskunft über das Angebot der EPD. Sie kann bei den Beratungsstellen bezogen werden

● Sie unterstützen Hausärzte, Sozialberatungsstellen und andere helfende Institutionen.

Das Angebot:
- Konsiliarische Beratung in den beiden Kantonsspitälern Liestal und Bruderholz und im Bezirksspital Dornach
- Konsiliarische Beratung und Weiterbildung in den Alters- und Pflegeheimen des Kantons
- Beratung und Supervision für Gemeindeschwestern, Hauspflege, Gemeindesozialarbeiterinnen und Gemeindesozialarbeiter
- Gutachten zuhanden der Justiz- und Vormundschaftsbehörden
- Testpsychologische Untersuchungen
- für Hausärzte: Abklärung und Behandlung von Patientinnen und Patienten, Zusammenarbeit bei Langzeitbehandlungen; bei psychiatrischen Notfällen kann die Telefonzentrale für den Notfalldienst 25 15 15 Auskunft erteilen
- Sozial- und Pflegeberufe: Beratung für die Arbeit mit psychisch Leidenden.

● Sie bieten in einer Tagesklinik Aufenthalt, Betreuung und Beratung für Menschen, die wegen eines seelischen Leidens den Anschluss in der Gesellschaft etwas verloren haben.

Alle Mitarbeiterinnen und Mitarbeiter der Externen Psychiatrischen Dienste stehen unter ärztlicher Schweigepflicht.

Die *Anmeldung* kann persönlich oder über den Hausarzt, den Spitalarzt oder andere Sozialstellen erfolgen. Falls erforderlich, kann ein erstes Gespräch noch am gleichen Tag vereinbart werden, sonst innerhalb von wenigen Tagen.
Für die Tagesklinik werden Anmeldungen von den dortigen Fachkräften entgegengenommen.

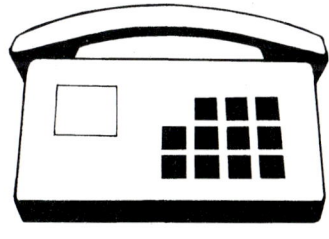

25 15 15

Die wichtige Telefonnummer für Notfälle

Wichtige Adressen:
Kantonale Psychiatrische Klinik
Bienentalstrasse 7
4410 Liestal
Telefon 061/921 03 03

Psychiatrischer Notfalldienst
c/o Ärztliche Notfallzentrale Region Basel
Telefon 061/25 15 15

Externe Psychiatrische Dienste
Beratungsstelle und Tagesklinik Liestal
Spitalstrasse 1
4410 Liestal
Telefon 061/921 64 91
Öffnungszeiten: Mo–Fr 8–12 und
14–17.30 h (Fr bis 17 h)

Externe Psychiatrische Dienste
Beratungstelle Bruderholz
Personalsiedlung Kantonsspital Bruderholz
4101 Bruderholz
Telefon 061/47 22 66
Öffnungszeiten: Mo–Fr 8–12 und
14–17.30 h (Fr bis 17 h)

Kinder- und Jugendpsychiatrischer Dienst
Beratungsstelle Liestal
Goldbrunnenstrasse 14
4410 Liestal
Telefon 061/921 44 10
Sprechstunden nach Vereinbarung

Kinder- und Jugendpsychiatrischer Dienst
Beratungsstelle Bruderholz
Personalsiedlung Kantonsspital Bruderholz
4101 Bruderholz
Telefon 061/47 88 20
Sprechstunden nach Vereinbarung

Sucht- und Aids-Beratungsstelle
Wiedenhubstrasse 55
4410 Liestal
Telefon 061/921 24 14
Öffnungszeiten: Mo–Fr 8–12 und
14–17.30 h (Fr bis 17 h).

Öffentliche Fürsorge: Hilfe zur Selbsthilfe

Im Bereich der öffentlichen Fürsorge gilt das Baselbiet zu Recht als fortschrittlicher Kanton. Nach unserem modernen Fürsorgegesetz hat der in Not geratene Mitbürger Anspruch auf Unterstützung, unabhängig davon, ob die Not selbstverschuldet ist oder nicht. – Keine Gemeinde kann verhindern, dass in ihrem Bann Mitbürger in echter Not leben. Diese Not zu beseitigen und in Zukunft möglichst zu verhindern, ist das Ziel verschiedener öffentlicher und privater Institutionen. Wohl das wichtigste Organ ist dabei die örtliche Fürsorgebehörde. Das kantonale Fürsorgegesetz regelt umfassend die Pflichten und Rechte der öffentlichen Gemeindefürsorge. Aufgabe der öffentlichen Fürsorge ist laut Gesetz, «der Bedürftigkeit vorzubeugen, deren Ursachen zu ermitteln und zu beseitigen, durch geeignete Massnahmen deren Folgen zu lindern und zu beheben sowie die Selbsthilfe von Bedürftigen zu fördern.»

Armenwesen A1, Staatsarchiv BL

Direktion des Innern
des
Kantons Basel-Landschaft.   Liestal, den *23. October 1868.*

<u>An E. (Einen) E. (Ehrsamen) Regierungsrath von Baselland.</u>

Geehrter Herr Präsident!
Geehrte Herren Regierungsräthe!

Unterm 7.d.M. haben Sie mir folgenden Beschluss des h (hohen) Landraths zur Antragstellung zugewiesen:
«Der Regierungsrath wird eingeladen, eine Untersuchung der Armenhäuser im Kanton vorzunehmen.»
Ich habe mir hierüber ein Gutachten des Hrn. Armen= inspektors Birmann eingeholt, welches folgendermassen lautet:
«Der Beweggrund für die landräthliche Schlussnahme liegt in den bedauerlichen Vorfällen des Armenhauses in Allschwil, und besonders in der gegen dasselbe erhobenen Anklage, es seien darin die Schlafstätten beider Geschlechter nicht getrennt.
Eine Untersuchung der Armenhäuser muss daher zunächst diese Frage in's Auge fassen.
Nach meiner Ansicht aber sollte sie nicht hierbei stehen bleiben. Die Armenhäuser sind in unserem Kanton schon lange der Gegenstand ernstlicher Erwägungen und es muss für Tit. Direktion des Innern nur lieb sein, in dem land= räthlichen Beschluss einen bestimmten Auftrag zu haben, um in dieses Stück Gemeindehaushalt tiefer einzudringen.
Eine Untersuchung wird nämlich nach meiner Über= zeugung für manches dieser Institute geradezu die Frage der fernern Existenz aufstellen. <u>Keines</u>, auch nicht Eines ist das von Liebe getragene und mit Achtung genannte Haus (...)»
(der Barmherzigkeit, wie sie es doch sein sollten.)

HELFEN UND FÖRDERN

Vom Almosen zum Rechtsanspruch

Früher wurde die örtliche Fürsorgebehörde «Armenpflege» genannt. Seit 1974, als die Baselbieter Stimmbürger mit überwältigendem Mehr einem neuen Fürsorgegesetz zugestimmt haben, ist die Zeit der «Armenpflege» endgültig vorbei. Heute werden keine Almosen mehr verteilt. Das Fürsorgegesetz hält ausdrücklich fest: «Selbstverschulden hebt den Anspruch auf Fürsorge nicht auf.» Damit ist einer Haltung zum Durchbruch verholfen worden, die den in Not geratenen Mitmenschen nicht verurteilt. Das kantonale Fürsorgegesetz ist zu einem Anspruchsgesetz geworden.

Fürsorgebehörde in jeder Gemeinde

In jeder Gemeinde gibt es eine Fürsorgebehörde. Sie ist selbständig, je nach Gemeindeordnung vom Volk oder vom Einwohnerrat gewählt, und nicht dem Gemeinderat unterstellt. Aufsichtsorgan ist die Volkswirtschafts- und Sanitätsdirektion des Kantons, welche die Aufsicht durch das kantonale Fürsorgeamt ausübt.

Das kantonale Fürsorgeamt berät die kommunalen Fürsorgebehörden. Im Interesse einer einheitlichen Praxis im ganzen Kanton erarbeitet das kantonale Fürsorgeamt Richtlinien über Art und Mass der Unterstützung.

Sozialberatung für jedermann

Die Ausrichtung von Geld ist nicht die Hauptaufgabe der Fürsorgebehörden; wesentlich bedeutsamer und erfolgversprechender ist die persönliche Betreuung. Eine Aufgabe, die in allen grösseren Gemeinden durch die Sozialberatungsstellen mit ausgebildeten Sozialarbeitern und Sozialarbeiterinnen versehen wird. Deren Tätigkeit kann dank Beratung und Begleitung vielfach segensreicher sein als bloss momentane finanzielle Unterstützung. Die Sozialberatungsstellen stehen jedermann offen.

Jeder Hilfesuchende hat Anspruch auf umfassende finanzielle und vor allem spezifische persönliche Hilfe, die seiner Situation gerecht wird. Gemäss unseren gesetzlichen Bestimmungen dürfen Hilfesuchende nicht diskriminiert werden, was aber nicht heisst, dass nicht auch Massnahmen ergriffen werden können, die für den Betroffenen einen empfindlichen Eingriff in sein bisheriges Leben bedeuten. Sie sind dort angebracht, wo sie im Rahmen eines individuellen Sozial- und Rehabilitationsplanes dem Betroffenen helfen können.

Alimenten-Bevorschussung

Die Alimenten-Bevorschussung und das Alimenten-Inkasso werden seit 1984 vom kantonalen Fürsorgeamt durchgeführt, nachdem das Volk eine entsprechende Vorlage gutgeheissen hat. 1988 haben rund 340 Frauen und einige Männer die Alimenten-Bevorschussung durch den Kanton in Anspruch genommen. Monatlich werden rund 195'000 Franken ausbezahlt.

Das kantonale Fürsorgeamt leistet auch Hilfe an Baselbieter Bürger im Ausland und an Unterstützungsbedürftige, die sich im Kanton aufhalten, aber in keiner Baselbieter Gemeinde Wohnsitz haben.

Auskunft über Fragen im Bereich der öffentlichen Fürsorge erteilen:
- Fürsorgebehörden der Gemeinden
- Sozialberatungsstellen der Gemeinden (Adressen und Telefonnummern der Gemeindeverwaltungen im Anhang)

Kantonales Fürsorgeamt
Gestadeckplatz 8
4410 Liestal
Telefon 921 51 11.

Im beratenden Gespräch lässt sich manche Frage klären

Institutionen im Dienste des Behinderten

In den letzten Jahren hat sich die Behindertenhilfe grundlegend geändert. Nicht mehr die finanzielle Unterstützung steht im Vordergrund, sondern die aktive Entwicklung des ganzen Menschen. Hilfe zur Eigenentwicklung und zur Selbsthilfe sowie möglichst weitgehende Integration in die Gesellschaft sind heute die wichtigsten Ziele.

Die *Beratungsstelle für Behinderte* informiert über alle Schulungs-, Ausbildungs- und Wohnmöglichkeiten für Behinderte:
Wiedenhubstrasse 57, 4410 Liestal, Telefon 921 00 88

Die wichtigsten Institutionen für Behinderte in Baselland

A. Für das *Kleinkind*:
Pädagogisch-therapeutischer Dienst Baselland in Binningen und Liestal

Eingliederungsstätte und Arbeitszentrum für Behinderte in Liestal: Ausbildung und Betreuung erwachsener Behinderter

B. Für das *Schulkind*:
Heilpädagogische Tagesschulen in Liestal, Münchenstein und Sissach:
für schul- und praktischbildungsfähige wie auch gewöhnungsfähige Kinder von 4–18 Jahren, die wegen ihrer geistigen Behinderung einer Sonderschulung bedürfen.
Gehörlosen- und Sprachheilschule in Riehen mit Wieland-Schule in Arlesheim:
für gehör- und sprachbehinderte Kinder.
Regionale Tagesschule für motorisch- und sehbehinderte Kinder (beider Basel) in Münchenstein:
mit entsprechenden Kindergärten.
Kinderheim Sonnenhof in Arlesheim auf anthroposophischer Grundlage:
Externat und Internat.
Sonderschulheim Leiern in Gelterkinden:
Internat.
Schillingsrain in Liestal:
für verhaltensauffällige Knaben ab dem 5. Schuljahr.
Sommerau in Rümlingen:
für verhaltensauffällige Kinder ab dem 7. Altersjahr.
Landschule Röserntal in Liestal:
für verhaltensauffällige Sekundarschüler ab dem 12. Altersjahr.
Wohngruppe für behinderte Kinder in Arlesheim:
Entlastungsaufenthalte.
Jugendsozialdienst:
Ergolzstrasse 3, 4414 Füllinsdorf, Telefon 901 31 23

C. Für *Jugendliche*:
Eingliederungsstätte in Liestal mit Aussenstationen in:
● Gelterkinden (Beschäftigungsstätte in Tagesbetrieb)
● Frenkendorf (Wohngruppe für leicht geistig Behinderte)
Berufliche Ausbildung von geistig und mehrfach behinderten Jugendlichen in geschützten Werkstätten.

D. Für *Erwachsene*:
Beschäftigungsstätten mit Wohnheimen in Aesch, Allschwil und Pratteln:
für geistig behinderte Jugendliche nach dem 18. Lebensjahr bis zum Lebensende, sofern die ambulante Behandlung ihren medizinischen Bedürfnissen genügt.
Wohn- und Bürozentrum für Gelähmte in Reinach:
Arbeits- und Wohnangebot für Körperbehinderte.

HELFEN UND FÖRDERN

Gemeinsames Lernen macht Mut

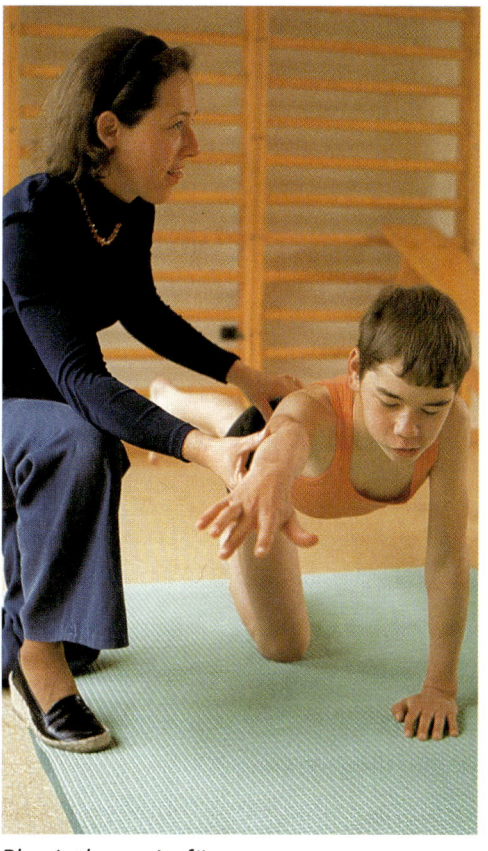

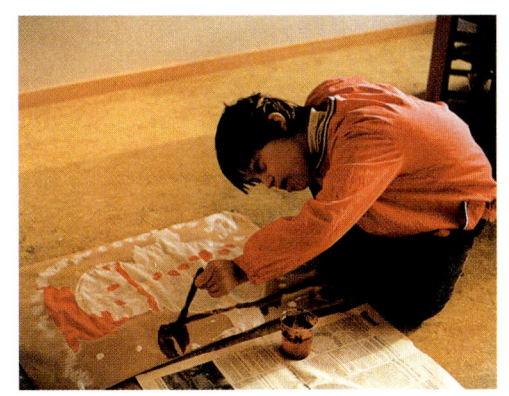

Entwicklung der kreativen Fähigkeiten durch Zeichnen und Malen

Physiotherapie für motorische Geschicklichkeit

Werken fördert die handwerklichen Fertigkeiten

Anlehren ermöglichen sinnvolle berufliche Tätigkeiten

In der Arbeit findet der Behinderte Freude und Anerkennung

Hilfe für alle Fälle

Im Kanton existieren sehr viele Institutionen, die sich um das gesundheitliche, soziale und materielle Wohl der Bevölkerung kümmern. Viele von ihnen bieten auf dem Kantonsgebiet einzigartige Hilfen an, andere ergänzen das staatliche und kirchliche Angebot. Manche erhalten entweder Subventionen oder werden vom Staat getragen. Weitaus die meisten finanzieren ihre Dienste aber aus privaten Quellen mit Sammlungen, Abzeichenverkauf, Festen und Bazars.

Es ist unmöglich, hier alle Adressen und Hilfsangebote aufzuführen. Einige davon mögen als Wegweiser dienen. Genauere Auskunft geben die Sozialberatungsstellen der Gemeinden und Kirchen, Ärzte und auch die hier genannten Institutionen.

Bei *Familienproblemen* bekommt man Rat in wirtschaftlichen, sozialen und rechtlichen Fragen von:
Jugendsozialdienst Baselland
Auskunftstelle, 4414 Füllinsdorf
Telefon 901 31 23
Pro Familia Baselland
Bireten, 4434 Hölstein
Telefon 97 10 74

Allgemeine Hilfe bietet das Rote Kreuz:
Schweizerisches Rotes Kreuz, Sektion Baselland,
Sonnhalde 22, 4410 Liestal

Alleinstehenden werdenden Müttern und ihren Kleinkindern steht das Kinderheim «Auf Berg» zur Verfügung:
Kinderheim «Auf Berg»
Rebhaldenstrasse 25, 4411 Seltisberg

Für die Aufnahme von *Pflegekindern* ist eine Bewilligung nötig. Wer einen Tages-Pflegeplatz für ein Kind sucht oder tagsüber eines in Pflege nehmen möchte, wendet sich an einen Tagesmütterverein. Die Gemeindeverwaltung gibt Auskunft.

Frauen in Not und ihren Kindern steht das Frauenhaus Basel rund um die Uhr offen:
Frauenhaus Basel, Telefon 681 66 33

Obdachlose Männer finden bei der Heilsarmee in Liestal Unterkunft:
Heilsarmee
Oristalstrasse 9, 4410 Liestal

Um die *Jüngsten* und *Ältesten* kümmern sich:
Pro Juventute
Weiherhofstrasse 29, 4415 Lausen
Telefon 921 06 07
(auch Liestal, Muttenz, Reinach)
Pro Senectute
Rathausstrasse 78, 4410 Liestal
Telefon 921 92 33

Ratsuchende mit bleibenden gesundheitlichen Problemen können sich an folgende Stelle wenden:
Pro Infirmis
Wiedenhubstrasse 57, 4410 Liestal
Telefon 921 00 88

Speziell bei *Suchtproblemen* zuständig sind:
Beratungsstelle für Alkoholgefährdete
Gelterkinden, Ettingen, Münchenstein, Lausen
AA Anonyme Alkoholiker
Telefon 22 04 40
AA Angehörige
Telefon 46 80 78
Drop-in
Nauenstrasse 5, 4052 Basel
Telefon 22 75 10

Für *behinderte Menschen* steht für alle Auskünfte zur Verfügung:
Beratungsstelle für Behinderte Baselland
Wiedenhubstrasse 57, 4410 Liestal
Telefon 921 00 88

Die Broschüre «Information, Gesundheit, Soziales des Kantons Basel-Landschaft» umfasst rund 1800 Einrichtungen im Kanton und kann beim Verlag des Kantons Basel-Landschaft in Liestal bezogen werden.

HELFEN UND FÖRDERN

Kleider sammeln, lagern und verteilen: ein Dienst des Roten Kreuzes, der immer noch geschätzt wird

Im Kinderheim «Auf Berg» in Seltisberg finden Kinder ein neues Zuhause

Die Mütterberatungsstellen der Pro Infirmis werden von jungen Müttern gerne in Anspruch genommen

Vom Mahlzeitendienst der Pro Senectute profitieren vor allem alleinstehende ältere Menschen

Die Volksrechte

Was tut der Durchschnittsschweizer, wenn ihm etwas an seiner Obrigkeit nicht gefällt? Er schimpft. Denn Schimpfen auf die Obrigkeit ist sozusagen das höchste Recht des Schweizers. Daneben hat er natürlich noch viele andere Rechte, vor allem auch die *politischen*.

Unter den politischen Rechten versteht man das Stimmrecht, das Wahlrecht – wozu auch das Recht gehört, Wahlvorschläge einzureichen und in öffentliche Ämter gewählt zu werden –, aber auch das Recht, das Referendum zu ergreifen, sowie das Recht, eine Volksinitiative zu starten und natürlich auch zu unterschreiben. Das Stimmrecht beginnt im Kanton Basel-Landschaft mit dem 18. Altersjahr.

Über alle diese Rechte ist der Baselbieter ziemlich im Bilde, auch wenn sie nicht zu seinem «täglichen Brot» gehören, auch wenn er über die Formalitäten, die zur Ausübung dieser Rechte notwendig sind, eigentlich wenig weiss. Das schadet meistens auch nichts, denn dafür gibt es Leute, die sich auskennen und dafür sorgen, dass die Durchsetzung politischer Rechte nicht an Formfehlern scheitert.

Ausnahmen bestätigen diese «Regel». Wie beispielsweise im Jahre 1971, als für die Landratswahlen im Wahlkreis Sissach eine Partei den Wahlvorschlag zu spät eingereicht hatte, an dieser Wahl nicht teilnehmen konnte, und deshalb in der Amtsperiode 1971–1975 zwei prominente Vertreter dieser Partei im Landrat fehlten.

Das Stimmrecht

Mit diesem politischen Recht hat der Schweizer und Baselbieter am meisten Erfahrung. Drei- bis viermal jährlich hat er Gelegenheit, seine Meinung zu eidgenössischen, kantonalen und Gemeindevorlagen abzugeben und damit mitzuentscheiden, was in der Gemeinde, im Kanton und in der Eidgenossenschaft Recht sein soll.

Die Vorlagen, über welche in den Volksabstimmungen zu entscheiden ist, sind von unterschiedlichem Gewicht; es sind einfache oder komplizierte Fragen, interessieren den Stimmbürger einmal mehr, einmal weniger. Da ist es oft verständlich, dass etliche, ja viele Stimmbürger auf die Stimmabgabe «verzichten», so dass die Stimmbeteiligung im allgemeinen recht niedrig ist.

Dies wird von manchen beklagt. Sie sind der Meinung, dass das Stimmrecht gewissermassen auch eine Stimm*pflicht* umfasse, dass es bedenklich sei, wenn so wenige sich um die öffentlichen Angelegenheiten kümmern, etwa um Gesetze, die doch jeden angehen und deren Auswirkungen jeden treffen können. Andere aber akzeptieren die bescheidene Stimmbeteiligung mit der Begründung, dass viele Abstimmungsvorlagen zu komplex seien, dass es richtig und wichtig sei, den Entscheid denjenigen zu überlassen, die solche Vorlagen wenigstens einigermassen verstehen und nicht einfach nach Parolen von Parteien, von Wirtschaftsverbänden, von Komitees usw. ihre Stimme abzugeben.

Das Wahlrecht

Nicht so häufig wie zum Stimmen kommt der Baselbieter zum Wählen. Die Amtsperiode der Behörden – Landrat, Regierungsrat, Bezirksgerichte, Einwohnerrat, Gemeinderat, Kommissionen usw. – beträgt vier Jahre. Das wirkt sich auch auf die Beteiligung aus: Die Wahlbeteiligung ist deutlich höher als die Stimmbeteiligung, doch ist sogar sie bei kantonalen Wahlen auf 41% (1983) gesunken, während bei der ersten Proporzwahl des Landrates im Jahre 1920 noch über 77% an die Urne gingen. Im oberen Kantonsteil, d.h. von Liestal jurawärts, wo weniger Mandate zu vergeben sind, ist die Wahlbeteiligung deutlich höher als im bevölkerungs- und mandatreichen Unterbaselbiet.

Übrigens: Die Stimmbeteiligung in unserem Kanton scheint nicht nur vom Abstimmungsthema beeinflusst zu werden, sondern auch vom Umstand, ob gleichzeitig über eidgenössische Vorlagen abzustimmen ist und ob diese das Stimmvolk in Bewegung zu versetzen vermögen oder nicht.

Das Referendum

Neben dem Schimpfen auf die Obrigkeit, die er selbst gewählt hat (!), stehen dem Baselbieter noch weitere Rechte zur Verfügung, wenn er mit den Beschlüssen der Behörden unzufrieden ist. Eines davon ist das Referendum. Im Kanton kennen wir – weil über Verfassungsänderungen, Gesetze und deren Änderungen obligatorisch eine Volksabstimmung stattfindet – das fakultative Finanzreferendum: Wenn der Landrat eine einmalige Ausgabe von über 500'000 Franken beschlossen hat oder eine jährlich wiederkehrende von über 50'000 Franken, können 1500 Stimmberechtigte die Volksabstimmung über diese Ausgabe verlangen. Die gleiche

VERWALTEN UND BESTIMMEN

Unterschriftenzahl ist für das Planungsreferendum notwendig, also für eine Volksabstimmung über verbindliche Planungsbeschlüsse des Landrates von grundsätzlicher Bedeutung.

In der Gemeinde unterstehen alle Beschlüsse der Gemeindeversammlung beziehungsweise des Einwohnerrates dem Referendum, ausgenommen die Voranschläge, der Steuerfuss, die Jahresrechnungen und die Wahlen.

Die Volksinitiative

Ebenfalls 1500 Bürger – dies sind nicht einmal 1% aller Stimmberechtigten – können mit einer Volksinitiative den Erlass, die Änderung oder Aufhebung von Verfassungs- und Gesetzesbestimmungen verlangen. Eine Volksinitiative kann formuliert sein, also einen ausgearbeiteten Vorschlag enthalten, oder unformuliert. In diesem Fall muss der Landrat, wenn die Initiative in der Volksabstimmung angenommen worden ist, eine Vorlage im Sinne der Initiative ausarbeiten, die dann obligatorisch der Volksabstimmung unterliegt.

In der Gemeinde ist die Volksinitiative unterschiedlich geregelt. In der ordentlichen Gemeindeorganisation, in der die Gemeindeversammlung oberstes Organ ist, gibt es keine eigentliche Volksinitiative, dort müssen alle Anträge in der Gemeindeversammlung gestellt werden. Diese Regelung ist allerdings nicht unbestritten geblieben. Jedenfalls hat der Landrat den Regierungsrat beauftragt, eine Erweiterung auszuarbeiten.

In der ausserordentlichen Gemeindeorganisation, in der der Einwohnerrat oberstes Organ ist, kann mit der Volksinitiative durch mindestens 5% der Stimmberechtigten, höchstens aber 300, der Erlass, die Änderung oder Aufhebung von Reglementsbestimmungen verlangt werden. Sogar ein bestimmtes Handeln des Einwohnerrates (in seiner Zuständigkeit), beispielsweise der Bau einer Strasse, kann mit einer Volksinitiative gefordert werden. Für eine Änderung der Gemeindeordnung müssen die Initianten allerdings die Unterschrift von mindestens 10% der Stimmberechtigten beibringen, damit darüber eine Volksabstimmung angeordnet wird.

Ein Rückblick auf die kantonalen Volksabstimmungen seit 1940 zeigt, dass die Volksrechte «Initiative» und «Referendum» während vieler Jahre eher spärlich genutzt worden sind. Eine deutliche Zunahme ist aber seit dem Auftreten von neueren Oppositions- oder Splitterparteien festzustellen. Gesamthaft gesehen ist der Erfolg solcher Vorstösse aus dem Volk eher bescheiden gewesen. Um zu einem genaueren Urteil zu gelangen, muss wohl eine längere Zeitspanne untersucht werden.

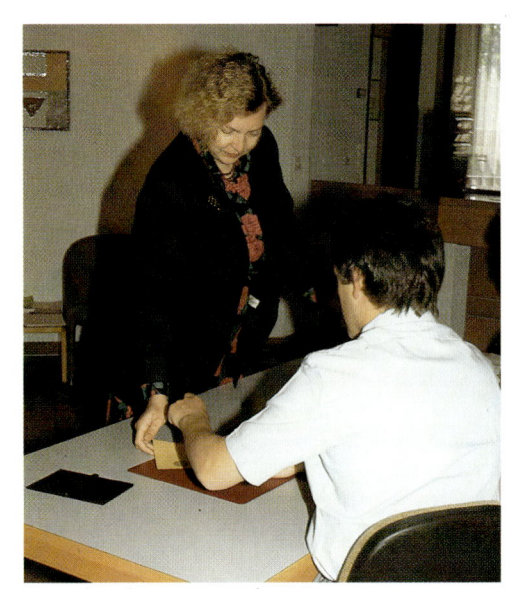

Entscheidungen an der Urne: Abstimmungen und Wahlen...

...der Souverän, das Volk, hat das letzte Wort

Direkter Einfluss des Bürgers in der Gemeindeversammlung

Verfassung des Kantons Basel-Landschaft, Liestal 1984; zu beziehen bei der Landeskanzlei in Liestal.

Drei Stärkeklassen

Das Panorama der Parteien
Die Baselbieter Parteien lassen sich in drei Stärkeklassen einteilen:

- Die beiden grossen Parteien – die Sozialdemokratische Partei (SP) und die Freisinnig-Demokratische Partei (FDP) – besitzen je einen Wähleranteil zwischen 20 und 30%.
- Die beiden mittleren Parteien – die Schweizerische Volkspartei (SVP) und die Christlichdemokratische Volkspartei (CVP) – verfügen je über einen Wähleranteil zwischen 10 und 15%.
- Die zahlreichen kleineren und kleinen Parteien vereinigen zwischen 2 und 8% der Wähler hinter sich: Die Grünen Baselland (POCH, Grüne und Parteilose), die Grüne Partei Baselland und die Grüne Liste Baselbiet – bei den Landratswahlen mit einer gemeinsamen Liste, bei den Nationalratswahlen mit einer Listenverbindung angetreten –, die Nationale Aktion (NA), die Evangelische Volkspartei (EVP) und der Landesring der Unabhängigen (LdU) sind im Landrat vertreten; verschiedene weitere Parteien nicht, nicht mehr oder noch nicht.

Die Linken
Die *Sozialdemokraten* (SP) lagen seit der Einführung des Proporzes im Jahre 1920 in der Wählergunst meist eine Nasenlänge vor den Freisinnigen. Ihre traditionellen Hochburgen liegen in den stadtnahen Industrie- und Mietergemeinden des unteren Baselbiets mit über 10'000 Einwohnern.

Obwohl lange Zeit wählermässig und im Landrat stärkste Partei des Kantons, kämpfte die SP seit 1963 vergeblich um einen zweiten Regierungsratssitz; erst 1989 konnte sie ihn auf Kosten der FDP erringen. Neben zwei Regierungsräten gehören ihr heute zwei der sieben Nationalräte an; von 1979 bis 1987 stellte die SP den einzigen Baselbieter Ständerat.

Zusammen mit den verbündeten Gewerkschaften ist die SP das dominierende Element im linken Lager. Mit den *Progressiven Organisationen* und mit einem Teil der *grünen Parteien* ist ihr aber in den 70er und 80er Jahren eine Konkurrenz erwachsen, die in die eigenen Reihen Identitäts- und Abgrenzungsprobleme hineinträgt.

Die Bürgerlichen
Die *Freisinnigen* (FDP) stellen heute einen Regierungsrat, den Ständerat, zwei Nationalräte und traditionell eine stattliche Anzahl Gemeindepräsidenten und Gemeinderäte. Seit den Wahlen von 1983 verfügt die Baselbieter FDP über die stärkste Landratsfraktion. Aus dieser starken Position heraus ergab sich dann ihre Führungsrolle in der sogenannten Bürgerlichen Zusammenarbeit, die vor Wahlen immer wieder aktiviert wurde.

Die *Schweizerische Volkspartei* (SVP) und die *Christlichdemokratische Volkspartei* (CVP) sprechen innerhalb des bürgerlichen Lagers recht unterschiedliche Wählergruppen an: Die SVP ist traditionell in den ländlichen Wahlkreisen des oberen Baselbiets stark vertreten. Der Rückgang der Landwirtschaft und zahlreiche Neuzuzüger konnten diese Stellung nicht erschüttern. Heute stellt die SVP einen Regierungsrat und einen Nationalrat. In letzter Zeit hat sie ihre konservative Ausrichtung für neue Wählergruppen leicht geöffnet.

Die *Christlichdemokratische Volkspartei* (CVP) spielt in den ursprünglich katholischen Gemeinden des unteren Baselbiets – vor allem im Birstal, im Leimental und in Allschwil – noch immer eine grosse Rolle. Umgekehrt ist es ihr nur ansatzweise gelungen, die Zunahme des katholischen Bevölkerungsanteils im mittleren und oberen Baselbiet in Wählerstimmen umzusetzen. Die CVP ist im Regierungsrat und im Nationalrat mit je einem Mitglied vertreten.

Die Abrundung des Spektrums
Die *Evangelische Volkspartei* (EVP) deckt wie die CVP vornehmlich das politische Umfeld ihrer Konfession und Kirche ab. Heute tritt sie im Landrat in Fraktionsgemeinschaft mit der SVP auf.

Wieviel vom Kuchen bleibt für die «Kleinen» übrig?
Die Grafik zeigt die Sitzverteilung im Kantonsparlament nach den Landratswahlen 1987

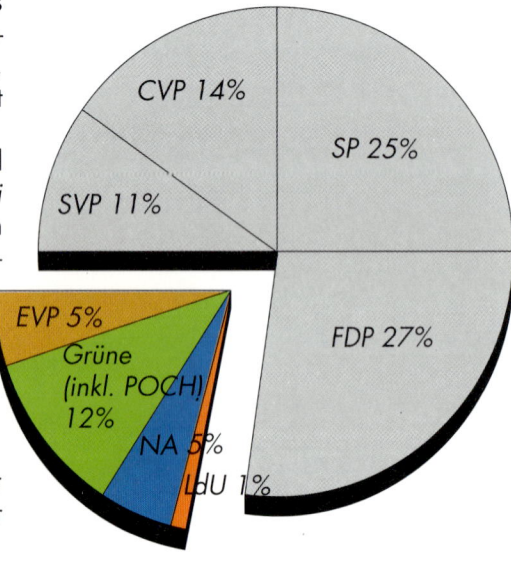

- CVP 14%
- SP 25%
- SVP 11%
- FDP 27%
- EVP 5%
- Grüne (inkl. POCH) 12%
- NA 5%
- LdU 1%

VERWALTEN UND BESTIMMEN

Der *Landesring der Unabhängigen* (LdU) war bis 1983 die einzige Nicht-Regierungspartei, die mit einem Nationalratsmandat in eine Domäne der grossen und mittleren Parteien einbrechen konnte. Der Baselbieter Landesring hat in den letzten Jahren stark an Bedeutung verloren und verfügt heute nur noch über ein Landrats-Mandat.

Die *Nationale Aktion* (NA) sammelt auch im Baselbiet vornehmlich mit dem Thema Überfremdung Gefolgschaft.

Die grünen Parteien haben lange wenig Anklang gefunden, weil fast alle Baselbieter Parteien in Umwelt- und Energiefragen sensibilisiert waren und den Kampf gegen ein Atomkraftwerk in Kaiseraugst mitführten.

Bei den letzten Landratswahlen im Jahre 1987 aber eroberte eine gemeinsame Liste der *Grünen Liste Baselbiet*, der *Grünen Partei Baselland* und der *Grünen Baselland (POCH, Grüne, Parteilose)* ganze zehn Sitze. Und bei den letzten Nationalratswahlen errangen die Grünen Baselland dank der Listenverbindung mit den anderen grünen Parteien erstmals einen Sitz in der Bundesversammlung.

Die Gemeinde-Parteien

Auf kantonaler Ebene machen die traditionellen Parteien seit 1959 die Sitze im Regierungsrat unter sich aus. Unabhängige Gruppierungen sind seit den 70er Jahren vor allem bei Wahlen auf Gemeindeebene in Erscheinung getreten, so die *Parteilosen Einwohner Reinach* (PER) und die *WIG-Knoblauch* in Münchenstein, die beide sowohl im Einwohner- als auch im Gemeinderat vertreten sind. Im oberen Baselbiets spielen Parteien bei der Vergabe von Mandaten oft nur eine untergeordnete Rolle.

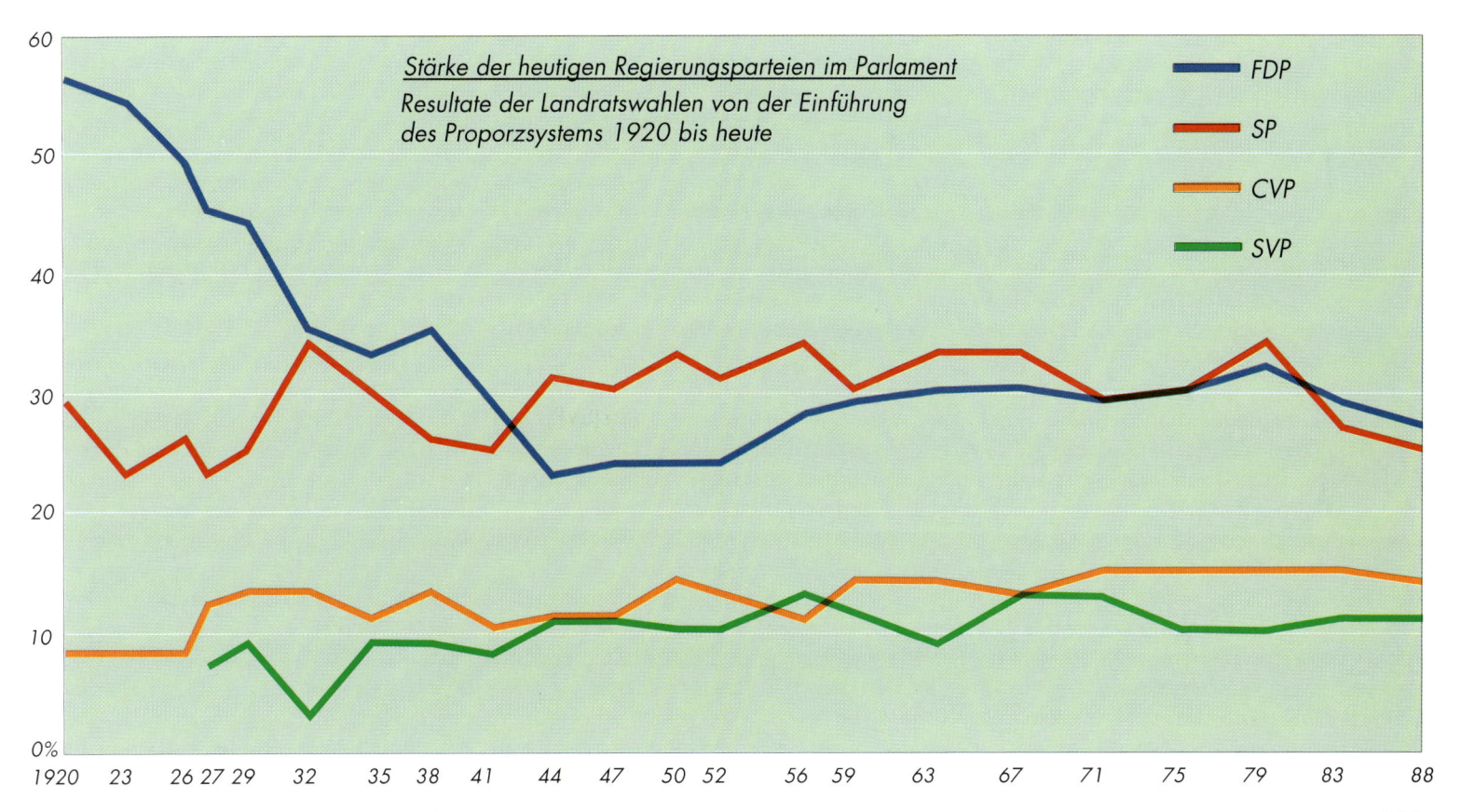

Stärke der heutigen Regierungsparteien im Parlament
Resultate der Landratswahlen von der Einführung des Proporzsystems 1920 bis heute

Der Landrat

84 Mitglieder zählt der Baselbieter Landrat. Er wird nach dem Proporzsystem in vier Wahlregionen und elf Wahlkreisen alle vier Jahre gewählt. Als Legislative erlässt das Kantonsparlament Gesetze, die dem Volk obligatorisch zur Genehmigung oder Ablehnung unterbreitet werden, und kontrolliert die Arbeit der Regierung.

Für die politische Zusammensetzung des Landrats ist das Wahlsystem von ausschlaggebender Bedeutung. Das Mehrheitswahlrecht, das bis 1920 galt, bevorzugte die grossen Parteien, während der Proporz auch schwächeren Kräften Chancen einräumt.

Bis in die zweite Hälfte des letzten Jahrhunderts hinein stritten im Kantonsparlament nur zwei Blöcke um die Macht: die revolutionäre, für den Ausbau der Volksrechte kämpfende Bewegungspartei (später: Revisionspartei oder «Revi») und die eher konservative, elitäre Ordnungspartei (später: «Anti»). Auch in den ersten zwei Jahrzehnten des 20. Jahrhunderts dominierten dank dem Mehrheitswahlrecht zwei bis drei freisinnige Strömungen die Baselbieter Politik. Den grossen Gruppierungen genügte ein dominierender Stimmenanteil in der Mehrheit der damals 39 kleinen Wahlkreise, um alle anderen Bewerber leer ausgehen zu lassen.

Das änderte sich schlagartig mit der Einführung des Proporzes im Jahre 1920: Das seither gültige Wahlrecht verteilt die Sitze im Verhältnis der Stärke der Parteien. Die Stimmbürgerinnen und Stimmbürger können dennoch einzelne Kandidaten bevorzugen, indem sie diese zweimal auf die Wahlliste schreiben (kumulieren) oder Kandidaten der einen Partei auf die Liste einer anderen setzen (panaschieren). Auch kleine Gruppierungen bekommen dadurch die Möglichkeit, Parlamentarier nach Liestal zu delegieren, und machen davon auch rege Gebrauch. Bis zu zehn verschiedene Parteien waren schon gleichzeitig im Parlament vertreten.

Arbeit hinter den Kulissen

Die grösseren Gruppierungen sind trotzdem weiterhin im Vorteil, und zwar nicht nur, weil sie meist die Regierungsräte stellen und dadurch einen Informationsvorsprung haben. Wer über mehr als fünf Abgeordnete verfügt, kann eine Fraktion bilden. In den Fraktionen fallen viele Vorentscheide über die Haltung der Parteien in einzelnen Fragen. Fraktionen versuchen oft, die Stimmkraft so zu koordinieren, dass sie möglichst gezielt eingesetzt werden kann. Solche Absprachen verhindern, dass sich verschiedene Meinungen aus der gleichen Partei gegenseitig aufheben.

So ist gewährleistet, dass sich einerseits die Parteien intern über ihre Haltung vor der Ratsdebatte möglichst weitgehend einigen und dass auf der anderen Seite wichtige Fragen in den Kommissionen soweit vordiskutiert werden, dass sie entscheidungsreif sind, wenn sie ins Plenum kommen.

In der Fraktion werden oft auch die persönlichen Vorstösse (Motionen, Postulate, Interpellationen, Schriftliche Anfragen) vorbereitet. Vor Wahlen bestimmt die Fraktion ihre Kandidaten für ein Richteramt, für Aufsichtsbehörden, für Kommissionen, für das Landratsbüro usw. Die Fraktionen sind bei der Wahl des Büros und der Kommissionen im Verhältnis zu ihrer Stärke zu berücksichtigen. Bei den übrigen Wahlen gibt es einen freiwilligen Proporz.

Es gibt Ständige Kommissionen, zum Beispiel die Finanzkommission oder die Geschäftsprüfungskommission, doch werden zu einzelnen Sachgeschäften oft auch Spezialkommissionen gebildet.

Vorhang auf

Die Sitzungen des Landrates beginnen meistens an einem Montag oder Donnerstag um 10 Uhr im Liestaler Regierungsgebäude. Die Debatten sind öffentlich und finden ausser im Juli und August in der Regel zweimal im Monat statt. Für das Publikum ist eine Tribüne reserviert. Über die genauen Daten gibt die Landeskanzlei Auskunft. Diese besorgt auch die Administration des Landrates. Die Landeskanzlei ist im übrigen verantwortlich für die Durchführung von Wahlen und Abstimmungen, sie veröffentlicht Gesetze und Erlasse und ist allgemeine Informationsstelle des Kantons.

Der Landrat hat gemäss der Verfassung von 1984 insbesondere folgende Aufgaben und Rechte:

- Er erlässt alle grundlegenden und wichtigen Bestimmungen in der Form von Gesetzen. Ausführende Bestimmungen erlässt er in Form von Dekreten, wozu er aber ausdrücklich durch das Gesetz ermächtigt werden muss.
- Er genehmigt die der Volksabstimmung unterliegenden Staatsverträge sowie die übrigen Verträge, soweit nicht der Regierungsrat durch Gesetz zum Abschluss ermächtigt ist.
- Er genehmigt die grundlegenden Pläne der kantonalen Tätigkeiten, insbesondere das Regierungsprogramm und den Finanzplan. Er erlässt die kantonalen Richtpläne.

VERWALTEN UND BESTIMMEN

Der Landrat (Legislative) beschliesst Gesetze und wacht über die Arbeit des Regierungsrates (Exekutive) und der Verwaltung

- Er beschliesst – unter Vorbehalt des Finanzreferendums – neue Ausgaben und setzt im Rahmen des Finanzplans den jährlichen Voranschlag fest.
- Er verleiht das Kantonsbürgerrecht an Ausländer. Er wählt die kantonalen Gerichte, den Ombudsman und die eidgenössischen Geschworenen. Er übt das Begnadigungsrecht aus.
- Er regelt die vom Kanton auszurichtenden Besoldungen und übt weitere Rechte aus, die ihm durch das Gesetz gegeben werden.

Werkzeuge des Parlaments

Um in diese Entscheidungsprozesse einzugreifen, stehen dem einzelnen Parlamentarier, den Fraktionen und Kommissionen verschiedene Mittel zur Verfügung:

Die *Motion* ist das wirksamste und verbindlichste Instrument, um die Regierung zu einem bestimmten Verhalten zu zwingen. Stimmt der Landrat einer Motion zu, so muss der Regierungsrat eine Vorlage im Sinn des Vorstosses unterbreiten. Motionen verlangen meistens eine Änderung der geltenden Rechtsordnung in einem bestimmten Punkt.

Das *Postulat* ist schwächer und unverbindlicher als die Motion. Die Regierung muss die Angelegenheit nur prüfen und einen Bericht vorlegen, oder sie wird gebeten, eine bestimmte Massnahme zu ergreifen. Oft werden Motionen während den Ratsverhandlungen in Postulate umgewandelt, wenn der Motionär merkt, dass die verbindliche Form keine Mehrheit finden würde.

Die *Interpellation* ist eine Anfrage an die Regierung. Meist wird in einer wichtigen Angelegenheit eine Stellungnahme verlangt. Nach der schriftlichen oder mündlichen Antwort der Regierung kann sich der Interpellant als «befriedigt» oder «nicht befriedigt» erklären und Diskussion verlangen. Diese findet statt, wenn eine Mehrheit des Rates zustimmt.

Anfragen können schriftlich eingereicht werden, und die Regierung muss innert drei Monaten auch schriftlich darauf antworten. Mündliche Anfragen stellen die Parlamentarier in der Fragestunde. Sie werden von den Regierungsräten sofort beantwortet.

Verfassung des Kantons Basel-Landschaft, Liestal 1984; zu beziehen bei der Landeskanzlei in Liestal.

Der Regierungsrat

Der Regierungsrat ist die leitende Behörde und gleichzeitig die oberste vollziehende Instanz des Kantons. Die fünf Mitglieder der Kantonsregierung sind hauptamtlich tätig.

Politische Führung

Der Regierungsrat hat eine Vielzahl verschiedener Aufgaben. Doch das Gesetz hält klipp und klar fest, worauf es in erster Linie ankommt: «Die Regierungstätigkeit im Sinne einer politischen Führungsaufgabe hat Vorrang vor allen anderen Aufgaben des Regierungsrates.»

Die kantonale Regierung legt die grundsätzlichen Ziele und Mittel des staatlichen Handelns periodisch fest. Sie sorgt dafür, dass die Regierungspolitik verwirklicht wird.

Zu den wichtigsten *Instrumenten der Regierungspolitik* gehören:
- Regierungsprogramm und Finanzplan
- Entwurf von Gesetzen und Dekreten zuhanden des Parlamentes
- Erlass von Verordnungen im Rahmen der Gesetze
- Vorlage von Budget und Rechnung zuhanden des Parlamentes.

Politische Verantwortung

Die Regierung trägt die Verantwortung für alle Entscheidungen und Tätigkeiten der Exekutive und der Verwaltungsstellen. Sie hat für die Rechtmässigkeit und für die Wirksamkeit des staatlichen Handelns zu sorgen. Der Regierungsrat ist deshalb auch in vielen Fällen Beschwerdeinstanz für Entscheidungen untergeordneter Stellen.

Der Regierungsrat sorgt für die Verbindung zwischen den Behörden und der Öffentlichkeit. Die Regierungsräte befinden sich deshalb naturgemäss im Brennpunkt öffentlichen Interesses und öffentlicher Kritik. Sie stehen dem kantonalen Parlament laufend Rede und Antwort für Entscheide der Regierung, der Direktionen und der Dienststellen der kantonalen Verwaltung.

Als politische Behörde muss sich die Regierung alle vier Jahre einer Volkswahl stellen. Für die Wahl gilt das Majorz-Prinzip. Dies bedeutet in der Praxis, dass für die Wahl in den Regierungsrat eine relativ breite Unterstützung, jedenfalls über die Anhängerschaft einzelner Parteien hinaus, erforderlich ist.

Kollegialbehörde

Der Regierungsrat fasst seine Beschlüsse als Kollegialbehörde. Gemäss ungeschriebenem Gesetz legt die Kollegialbehörde nach aussen hin nicht offen, wie einzelne Entscheidungen zustandegekommen sind. Anders als etwa beim Parlament und seinen Kommissionen, wo die Öffentlichkeit über Mehrheits- und Minderheitsstandpunkte orientiert wird, tritt die Regierung in der Regel nach aussen immer mit einem einheitlichen Standpunkt auf.

Den Vorsitz innerhalb der Regierung führt jeweils der Regierungspräsident. Im Präsidialamt wechseln sich die Regierungsräte im Turnus ab.

Als allgemeine Stabsstelle steht der Regierung die Landeskanzlei zur Verfügung. Bei zwingendem Bedürfnis kann der Regierungsrat weitere Stabsstellen für Sonderfragen bilden und sie entweder einer Direktion oder der Landeskanzlei unterstellen.

Top-Manager der Verwaltung

Der Regierungsrat leitet die kantonale Verwaltung und beaufsichtigt auch die anderen Träger öffentlicher Aufgaben. Überdies sorgt der Regierungsrat auf allen Ebenen der kantonalen Verwaltung für die nötige Koordination.

Die fünf Mitglieder der kantonalen Exekutive sind die Vorsteher der fünf Direktionen der Verwaltung. Sie sind nicht bloss als Mitglieder der politischen Behörde für die politischen Entscheidungen verantwortlich. Als oberste «Manager» der kantonalen Verwaltung, eines Grossbetriebes mit immerhin 1600 Arbeitsplätzen (ohne Krankenanstalten und Lehrer), müssen sie auch für die sachgerechte Organisation, für die Wirtschaftlichkeit und Leistungsfähigkeit des «Unternehmens Kanton» sorgen.

Jeweils zu Beginn einer Amtsperiode oder nach einer Ersatzwahl entscheidet der Regierungsrat über die Verteilung der Direktio-

Im Regierungsgebäude in Liestal tagen Landrat und Regierungsrat

VERWALTEN UND BESTIMMEN

nen. Laut Gesetz hat «nach 8 Jahren in der Regel ein Wechsel der Direktionen stattzufinden».

Für die Amtsperiode von 1988 bis 1992 sind die *Vorsteher der Direktionen*:

Hans Fünfschilling (FDP),
Finanz- und Kirchendirektion

Werner Spitteler (SVP),
Volkswirtschafts- und Sanitätsdirektion

Edi Belser (SP),
Bau- und Umweltschutzdirektion

Clemens Stöckli (CVP),
Justiz-, Polizei- und Militärdirektion

Peter Schmid (SP),
Erziehungs- und Kulturdirektion

Die Direktionen haben ihren Amtssitz in Liestal, ihre Dienststellen und Ämter befinden sich in verschiedenen Gemeinden des Kantons (siehe nächste Doppelseite).

Sitzung des Regierungsrates: (von links nach rechts) Hans Fünfschilling, Werner Spitteler, Clemens Stöckli, Franz Guggisberg (Landschreiber), Peter Schmid, Walter Mundschin (2. Landschreiber), Edi Belser

Verfassung des Kantons Basel-Landschaft, Liestal 1984; zu beziehen bei der Landeskanzlei in Liestal.
Regierungsprogramm 1985-1989, Liestal 1985; zu beziehen bei der Landeskanzlei in Liestal.

Die Verwaltung

Die kantonale Verwaltung erfüllt die vielfältigen Aufgaben eines modernen Staates, sofern diese nicht den Gemeinden übertragen sind. Oft führt der Kanton auch die Oberaufsicht in Angelegenheiten, deren Ausführung bei den Gemeinden liegt. Beispiel: Die Gemeinden führen Primar- und Realschulen nach dem kantonalen Schulgesetz, Kontrolle übt das Schulinspektorat aus, eine kantonale Behörde.

Die kantonale Verwaltung besteht aus fünf Direktionen und der Landeskanzlei. Die Direktionen sind in Dienststellen gegliedert, die dem Direktionsvorsteher unterstehen. Die Landeskanzlei wird vom Landschreiber geleitet.

Jede Direktion umfasst ein Direktionssekretariat und in der Regel nicht mehr als zehn weitere Dienststellen. Die Direktionen werden vom Landrat bezeichnet, die Zuordnung der Dienststellen beschliesst der Regierungsrat.

Die Direktionen sind alle über die *Hauptnummer 061/925 51 11* telefonisch erreichbar, wo auch die Nummern der einzelnen Ämter und Dienststellen erfragt werden können. Der grösste Teil der kantonalen Verwaltung befindet sich in Liestal, wo sich unterhalb des *Stedtli* ein kleines Regierungsviertel entwickelt hat. Die meisten kantonalen Ämter sind vom Bahnhof Liestal aus in wenigen Minuten zu Fuss erreichbar.

Finanz- und Kirchendirektion
Diese Direktion umfasst die Finanz- und die Steuerverwaltung, das Personalamt, das Rechenzentrum und die Finanzkontrolle.

Wichtige Adressen:

Steuerverwaltung
Rheinstrasse 33
4410 Liestal

Kantonale AHV- und Familienausgleichskasse
Hauptstrasse 109
4102 Binningen

Büro für Gleichstellung von Frau und Mann
Rebgasse 17
4410 Liestal

Volkswirtschafts- und Sanitätsdirektion

Erziehungs- und Kulturdirektion

Finanz- und Kirchendirektion

Bau- und Umweltschutzdirektion

Justiz- und Polizeidirektion

VERWALTEN UND BESTIMMEN

Volkswirtschafts- und Sanitätsdirektion

Neben den Spitälern, der Schule für Spitalberufe, dem Fürsorgeamt und der Schulzahnpflege gehören zu dieser Direktion das Amt für Gewerbe, Handel und Industrie, das Arbeitsamt, das Forstamt, das Statistische Amt und das Vermessungsamt sowie die Rheinhäfen. Neu gehören dazu: das Amt für Landwirtschaft und das Meliorationsamt.

Kantonsspital Liestal
Rheinstrasse 26
4410 Liestal
Telefon 925 25 25

Kantonsspital Bruderholz
4101 Bruderholz
Telefon 47 00 10

Kantonale Psychiatrische Klinik
Bienentalstrasse 7, 4410 Liestal
Telefon 921 03 03

Kantonales Arbeitsamt
Bahnhofstrasse 32, 4133 Pratteln
Telefon 821 61 11

Amt für Gewerbe, Handel und Industrie
Rufsteinweg 4, 4410 Liestal
Telefon 925 51 11

Kantonales Fürsorgeamt
Gestadeckplatz 8, 4410 Liestal

Gesundheitsförderung
Bahnhofstrasse 2a, 4410 Liestal
Telefon 925 62 87

Bau- und Umweltschutzdirektion

Zu dieser Direktion gehören das Hochbauamt, das Tiefbauamt, die Ämter für Orts- und Regionalplanung, für Umweltschutz und Energie, das Amt für Liegenschaftsverkehr und das Bauinspektorat. Neu gehören dazu: das Lufthygieneamt beider Basel, das Amt für industrielle Betriebe und das Sicherheitsinspektorat.

Kantonales Bauinspektorat
Rheinstrasse 24, 4410 Liestal

Kantonales Amt für Umweltschutz und Energie
Rheinstrasse 29, 4410 Liestal

Justiz-, Polizei- und Militärdirektion

Dieser Direktion unterstehen die *Statthalterämter* in Arlesheim, Liestal, Sissach und Waldenburg. Diese sind Untersuchungsbehörden und Aufsichtsorgane der Vormundschaftsbehörden der Gemeinden. Ebenfalls zu dieser Direktion gehören die *Bezirksschreibereien* in Arlesheim, Binningen, Liestal, Sissach und Waldenburg. Sie führen das Notariat, das Grundbuchamt, sind Erbschafts-, Konkurs- und Betreibungsamt. Weitere Dienststellen und Ämter: Kantonspolizei, Fremdenpolizei, Staatsanwaltschaft, Jugendanwaltschaft, Rechtsdienst, die Arbeitserziehungsanstalt Arxhof, die Motorfahrzeugkontrolle, die Militärverwaltung und das neu geschaffene Amt für Bevölkerungsschutz mit den Bereichen Gesamtverteidigung, Katastrophenvorsorge und Zivilschutz.

Kantonspolizei
Mühlegasse 12/14
4410 Liestal
Telefon 921 66 17 und 921 17 17

Fremdenpolizei
Rheinstrasse 24a
4410 Liestal

Jugendanwaltschaft
Rankackerweg 26
4133 Pratteln

Militärverwaltung
Bahnhofstrasse 2a
4410 Liestal

Motorfahrzeugkontrolle
Prüfstation:
Reinacherstrasse 20
4142 Münchenstein
Administration:
Mühlerainstrasse 9
4414 Füllinsdorf

Amt für Bevölkerungsschutz
Rheinstrasse 55
4410 Liestal

Erziehungs- und Kulturdirektion

Der Erziehungs- und Kulturdirektion unterstehen die Gymnasien und die Diplommittelschulen in Liestal, Oberwil, Muttenz und Münchenstein, das Lehrerseminar, die Ämter für Berufsbildung und für Berufsberatung. Weiter gehören dazu: das Schulinspektorat, der Schulpsychologische Dienst, der Jugendsozialdienst, die Schul- und Büromaterialverwaltung, das Sportamt, das Amt für Museen und Archäologie, die Kantonsbibliothek sowie die Forschungsstellen für die neue Baselbieter Kantonsgeschichte und für die Orts- und Flurnamen.

Amt für Berufsberatung
Oristalstrasse 10, 4410 Liestal

Amt für Berufsbildung
Burgstrasse 2, 4410 Liestal

Jugendsozialdienst
Ergolzstrasse 3, 4414 Füllinsdorf

Schulpsychologischer Dienst
Rufsteinweg 1, 4410 Liestal

Abteilung Stipendien
Rheinstrasse 31, 4410 Liestal

Ombudsman des Kantons

Unabhängig von Verwaltung und Gerichten arbeitet der Ombudsman des Kantons. Er steht allen Bürgern als eine Art Klagemauer zur Verfügung. Er ist zuständig im Falle von Anliegen, Problemen oder Konflikten, die im Zusammenhang mit kantonalen oder kommunalen Verwaltungen stehen.

Ombudsman des Kantons Basel-Landschaft
Bahnhofplatz 3a, 4410 Liestal
Telefon 061/925 62 90

Verwaltungsorganisation, Erlasse des Kantons Basel-Landschaft, Liestal 1984; zu beziehen bei der Landeskanzlei in Liestal.

Die Gemeinde: ein Stück Kanton für sich

Die Aufgaben der Gemeinden, zu denen auch die zahlreichen Dienstleistungen für die Einwohner gehören, ergeben sich einerseits aus der Gemeindeautonomie, andererseits aus kantonalen Gesetzen und Vorschriften.

Wofür ist die Gemeinde zuständig?

- Gemeindeordnung
- Bestellung der Gemeindebehörden und Gemeindebeamten
- Bürgerrecht
- Einwohnerkontrolle
- Zivilstandsregister
- Steuerregister
- Einzug der Steuern
- Stimmregister
- Durchführung von Wahlen und Abstimmungen (kommunal, kantonal und eidgenössisch)
- Kindergarten
- Primar- und Realschule
- Gemeindestrassen, lokaler und öffentlicher Verkehr
- öffentliche Bauten
- Verwaltung des Gemeindevermögens
- Gesundheitswesen (öffentliche Hygiene, Schulärzte, Gemeindeschwestern, Hebammen)
- Heime
- Friedhof
- Sportanlagen
- Ortspolizei
- Feuerwehr
- Zivilschutz
- Kehrichtabfuhr
- Abwasser
- Wasserversorgung
- Vormundschaft
- Fürsorge

Die Erfüllung all dieser Aufgaben gehört zum eigentlichen Tätigkeitsgebiet der *Gemeindeverwaltung*. Sie ist Anlaufstelle für Auskünfte und Beschwerden und erledigt viele der aufgezählten administrativen Aufgaben. Umgekehrt wickelt sich hier ein grosser Teil des Verkehrs zwischen Einwohnern und Staat ab.

Auf dem zuständigen Zivilstandsamt meldet man sich zur Ziviltrauung an und gibt Geburt und Tod bekannt. Auf der Gemeindeverwaltung bekommt man seinen Heimatschein, ein Leumundszeugnis und eine Identitätskarte, meldet sich an und ab. Hier kann man Baupläne einsehen, gibt die Steuererklärung ab, bezahlt Hundesteuer, Wasserzins, Kehrichtgebühren, Beiträge für Gemeinschaftsantennen. Der Arbeitslose stempelt auf der Gemeindeverwaltung, sie weiss die Adresse der Sozialberatung und bezahlt Unterstützung aus. Sie vermittelt die Adressen des militärischen Sektionschefs, des Zivilschutz-Ortschefs, der Rektorate, der Präsidenten von Schulpflege, Vormundschafts- und Fürsorgebehörde und der Kontaktpersonen der verschiedenen Vereine. Sie gibt Auskunft über Sprechstunden des Gemeindepräsidenten und des Friedensrichters, weiss Bescheid über Hauspflege, SOS-Dienste, Alterspflege, Öffnungszeiten öffentlicher Bibliotheken und Sportanlagen. Oft ist das Gemeindehaus auch Simm- und Wahllokal.

Schliesslich erhält der Ratsuchende hier auch Auskunft, an welche kantonalen oder privaten Stellen er sich mit Anliegen wenden kann, die nicht in den Aufgabenkreis der Gemeinden gehören.

Gemeindeorganisation

Oberstes Organ der Gemeinde ist die Gesamtheit der Stimmbürger. Diese können zu allen wichtigen Fragen in *Urnenabstimmungen* oder an der *Gemeindeversammlung* Stellung nehmen. In den Gemeinden Allschwil, Binningen, Birsfelden, Liestal, Pratteln und Reinach wurde die Gemeindeversammlung durch ein Parlament, den *Einwohnerrat*, ersetzt. Gegen Grundsatz-Entscheide von Gemeindeversammlung oder Einwohnerrat kann das *Referendum* ergriffen werden, was meist zu einer Urnenabstimmung über die Streitfrage führt.

Welche Beschlüsse referendumsfähig sind und welche obligatorisch dem Volk vorgelegt werden müssen, regelt das *kantonale Gemeindegesetz*. Dieses sieht auch vor, dass die Exekutiven mittelgrosser Gemeinden *Gemeindekommissionen* bestellen können, die die Gemeinderäte beraten. Die Exekutive besteht je nach Einwohnerzahl aus drei bis sieben Mitgliedern. Vorsitz führt der *Gemeindepräsident*, der auch die Gemeindeversammlung leitet. Der Gemeinde-

VERWALTEN UND BESTIMMEN

rat wird ebenso wie der Einwohnerrat durch Volkswahl bestimmt. Die *Gemeindeordnung* regelt, ob die Exekutive nach dem Majorz- oder Proporzsystem gewählt wird.

Kommissionen

Eine wichtige Rolle im politischen Leben der Gemeinden spielen die Kommissionen. Der Gemeinderat kann neben einer allfälligen Gemeindekommission beratende Kommissionen zu einzelnen Fachgebieten bestellen: eine Kulturkommission etwa oder eine Feuerwehrkommission. Die Einwohnerräte bilden Kommissionen zu bestimmten Themenkreisen, zum Beispiel eine Finanz- oder eine Bau- und Planungskommission, die Vorlagen an das Parlament ausarbeiten, Anträge des Gemeinderats prüfen und die Beratungen auch formell vorbereiten.

Vom Volk gewählt werden hingegen die *Fürsorgebehörde* und die *Schulpflege*.

Die Bürgergemeinde

Neben den Einwohnergemeinden erfüllen die Bürgergemeinden (ortsansässige oder im Kanton wohnhafte Gemeindebürger) eine wichtige Aufgabe: sie erteilen das Ortsbürgerrecht, das in der Schweiz Grundlage für das Kantonsbürgerrecht und damit für die schweizerische Staatsangehörigkeit ist. Daneben verwalten sie ihren Besitz, Wald, Flur und Landwirtschaftsgebiet, und leisten damit einen erheblichen Beitrag zur Pflege unserer Landschaft. Viele dieser Bürgergemeinden sind auch aktive Träger von Traditionen: sie erhalten zum Beispiel Volksbräuche am Leben. Zudem haben sie im Rahmen der Gemeindefürsorge oft eine ergänzende Funktion.

Entscheidungen der kommunalen Exekutive: Sitzung des Gemeinderates von Pratteln

Einige der grössten Baselbieter Gemeinden verfügen über kommunale Parlamente: Der Einwohnerrat tagt in Birsfelden

Gemeindegesetz des Kantons Basel-Landschaft, Liestal 1972; zu beziehen bei der Landeskanzlei in Liestal.

Recht, Richter und Gerichte – ein Führer durch das kantonale Rechtssystem

Man spricht oft vom «Rechtsstaat» und bringt damit zum Ausdruck, wie wichtig das Rechtswesen in unserem Gemeinschaftsleben ist. So gibt es für jedes Rechtsproblem eine Stelle, die dafür zuständig ist. Das hat zur Folge, dass das Rechtswesen oft nicht leicht zu überschauen ist und sich mancher leicht im Dschungel verirrt. Als eine direkte Hilfe für alle Fälle soll hier gezeigt werden, wofür welche Gerichte im Baselbiet zuständig sind.

Für die meisten zivilrechtlichen Streitigkeiten ist in unserem Kanton der *Friedensrichter* die erste Anlaufstelle. Seine Aufgabe ist es, «auf eine gütliche Verständigung der Parteien hinzuwirken», so die Zivilprozessordnung. Zuständig ist meist derjenige Friedensrichter, in dessen Kreis die Wohngemeinde liegt. So gibt es insgesamt 19 Kreise im Kanton. Bei Ehescheidungen ist der Wohnsitz des Klägers massgebend; in den meisten übrigen Fällen der Wohnsitz des Beklagten.

Arlesheim, Liestal, Sissach, Gelterkinden und Waldenburg sind Sitze der *Bezirksgerichte*. Diese Gerichte haben fast alle konstant besetzte Kanzleien und vollamtliche Schreiber und Präsidenten. Dorthin wendet sich am besten, wer eine Rechtsauskunft braucht. Dort kann man sich für eine Sprechstunde anmelden oder wird von dort an die richtige Adresse verwiesen.

Ohne vorherige Konsultation des Friedensrichters sind vor allem Streitigkeiten aus Arbeitsverhältnissen Angelegenheit der Bezirksgerichte. Im übrigen ist das Bezirksgericht für alle zivilrechtlichen Belange zuständig, die nicht schon der Friedensrichter lösen konnte. Hinzu kommt, dass man den Bezirksgerichtspräsidenten anrufen kann, wenn sich in der Ehe unlösbare Probleme ergeben, die er mit der Autorität seines Amtes lösen soll (Eheschutzverfahren).

Das *Strafgericht*, das zwei Kammern besitzt, führt alle Prozesse aus dem ganzen Kanton bei Verbrechen und Vergehen. Das Strafgericht ist allerdings nicht Klagestelle für den Bürger, denn bevor es zum Strafprozess kommt, sind verschiedene andere Instanzen tätig: die Polizei, die Ermittlungen vornimmt, das Statthalteramt, das die

Das Gerichtsgebäude in Liestal beherbergt das Obergericht, das Straf-, Bezirks- und Jugendgericht

Bezirksgericht und Bezirksschreiberei Arlesheim: untergebracht in Domherrenhäusern aus dem 17. Jahrhundert

VERWALTEN UND BESTIMMEN

eigentliche Untersuchung führt, und die Staatsanwaltschaft, die Anklage erhebt. Die Überweisungsbehörde befindet über die Einstellung von Verfahren und kann in leichten Fällen einen Strafbefehl erlassen.

Für straffällige Kinder und Jugendliche besteht ein eigenes Jugendgericht und seit 1982 die Jugendanwaltschaft.

Höchste und letzte richterliche Instanzen im Kanton sind das *Obergericht* und das *Verwaltungsgericht*. Beide befinden sich in Liestal beim Bahnhof. Das Obergericht ist Aufsichtsbehörde und Appellationsinstanz für Urteile der Bezirksgerichte und des Strafgerichts. Auch mit Beschwerden gegen Verfügungen unterer Instanzen kann man sich ans Obergericht wenden.

Liestal als Kantonshauptort und Verwaltungszentrum ist auch Sitz des *Verwaltungs- und Versicherungsgerichtes*, das Beschwerden gegen Entscheide des Regierungsrates zu beurteilen hat und das Beschwerden oder Klagen gegen Entscheide der Krankenkassen, Unfall-, Militär-, Arbeitslosen- oder Invaliden-Versicherung behandelt.

An welches Gericht oder an welche Behörde ein Entscheid weitergezogen werden kann, steht als sogenannte Rechtsmittelbelehrung im Text der entsprechenden Verfügung. Dort sind auch die Beschwerdefristen angegeben.

Wenn die Allgemeinheit für irgendwelche Zwecke privates Land beansprucht und mit dem Landbesitzer keine Einigung erzielt werden kann, hat der Landrat bzw. die Gemeindeversammlung oder der Einwohnerrat die Möglichkeit, das Enteignungsrecht zu gewähren, bei dem dann im Streitfall schliesslich das *Enteignungsgericht* sein Urteil spricht.

Notare, wie in manchen anderen Kantonen, gibt es im Baselbiet nicht. Für öffentliche Verurkundungen sind die *Bezirksschreibereien* zuständig. Dort kann man eheliche Güterrechts- und Erbverträge aufsetzen lassen, Testamente beglaubigen lassen sowie Grundstücksverkäufe beurkunden. Obwohl sie Bezirksschreibereien heissen, decken sich die Schreibereikreise nicht ganz mit den Bezirken. Es gibt einen Kreis Arlesheim, einen Kreis Binningen, einen Kreis Liestal, einen Kreis Sissach und einen Kreis Waldenburg.

Unter der Volkswirtschaftsdirektion des Regierungsrates gibt es eine eigene *Schlichtungsstelle für Mietangelegenheiten*.

Im Jahre 1989 nahm der *Ombudsman* als Verbindungsstelle zwischen Bürger und Verwaltung seine Tätigkeit auf.

Bezirksgericht Arlesheim
Domplatz 5, Telefon 71 61 71
Rechtsauskünfte Gerichtskanzlei: Mo 14–17 Uhr
Telefonische Auskunft: Mi 14–17.15 Uhr

Bezirksgericht Gelterkinden
Sprechstunde: Mi 8.30–11.30 Uhr
Telefon 99 12 79
wenn keine Antwort 98 30 77

Bezirksgericht Liestal
Postplatz 1, Telefon 925 57 94
Sprechstunde nach telefonischer Vereinbarung

Bezirksgericht Sissach
Hauptstrasse 110
Telefon 98 30 77
Mo 14–17 Uhr

Bezirksgericht Waldenburg
Telefon 97 00 11

Jugendgericht
Poststrasse 1, Liestal
Telefon 925 51 11

Verwaltungsgericht, Versicherungsgericht
Postgebäude
Poststrasse 3, Liestal
Telefon 925 57 99

Enteignungsgericht (kantonal)
Postgebäude
Postplatz 3, Liestal
Telefon 925 51 11

Gemeindeverwaltung Binningen
Rechtsauskunft ohne Voranmeldung
jeweils Fr 14–16 Uhr

Bezirksschreiberei Arlesheim
Domplatz 9 und 11, Telefon 71 61 11
Öffnungszeiten: Mo–Fr 8–12, 14–17 Uhr
Mi 8–12, 14–18 Uhr
oder nach telefonischer Vereinbarung

Bezirksschreiberei Binningen
Schlossrebenrain 1
Telefon 47 49 49
Besprechung nach telefonischer Vereinbarung
Mo–Fr 7.45–11.45, 13.30–17 Uhr

Bezirksschreiberei Liestal
Kreuzboden 2, Telefon 925 51 11
Öffnungszeiten: Mo–Fr 8–12, 14–17 Uhr
oder nach telefonischer Vereinbarung

Bezirksschreiberei Sissach
Telefon 98 11 55
Öffnungszeiten: Mo, Mi und Fr 8–11.30,
14–17 Uhr
oder nach telefonischer Vereinbarung

Bezirksschreiberei Waldenburg
Telefon 97 00 41
Öffnungszeiten: Mo–Fr 8–12, 14–17 Uhr
oder nach telefonischer Vereinbarung

Wer selber bestimmten Rechtsfragen nachgehen will, kann sich bei der Landeskanzlei, Postfach, 4410 Liestal, verschiedene kantonale Gesetzestexte bestellen.

Stadt und Land Hand in Hand

150 Jahre nach der Trennung der beiden Basel beginnt die Partnerschaft zwischen Stadt und Land langsam Früchte zu tragen. Und die Einsicht beginnt zu reifen, dass die Organisation von Stadt und Land in zwei sich als gleichwertige Partner gegenüberstehenden Kantonen nicht nur Nachteil, sondern auch Chance für die Region ist.

Den ersten bewussten Schritt zur Kooperation wagten die beiden Basel erst beinahe hundert Jahre nach ihrer Trennung: 1925 schlossen sie das erste Schulabkommen. Diesem folgte 1948 das erste Spitalabkommen. Beide Verträge regelten in erster Linie die Entschädigung, die das Baselbiet dem Stadtkanton für die Erbringung «zentralörtlicher Leistungen» zu entrichten hatte.

Seit das Baselbieter Volk im Jahr 1969 die Wiedervereinigung der beiden Basel überaus deutlich und wohl endgültig verworfen hat, hat der Gedanke der Zusammenarbeit eine neue Bedeutung erhalten. Das Baselbiet möchte selbständiger Kanton in einer partnerschaftlich kooperierenden Region sein. In der Kantonsverfassung wurde der Wiedervereinigungsartikel 1974 durch einen Partnerschaftsartikel ersetzt. 1985 wurde mit einer kantonalen Volksinitiative und einer von über 50 Baselbieter Gemeinden unterstützten Gemeindeinitiative die Schaffung eines Vollkantons Basel-Landschaft gefordert.

Pionierleistungen in der Partnerschaft

Verglichen mit anderen Kantonen der Schweiz dürfen sich die beiden Basel als Pioniere partnerschaftlicher Kooperation ansehen. Beispiele für grenzüberschreitende Zusammenarbeit sind die zahlreichen gemeinsamen Institutionen und die Abkommen in den verschiedensten Bereichen:

Gemeinsame Institutionen

- Gemeinsame Sitzungen der Regierungen von Basel-Stadt und Basel-Landschaft
- Gemeinsame Sitzungen der Büros der beiden Kantonsparlamente
- Regionalplanungsstelle beider Basel in Liestal
- Lufthygieneamt beider Basel in Liestal
- Ingenieurschule beider Basel in Muttenz
- Motorfahrzeug-Prüfstation beider Basel in Münchenstein
- Regionale Tagesschulen für motorisch- und sehbehinderte Kinder in Münchenstein
- Pro Rheno AG (Abwasserreinigungsanlage)
- Kraftwerk Birsfelden AG
- Hardwasser AG (Trinkwasserversorgung)
- Blutspendezentrum beider Basel

Regionale Abkommen und Staatsverträge

- Tarifverbund im öffentlichen Verkehr
- Universitätsvertrag
- Spitalabkommen
- Abkommen über die Lehrerausbildung
- Abkommen betreffend die Mitbenützung der Basler Kehrichtverbrennungsanlage
- Abkommen betreffend die Mitbenützung des Basler Schlachthofes

Finanzielle Abgeltungen...

Die Tatsache, dass viele Einwohner des Baselbiets unentgeltlichen Zugang zu öffentlichen Leistungen unseres städtischen Nachbarkantons haben, hat Anlass zur Schaffung und laufenden Verbesserung der bestehenden Staatsverträge gegeben. Hauptanliegen ist dabei der *Lastenausgleich*, die bessere und gerechtere Verteilung der Kosten von öffentlichen Leistungen. Die Zahlungen des Baselbiets an den Stadtkanton haben sich seit 1968 mehr als verfünffacht. Wenn man die Teuerung berücksichtigt, sind sie auf das Zweieinhalbfache angestiegen. Die grössten Zahlungen werden in den Bereichen Universität, Spitäler und Schulen geleistet. Die Nettoabgeltungen des Baselbiets an Basel-Stadt machten Mitte der 80er Jahre rund 7,5% der gesamten Staatseinnahmen aus.

...und ihre Grenzen

Die finanziellen Probleme des Stadtkantons haben dazu geführt, dass vom Baselbiet weiterhin wachsende Beiträge für die Ab-

VERWALTEN UND BESTIMMEN

geltung zentralörtlicher Leistungen verlangt werden. Die Diskussion darüber wird weitergehen. Aus der Sicht des Kantons Basel-Landschaft ist zu wünschen, dass die abzugeltenden Leistungen und nicht Vergleiche über die Staatsfinanzen im Vordergrund stehen. Weiter erwartet das Baselbiet ein Mitspracherecht bei den abgegoltenen Leistungen. Schliesslich wünscht der Landkanton eine verstärkte Überprüfung der Kostenstrukturen, die bei vergleichbarer Qualität öffentlicher Leistungen zum Teil zwischen Stadt und Land erhebliche Differenzen aufweisen.

Nicht zu vergessen ist schliesslich, dass die Wirtschaftskraft des Stadtkantons jene des Baselbiets nach wie vor bei weitem übertrifft. So sind die lukrativeren Tätigkeiten in der Stadt konzentriert, während die flächenintensiveren und vergleichsweise weniger ertragreichen Wirtschaftsaktivitäten vorwiegend im Baselbiet zu finden sind. Die Erträge aus der Besteuerung der juristischen Personen sind denn auch in Basel-Stadt mehr als sechsmal so hoch wie im Baselbiet (Stand 1984).

Nordwestschweiz

Wenn die Beziehungen zu Basel-Stadt in der «Aussenpolitik» des Baselbiets einen natürlichen Schwerpunkt bilden, bedeutet das nicht, dass der Kontakt mit den andern regionalen Partnern vernachlässigt wird. Da ist einmal die *Nordwestschweizerische Regierungskonferenz*, zu der neben beiden Basel auch die Kantone Aargau, Bern und Solothurn gehören.

Dieses Gremium tagt regelmässig, um gemeinsame Anliegen zu diskutieren und sie im Falle einer Einigung auch zusammen in «Bern», bei den Bundesbehörden, vorzutragen.

Regio Basiliensis

Stärker als in anderen Regionen der Schweiz wird in der Region Basel der Kontakt zu den ausländischen Nachbarn, den Elsässern und Bodensern, gepflegt. Seit 1963 bemühen sich im Rahmen der *Regio Basiliensis* Deutsche, Franzosen und Schweizer im Dreieck zwischen Jura, Schwarzwald und Vogesen um eine intensive Zusammenarbeit. 1969 gründeten die Regierungen die *Internationale Koordinationsstelle der Regio Basiliensis*. Diese trägt, wenn auch mit kleinen Schritten, wesentlich dazu bei, die Nachteile der Grenzlage zu mildern oder gar in Vorteile zu verwandeln und das Zusammengehörigkeitsgefühl der Bevölkerung am Oberrhein zu stärken.

Von Stadt und Land gemeinsam benutzte Abwasserreinigungsanlage Pro Rheno

Von der Selbstversorgung zur Selbstbedienung

Kücheneinrichtung einst...

...und heute

Der Menuplan von gestern – ein Spiegelbild des Jahreslaufs
Einfachheit und Bescheidenheit kennzeichnen die Ess- und Kochgewohnheiten des Baselbieters der vergangenen Jahrhunderte. Die alltägliche Ernährung der Posamenterbauern ist das Spiegelbild der damaligen Wirtschaftsform. Fast sämtliche Produkte stammten vom eigenen Acker, aus dem eigenen Garten, aus dem eigenen Stall. So waren Getreideprodukte, Kartoffeln und Kohlgemüse, Obst, Milchprodukte und Eier die wichtigsten Nahrungsmittel.

Durch einfache Konservierungsmethoden, Kellerlagerung, Dörren und Einmachen wurden diese Lebensmittel auch für den Winter haltbar gemacht. Geräucherter Speck und Rippli waren die einzigen Fleischkonserven.

Besonders beliebt waren im Frühling die ersten Wildgemüse, da sonst wenig Frischgemüse vorhanden war. Bärlauch, Brennessel, Löwenzahn und Waldrapunzel wurden als Gemüse gedünstet, Aronstab zusammen mit einer weissen Mehlsauce und geschwellten Kartoffeln als blutreinigende Diätmahlzeit *(Dureputzete)* gegessen.

Einen kulinarischen Höhepunkt brachte die jährliche Hausmetzgete. Zu diesem Anlass wurden das frisch geschlachtete Fleisch, Würste und reichlich Beilagen aufgetischt. Sonst gab es Fleisch je nach finanzieller Lage einer Familie einmal wöchentlich am Sonntag; in besseren Zeiten dreimal wöchentlich dienstags, donnerstags und sonntags. Zu Festtagen und Familienfeiern wurde von den Frauen zahlreiches Festgebäck hergestellt, und an Weihnachten wurde traditionell in den Familien ein *Chirsipfeffer* gegessen. Dies sollte die Kirschenernte des kommenden Jahres sichern.

Die traditionelle Baselbieter Kochweise hat sich nur in vereinzelten kleinen Dörfern des Baselbiets erhalten. Im allgemeinen richtet sich die moderne Baselbieter Küche heute weitgehend nach dem vielfältigen Angebot der allerorts vorhandenen Grossmärkte. In- und ausländische Frischgemüse und Obst sind praktisch das ganze Jahr über erhältlich. Mit zunehmendem Wohlstand wuchsen auch die Ansprüche in der Ernährung. Die Grosszügigkeit im Marktangebot macht den Konsumenten heute unabhängig von Jahreszeiten und Ernteerträgen. Fleisch, Geflügel und Gemüse, Salate, Früchte und frische Backwaren findet man im durchschnittlichen Baselbieter Menuplan täglich. Aus der kantonal typischen Küche wurde eine überregional gültige schweizerische Kochweise.

ESSEN UND TRINKEN

Warm sei die Speise, kühl der Trank.

Dann wird kein Teil des Körpers krank.

Baselbieter Rezepte
Wir haben aus dem kleinen Kochbuch «Baselbieter Rezepte» (herausgegeben vom Gemeinderat Arboldswil) einige Rezepte ausgewählt:

Chrutsuppe (Spinatsuppe)
Pro Person eine rechte Handvoll Spinat, dazu Kerbel, ein kleiner Zweig Minze, eine kleine Zwiebel und Majoran. Alles fein hacken und im Fett dünsten. Bevor die Masse Wasser zieht, mit Mehl stäuben und mit Fleischbrühe löschen. Salzen und ganz wenig fein geschnittenes Brot beigeben. 20 Minuten köcherlen lassen, beim Anrichten ein gut geklopftes Eigelb mit Muskatnuss darunter geben.

Bruni Härdöpfelsuppe
Mehl in Anken (Fremdwort: Butter) langsam hellbraun rösten. Nach Belieben fein geschnittene Zwiebeln beigeben und kurz mitbräuseln. Rohe kleine Kartoffelscheiben in die Pfanne und mit Wasser oder Fleischbrühe ablöschen. Alles kochen, bis die Kartoffeln verkocht sind. Mit Salz und Pfeffer abschmecken. Sehr gut auch mit einer Handvoll fein geschnittener Kräuter, nämlich: Kerbel, Petersilie, Schnittlauch und Majoran.

Tragbare Suppe auf Reisen
Nimm Rind-, Kalb- oder Hühnerfleisch und schneide es sehr klein oder stosse es im Mörser und koche es in einem wohlverdeckten Topfe zu einer Gallerte durch Zusatz von Gewürz. Diese Gallerte schneide in Tafeln, nachdem sie oft an der Luft, dann allmählich am Ofen getrocknet wurde und gedörret; so kann man sie in Reisetaschen mitnehmen.

Chirsipfeffer
Dürre, frische oder tiefgefrorene Kirschen in wenig Wasser weich kochen und zuckern. Mehl (Maizena) und Milch (Wasser), zu dünnem Teiglein gerührt, langsam beimischen. Zimtstengel beigeben, wenn nötig nachzuckern. Kurz vor dem Anrichten im Anken geröstete Brotwürfeli darunterrühren. Die Mischung, halb Kirschen halb Zwetschgen, kann empfohlen werden.

Es mahnt zur Mittigkeit die Frau den strengen Mann. Man folge ihr, wenn man ihr folgen kann.

Säuprägel
Gutdurchzogenes Schweinefleisch in Möckli schneiden. In der Bratpfanne braun braten. Viele feingeschnittene Zwiebeln beimischen. Mit Fleischbrühe und Wein löschen. Salzen und würzen (Lorbeer, Pfeffer und Nelken). Weich kochen und 5 bis 10 Minuten vor dem Anrichten eine fein in Streifen geschnittene Schweinsniere beigeben. Vor dem Anrichten gebähte Brotschnäfeli beifügen (grad eben recht; Prägel darf nicht furztrocken, aber auch nicht nass sein).

Mit Lederäpfelschnitzen oder einem andern chächen sauren Apfelschnitz servieren.

Trauffele (Strübli)
1/2 Mass Milch, 1/4 Pfund Butter, 3 Lot Zucker, etwas Salz, 1 Pfund Mehl, 14–16 Eier.

Milch, Butter, Zucker und Salz koche man auf, rühre es in das in einer Schüssel sich befindende, gesiebte Mehl; die Eier lege man in lauwarmes Wasser und rühre sie nach und nach in die Masse. Sollte der Teig noch nicht durch den Trichter (Trauffeletrichter) fliessen, so muss man mehr Eier nehmen. Nun füllt man den Trichter, lasse den Teig schneckenförmig und ununterbrochen in die heisse Butter fliessen, backe die Trauffelen (Strüblein) auf beiden Seiten und serviere sie, sobald sie gut vertropft sind, mit Milchkaffee.

Maytrank
Eine Handvoll Waldmeister, wohlriechende zehn Stängel weisse Taubnessel, zehn Herzchen Walderdbeeren, zehn Blättli Schaafgarben, zehn Herzchen Hagebuttenrosen mit wohlriechenden Blättern, Johannesbeerblättchen, der Saft und die Schale von zwei dünn abgeschälten Orangen werden in eine Terrine getan, 6 Flaschen leichten Wein (Weisswein) darüber gegossen, zugedeckt und mehrere Stunden ziehen gelassen, dann durchgesiebt, mit 1 1/2 Pfund Melasse versüsst und in Bouteillen gefüllt.

Baselbieter Rezepte. Alte Baselbieter Menüs, P. und F. Suter, Arboldswil 1978.

Die Getränke

Von Brunnen- und andern Wassern

Im Baselbiet soll niemand von Durst geplagt sein. Viele Läden, Wirtshäuser und Getränkefirmen, verteilt über den ganzen Kanton, bieten alles an, was an Flüssigem das Herz erfreut. Dazu gehört, was der eigene Boden hervorbringt und der Fleiss der Bewohner erzeugt: Wein aus windgeschützten Rebbergen, Mineralwasser, das der Jura schenkt, Bier, das in Liestal gebraut und Kirsch, der in den Dörfern gebrannt wird.

Rebbau und Wein von Aesch bis Wintersingen

Böse Zungen behaupten, die Baselbieter Weine seien Getränke, keine Weine. Gewiss, unser Wein reist nicht weit. Seine Liebhaber wohnen in der Gegend, und zum Weiterverkaufen bleibt sowieso nichts übrig. Der durchschnittliche Ertrag von etwa 150'000 Liter Rotwein und 85'000 Liter Weisswein aus dem rund 6400 Aren umfassenden Rebland im Kanton findet ohne weiteres seine treuen Abnehmer. Tatsächlich gelingt es den Winzern der Region heute, gute, fruchtige, sehr milde Weine zu produzieren.

Aus historischer Sicht ist der heutige Rebbau nur noch ein kümmerlicher Rest von früher. Um das Jahr 1800 bedeckten die Rebberge noch eine rund zehnmal grössere Fläche als heute, nämlich 623 ha. Um 1900 stand nur noch die Hälfte der Weinberge, und bis in die nahen 70er Jahre ging die Anbaufläche stetig zurück. Nur 15 Gemeinden hielten standhaft an der Tradition fest. Heute ist ein Umdenken im Gang, die Liebe zum Rebbau wird wieder entdeckt.

Die bekanntesten Rotweindörfer im Kanton sind *Buus*, *Maisprach* und *Wintersingen*. Hier wird praktisch nur die Rebsorte «Blauburgunder» angebaut. Wie es sich gehört, hat der Kanton auch einen Staatswein. Dieser wächst im Bann *Liestal*, im *Üetetel*, auf einer Fläche von 47 Aren. *Pratteln* und *Muttenz* gehören zu den grösseren Weinbaugemeinden. Hier wird mehrheitlich Weisswein produziert. Gutedel- und Riesling-Silvanertrauben liefern hauptsächlich den Most.

Das grösste Rebareal wird in der Gemeinde *Aesch* gepflegt. Der Südhang des Kluserbergs ist auf einer Fläche von gut 1,2 ha mit Reben bepflanzt. Weiter hinten im Tälchen liegt das Tschäpperli, einer der gepflegtesten Rebberge weit und breit. Mit nicht weniger Einsatz wird in *Arlesheim*, *Biel-Benken*, *Bottmingen*, *Ettingen*, *Oberdorf*, *Pfeffingen*, *Reinach*, *Sissach* und *Ziefen* Rebbau betrieben.

Um guten Wein produzieren zu können, braucht es Spezialisten und teure technische Einrichtungen, die sich nicht jeder einzelne kleine Weinbergbesitzer leisten kann. Mehr und mehr übergeben deshalb die Winzer die Trauben zum Keltern einem gewerblichen Kellereibetrieb und holen den Wein nach der Flaschenabfüllung wieder ab.

Mineralwasser aus Eptingen

Das Baselbiet mit seinen Wäldern und Hügeln hat viele Quellen und Brunnen. Nur dann, wenn die gelösten festen Stoffe im Wasser mindestens 1000 mg pro Liter betragen, darf sich Quellwasser Mineralwasser nennen. Solch angereichertes Wasser fliesst im *Sissacher* Alpbad, in *Wintersingen* und vor allem in *Eptingen* aus dem Boden. Die Mineralquelle Eptingen AG besitzt die Wasserrechte aller drei Quellen.

Am Waltensberg ob Eptingen auf 730 m ü.M. entspringt die Quelle Eptingen-Melsten mit einem Ertrag von 25 bis 40 Liter pro Minute. Es ist Calcium-Sulfat-Wasser mit Magnesium- und Hydrogencarbonat-Gehalt. Mit 1460 mg/l gelösten festen Stoffen ist der Mineralgehalt des Eptingerwassers relativ mässig, was für die Nutzung als Tafelwasser von Vorteil ist.

s macht Durst!

Gefasst wurde die Quelle im Jahr 1693. Um 1700 wurde ein erstes Badhaus errichtet, und bald wurde Eptingen ein beliebtes Landbad. In der Blütezeit des Bädertourismus, ab Mitte des 19. Jahrhunderts, bestand das Bad Ruch-Eptingen aus drei Häusern mit 50 Zimmern. Der Erste Weltkrieg machte diesem Tourismus ein Ende. Der aus der Mode gekommene Badebetrieb wurde 1924 definitiv eingestellt. Doch schon

Gepflegter Rebhang bei Aesch

ESSEN UND TRINKEN

zwanzig Jahre vorher wurde damit begonnen, das überflüssige Badewasser abzufüllen und zu verkaufen. So wurde die Mineralquelle Eptingen AG zu einem Pionier der Schweizer Mineralwasserindustrie. Seit Jahrzehnten gehören das *«Eptinger»* und die Sissacher Fruchtgetränke *«Pepita»* und *«Toco»* mit den berühmten Etiketten von Herbert Leupin in der deutschen Schweiz zu den bekanntesten Markenprodukten im Getränkesektor.

Bier aus Liestal

Auf dem Gelände einer ehemaligen Ziegelbrennerei errichtete am 1. Mai 1850 der Bierbrauer Karl Wilhelm Gysin von Liestal eine Bierbrauerei. Im Jahr 1863 erwarb Theophil Meyer-Zeller aus Itingen an einer Gant die Brauerei. 1878 übernahm dann sein Bruder, Jakob Meyer-Wiggli, das Geschäft, das er bis 1921 mit grossem Eifer leitete und ausbaute. Die 70er und 80er Jahre des vergangenen Jahrhunderts waren im schweizerischen Brauereigewerbe eine Blütezeit. Damals gab es zum Beispiel in Liestal noch die Brauereien «Brodbeck» und «zum Stab». Im Baselbiet wurde zudem in Binningen, Münchenstein, Birsfelden, Allschwil, Reinach, Oberwil, aber auch in Sissach, Gelterkinden, Oberdorf und Waldenburg Bier gebraut.

Alle diese Brauereien stellten um die Jahrhundertwende die Fabrikation ein. Als einzige Brauerei im Kanton hat *Ziegelhof* dieses Brauereisterben überlebt.

Was in Liestal gebraut wird, ist nicht nur aus Lokalpatriotismus als hervorragend zu bezeichnen. Freilich stammt von den Rohstoffen Gerstenmalz, Hopfen und Wasser nur eben das Wasser aus dem Kanton. Mit Fachwissen und moderner Technik werden verschiedene Biersorten produziert. Die Kunden im Absatzgebiet, das hauptsächlich in der Nordwestschweiz liegt, werden mit Lastwagen und zwei nostalgischen Pferdefuhrwerken bedient. Noch ist Hopfen und Malz im Baselbiet nicht verloren.

Im Beizfass gären die Kirschen

Die Kirschbrennerei in Tecknau

Gebrannte Wasser

Soviel Kirschen wie möglich werden im Baselbiet als Tafelfrüchte geerntet. Ist aber die Qualität nicht erstklassig, oder sind die Kirschensorten auf dem Markt nicht mehr gefragt, dann wandern sie ins Fass. Im Durchschnitt sind es etwa 6 Millionen Kilogramm Kirschen, die pro Jahr ins Fass kommen. Etwa die Hälfte dieser Früchte wird dann bei einheimischen Brennern zu rund 300'000 Liter echtem *Baselbieter Kirsch* verarbeitet.

Die professionellen Brenner haben sich zum «Vereinigten Brennereigewerbe» zusammengeschlossen. Dieser Verband bemüht sich um den guten Ruf unseres Kirsches. Ein Qualitätssiegel zeichnet die geprüften und für gut befundenen Wasser aus. Im Aroma dieser gebrannten Wasser lebt dann die Pracht der blühenden Kirschbäume und die Fülle des Geschmacks der reifen Früchte weiter.

Pferdefuhrwerk der Brauerei Ziegelhof in Liestal, bis vor kurzem im Dienst

Baselbieter Rebberge, René Salathé, Liestal 1983.

Mehr als «Schnitz und drunder»

Für alle, denen Essen und Trinken nicht bloss Nahrungsaufnahme bedeutet, hält das Baselbiet eine Unmenge überraschender Möglichkeiten bereit. Rund 550 gastronomische Betriebe gibt es im Kanton: die Palette reicht von *Spunten, Beizen* und währschaften Gasthöfen bis zu exquisiten Spezialitäten-Restaurants.

Früher sollen die Baselbieter vorwiegend «Schnitz und drunder» gegessen haben. Das ist ein Gericht aus gedörrten Apfel- und Birnenschnitzen, Kartoffeln, Dörrspeck und Zucker. Auch *Öpfelröschti, Pfluumemues* oder, wenn's ganz hoch hinaus sollte, einen *Prägel* wollen Historiker auf alten Menukarten gesichtet haben.

Angeblich schon Herberge Napoleons: der «Bären» in Langenbruck

Die Gastronomie hat im Baselbiet als historisches Durchgangsland eine lange Geschichte. Wichtige Etappenorte an der Nord-Süd-Route wie zum Beispiel das Städtchen Liestal zählten schon im Mittelalter zahlreiche Gasthöfe. Bis ins Jahr 1577 kann man die Geschichte des «Bären» in Langenbruck zurückverfolgen. Hier soll einst auch Napoleon abgestiegen sein – aber wo ist der eigentlich nicht gewesen? Auch die im 18. und 19. Jahrhundert beliebten Baselbieter Bäder waren ein Anziehungspunkt für Gäste aus dem In- und Ausland.

Die alten Bäder haben ihre frühere Bedeutung und Anziehungskraft verloren, und die Reisenden auf der Nord-Süd-Achse haben den Kanton in weniger als einer halben Stunde durchfahren. Doch das Baselbiet erfreut sich dennoch einer reichen gastronomischen Infrastruktur. Sie ist so vielfältig wie die Landschaft selbst. Ob man in einer Bergwirtschaft ein reichliches Frühstück zu sich nehmen möchte oder abends, müde von der Arbeit, ein *Zweierli*, ein Bier oder einen kleinen Imbiss in einer der vielen lokalen *Beizen* bestellen möchte – man kommt meist voll und ganz auf seine Rechnung. Und die Rechnungen sind, vor allem in den Dörfern, keineswegs gesalzen.

Pièces de résistance sind im Baselbiet die gutbürgerlich-gemütlichen Dorfwirtschaften und Gasthöfe. Die Gesellschaft ist hier vorwiegend einheimisch, man plaudert mitunter spontan zusammen. Es gibt nur ganz wenige Dörfer, die über keine Dorfwirtschaft verfügen. Häfelfingen zum Beispiel. Andere, wie Lupsingen, Hersberg oder Känerkinden besitzen noch gerade eine. Doch manche dieser Lokale ziehen auch Gäste von ausserhalb an. Vorab zu Zeiten, wenn Wildsaison, *Metzgete* oder Pilzzeit ist. Und weil es heisst, die blumigen Riesling-Silvaner- und Blauburgunderweine seien dort am süffigsten, wo sie wachsen, erfreuen sich zum Beispiel die *Beizen* in Maisprach, Buus oder Wintersingen auch bei den Städtern grosser Beliebtheit.

Dass manche Restaurants im Baselbiet einiges zu bieten haben, ist über die Kantons-

Gasthausschilder, die zur Einkehr verlocken: «Löwen» in Therwil...

...«Post» in Oberwil...

ESSEN UND TRINKEN

und Landesgrenzen hinaus bekannt. Wir können hier schon aus Platzgründen keine Wertung vornehmen. Wir überlassen sie den Experten folgender Gastronomieführer, in denen auch Baselbieter Lokale zu finden sind:

- Gault Millau, Ringier-Verlag, Zofingen, erscheint jährlich neu.

- Passeport Bleu, Verlag Aeschbacher, Worb, erscheint alle zwei Jahre in einer neuen Auflage.

- Guide Rouge Swiss, Alban-Verlag, Zürich, erscheint jährlich neu.

- Die Wirteverbände Baselland und Basel-Stadt geben eine Informationsliste über Basler und Baselbieter Lokale heraus.

...«Schlüssel» in Reinach...

...«Neuhaus» in Liestal...

...«Alte Braue», ebenfalls in Liestal...

...«Ochsen», ebenfalls in Oberwil...

...«Löwen» in Waldenburg...

...und «Hirschen» in Diegten

Zeitungen: Vom Papierkrieg zum Kampf um Marktanteile

«Wenn die Geister aufeinanderplatzen», gibt es immer «viel zu reden, viel zu schreiben und, wenn die Gedanken recht verbreitet werden sollen, viel zu drucken.»
*Wilhelm Schulz-Stutz,
der Drucker des
«Unerschrockenen Raurachers»*

Wild ging es im Pressewesen während der Basler Revolutionswirren von 1830–1833 zu. Es galt, die Gedanken der Unabhängigkeit zu verbreiten, die öffentliche Meinung für seine Sache zu gewinnen. Presse bedeutete Propaganda. Es gab die Pressefreiheit in Reinkultur.

Die *Basler Pressevereinigung* verteilte Zeitungen in der Landschaft, um die öffentliche Meinung zu beeinflussen und um der Ausdehnung des Aufstandes entgegenzuwirken. Die stadttreuen Pfarrer politisierten von der Kanzel nach dem Motto «Wo aber Obrigkeit ist, ist sie von Gott verordnet». Sie liessen die Predigten auch gleich noch drucken und verteilen. Flugblätter erschienen oft anonym oder gezeichnet mit dem bedeutungslosen Namen eines angeblichen «Vereins von Bürgern aller Stände». Auch Handwerker, städtische Beamte, Universitätslehrer oder Studentenorganisationen übten sich in Demagogie. Die Presse spielte eine wesentliche Rolle im Unabhängigkeitskampf der Landschäftler – *die Revolution war auch Papierkrieg.*

Bei diesen Wirren hatten die Stadttreuen einen Trumpf in Händen: die «Baseler Zeitung». Dreimal wöchentlich schürte sie das

Die Titelseite der ersten Nummer des «Unerschrockenen Raurachers», Sprachrohr des jungen Kantons

LESEN UND SCHREIBEN

Feuer, versuchte mit Beschwichtigungen und einseitigen Artikeln die revolutionäre Bewegung auf dem Land einzudämmen. Den Landschäftlern standen für Gegenpropaganda nur die Volksversammlung, Flugblätter und ausserkantonale Zeitungen zur Verfügung (vor allem die *«Appenzeller-Zeitung»*).

Dann aber, im Frühling 1832, erwarb der Zeichnungslehrer *Benedikt Banga* in Zofingen eine kleine, hölzerne Druckerpresse für den «Staat Baselland». 600 Franken kostete sie. Das war schon damals ein Spottpreis. Nachdem Banga mit seinen zwei Druckergesellen die notwendigsten offiziellen Drucksachen für die neue Regierung hergestellt hatte (Aufrufe, Verordnungen usw.), erschien am 1. Juli 1832 die erste kantonale Zeitung: *«Der unerschrockene Rauracher. Ein schweizerisches, wahrheitliebendes Blatt, für Religion, vernünftiges Volksrecht und Aufklärung.»* Der «Rauracher» wurde wöchentlich gedruckt. Mit ihm erhielt die Baselbieter Regierung endlich das längst fällige Sprachrohr.

Der Baselbieter Politiker Stephan Gutzwiller schrieb in einem Brief vom 30. März 1833: «Das Volk wird durch die 'Baseler Zeitung' und andere dergleichen Schriften bearbeitet, und wenn es nicht durch ein eigenes Blatt belehrt und geleitet wird, so verliert es alle Haltung und wird in noch weit bedauerlichere Verirrungen fallen, als es bereits geschehen ist.»

Gutzwillers Zeilen zeigen, was die Zeitung – damals einziges Medium – für die Meinungsbildung bedeutete: Die Presse war auch Macht.

Heute, mehr als 150 Jahre später, würde sich Stephan Gutzwiller wohl über die Pressesituation im Kanton ärgern. Denn die Baselbieter lesen nicht in erster Linie die Liestaler *«Basellandschaftliche Zeitung»* (bz), die Nachfolgerin des Rarauchers, sondern die *«Basler Zeitung»* (BaZ). Die Stadt Basel hat ihre publizistische Vormachtstellung in der Landschaft zurückerobert.

Vor allem im Bezirk Arlesheim liest man die BaZ. Dort wird sie in jede zweite Haushaltung verteilt (zum Vergleich: die bz in jede 22ste.) Umgekehrt findet die bz im Bezirk Liestal ihre Leser in jeder zweiten Haushaltung, die BaZ knapp in jeder vierten. Bis zur «Hülften» oberhalb Pratteln reicht die Herrschaft der «Basler Zeitung». Erst von Frenkendorf/Füllinsdorf an schwingt die «Basellandschaftliche Zeitung» das Zepter, muss es allerdings talaufwärts schon ab Itingen der 1882 gegründeten und dreimal wöchentlich in Sissach erscheinenden *«Volksstimme»* überlassen.

Im Bezirk Waldenburg liest man jedoch wiederum die «Basellandschaftliche Zeitung». Grosser Beliebtheit erfreuen sich die lokalen, meist gratis gestreuten Anzeiger, die in den 70er und 80er Jahren als Orientierungsmittel der Bevölkerung an Bedeutung gewonnen haben: Mit oder ohne redaktionellen Teil informieren sie regelmässig, zum grössten Teil wöchentlich, über die Tätigkeit der Gemeindebehörden, die Aktivitäten der Parteien und Vereine sowie das Angebot der lokalen Detaillisten.

34 Minuten stöbern Herr und Frau Baselbieter Tag für Tag in ihrem Leib- und Magenblatt. Am meisten interessiert sie der Lokal- und Regionalteil, dann das In- und Ausland. Noch vor Kultur, Wirtschaft, Sport und Unterhaltung blättern sie – wer hätte das gedacht? – im Inseratenteil.

Eine Auswahl aus der Fülle heutiger Presseerzeugnisse im Kanton

Mundartdichter und Nobelpreisträger

Jonas Breitenstein (1828–1877)

Joseph Viktor Widmann (1842–1911)

Die Baselbieter Literaturgeschichte beginnt frühestens 1832. Vorher stand das Baselbiet in kultureller Hinsicht ganz im Schatten der Universitätsstadt Basel. Erst im gleichberechtigten Kanton Basellland keimte ein neues Selbstbewusstsein auf, das seinen Ausdruck zunächst in einer dem Realismus verpflichteten Literatur fand, die sich mit den sozialen und wirtschaftlichen Problemen des jungen Kantons auseinandersetzte.

Hier ist vor allem *Jonas Breitenstein* (1828–1877) zu erwähnen, Sohn des Dorfschullehrers von Ziefen. Breitenstein war als Pfarrer in Binningen einer der ersten Baselbieter Pfarrherren, die aus dem Kanton selbst stammten. Breitenstein, der gemeinsam mit Martin Birmann in Basel und Göttingen Theologie studiert hatte, lag das Armenwesen besonders am Herzen. Von 1870 bis zu seinem Tode versah Breitenstein das neugeschaffene Amt eines Armensekretärs in Basel. Mit seinem Werk «Erzählungen und Bilder aus dem Baselbiet» erwarb sich Breitenstein die Bezeichnung «Baselbieter Gotthelf». An Gotthelf erinnern ausser dem Titel auch die vielen mundartlichen Einsprengsel und die genauen Schilderungen der Lebens- und Arbeitsbedingungen der Kleinbauern und Heimposamenter. Zu Breitensteins bedeutenden Werken gehören die mundartlichen Versidyllen «Der Herr Ehrli» und «s Vreneli us der Bluemmatt» und sein Roman «Jakob der Glückschmied».

Herausragende Figur der Baselbieter Literatur ist zweifellos *Carl Spitteler* (1845–1924). Spitteler wurde in Liestal geboren und hat hier auch einen wichtigen Teil seiner Jugend verbracht. Im Pfarrhaus der Familie Widmann in Liestal lernte er Literatur, Musik und Malerei kennen und schätzen. In seinem wechselvollen Leben war er Hauslehrer im russischen Petersburg, Lehrer in Bern, NZZ-Redaktor in Zürich und schliesslich freier Schriftsteller in Luzern.

Spitteler erlangte schweizerischen und sogar europäischen Ruhm. 1919 erhielt er als erster Schweizer den Nobelpreis für Literatur. Die internationale Anerkennung erwarb er sich als Erneuerer des homerischen Versepos mit dem in den Jahren 1900 bis 1906 entstandenen Hauptwerk «Olympischer Frühling», das 40'000 Verse umfasst. Von Bedeutung sind zwei weitere Versepen, Spittelers Erstlingswerk «Prometheus und Epimetheus» (1881) und seine späte Umarbeitung «Prometheus der Dulder» (1924). Die Psychologie-Geschichte beeinflusst hat Spittelers Roman «Imago» (1906), dessen Titel zu einem Begriff geworden ist.

Hervorragende Werke geschaffen hat Spitteler jedoch auch mit seinen Erzählungen und mit seiner autobiographischen und essayistischen Prosa. Bekannt geworden ist zum Beispiel die anmutige Geschichte «Die Mädchenfeinde». In «Meine frühesten Erlebnisse» hat Spitteler authentische Begebenheiten aus seiner Liestaler Jugendzeit und aus dem Baselbiet literarisch verarbeitet. Die Erzählungen «Das Wettfasten von Heimligen» und «Gustav» spielen im Städtchen Waldenburg. In der vielbeachteten Rede «Unser Schweizer Standpunkt» trat Spitteler zu Beginn des Ersten Weltkrieges für eine unbedingte Neutralität der Schweiz und gegen die drohende Spaltung von Welsch- und Deutschschweiz ein.

LESEN UND SCHREIBEN

Carl Spitteler (1845–1924)

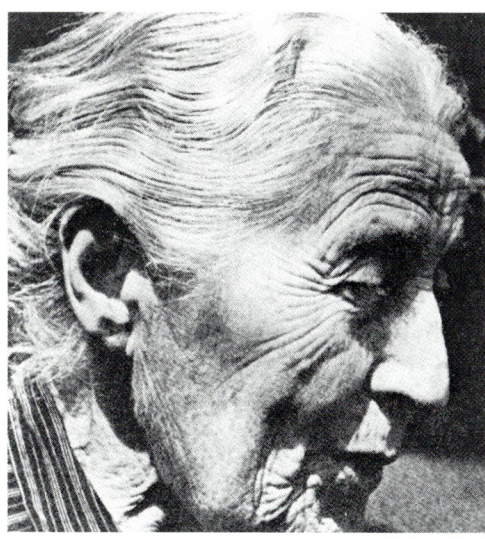

Margarethe Schwab-Plüss (1881–1967)

Traugott Meyer (1895–1959)

Spittelers Altersgenosse und Jugendfreund *Joseph Viktor Widmann* (1842-1911) ist im kulturbegeisterten Milieu des Liestaler Pfarrhauses aufgewachsen. In zahlreichen Erzählungen hat er auf erheiternde Art das Kleinstadtleben Liestals porträtiert. Daneben galt er auch als bedeutender Reiseschriftsteller. Durch seine einflussreiche Stellung als Feuilletonredaktor beim Berner «Bund» avancierte er um die Jahrhundertwende zum führenden Literaturkritiker der Schweiz. Widmann förderte seinen Jugendfreund Carl Spitteler, aber auch Ferdinand Hodler und den jungen Robert Walser. Von Widmanns eigenem literarischen Werk sind die «Maikäferkomödie» und «Der Heilige und die Tiere» bekannt geworden.

Einen Einblick in Leben und Werk von Spitteler und Widmann vermittelt das im Liestaler Rathaus untergebrachte Dichtermuseum. Dort befindet sich ebenfalls ein grosser Teil des Nachlasses von *Georg Herwegh* (1817–1875), der als politisch-revolutionärer Lyriker des «Jungen Deutschland» für kurze Zeit ins Baselbiet flüchtete und das Bürgerrecht von Augst erwarb. Herwegh war stolz darauf, «Bürger einer Republik» zu sein, wie er dem preussischen König Friedrich Wilhelm IV. in einem Brief mitteilte. Nach seinem Tod wurde Herwegh auf seinen eigenen Wunsch in Liestal begraben.

Geprägt durch eine tiefe Heimatverbundenheit ist das Schaffen von *Margarethe Schwab-Plüss* (1881–1967), einer gebürtigen Elsässerin, die in Sissach aufgewachsen war. In unzähligen Gedichten, Erzählungen, Novellen, Romanen und Dramen zeichnete sie das Bild einer ländlich-idyllischen Welt. Ziel ihrer Dichtung war immer auch die Kultivierung ethischer Werte.

Zeit seines Lebens arbeitete *Hans Gysin* (1881–1969) in Oltingen als Bauer und Dichter. Den grössten Teil seiner Gedichte und Erzählungen verfasste Gysin in Mundart. Der Dichterbauer, der, wie er selbst vermerkte, ausser der Schule in Oltingen nur die «Hochschule des Lebens» besucht hatte, war mit Talenten reich gesegnet: Gysins Werk zeugt von seiner Beobachtungsgabe, seiner Erzählkunst, seinem träfen Humor und seiner Frömmigkeit. Hans Gysin verfasste mehrere Weihnachtsspiele und übertrug unter dem Titel «Dr guet Bricht» Teile aus dem Neuen Testament in die Baselbieter Mundart.

Der in Wenslingen geborene *Traugott Meyer* (1895–1959) hat als Mundartschriftsteller ein umfangreiches literarisches Werk geschaffen, zu dem neben zahlreichen Gedichten und Erzählungen auch Romane gehören. Der Bau des Hauenstein-Basistunnels hat die Anregung zum Dialektroman «s Tunälldorf» gegeben. Meyer beschreibt darin, wie die Technik in eine dörfliche Gemeinschaft einbricht und wie die Konfrontation zweier verschiedener Welten Änderungen in der Denk- und Arbeitsweise der Menschen nach sich zieht. Grosse Popularität erlangte Meyer durch seine beliebten Radioerzählungen «s Bottebrächts Miggel verzellt».

Literatur der Gegenwart

Schreiben in der heutigen Zeit: das heisst für die Baselbieter Literaten unserer Tage nicht, in erster Linie das Bild eines unverdorbenen Baselbiets zu zeichnen; es bedeutet vielmehr kritische Auseinandersetzung mit den Entwicklungen und Veränderungen in unserem Kanton. Charakteristisch für das zeitgenössische Schreiben ist das Bestreben, die Umwelt in ihrer Widersprüchlichkeit zu zeigen und darzustellen, was ist.

Die Perspektive der heutigen Literaten hat *Heinrich Wiesner* in seiner Rede «Der Schriftsteller als Tourist» (1980) beschrieben: «Ich wanderte als Tourist durch die Einrichtungen, Konventionen und Konfessionen einer Gesellschaft, in die ich hineingeboren wurde, ohne mich je ganz als Eingeborener zu fühlen. Ich stelle das mit der Nüchternheit dessen fest, der sich an seine Situation gewöhnt hat, sich darin aber nicht gefällt. Es fielen mir Dinge auf, welche die Einheimischen nicht mehr wahrzunehmen vermögen, weil sie darin heimisch sind. Ich registrierte Sachverhalte und Tatbestände, welche ich, fasziniert vom geschriebenen Wort, der Öffentlichkeit nach Massgabe meines Könnens mitteilte. Wer aber Gedanken äussert, die nicht denjenigen der Öffentlichkeit entsprechen, muss damit rechnen, dass sie ihm nicht oder nur teilweise zustimmt. Sie hat ihn ohnehin nicht um seine Meinung gefragt.»

Von den Baselbieter Schriftstellern ist der 1925 geborene Heinrich Wiesner zur Zeit der wohl bekannteste. Nach zwei Gedichtbändchen hat Wiesner Aphorismen geschrieben, die 1965 unter dem Titel «Lakonische Zeilen» herausgekommen sind. Von

Lehrer und Literat Heinrich Wiesner

dieser literarischen Kurzform hat er über Erzählungen zum Roman gefunden.

Wiesners erster Roman «Schauplätze» schildert aus der Froschperspektive des Heranwachsenden, des Oberbaselbieter Dorfes und der Schweiz die weltpolitischen Ereignisse der 30er und 40er Jahre. In «Das Dankschreiben» setzt er sich mit seiner Rolle als Lehrer in der Öffentlichkeit auseinander. «Der Riese am Tisch» ist ein in schlichter und kantiger Sprache gehaltenes Portrait seines Vaters, das die problematische Beziehung des Sohnes zum übermächtigen Familienoberhaupt dokumentiert.

Gemeinsam ist den Werken von Wiesner zum einen die strenge Gebundenheit an die eigene Erfahrungswelt. Zum anderen wird immer Wiesners Begabung, Fragen zu stellen, spürbar – ein Hinweis auf seinen Lehrerberuf.

Ein Würdigung der Werke anderer zeitgenössischer Baselbieter Autoren ist an dieser Stelle nicht möglich. Um jedoch Interessierten den Zugang zu erleichtern, weisen wir bei der folgenden Auswahl auf die letzte Buchpublikation des jeweiligen Autors hin. Unsere Auswahl erfolgte nach dem Kriterium, ob ein Autor in unserem Kanton aufgewachsen ist oder längere Zeit hier gelebt hat. Ausserdem sollen Werke im Buchhandel oder in Bibliotheken zu finden sein.

Für weitere Informationen empfehlen wir den Buchhandel oder die öffentlichen Bibliotheken:

Philipp Alder (*1906)
Geschichten aus dem Fünflibertal,
Verlag Lüdin 1979

Helene Bossert (*1907)
Usdrückti Ydrück, Selbstverlag 1980

Robert Dexter (*1909)
Die langen Jahre,
Verlag Basler Zeitung 1978

Adelheid Duvanel (*1936)
Anna und ich, Luchterhand 1985

Georg Felix (*1939)
Die Münzkönigin steht kopf,
Mond-Buch 1979

Ursula Geiger (*1919)
Irgendwo dazwischen, Flamberg 1971

Martin Hennig (*1951)
Das geübte Lächeln, Benziger 1981

Lislott Pfaff (*1931)
Chindergedicht, Verlag Lüdin

Peter O. Rentsch (*1947)
Die Männin, Edition Moderne 1985

Verena Stössinger (*1951)
Ninakind, Zytglogge (Neuauflage 1989)

Vreni Weber-Thommen (*1933)
s Wältschlandjohr, Verlag Lüdin 1985

LESEN UND SCHREIBEN

Literaturpreisträger
des Kantons Basel-Landschaft

1970 *Paul Jenni*
Paul Jenni (*1923) hatte mit einigen Jugendbuch-Publikationen in den 60er Jahren grossen Erfolg. Vor allem seine Helden Jack und Cliff vermögen noch heute die Jugend zu begeistern. Diese Bücher sind leider vergriffen und nur noch in öffentlichen Bibliotheken erhältlich.

1975 *E. Y. Meyer*
E. Y. Meyer (*1946) hat mit verschiedenen Publikationen über die Landesgrenzen hinaus Aufsehen erregt («In Trubschachen»).

1979 *Heinrich Wiesner*
Heinrich Wiesners bisheriges Werk wird auf der Vorseite gewürdigt.

1985 *René Regenass*
René Regenass (*1935) hat sich mit Erzählungen und Romanen einen Namen gemacht («Vernissage»).

1988 *Helene Bossert*
Helene Bossert (*1907) wurde für ihr mundartliches Gesamtwerk geehrt.

Verlage im Kanton Baselland

Verlag des Kantons Basel-Landschaft, Liestal
Verlag Lüdin AG, Liestal (Eigenproduktion und Kommissionsverlag)
Verlag Landschäftler AG, Liestal (Kommissionsverlag)
Verlag Heinzelmann & Kunz, Liestal, «Ergolzreihe» (Kommissionsverlag)
Hapes-Verlag, Pratteln.

Philipp Alder

Helene Bossert

E. Y. Meyer

Vreni Weber-Thommen

René Regenass

Lislott Pfaff

Literarische Müschterli

Baselbieterlied
Vo Schönebuech bis Ammel,
Vom Bölche bis zum Rhy,
Lyt frei und schön das Ländli,
Wo mir deheime sy.
Das Ländli isch so früntli,
Wenn alles grüent und blüeht.
Drum hei mir au kein Land so lieb
Wie euser Baselbiet.

Es wächsle Bärg und Täli
So lieblig mitenand,
Und über alles use
Luegt mängi Felsewand.
Do obe weide Härde,
Dört unde wachst dr Wy;
Nei, schöner als im Baselbiet
Cha's währli niene sy.

Die Baselbieter Lütli
Sy gar e flyss'ge Schlag.
Sie schaffe und sie wärche
Sovill e jede mag.
Die einte mache Bändel,
Die andre schaffe's Fäld.
Doch alli sy, wenn's immer goht,
Gärn lustig uff dr Wält.

Me seit vom Baselbieter,
Und redt ihm öppe noh,
Er säg nu «mir wei luege»,
Er chönn nit säge «Jo».
Doch tuesch ihn öppe froge:
«Witt du für's Rächt ystoh?»
Do heisst's nit, dass me luege well,
Do sägen alli Jo!
Wilhelm Senn

Gämpestolle
's isch kei Flue so mächtig mehr wie du!
Us der Ebeni stygsch, es Rieseschloss,
wo der Herrgott sälber baue het
und kei Chrieg, kei Revelution verbrennt!

Im e wyte Boge gryfsch ins Land;
dyni graue Flügel linggs und rächts
stürme vorewägg im Himmel zue.
Hüüsli, Höfli, Türmli do und dört,
Gvättergschirli, nüt isch's näbe dir.
Numme no der Wald, das dunkel Meer,
wirft zu dyne Füesse Wälle-n-uuf
wie vor hunderttuusig Johre scho,
eb es Möntschenaug zum erschte Mol
isch cho stuune ringsum übers Land,
bis wo wyt e Schneebärg füreluegt,
hiehar bis an glitzerige Rhy.
Margarethe Schwab-Plüss

Mir Lähelüt
Mir sy alli, alli hüt,
Heergott, dyni Lähelüt.
Öisi Hüüser, Land und Veh,
was mehr hai, hesch du nis gee.

Für we lang? Mer wüsses nit!
Sicher ischs is nume hüt!
Morn vilicht, wär waiss, wär waiss?
müesse mir jo scho uf d Rais.

In es Land, wo grüüsli wyt
änen a der Ärde lyt.
Und mer chönne nie meh zrugg,
niene gits do meh ne Brugg.

Jää, das isch en ärnschti Gschicht;
schynts gits änefer es Gricht:
Was hesch gmacht, du Lähema,
mit der Sach, wo du hesch gha?
Hans Gysin

Ussicht
Dasch jetz my Tal,
verbouen-isch s,
verbachen-und verwürgt –
ei Betongletscher!

Dr Bach isch deckt
drufobe glänzt e Huffe Bläch
das Grien drzwüsche
künschtlig-schitter.

Grau winde sich
am Rai-no d Schtrosseschlange,
wie früschi Blätzab
bluete Schteibrüch us-em Wald,

und über all däm lyt
e chrydig-wysse Schleier,
wo d Sicht verdeckt,
dr Otem nimmt.
Marcel Wunderlin

Das Grösserwerden meines Gartens
Früher ging ich in meinen Garten.
Bis ich den fortgesetzt kleiner
werdenden Rasen der fortgesetzt
teurer werdenden Häuser bemerkte.
Heute ergehe ich mich in meinem Park.
Heinrich Wiesner

Einen Baum pflanzen
Ich pflanze einen Apfelbaum, schütte Humus in die Grube und schwemme tüchtig ein. Der Pfahl, auf der Südseite eingeschlagen, hält. Ich schaufle die Grube zu mit Luthers Antwort auf den Lippen, der gefragt wurde, was er tun würde, wüsste er, dass die Welt morgen unterginge.
Heinrich Wiesner

LESEN UND SCHREIBEN

Scherenschnitt von Martin Mächler aus den «Kürzestgeschichten» von Heinrich Wiesner

<u>Behaust und befangen</u>
Genauigkeit verheissende Distanz besass ich nie zur Heimat
auch nicht zu jener auf meiner Identitätskarte
die aus Platzgründen nur Basel nennt

Die weissen Flecken auf der Karte meiner Identität sind
nicht verschwunden
seit ich den zweiten Heimatort besuchte

Auf dem Weg nach Hölstein Baselland
ein Wiedersehen mit Panzerrohren in grüner Wiesenlandschaft
zum ersten Mal seit mein Deutschlehrer die Klasse ins Kino
begleitete zu John Wayne in Vietnam

Heimat Hölstein
lauter schwarze Schafe kleben am grünen Hügel
farbige Ziegel auf alten Dächern
und Tollwut-Sperrgebiet am glasbetonmodernen Schulhauseingang

Permanente Altglassammlung auch hier
wo mein Grossvater um Heimat ringen musste
neunzehnhundertsechzehn seine Uniform vom
Sächsischen Jägerregiment dreizehn
vertauschte mit Schweizerkreuzarmbinde
und preussisch ausgebildet in der Schiessschule Spandau
bewaffnet durch die Region Schauenburg
auf Patrouille zog

Seine Sprache behielt er
für sich auf die neue Heimat war er stolz
mir ist sie in den Schoss gefallen

Wem meiner Generation fiele eine
Ode an die Heimat ein wie Arlo Guthrie zu schreiben versteht
und zu singen vom Eisenbahnzug City of New Orleans
so treiben nicht Regiofahrpläne nicht Flugpistenverlängerung
mich an zu Gesängen

lieber schweige ich
davon wo ich daheim bin
bei Menschen die ich liebe

Martin Hennig

Die Bibliotheken: Lesen im Aufwind

Trotz Fernsehen und neuen Medien erleben die Baselbieter Bibliotheken seit 1975 einen neuen Frühling. Die Ausleihen der meisten öffentlichen Bibliotheken sind in den letzten Jahren stark angestiegen, und das Angebot wird immer grösser, vielseitiger und multimedialer. Lücken bestehen vor allem noch im Oberbaselbiet.

Bereits die Kleinen finden im Kindergarten eine Bücherecke, und vom Schuleintritt bis zum Ende der Schulzeit steht jedem Schüler in seinem Schulhaus gratis die Schulbibliothek zur Verfügung. Daneben gibt es eine Reihe von Bibliotheken, die jedermann offenstehen.
 «Als bibliothekarisch unterentwickeltes Gebiet» bezeichnete die kantonale Bibliothekskommission im Bibliotheksplan '80 das Baselbiet. Mit der Gründung neuer Bibliotheken, dem Ausbau und der Modernisierung bestehender wurde in den letzten Jahren vieles verbessert.
 Neben der Kantonsbibliothek in Liestal und den rund 140 Schulbibliotheken gab es 1985 im Kanton 15 öffentliche Bibliotheken in den Gemeinden, davon liegen zehn im Bezirk Arlesheim. Die stadtnahen Gemeinden profitieren zudem auch von den Quartierbetrieben der Gesellschaft für das Gute und Gemeinnützige (GGG) in Basel. Weniger gut versorgt sind nach wie vor die kleinen Gemeinden im Oberbaselbiet.

Blick in die grösste Gemeindebibliothek (Pratteln)

LESEN UND SCHREIBEN

Gemeindebibliotheken und Kantonsbibliothek

	Anzahl Einheiten Bücher, Kassetten und Zeitschriften		Ausgeliehene Einheiten	
	1975	1986	1975	1986
Aesch*	–	6'547	–	15'677
Arlesheim	8'000	4'900	2'560	3'609
Binningen	3'000	10'750	6'500	36'370
Bottmingen	950	6'844	550	5'953
Ettingen	–	6'626	–	16'700
Füllinsdorf	650	6'259	170	7'843
Gelterkinden	10'469	7'493	8'000	29'970
Münchenstein	3700	7'780	4'500	20'980
Muttenz	–	4'683	–	21'853
Oberdorf	4'000	2'315	2'200	1'573
Oberwil	2'300	8'216	2'200	4'625
Pratteln	5'000	11'339	17'000	73'320
Reinach	–	13'790	–	32'060
Sissach	2'138	2940	1'945	2'839
Therwil	–	8'385	–	22'626
Total	40'207	108'867	45'625	295'998
Kantonsbibliothek Baselland	81'000	94'000	7'500	51'452

* ab Dezember 1984: Gemeinde- und Sekundarschulbibliothek zusammengelegt.
Die Gemeindeverwaltungen geben die Öffnungszeiten gerne bekannt.

Die heutigen Bibliotheken werden nach modernen Richtlinien geführt; der Leser hat im Freihandsystem direkten Zugriff zu den Büchern. Benützerfreundliche Ausleihsysteme und ständig aktualisierte Buchbestände haben vielen Bibliotheken Auftrieb gegeben. Während die Ausleihen der Kantonsbibliothek in Liestal zwischen 1975 und 1977 bei rund 7500 Büchern pro Jahr stagnierten, ist die Nachfrage seither steil angestiegen. Erfolgreich waren auch viele Gemeindebibliotheken: Von 1975 bis 1985 haben sich die Ausleihen der Baselbieter Gemeindebibliotheken insgesamt mehr als verfünffacht.

Gemeindebibliotheken
Auch die Gemeindebibliotheken haben in letzter Zeit starken Auftrieb bekommen. Doch vielerorts fehlen sie noch. Es ist zu hoffen, dass weitere Gemeindebibliotheken gegründet werden oder die Literaturversorgung in naher Zukunft durch Regionalbibliotheken oder einen *Bibliobus*, eine «fahrende Bibliothek», verbessert wird. Investitionen in einen Bibliobus sind nach wie vor geplant.

Schulbibliotheken
Der Gedanke der zentralen Schulhausbibliothek, die als Arbeitsinstrument und als Arbeitsort für den Unterricht dient, setzt sich immer stärker durch. Fast in allen Gemeinden gibt es heute Schulbibliotheken. Programme zur Aus- und Fortbildung der Lehrer sorgen für eine bessere Nutzung.

Weitere Bibliotheken
Lesern aus dem Baselbiet steht auch die *Universitätsbibliothek* in Basel offen (Schönbeinstrasse 18–20, Tramlinie 3, Haltestelle Spalentor). Aufgrund ihres wissenschaftlichen und historischen Buchbestandes gehört sie zu den wichtigsten Bibliotheken der Schweiz mit internationaler kultureller Bedeutung.

Es sei noch darauf hingewiesen, dass sowohl Heime als auch die kantonalen Spitäler ihre eigenen Bibliotheken führen.

*Freude an Büchern vermitteln:
Leseecke im Kindergarten*

150 Jahre Kantonsbibliothek

1988 feierte die Kantonsbibliothek in Liestal ihr 150jähriges Bestehen. Für jedermann ist heute das Buch als faszinierende Welt zwischen zwei Buchdeckeln dank des modernen Freihandsystems bequem zugänglich geworden.

Locker aufgestellte rote Regale laden zum Schmökern ein. Es sieht fast aus wie in einer guten Stube. Man kann sich hinsetzen und lange blättern – Kinder können sich ungezwungen auf den Boden legen und sich sattlesen. Kein Problem, ein Buch mitzunehmen, um es zu Hause in Ruhe zu lesen: die steigenden Ausleihzahlen beweisen das.

«Der seit einigen Jahren eingeführte Freihandbetrieb war ein wesentlicher Impuls», meint Achilles Reichert, der Kantonsbibliothekar. «Das Bedürfnis zu lesen scheint auch in der Zeit von Fernsehen und Video ungebrochen.»

Das Buch eignet sich auch für Unterhaltungszwecke – dies sei allen «Lesemuffeln» in Erinnerung gerufen. Alles, was im oder über den Kanton Baselland veröffentlicht wird, wird hier systematisch gesammelt: Von der wissenschaftlichen Abhandlung über die Schriften der kantonalen Verwaltung und über landeskundliche und «schöne» Literatur bis hin zu Zeitschriften und zur regionalen Presse. Wer etwa Genaueres über einen alten Brauch im Baselbiet wissen möchte, der findet hier bestimmt Antworten. Die sechs Mitarbeiter der Kantonsbibliothek beraten den Besucher gern und geben ihm weiterreichende Tips.

«Die Kantonsbibliothek hat den Auftrag, das Schrifttum der Region möglichst vollständig zu sammeln und Bücher und Zeitschriften als Studien- und Bildungsbibliothek auszuleihen», erklärt Reichert. «Der kürzliche Umbau vermindert die Schwellenangst erheblich und erlaubt dem Benützer den direkten Zugriff zu 'seinem' Buch.»

Für Neuanschaffungen stehen der Kantonsbibliothek jährlich 60'000 Franken zur Verfügung. 1987 konnten 2213 Einheiten dazugekauft werden. Das kommt den 2421 eingeschriebenen Benützern zugute, die in diesem Jahr insgesamt 55'979 Bücher mit nach Hause nahmen.

Eine stattliche Zahl. Die Kantonsbibliothek ist also – wie andere Bibliotheken im Kanton übrigens auch – eindeutig im Aufwind. «Wir sammeln und bewahren, erschliessen und katalogisieren, vermitteln und leihen aus», erläutert Reichert. Auch Bücher von andern Bibliotheken. Alles im Dienst des Lesers, der dies offenbar sehr schätzt.

Bei den Neuanschaffungen beschränkt man sich bewusst aufs Regionale. Man will und kann ja nicht in Konkurrenz treten zur Universitätsbibliothek oder zu Gemeinde- oder Schulbibliotheken. Die Kantonsbibliothek ist übrigens gleichzeitig auch die Liestaler Gemeindebibliothek.

Tendenz steigend: Ausleihzahlen der Kantonsbibliothek

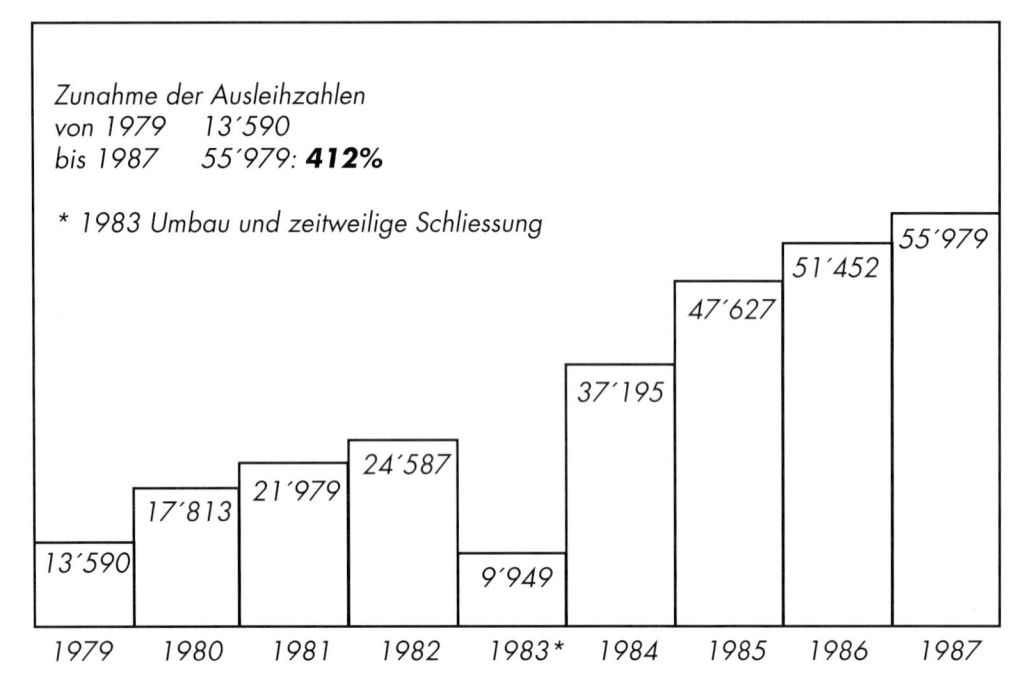

Zunahme der Ausleihzahlen
von 1979   13'590
bis 1987   55'979: **412%**

* 1983 Umbau und zeitweilige Schliessung

Jahr	Ausleihen
1979	13'590
1980	17'813
1981	21'979
1982	24'587
1983*	9'949
1984	37'195
1985	47'627
1986	51'452
1987	55'979

LESEN UND SCHREIBEN

Moderner Freihandbetrieb der Kantonsbibliothek in Liestal

Hauptproblem der Kantonsbibliothek ist die Raumnot. Der Bestand von insgesamt rund 94'000 Büchern findet in den Räumen des Gerichtsgebäudes natürlich bei weitem nicht Platz. Im Freihandbetrieb sind ungefähr 13'000 Titel für den Benützer frei zugänglich. Der Rest ist im Staatsarchiv ausgelagert. Da das Staatsarchiv jedoch auch schon aus allen Nähten platzt, wäre man dort froh, man würde endlich geeignete – und möglichst ebenso zentral gelegene – Räumlichkeiten für die Kantonsbibliothek finden.

Öffnungszeiten
Bahnhofplatz 16, Liestal (im Gerichtsgebäude beim Bahnhof),
Telefon 925 50 80

Dienstag	8–12 Uhr
Mittwoch	13–19 Uhr
Donnerstag	13–17 Uhr
Freitag	13–19 Uhr

Einschreibgebühr für Erwachsene jährlich Fr. 8.–, für Schüler Fr. 2.–

Aus der Chronik der Kantonsbibliothek

1835
Johann Friedrich Emil Zschokke unterbreitet Stephan Gutzwiller und Benedikt Banga die Idee einer Kantonsbibliothek.

1838
Erster Bibliothekar wird Johann Jakob Weber, katholischer Pfarrer von Liestal. Am 6. Juni wird die «Cantonalbibliothek» eröffnet.

1841
Christoph Rolle, Lehrer, Geschäftsmann und späterer Regierungsrat, wird Bibliothekar.

1844
Benedikt Banga setzt sich als Erziehungsdirektor für den Ausbau der Kantonsbibliothek ein.

1921
Liestaler Bezirksschüler helfen mit beim Transport der Bibliotheksbücher aus dem Regierungsgebäude ins Gerichtsgebäude.

1961
Dr. Hans Sutter wird neben seinem Amt als Staatsarchivar Kantonsbibliothekar.

1977
Die Bibliothekskommission verfasst ein Konzept über die Entwicklung der Kantonsbibliothek.

1978
Achilles Reichert wird Kantonsbibliothekar.

1984
Umbau und Eröffnung der Freihand-Abteilung zur Erhöhung der Benützer- und Ausleihfrequenz.

Guggerblueme und Sunnewirbel – die Poesie der Baselbieter Mundart

Löwenzahn, sprich Sunnewirbel

Der waschechte Baselbieter streicht beim *Zmorge* noch *Anke* statt Butter aufs Brot, leistet sich noch, *Ruun* und nicht Rahm in seinen Kaffee zu giessen, wartet lieber noch *e Rung* (einen Moment), bevor er *duuch* (niedergeschlagen) nach Hause geht, weil der Schatz, nach dem er so sehr *blangt* (sich gesehnt) hat, ihn *am Seil abeglo* (an der Nase herumgeführt) hat.

Wer diese farbige Vielfalt der Mundart nicht benützt, verzichtet auf eine nicht abzuschätzende Bereicherung des Lebens. Denn wer kann sich dem Charme eines *Bümperli* (eines kleinen Kindes) entziehen, wer spürt nicht die Kraft des Verbs *baschge* (sich balgen) und freut sich nicht am Klang des Hauptwortes *Schmutz*, das nichts mit *Dräck* zu tun hat, sondern den Kuss lautmalerisch beschreibt? Dass eine Baselbieter Katze *spuelt*, ist sicher origineller, als wenn sie schnurren würde, und die *Guggerblueme* oder der *Sunnewirbel*, die auf den Baselbieter *Matte* blühen, sind halt poetischer als das Wiesenschaumkraut oder der Löwenzahn.

Baseldytsch – Baselbieterdütsch

In der Nordwestschweiz haben sich im Lauf der Zeit zwei verschiedene Dialekte entwickelt – nämlich *Baseldytsch* in der Stadt und *Baselbieterdütsch* auf dem Land. Zwar besitzt die Sprache der Basler und Baselbieter viele gemeinsame Eigenarten, die sie auch mit den Dialekten der Schwarzbuben im Solothurnischen und der Elsässer im Sundgau teilt. Diese Sprache ist aus dem Hochalemannischen entstanden, das die Germanen über den Rhein trugen, als sie vom 3. Jahrhundert an aus dem Norden in das Gebiet von Basel und des Oberbaselbiets eindrangen und sich dort niederliessen. Aber der Dialekt der Landschäftler hat sich nicht parallel zu jenem der Stadtbasler entwickelt, sondern wies zumindest bis heute eine unüberhörbare Eigenständigkeit auf – und zwar sowohl in der Aussprache als auch in der Ausdrucksweise. Hat wohl dieser auffällige Unterschied in der Sprache etwas zu tun mit den charakterlichen Eigenschaften des Baslers und des Baselbieters, mit der kühlen Reserve des einen und der berühmt-berüchtigten Starrköpfigkeit des andern?

Wei sy oder wän sii?

Auf dem Land selbst entwickelten sich zwei Arten von Baselbieterdeutsch: Die reiche Stadt Basel erwarb etwa ab 1400 nach und nach alle Territorien östlich der Birs, die bis dahin wie der westliche Teil dem Fürstbistum Basel gehört hatten. In der Folge unterstand dann im späteren Mittelalter der östliche Teil des heutigen Baselbiets der Herrschaft der reformierten und eidgenössischen Stadt Basel, während der westliche Teil dem katholischen und reichsdeutschen Bistum Basel erhalten blieb. Die Landschaft befand sich also unter dem Einfluss von zwei verschiedenen Staaten, Religionen und Kulturen. Über die Jahrhunderte entstanden in diesem Raum zwei Mundarten, das heisst zwei Arten der Aussprache und des Ausdrucks, die eine westlich der Birs, im Birseck, und die andere östlich davon, in den Juratälern des Baselbiets.

Trotz der politischen Zusammenschweissung dieser beiden Dialektregionen in einen einzigen Kanton im Jahr 1832 haben sich ihre unterschiedlichen sprachlichen Eigenarten bis heute mehr oder weniger erhalten: Im Oberbaselbiet *gönge d Buure go Chirsi günne*, im Birseck *göhn si se go bräche*. Die Bewohner des Birsecks *wei nit luege*, sondern *wän luege* und *tüen s Hey yne*, während die Bauern östlich der Birs *s Heu ynetüje*. Und hört man die Schönenbucher im äussersten Zipfel des Baselbieter Westens reden, so fällt einem der saftige Klang der elsässischen Sundgauer Mundart besonders stark auf.

HÖREN UND SEHEN

Viele sprachliche Sonderfälle
So *wächsle Bärg und Täli* auch sprachlich, ja man könnte fast sagen, dass jedes Tal, jedes Dorf einen linguistischen Sonderfall innerhalb des *Baselbieterdütsch* darstellt. Aber diese Sonderfälle fügen sich zu einem farbigen Dialektmosaik zusammen, das gesamthaft doch recht harmonisch wirkt. – Als Beispiel unter vielen sei hier das schon im 13. Jahrhundert von den Frohburgern zur Stadt ernannte Liestal erwähnt, das später unter der baselstädtischen Herrschaft zum ländlichen Sitz der *Basler Heere* wurde. Obwohl *s Stedtli* während der Trennungswirren eine der vehementesten Gegnerinnen der Stadt war, konnte und kann Liestal auch heute noch bei gewissen Eigenarten der Aussprache den – allerdings sehr geringen – Einfluss Basels nicht verleugnen: *E Lieschtler Chind holt* (wie ein Basler Kind) *Bliemli uf dr Matte, es Gälterchinderli seit däm Blüemli. Dr Lieschtler het* – wie übrigens alle Bewohner des Reigoldswilertales – *sy Meitli* und nicht wie die übrigen Oberbaselbieter *sys Meitli gärn*.

Moderner Dialekt?
Dass die Baselbieter Mundart bereits viel von ihrer Ausdruckskraft, von ihrer Zärtlichkeit, von ihrem Gefühlsreichtum verloren hat, nimmt man mit Bedauern zur Kenntnis. Rückgängig machen kann man diese Entwicklung, die durch die neuen Arbeits- und Lebensbedingungen und die grössere Mobilität der Menschen bedingt ist, nicht mehr.

Die regionalsprachlichen Kontraste der Baselbieter Mundarten, ja sogar die Unterschiede zwischen *Baseldytsch* und *Baselbieterdütsch* schleifen sich immer mehr ab. Es findet auch eine allmähliche Annäherung an die Schriftsprache statt. Überdies modernisiert beziehungsweise «technisiert» sich der Dialekt, indem er die hauptsächlich aus dem Amerikanischen stammenden Fachausdrücke absorbiert:

Anstatt *druuszcho* (zu begreifen), *checkt* man es, und das *Buschi* ist zum *Baby* geworden. Die Fernsehtechnik bescherte auch dem Baselbiet das *Tschüss* und den zwar plastischen, aber doch fremden Ausdruck *Spitze!*

Hoffen wir, dass der Baselbieter nicht allzu rasch bereit ist, die Schönheit und den Reichtum der eigenen Sprache zu vergessen. Wenn das Ohr des Baselbieters taub wird für die Besonderheiten seiner Mundart, müsste er eigentlich *daub* (verärgert) über sich selber sein und *s Hinderbei vüreneh* (sich anstrengen), damit die Lebendigkeit und die Eigenständigkeit seiner Sprache erhalten bleibt.

Mir wei luege. Eine Sammlung von Baselbieter Mundarttexten seit 1832, Max Huldi/Ueli Kaufmann, Liestal 1982.
Baselbieterdütsch, Karl Tschudin, 2. Auflage Liestal 1983.

Eusi Sprooch
Si tön gar ruuch, sait mere nooch,
und meint dermit mi Mueterbsprooch.
S isch wohr, si trait keis Sydegwand,
si trampet wiene Buur dur s Land,
im Halblyn und mit schwere Schue;
doch luegt sie au an Himmel ue,
de Stärne noo – und gspürt, wie lycht
der Nachtwind fyn dur d Bletter strycht.

Isch mängisch Tag und mängisch Traum.
Si läbt im Bluescht vom Chirsibaum,
im Ehrifäld – am Räbehang –
im grüene Wald – im Vogelsang –
im Blüemli, dört am geeche Rai.
Si gumpet über Stock und Stei,
durs änge Tal geg d Juraflue –
Si ruuscht im Rhy, im Norde zue.

S isch Prosa drin und Poesie,
isch chüschtig, grad wie Brot und Wy.
Jo, eusen isch sie, eus elei,
het s Wäse, wie mirs alli hai,
bold ärnscht, bold heiter, lut und lys.
S isch Härzbluet drinne, dys und mys –
Vo ihrer Chraft und ihrem Klang,
do zehre mir s ganz Läbe lang.

Ida Schweizer-Buser

Je nach Ortschaft heisst «die Kirsche»: s Chirsi (östlich der Birs sowie Aesch, Ettingen und Therwil), d Chirse (Biel-Benken und Schönenbuch) oder s Chriesi (Wenslingen)

Klassische Konzerte: Live im Baselbiet

Sie arbeiten meistens im stillen und ehrenamtlich, engagieren sich für die Kunstinteressierten auf dem Lande, kämpfen hartnäckig gegen die kulturelle Abhängigkeit von der Stadt Basel und haben Geldsorgen – gemeint sind die Organisationen, Stiftungen und Vereine, die regelmässig zu klassischen Konzerten im Baselbiet einladen.

In den Programmen der örtlichen Konzertveranstalter finden sich aber nicht Produktionen aus der Stadt, die einfach auf dem Land wiederholt werden. Gefragt sind hier auch nicht ausgesprochen berühmte – und daher teure – Künstler. Unbekanntere, aber deshalb nicht unbedingt weniger interessante Interpreten ziehen das Publikum ebenfalls an.

Die im ganzen Kanton bestehenden Jugendmusikschulen haben zahlreiche Musiker als Lehrer in alle Teile des Baselbiets gezogen; viele dieser Künstler sind gerne bereit, mit ihrer Kunst zum Kulturleben in der Gemeinde und der Region beizutragen. Auf diese Weise erhalten auch die Bewohner der stadtfernen Gemeinden überhaupt die Möglichkeit, vier- bis fünfmal im Jahr in ihrer näheren Umgebung ein klassisches Konzert zu geniessen. Musiker aus dem Dorf, aus der Region, haben ein direktes Verhältnis zur Baselbieter Bevölkerung, das Publikum ein persönliches Interesse am Interpreten und seiner Kunst. So kommen denn zu diesen Veranstaltungen Leute, die bisher nicht in Konzerte gegangen sind und klassische Musik bloss vom Radio und Fernsehen gekannt haben. Die Stadt Basel mit ihrem kulturellen Angebot ist für viele zu weit weg und mit den öffentlichen Verkehrsmitteln zu umständlich zu erreichen.

Die Besucher klassischer Konzerte bilden eine Minderheit. Für Konzerte mit grossen Orchestern fehlen auch in den grösseren Gemeinden meistens sowohl Geld als auch ein geeigneter Konzertsaal. Eindeutige Schwerpunkte im zentralisierten Konzertbetrieb setzt der Kanton mit den beiden Konzertreihen in Sissach (Schloss Ebenrain) und Waldenburg. Spitzenensembles aus der ganzen Welt – im stimmungsvollen Konzertraum des Schlosses Ebenrain aus räumlichen Gründen Kammermusikgruppen, in Waldenburg auch grössere Formationen und Orchester – finden ein erfreutes und erfreulich zahlreiches Publikum. Die sich ergänzenden Bemühungen des Kantons und der örtlichen Konzertorganisatoren um die Durchführung von klassischen Konzerten stellen einen wichtigen Beitrag zu einer eigenständigen Baselbieter Kultur dar.

Im Baselbiet organisieren regelmässig Konzerte:

Kultur in Reinach
Postfach
4153 Reinach
Telefon 76 76 13
(Willy Wiekert)

Ars Mittenza
Friedrich Senn
Baumgartenweg 11
4132 Muttenz
Telefon 61 06 37

Kulturverein Ergolz
Dr. Urs Sollberger
Liestalerstrasse 34
4414 Füllinsdorf
Telefon 901 32 54

Baselbieter Konzerte in Liestal
Silviane Mattern-Cuendet
Sichternstrasse 35
4410 Liestal
Telefon 921 16 44

Birsfelder Musikabende
a.i. Jugendmusikschule Birsfelden
Schulstrasse 21
4127 Birsfelden
Telefon 42 44 17

Vereinigung der Oberwiler Musikfreunde
Dr. Elmar Koch
Sonnenrain 9
4103 Bottmingen
Telefon 47 81 77

Konzertkommission Reigoldswil
Susanne Huber
Im Bergli 12
4418 Reigoldswil
Telefon 96 12 28

Erziehungs- und Kulturdirektion
Kulturelles
Rheinstrasse 31
4410 Liestal
Telefon 925 51 11

Orchester gibt es in Arlesheim, Gelterkinden, Liestal und Reinach. Neben den allgemeinen Chören gibt es die Chorgemeinschaft Contrapunkt, die Cantate-Vereinigung (Chor und Orchester), den Lehrergesangverein Baselland, den Oratorienchor und den Nordwestschweizer Motettenchor. Auskunft gibt auch die Erziehungs- und Kulturdirektion Baselland.

HÖREN UND SEHEN

Dank engagierten Veranstaltern können die Baselbieter auch im eigenen Kanton klassischer Konzerte live geniessen

Mir wei lose

Lokalradio im Baselbiet

Als die Kirchturmglocken am 31. Oktober 1983 Mitternacht schlugen, läuteten sie eine neue Ära in der Schweizer Radiogeschichte ein. In dieser Nacht wurde nämlich das Monopol von Radio DRS für einen fünfjährigen Lokalradioversuch gebrochen. Die Lokalradios sagten dem «grossen Bruder» den Kampf um die Hörergunst an.

Nach anfänglichen finanziellen und technischen Schwierigkeiten hat sich *Radio Raurach* mittlerweile gut etabliert: Mit einem Hörerzuwachs von 100 Prozent war das Baselbieter Radio 1988 das erfolgreichste Lokalradio der Schweiz. Mit über 80'000 regelmässigen Hörern nimmt Radio Raurach damit unter den Schweizer Lokalradios einen Spitzenplatz im vorderen Mittelfeld ein. Besonders erfreulich ist die Situation im Konzessionsgebiet: jeder zweite hört regelmässig Radio Raurach.

Seine treusten Hörer verfolgen täglich rund vier Stunden lang das Programm aus Liestal. Zum Vergleich: die gesamtschweizerische Höchstdauer beträgt 234 Minuten. «Radio Raurach ist der Aufsteiger des Jahres 1988», sagt der SRG-Forschungsdienst. Kein Wunder, denn die Verdoppelung der Stammhörerschaft von 12 auf 25 Prozent bedeutete den grössten Hörerzuwachs aller Schweizer Lokalradios.

Dieses Ziel habe Radio Raurach nach einer massiven Umstrukturierung und professioneller Ausrichtung des Programms auf ein Zielpublikum unter dem neuen Chefredaktor Peter Küng erreicht, wird von Marcel W. Buess, Delegierter des Verwaltungsrates des privaten Senders, erklärt.

Während das staatliche Radio seine wirtschaftliche Basis über die Konzessionsgebühren der Hörer sichert, müssen die Lokalradios ihre Betriebskosten mit Werbeeinnahmen erwirtschaften. Heute hat sich der Verkauf von Werbezeit eingependelt. Zu Beginn seiner Sendezeit war das Baselbieter Radio zeitweilig sogar von der Schliessung bedroht, weil die Werbeeinnahmen weit hinter den Erwartungen zurückblieben.

Zu den anfänglichen Geldproblemen gesellten sich auch technische Schwierigkeiten. Die Topographie des Baselbiets gab den Sendetechnikern manche Knacknuss auf. Nur wegen einer stark verbesserten Sendeleistung und durch die Erhöhung der Antenne auf der Sissacher Fluh im Sommer 1985 – und dank der fortschreitenden Verkabelung – erreicht Radio Raurach heute alle Ortschaften im Kanton.

Probleme ergaben sich am Anfang nicht zuletzt auch wegen der differenzierten Hörerwünsche. Die Stadtorientierten stellen an das Programm andere Ansprüche als die Oberbaselbieter. Unter der neuen Leitung hat man sich nun dem Konzept eines angenehm ins Ohr gehenden Musikprogramms verschrieben, das möglichst wenig – und dann höchstens in Spezialsendungen – extreme Musikstile bringt. Mit den stündlichen lokalpolitischen Informations-Bulletins beleben die «Rauracher» durch ihren rasch reagierenden Radio-Journalismus die Medienszene des Baselbiets.

Einen besseren Start dank besseren Werbemöglichkeiten in einem dichter besiedelten Gebiet hatte das Basler Lokalradio *Basilisk*. Von Anfang an konnten die «Basilis-

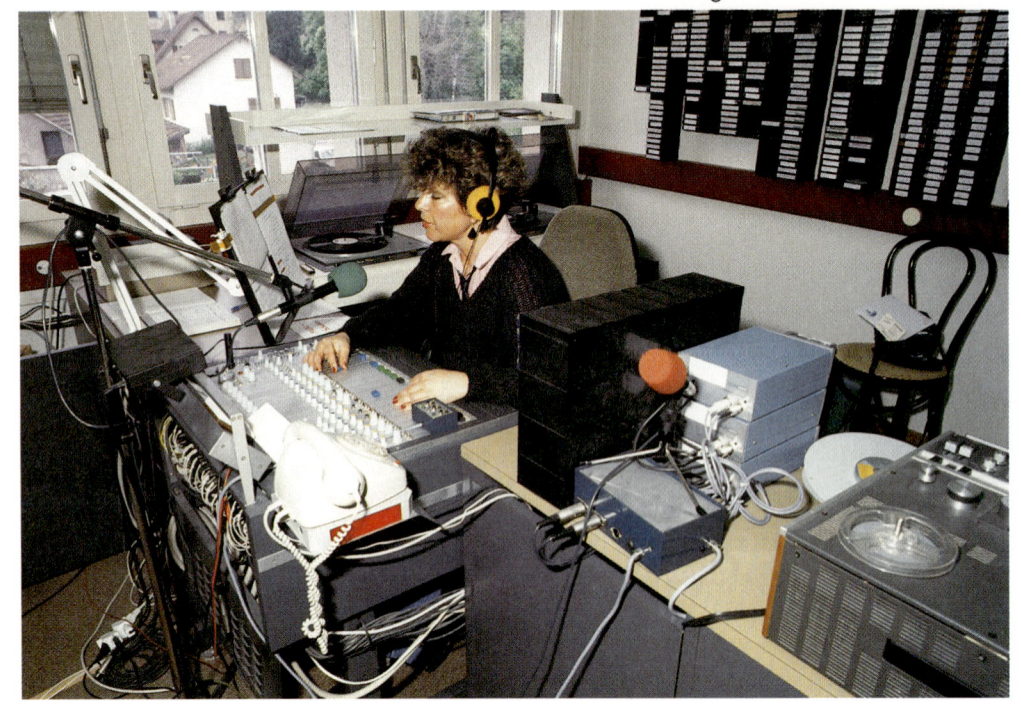

Seit dem 1. November 1983 auf Sendung: Radio Raurach

HÖREN UND SEHEN

ken» ihre Werbezeit gut verkaufen. Doch nicht nur die Kasse stimmt: Die «Basilisken» kommen auch bei ihren Hörern gut an. Sie können sich auf ein homogenes Publikum ausrichten. Dieses Publikum erreicht der Basler Sender zum Teil auch auf der Landschaft, vor allem im bevölkerungsreichen und stadtorientierten Bezirk Arlesheim.

Unter dem Druck der Lokalradio-Offensive von privaten Sendern hat auch das ehemalige Monopol-Radio DRS die regionale Berichterstattung ausgebaut. Jeden Morgen um sieben vor sieben, jeden Mittag (ausser sonntags) um 12.15 Uhr und abends um 18.05 Uhr ist auf DRS 1 das *Regional-Journal* aus dem Studio Basel zu empfangen. Das gut eingespielte Journalisten-Team bietet Tagesübersichten und Hintergrundberichte für alle, die nicht den ganzen Tag Radio hören wollen und können.

Mir wei luege

Fernsehen im Baselbiet
Folgende TV-Programme können im Baselbiet direkt empfangen werden:

SRG	deutsche Schweiz
SSR	welsche Schweiz
TSI	Tessin
ARD	BRD 1
ZDF	BRD 2
SW3	Südwestfunk, BRD 3

Die meisten Gemeinschafts-Antennen bieten zusätzlich diese Programme an:

Bayern 3	
Ö1	Österreich 1
Ö2	Österreich 2
FR1	Frankreich 1
FR2	Frankreich 2
FR3	Frankreich 3
Sky Channel	Satelliten-Programm

Mit der Parabolantenne empfangen
Seit Februar 1989 steht der europäische Fernsehsatellit «Astra» im All bereit. Seine Signale sind so stark, dass sie sogar von privaten Parabolantennen in hervorragender Bildqualität empfangen werden können. Dank «Astra» sind zurzeit 11 zusätzliche Kanäle verfügbar. Weitere internationale Programme werden folgen.

Lokalradios	MHz
Radio Raurach,	
Liestal/Sissach, stereo	101,7
Pratteln-Liestal, stereo	106,4
Region Reinach, stereo	93,6
Radio Basilisk,	
St. Chrischona, stereo	94,5

Schweizer UKW-Sender	
DRS 1 Aesch, stereo *b*	96,7
DRS 1 Sissach, stereo *b*	95,1
DRS 1 St. Chrischona, stereo *b*	90,6
DRS 1 Rigi, stereo *c*	90,9
DRS 1 Frick, stereo *f*	95,2
DRS 1 Mümliswil *f*	91,2
DRS 1 Wölflinswil *f*	94,8
DRS 1 Froburg, stereo *f*	96,0
DRS 1 Säntis, stereo *e*	99,9
DRS 2 Gellingen, stereo	93,2
DRS 2 Sissach, stereo	90,1
DRS 2 Säntis, stereo	95,4
DRS 2 Froburg, stereo	98,7
DRS 2 Mümliswil, stereo	96,1
DRS 2 Rigi, stereo	96,6
DRS 2 Wölflinswil, stereo	98,1
DRS 2 St. Chrischona, stereo	99,0
DRS 2 Frick, stereo	97,7
DRS 3 Rigi, stereo	103,8
DRS 3 Säntis, stereo	105,6
DRS 3 St. Chrischona, stereo	103,6
RSR 1 Les Ordons, stereo	94,2
RSR 2 Les Ordons, stereo	99,6
Couleur 3 Les Ordons, stereo	104,8

Internationale UKW-Sender	
SWF 1 Hohe Möhr, stereo	87,9
SWF 1 Raichberg, stereo	88,3
SWF 1 Wannenberg, stereo	89,0
SWF 1 Blauen, stereo	89,2
SWF 1 Feldberg, stereo	89,8
SWF 1 Witthoh, stereo	92,4
SWF 1 Hornisgrinde, stereo	93,5
SWF 2 Witthoh, stereo	90,4
SWF 2 Raichberg, stereo	91,8
SWF 2 Hohe Möhr, stereo	104,5
SWF 2 Blauen, stereo	92,6
SWF 2 Wannenberg, stereo	92,8
SWF 2 Hornisgrinde, stereo	96,2
SWF 2 Feldberg, stereo	97,9
SWF 3 Feldberg, stereo	93,8
SWF 3 Raichberg, stereo	94,3
SWF 3 Hohe Möhr, stereo	96,8
SWF 3 Blauen, stereo	97,0
SWF 3 Witthoh, stereo	97,1
SWF 3 Hornisgrinde, stereo	98,4
SWF 3 Wannenberg, stereo	98,5
FC Mulhouse	88,6
FC Besançon-Lomont	97,7
FI Besançon-Lomont	90,0
FI Mulhouse	95,7
FM Mulhouse, stereo	91,6
FM Besançon-Lomont, stereo	92,9
ORF 1 Bludenz, stereo	87,6
ORF 2 Bludenz	96,0
ORF 3 Bludenz, stereo	98,8

Beim Anschluss an eine Gemeinschaftsantennen-Anlage sind die Frequenzen von Gemeinde zu Gemeinde verschieden. In diesem Fall kann die Gemeindeverwaltung weiterhelfen.
Die Frequenzen werden laufend den internationalen Vereinbarungen angepasst. Über den neusten Stand informiert die Pro Radio-Television AG, Wabern.
Zur Tabelle: *b* Regional-Journal Baselland, Basel-Stadt, Schwarzbubenland, Laufental / *c* R.-J. Aargau und Solothurn / *e* R.-J. Ostschweiz / DRS: Radio der deutschen und der rätoromanischen Schweiz / SWF: Südwestfunk / FC: France Culture / FI: France Inter / FM: France Musique / ORF: Österreichischer Rundfunk. Quelle: Pro Radio-Television AG, Wabern.

Baselbieter Meister

Zwei bildende Künstler von Rang, die das Baselbiet hervorgebracht hat, sind zweifellos Jakob Probst und Walter Eglin. Die hier porträtierten spiegeln besonders deutlich die Eigenart des Volkes unseres Kantons wider.

<u>Probst, der Hüne</u>
Jakob Probst (1880–1966), der Reigoldswiler Zimmermann, der Kathedralen bauen will, der virile Bildhauer mit seiner Vorliebe für Übergrösse, der Schwerarbeiter, ist zeit seines Lebens Obst- und Weinbauer geblieben. Über 300 Statuen in Stein, Bronze, Ton und Gips zeugen von seinem kraftvollen Werk.

Mit dreissig Jahren, nach dem unbeabsichtigten Einsturz einer Werkhalle bei Abbrucharbeiten, die er als Bauführer zu überwachen hat, «flieht» Probst nach Paris. Seine Berufung ist nicht der Baumeister, sondern der Bildhauer, der rohen Massen Gestalt gibt.

Probsts Thema ist immer wieder die antike Mythologie, die menschlich-göttliche Gestalt. Bei Aufenthalten in Florenz, Rom und Ägypten vergleicht er sich mit den alten Meistern, um im Atelier in Basel (1913–32) seine eigene Körpersprache zu entwickeln.

Der späte Durchbruch erfolgt mit dem Auftrag, den Genfer Bahnhof Cornavin mit dem Basrelief «Vitesse» (1930) zu schmücken. Mit der Versicherungssumme für seine zerstörten Werke beim Brand des Münchner Glaspalasts (1931) kauft er sich ein Gütchen in Peney bei Genf, wo er seinen eigenen Wein «Colline du pape» keltert.

Seine Hauptwerke schafft er nach dem 60. Altersjahr,

Jakob Probst, der Bildhauer von urchiger Kraft

Probsts «Säerin» steht im Moorhaldenpark in Riehen

nachdem er kurz vor dem 50. verzweifelt erwogen hat, in seinen ersten Beruf abzuwandern.

Das Schlachtdenkmal in Dornach (1946–49), sein Heini Strübin auf dem Zeughausplatz in Liestal (1941–58), sein Marignano-Krieger in Olten (1944–55) oder das Henri Dunant-Denkmal in Genf (1958) werden national und international anerkannt. In seinem Liestaler Wehrmannsdenkmal ruht heute Probsts Asche.

HÖREN UND SEHEN

Eglin, der Meister von Diegten

Walter Eglin (1895–1966), Baselbieter «Bauernkünstler», Holzschneider und Mosaikkünstler von Rang, vermag viel vom Wesen des Baselbiets in die Kunst zu transponieren: Wie kein zweiter hat er die warmen Steinfarben des Juras zum Leuchten gebracht.

Als Spross einer Känerkinder Posamenter-Bauernfamilie bekommt er schon früh die Meinung zu spüren, dass «Kunst Tagdieberei» sei und dass, «wer mit 25 noch keinen Beruf habe und nicht sesshaft sei», ein *Floner* ist. Nein, er arbeitet viel lieber mit Geissfuss und Hohleisen (Holzschnitte) und zieht später mit Rucksack und Geologenhammer aus, um Steine für seine Mosaike zu sammeln.

Eglins Weg zur Kunst war lang und entbehrungsreich. Lehrer soll er werden, um einen Brotberuf zu haben. Er wird Knecht im Welschland, Geometergehilfe im Baselbiet (wo er die Steine kennenlernt), Grenzbeamter (wo er Menschen studiert), bis er 1921 – vorerst – nach Karlsruhe geht, um sein Talent auszubilden. An der Akademie für bildende Künste in Stuttgart bleibt er fünf Hungerjahre lang. Er lernt Bilder in Holz schneiden und erreicht erste Meisterschaft in dieser Schwarz-Weiss-Kunst. 1927 erhält er ein eidgenössisches Stipendium, muss sich aber in den Krisenjahren mit Gelegenheitsarbeiten durchschlagen.

1938 kommt endlich der Durchbruch, als er den Wettbewerb um die Ausschmückung des Kollegiengebäudes der Universität Basel – für ihn selbst überraschend – gewinnt.

Dieser Erfolg setzt sich fort. Er gestaltet in der Luther-Gedächtniskirche in Worms ein grosses Mosaik, ebenso in Israel – ganz zu schweigen von den vielen Mosaiken, Sgraffitti, Glasmalereien, Kerbschnitzereien und Ziermalereien, die da und dort in Kirchen und Schulen des Baselbiets zu finden sind.

Walter Eglin, der Holzschneider und Mosaikkünstler

Holzschnitt «Mädchen mit Katze» von Walter Eglin

Immer wieder kehren seine Leitmotive wieder: Fische, Eulen, Katzen. Walter Eglin schöpft aus einem immensen Formenschatz, ohne die Mosaike in Ravenna, Rom oder Pompeji gesehen zu haben.

Trotz Krankheit arbeitet Eglin bis zu seinem Tod und probiert immer neue Techniken aus. Er stirbt 71jährig in Diegten.

Jakob Probst, Gedenkausstellung zum 100. Geburtstag, Paul Meier u.a., Olten 1980. Walter Eglin – Leben und Werk, Hans E. Keller, Basel 1964.

Baselbieter Maler

Viele Bilder von Baselbieter Malern bezeugen die Schönheit der Landschaft unseres Kantons. Das Werk des Liestalers Otto Plattner und des Gelterkinders Fritz Pümpin strahlt heute noch weit über die Kantonsgrenzen hinaus.

Plattner, der Landsknecht
Otto Plattner (1886–1951), der Liestaler «Plattnerotti», der in der Nachfolge von Holbein und Hodler die Schweizer Landsknechtkunst weiterentwickelt, der «Meister der Linie», «Beherrscher des grossen Formats», Fresko-, Glas- und Fahnenmaler, ist gleichzeitig auch «Sänger des Baselbiets» in unverwechselbaren Landschaften.

Plattner lernt Dekorationsmaler in Basel, besucht die Gewerbeschule und klettert auf dem Malergerüst am Basler Rathaus herum. Da packt's ihn: Er geht an die École des Beaux Arts in Genf und Paris und nach München, um sich zum Kunstmaler auszubilden. In seinen handwerklich soliden Arbeiten sucht er den Charakter der Landschaft oder der Gesichter. Plattner macht Fasnachtslaternen, Buchillustrationen und Karikaturen, Kostüme, Bühnenbilder, Federzeichnungen. Aber: «Er hat eine ausgesprochene Begabung für dekorative Malerei. Er braucht Wand und Grösse für sein Temperament», urteilt ein Künstlerkollege.

Diese Seite Plattners kommt 1912/13 zur Geltung, als er das Liestaler Obertor monumental bemalt – und zum zweiten Mal, als er es 1949/50 neu gestaltet. Die erste Fassung steht fest im gemalten Architekturrahmen, die heutige breitet sich frei auf der ganzen Fläche aus. Die frühere Farbigkeit ist verfeinerten Tönen gewichen, die härtere Konturierung weicherer Begrenzung. Seine Lieblingsfigur, der Ritter Georg, ist da, die Rütlischwörer, und auf der Aussenseite der Bannerträger, der Plattners Züge trägt.

Immer hat er sich für die bauliche Reinhaltung des *Stedtli* eingesetzt, das er wie kein zweiter kennt, hat er doch das Rathaus innen und aussen bemalt und einige Geschäfts- und Bürgerhäuser mit seinen urchigen Gestalten geschmückt. Das 8 m hohe Wandgemälde im Liestaler Rathaus mit dem Auszug der Eidgenossen nach St. Jakob (1940) strotzt vor Kraft.

1947–49 bemalt er das Untertor in Laufen: Der Bischof von Basel verleiht einem geharnischten Laufener Bürger das Stadtrecht,

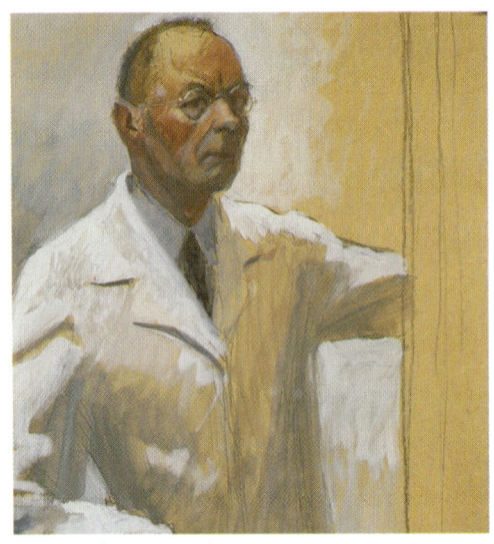

Der Maler Otto Plattner im Selbstbildnis

Otto Plattner: «Auszug nach St. Jakob»

und der heilige Martin, mit dem Purpurmantel hoch zu Ross, kümmert sich um den greisen Bettler.

Plattners heraldische Studien, seine profunden Kenntnisse der alten Waffen und der Schweizergeschichte befähigen ihn, 74 Gemeindefahnen und -wappen fürs Baselbiet zu entwerfen. Wie einer seiner Landser schritt er gern am Banntag seiner Rotte mit der selbstentworfenen Fahne voraus.

Seine Landschaftsbilder zeigen die Schönheit des Südens und seiner engeren Heimat und einen stillen, elegischen Plattner.

HÖREN UND SEHEN

Fritz Pümpin, der Maler des Einfachen

Der Gelterkinder Maler *Fritz Pümpin* (1901–1972) probiert mit seinen Bildern «immer wieder von Land und Leuten unseres schönen Baselbietes zu erzählen». Doch so einfach war es für ihn nicht: Als Kaufmann soll er mit seinem Bruder zusammen nach dem Tod des Vaters die Weinhandlung weiterführen, zerrissen von der Vorstellung, eigentlich Kunstmaler zu sein. Erst die Aufgabe der Weinhandlung, die in den krisengeschüttelten 30er Jahren schlecht ging, befreit ihn, und er wagt – unterstützt von seiner Frau – den Schritt vom «Sonntagsmaler» zum freischaffenden Künstler.

Wie oft mögen die Eheleute den Spruch gehört haben: «Dä sell schaffe wie die anderen au.» Nach fünfjährigem Aktivdienst kann Pümpin 1945 in Gelterkinden eine schöne Liegenschaft erwerben und sogar ein Atelier bauen lassen.

Pümpins malerische Stärken zeigen sich bei der Darstellung des Einfachen, des Alltäglichen. Die Stimmung eines frischen Sommermorgens etwa der Oltinger Dorfstrasse von 1961 atmet Baselbieter Luft, wie man sie kennt. In vielen Stuben des oberen Baselbiets verdrängen die typischen «Pümpi» die süssfrommen Kunstdrucke jener Zeit und verschaffen ihm Anerkennung und finanzielle Unabhängigkeit.

Manche seiner Siedlungsbilder haben heute bereits historische Bedeutung erlangt und zeigen das Baselbiet noch unverschandelt durch die heutige überbordende Bautätigkeit.

Aber auch das «Wärchen» ist sein Motiv. Das Leben der Leute interessiert ihn; besessen und diszipliniert malt er ihren Umgang miteinander und mit dem Vieh. So finden wir bei ihm Bilder aus dem lebendigen Brauchtum und unzählige vielschichtige Porträts. Doch immer wieder fesseln ihn die wechselnden Jahreszeiten und Wetterlagen: Obstbäume im *Blust* oder im *Pflotsch*. Dabei bleibt er stets seiner gegenständlichen Malweise verhaftet und kümmert sich wenig um die Kritik der Anhänger moderner Kunstrichtungen.

In der Aktivdienstzeit hat er sich – gefördert von seinen Vorgesetzten – als «Militärmaler» patriotischer Szenen einen Namen gemacht. Schon als junger Mensch fasziniert ihn die Urgeschichte, weil es dort viel Neuland zu entdecken gab. Als Prähistoriker aus Leidenschaft untersucht er manche Baselbieter Höhle oder Burg und sammelt eifrig Bruchstücke aus längst vergangener Zeit.

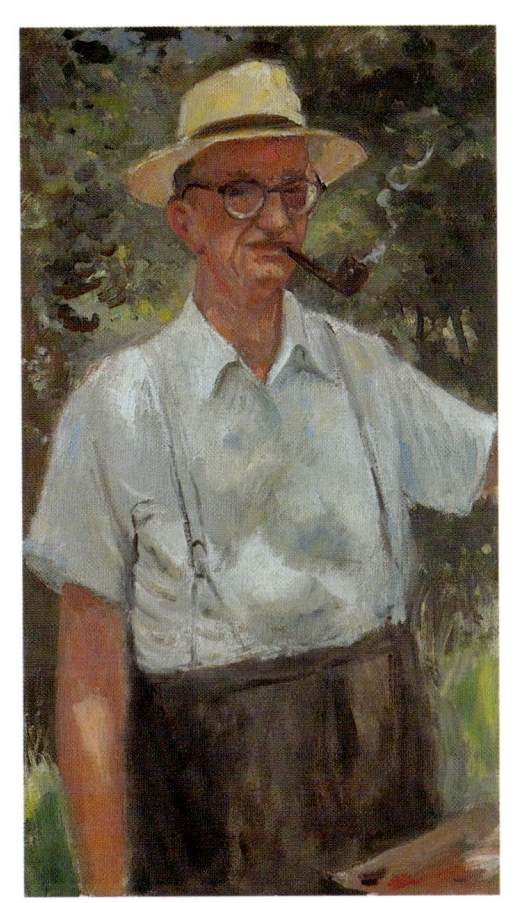

Wie sich der Maler Fritz Pümpin (1901–1972) selber sah

«Wintersingen im Vorfrühling» aus dem Jahre 1963 von Fritz Pümpin, heute Dorfstudie von historischem Wert

Ein Bildband über Otto Plattner erschien 1986 zum 100. Geburtstag des Künstlers.

Fritz Pümpin. Sein Wirken als Maler, Prähistoriker und Soldat, R. Pümpin-Gerster, Gelterkinden 1975.

Kunstkredit: Der Kanton als Mäzen

Im Baselbiet war die Kulturförderung bis anhin vorwiegend Sache der Gemeinden, die dafür sehr unterschiedliche Budgets zur Verfügung hatten. Das soll nun mit dem neuen Kultur-Konzept anders werden: Der Kanton soll vermehrt kulturfördernd wirken, indem er zum Beispiel einzelne Kulturprojekte anregt und organisiert. – Ein Schwerpunkt kantonaler Kunstförderung ist seit 1930 der staatliche Kunstkredit.

Zu Beginn der grossen Wirtschaftskrise dieses Jahrhunderts und nachdem das Wandbild im Landratssaal in Liestal entstanden war, bewilligte der Kanton erstmals 1930 einen Kredit, um im Baselbiet tätigen Künstlern Aufträge zu verschaffen. 1935 wurde mit viel Enthusiasmus die erste kantonale Kunstausstellung in der Gewerbeschule Liestal durchgeführt.

Das geltende Kunstkredit-Reglement hält fest, «dass in der bildenden Kunst besonders junge Talente» zu fördern seien. Der Kunstkredit-Kommission, die auf vier Jahre vom Regierungsrat gewählt ist, stehen jährlich rund 150'000 Franken für Ankäufe und Wettbewerbe zur Verfügung; bei Staatsbauten zudem Beiträge aus dem Baukredit von 0,25 bis 1 Prozent der Bausumme sowie für besondere Projekte gelegentliche Zugaben aus dem Lotteriefonds.

In den Nachkriegsjahren wuchs die Kunstsammlung des Kantons nicht zuletzt wegen der gewaltigen staatlichen Bautätigkeit auf heute über 2000 Werke von über 500 Künstlern an. Ein Museum oder einen permanenten Ausstellungsraum haben die Baselbieter Künstler zwar nicht, doch ihre Werke sind in fast allen öffentlichen Gebäuden und auf vielen Plätzen täglich zu sehen.

Nach der Übernahme des Schlosses Ebenrain in Sissach durch den Kanton ist 1963 eine Möglichkeit geschaffen worden, Werke des öffentlichen Kunstbesitzes dem Publikum temporär zu zeigen. Auch im Hauptsitz der Basellandschaftlichen Kantonalbank in Liestal gibt es seit 1982 regelmässig Werkschauen. Die 1947 gegründete Basellandschaftliche Kunstvereinigung organisiert meist die Ausstellungen zeitgenössischer Kunst.

Walter Buess, Ormalingen: Steinbruch, 3teilig, Mischtechnik. Die Vögel sind ein Freiheitssymbol

HÖREN UND SEHEN

Suzanne Siroka, Bottmingen: Bindung 2, Mischtechnik.
Zwei Frauen verkörpern das Wesen der Freundschaft und der Zeit

Rolf Brunner, Muttenz: Porträt von alt-Regierungsrat Paul Jenni, Acryl. Die Gesichtszüge lassen sich nur erahnen. Durch die Abstraktion solle nach Meinung des Künstlers Freiraum für eigene Vorstellungen geschaffen werden

Dorothea Erny, Basel: Ohne Titel 2, Kohle. Ein Nashorn, das Kraft, Urtümlichkeit und Wildheit verkörpert, stösst gegen Gitterstäbe. Das Motiv des Nashorns taucht in den Werken von Dorothea Erny immer wieder auf.

Raum für vielfältige Veranstaltungen: das Kantonsmuseum im Alten Zeughaus

Das Alte Zeughaus in Liestal: heute Museum für Natur- und Kulturgeschichte

Das bedeutendste Baselbieter Museum ist das Kantonsmuseum in Liestal. Es wurde 1837 gegründet und gehört zu den ältesten Museen der Schweiz. Im alten Zeughaus, das 1979–1981 zum Museum umgebaut wurde, sind Ausstellungen zur Natur- und Kulturgeschichte des Baselbiets zu sehen. Allein schon die Architektur des Gebäudes aus dem 16. Jahrhundert lohnt den Besuch.

Vom Naturaliencabinett zum Kantonsmuseum

Die Gründung des «Naturaliencabinetts» im Jahre 1837 gilt als Akt des Selbstbewusstseins und als Demonstration der Eigenständigkeit des jungen Staatswesens. Vier Jahre nach der Kantonsteilung spürte man das Bedürfnis, seine eigene Geschichte zu dokumentieren. Denn ohne Kenntnisse über unser Herkommen sind wir wurzellos. Die Sammlungen wuchsen durch Geschenke von «patriotisch gesinnten» Bürgern des In- und Auslands.

Zu den vorwiegend zoologischen und ethnographischen Zeugnissen kamen gegen Ende des 19. Jahrhunderts – vor allem dann aber in unserem Jahrhundert – geologisch-paläontologische und archäologische Funde. In jüngerer Zeit erwarb das Museum Bilder, Münzen, Medaillen, menschliche Skelette aus Ausgrabungen, geologische Bohrkerne oder Dokumente zur Seidenbandweberei.

Heute umfassen die Sammlungen, die sich seit den 40er Jahren fast ausschliesslich auf unsere Region beschränken, eine grosse Zahl Objekte aus den Bereichen Erdwissenschaften (Geologie, Paläontologie, Mineralogie), Zoologie (Säuger, Vögel, Fische, Schmetterlinge, Mollusken), Botanik (Herbarium), Anthropologie (Skelette), Archäologie (Bodenfunde), Numismatik (Münzen und Medaillen), Graphik (Druckgraphik, Bilder), Volkskunde (Werkzeuge, Geräte, Waffen, Uniformen, Militaria) und Posamenterei (Seidenbandindustrie).

Das Alte Zeughaus in Liestal

Das etwa um 1530 erbaute fünfgeschossige Gebäude diente während Jahrhunderten als Korn- und Zeughaus. Schlusssteine über dem Haupt- und Nordportal zeugen von Umbauten kurz nach der Kantonstrennung (1832/33). Das Erdgeschoss sowie die beiden Dachgeschosse zeigen heute noch weitgehend den ursprünglichen baulichen Zustand, während die vier gedrechselten Eichensäulen im 1. und 2. Obergeschoss aus der Zeit vor der Mitte des 19. Jahrhunderts stammen.

Kinderspielecke im Dachgeschoss und Dauerausstellung über die lokale Naturgeschichte im Keller

Beim Umbau von 1979 bis 1981 wurde ein Keller eingebaut. Im 2. Obergeschoss konnten Gipsdecke und Langriemenboden als Zeugen eines ländlichen Spätbarocks erhalten bleiben; im 1. Obergeschoss erset-

HÖREN UND SEHEN

Dauerausstellung: «Die Bandweberei im 19. und 20. Jahrhundert»

zen neue und alte Tonplatten, die sich als «Isolation» im Zwischenboden fanden, den ursprünglichen Holzboden. Das alte Deckengebälk wurde dort sichtbar gelassen.

Das Ausstellungskonzept

Das Kantonsmuseum ist eine Abteilung des Amtes für Museen und Archäologie des Kantons Basel-Landschaft und versteht sich als regionales «Allround»-Museum. Seine Aufgabe ist das Sammeln und Präsentieren (in Dauer- und Wechselausstellungen) von natur- und kulturkundlichen Zeugnissen aus unserer Region. Es ist ausserdem – in Ermangelung anderer geeigneter Räumlichkeiten – zu einem Zentrum für vielfältige kulturelle Anlässe geworden. Hier finden Konzerte, Theater- und Kleinkunstaufführungen, Puppenspiele, Klassentreffen, Empfänge, Vorträge, Kurse, Kurzausstellungen usw. statt – vor allem aber auch Veranstaltungen im Zusammenhang mit den Ausstellungen.

Das *Erdgeschoss* bleibt kulturellen Veranstaltungen vorbehalten. Das *1. Obergeschoss* steht für Wechsel- und Sonderausstellungen aus allen Bereichen der Sammlungstätigkeit des Museums und Verwandtes zur Verfügung; die Modalitäten sind mit der Museumsleitung abzuklären. Im *2. Obergeschoss* wird die Kulturgeschichte des Kantons bzw. der Region («Spuren von Kulturen») auf 200 m² Ausstellungsfläche dargestellt. Die *beiden Dachgeschosse* sind einer wirtschaftsgeschichtlichen Spezialität des Baselbiets, nämlich der Posamenterei, gewidmet. Jeweils am Sonntag wird der Bandwebstuhl in Betrieb gezeigt. Der Werkraum im *3. Obergeschoss* bietet Platz für Übungen und Praktika mancher Art (Anfragen für die Benützung: Telefon 061/925 59 86). In der Spielecke des *4. Obergeschosses* kann man an Webstuhlmodellen weben, textile Materialien kennenlernen und sich mit Hüten und Bändern verkleiden. Das *Untergeschoss* schliesslich beherbergt eine konzentrierte Auswahl aus der lokalen Naturgeschichte («Steinbruch, Wald und Magerwiese»).

Das Museum veranstaltet nach Vereinbarung Gruppenführungen. Auskunft erteilt Telefon 061/925 59 86 oder 925 59 83.

Öffnungszeiten	
Dienstag bis Freitag	10–12 Uhr
und	14–17 Uhr
Samstag und Sonntag	10–17 Uhr
Dienstag ausserdem	19–21 Uhr
Montag geschlossen/Eintritt frei	

Sehenswertes in Sicht: Ortsmuseen und Galerien

Trotz oder vielleicht wegen der Nähe der traditionsreichen Kunststadt Basel am Rheinknie hat sich im Baselbiet vor allem in den letzten Jahrzehnten eine eigenständige Szene von Museen und Galerien entwickelt. Dies bereichert und ergänzt das städtische Angebot entschieden, was auch Touristen – und Basler – durch Abstecher in die Landschäftler Kultur-Zentren honorieren.

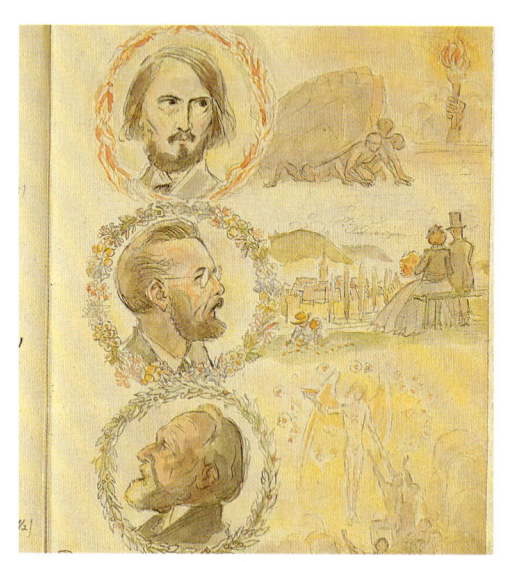

bieter Schriftsteller zu sehen sind, darunter Schreibtisch, Briefe und Fotos des Nobelpreisträgers Carl Spitteler (1845–1924) und des deutschen Freiheitsdichters Georg Herwegh (1817–1875).

Das Römerhaus in *Augst*, wo einst die Stadt «Augusta Raurica» stand, veranschaulicht eindrucksvoll Wirken und Wohnen der Römer in unserem Gebiet vor fast 2000 Jahren. Hier funkelt auch ein bedeutender Silberschatz.

In der Posamenterstube im Heimatmuseum in *Sissach*, das sich übrigens rühmen kann, 1922 das erste Heimatmuseum des Baselbiets gegründet zu haben, ist inmitten der ausgestellten Objekte der Geist einer verschwundenen Heimindustrie zu spüren.

Weitere Orts- und Heimatmuseen gibt es noch in *Aesch, Allschwil, Arlesheim, Bennwil, Binningen, Bottmingen, Bubendorf, Buus, Ettingen, Frenkendorf, Muttenz,* (Bauernhausmuseum, Karl Jauslin-Museum und Heimatkundliche Ortssammlung), *Oltingen, Pratteln, Reigoldswil, Reinach, Therwil* und *Ziefen.* In weiteren drei Gemeinden sind Ortsmuseen im Aufbau.

Über ein Dutzend *Galerien* widmen sich der Kunstvermittlung im Baselbiet. Als Ausstellungsräume dienen ein altes Bauernhaus, ein ehemaliges Feuerwehrmagazin oder das Schloss der Ritter von Eptingen in Pratteln. Aber auch leerstehende Schulhäuser und Fabrikhallen, Vitrinen und Schalterräume von Bankniederlassungen werden für

Poetennest: Das Dichtermuseum ist im Liestaler Rathaus untergebracht

Das ehemalige Spritzenhäuschen in Oberwil dient für Ausstellungen

Schloss Pratteln – zeitweise Galerie

Nur ein paar Schritte vom Kantonsmuseum im Alten Zeughaus entfernt befindet sich im *Liestaler* Rathaus das Dichtermuseum, wo Erinnerungsstücke an verschiedene Basel-

Hier führt ein Heimposamenter, einer der letzten Meister seines Fachs, Kostproben seines selten gewordenen Handwerks am Webstuhl vor.

Kunstschauen benutzt. Vor allem im Unterbaselbiet sind private Galerien aktiv, die vornehmlich lokale Kunst einem breiten Publikum zeigen. Als Beispiele seien das

HÖREN UND SEHEN

Allschwiler Kunst-Zentrum und die Galerie Schlossmatt in Binningen und für das Oberbaselbiet die Galerie Fossati in Kilchberg herausgegriffen.

Mit aktuellem oder kritischem Kunstschaffen werden die Besucher der Galerie im *Kulturhaus Palazzo* in Liestal konfrontiert. Das Palazzo ist ein selbstverwaltetes Kulturzentrum im ehemaligen Postgebäude beim Bahnhof. Die *Basellandschaftliche Kunstvereinigung* veranstaltet im *Schloss Ebenrain* in Sissach pro Jahr zwei Ausstellungen. Hier, in den renovierten Wohnräumen des Landsitzes, den sich in der zweiten Hälfte des achtzehnten Jahrhunderts ein Basler Seidenbandfabrikant hat errichten lassen, wird dem Publikum Gelegenheit gegeben, sich mit Werkschauen meist prominenter und populärer Künstlerinnen und Künstler auseinanderzusetzen.

Das Schaffen überwiegend junger, noch nicht bekannter einheimischer Baselbieter Künstler stellt die Vereinigung jedes zweite Jahr an einer kantonalen Ausstellung, der sogenannten «Kantonalen», der Öffentlichkeit vor. Allerdings müssen für diesen Grossanlass immer wieder neu geeignete Räumlichkeiten gesucht werden, da Baselland bis heute kein festes Ausstellungslokal und keine Kunsthalle besitzt.

In den Orts- und Heimatmuseen des Kantons – hier als Beispiel Allschwil – ...

...findet man viel Nostalgisches: Einrichtung einer Schmitte in Reinach

Baselbieter Museen. Kuriositäten und Kostbarkeiten, Meta Zweifel, Pratteln 1985; zu beziehen bei der Druckerei Muff AG in Pratteln.

Wer sagt, im Baselbiet laufe nichts?

Kulturell sei erstaunlich viel los, ist von Seiten der Erziehungs- und Kulturdirektion in Liestal zu vernehmen. Das Baselbiet sei ein steiniger Boden für Kultur, hört man wiederum von Veranstalter- oder Künstlerseite.

Recht haben wohl beide. Denn zwischen Idee, Initiative, Verwirklichung, Finanzierung und Aufführung sind oft weite und steinige Wege zurückzulegen. Die Kulturhoheit im Kanton liegt nämlich bei den Gemeinden. Das heisst, jede Gemeinde unterstützt und fördert kulturelle Institutionen und Anlässe nach eigenem Gutdünken.

Damit sind die im Prinzip autonomen Gemeinden allerdings oft überfordert. Der Kanton hat hier zumindest koordinierende Aufgaben, das haben die Kulturverantwortlichen beim Kanton erkannt und ein neues *Kultur-Konzept* erarbeitet. Danach möchte der Kanton vermehrt als «Animator» auftreten.

Bisher wirkte der Kanton in erster Linie beratend und mit Finanzhilfen. Die Literaturkommission, die Kunstkreditkommission, die Filmkommission und die Kommission für Musik und Theater übten beratende und fördernde Funktionen aus. Sie wurden aber auch selbst aktiv, indem sie Veranstaltungen organisierten. Diese Kommissionen sollen nun durch einen Kulturrat abgelöst werden.

Erstaunlich ist die Vielzahl kultureller Vereinigungen, Institutionen und Anlässe. Erstaunlich deshalb, weil man immer meint, das Baselbiet sei kulturell in erster Linie auf die Stadt Basel ausgerichtet. Deren unbestrittene kulturelle Zentrumsleistungen sollen in Zukunft finanziell abgegolten werden.

Basel lockt mit einem reichhaltigen Angebot. Denn vom Basler Theater, dem Klein- und Marionettentheater über Orchester, Chor, Jazz- und Musiklokal bis hin zu Kino, Bar und Kulturwerkstatt gibt es alles in der nahen Stadt. Im Baselbiet treten hingegen Kultur und Unterhaltung nicht geballt und institutionalisiert vors Publikum, sondern verstreut und oft frei organisiert, häufig in Form von Vereinsanlässen. Allerdings gibt es auch etliche ständige Einrichtungen und Vereinigungen, die kulturell aktiv sind.

Aus der reichen Vielfalt seien einige, nicht die Gesamtheit repräsentierende, Veranstaltungen herausgegriffen:

Zum Beispiel Augst: Eingebettet in ihre römische Tradition (Augusta Raurica) werden Theater-Anlässe, die Augusta-Konzerte und das jährliche Nationale Amateur-Jazz- und Rockfestival durchgeführt.

Zum Beispiel klassische Konzerte: In zahlreichen Ortschaften bemühen sich ehrenamtlich arbeitende Vereine um die Vermittlung von Musik, vom Kammerkonzert bis zur zeitgenössischen Klassik, und erreichen dabei ein breites interessiertes Publikum. Oft werden ganze Konzertzyklen organisiert, so vom Kanton in Sissach (Ebenrain) und in Waldenburg.

Zum Beispiel «Kultur in Brüglingen»: Im Botanischen Garten Brüglingen, zwischen Münchenstein und dem Stadion St. Jakob gelegen, finden während der ganzen Sommersaison kulturelle Veranstaltungen statt. Ein unabhängiger Verein unter dem Patronat zahlreicher Persönlichkeiten aus der ganzen Regio Basiliensis organisiert Anlässe von Freilicht- und Kindertheater über traditionelle und zeitgenössische Musik inklusive Jazz und Folklore bis zu Film, Ballett, Tanz und Autorenlesungen. *Qualität* soll das gemeinsame Hauptmerkmal all dieser Darbietungen sein.

Zum Beispiel Jugendhäuser: Ständige Institutionen sind die Jugendtreffpunkte und Jugendhäuser in Allschwil, Binningen, Birsfelden, Muttenz, Oberwil, Pratteln und Reinach.

Zum Beispiel Discos: Junge Tanzbegeisterte finden ihre Musik nicht nur in den Jugendhäusern. «Let's dance Disco!» heisst es regelmässig im Restaurant *Zur krummen Eich, Pratteln*, in der *Post, Rickenbach* (am Wochenende), im *Rosengarten, Läufelfingen*, in den *Jugend-Dancings (JD)* von Liestal und *Birsfelden* und im *Luxor, Muttenz*. Für ältere Semester wird zum Beispiel im *Bündnerkeller, Binningen*, und im *Bärenstall, Langenbruck*, zum Tanz gebeten.

Zum Beispiel Palazzo Liestal: In diesem Kulturhaus gibt es unter anderem ein Kleintheater, eine Moschee, ein Künstleratelier, das Rhythm-Movement-Dance Center, den Treffpunkt der Christlichen Vereinigung italienischer Gastarbeiter (ACLI), eine Kunstgalerie und das Kino Sputnik. Dies alles besteht und wirkt nebeneinander und miteinander unter einem Dach.

Ebenfalls in *Liestal* finden wir das Kino *Oris*. Mit dem *Palace* in *Sissach* wäre die Aufzählung der Baselbieter Kinos auch schon vollständig.

Zu erwähnen sind auch noch die verschiedenen Orchester-, Gesangs- und Blasmusikvereine im Kanton. Die jeweiligen Veranstaltungen sind den Veranstaltungskalendern der Gemeinden, den Plakaten oder der Tagespresse zu entnehmen.

HÖREN UND SEHEN

Ein Jugendorchester musiziert in Brüglingen

Kulturhaus Palazzo in Liestal: viel unter einem Dach

Open-Air-Konzerte (Rock/Pop/Jazz) im römischen Amphitheater in Augst mit einzigartiger Stimmung

Baselbiet für Kinder

Was Kindern Freude macht: Spielen im Freien

Robinsonspielplätze
Wer nicht in der Nähe eines Waldes oder in einer Gegend wohnt, wo er spielen, laut sein und sich tummeln kann, und wer gern mit anderen Kindern zusammen spielt, der geht auf einen *Spielplatz*.

Spielplätze gibt es viele – die meisten sind aber sehr phantasielos eingerichtet: ein Sandkasten, eine Schaukel, eine Rutschbahn, ein Klettergerüst, ein Häuschen ... alles steht fix und fertig da, ist unveränderlich, immer aufgeräumt und lässt der Phantasie keine grosse Entfaltungsmöglichkeit.

Anders die *Robinsonspielplätze*: Da können die Kinder frei oder unter Anleitung basteln, werken und toben. Oft gibt's auch Tiere, die von ihnen gefüttert und gepflegt werden. Spielanimatoren bieten alles mögliche an handwerklichen und spielerischen Aktionen an. Auch im Winter ist dank Spiel- und Bastelräumen immer etwas los.

Im Baselbiet gibt es Robinsonspielplätze in

4147 Aesch
Im Loehrenacker
Telefon 78 58 24

4123 Allschwil
Hegenheimermattweg 70
Telefon 63 75 81

4102 Binningen
«Taronga»
Telefon 47 94 13

4127 Birsfelden
Hofstrasse
Telefon 41 25 19

4402 Frenkendorf
Hülftenmätteli
Telefon 46 40 54

4142 Münchenstein
Neue Welt
Telefon 46 45 60

4132 Muttenz
Hardacker 6
Telefon 61 72 00

4133 Pratteln
Lohagstrasse 1
Telefon 821 93 30

4153 Reinach
Steinrebenstrasse 10
Telefon 78 64 27

4106 Therwil
Birsmattstrasse
Telefon 73 50 25

Ludotheken
Statt neue, teure Spielzeuge zu kaufen, die nach kurzer Zeit nur noch herumliegen, können Kinder und Eltern Spielsachen günstig ausleihen (kleiner Jahresbeitrag und Fr. –.50 bis Fr. 5.– pro Ausleihe).

Ludotheken gibt es im Baselbiet in

4147 Aesch
Sekundarschulhaus
Telefon 78 11 21

4102 Binningen
Familienzentrum
Curt Goetz-Strasse 21
Telefon 47 78 88/47 19 19

4127 Birsfelden
«Spielbude» Xaver Gschwind
Schulhaus, Schulstrasse 25
Telefon 41 03 37

4410 Liestal
«Tatzelwurm»
Kanonengasse 1

4104 Oberwil
«Jojo»
Hallenstrasse 8

4133 Pratteln
«Gampiross»
Bahnhofstrasse 16

BEGEGNEN UND SPIELEN

Jugendmusikschulen
Musik *hören* ist eine Sache, Musik *machen* eine andere. Wer Lust hat, Musik nicht nur zu hören, sondern selber zu singen oder ein Instrument von Grund auf zu erlernen, kann in eine der vorbildlich ausgebauten Jugendmusikschulen des Kantons eintreten. Das Fächerangebot ist von Gemeinde zu Gemeinde verschieden. Einander ähnlich ist die Methode, nämlich auf spielerische Weise durch Gesang, Bewegung, Tanz und durch Hören und Verstehen in die Musik einzuführen.

Weitere Auskünfte erteilt die Kantonale Erziehungs- und Kulturdirektion in Liestal, Telefon 925 51 11.

Ferienpass
Ferienzeit, keine Schule, viel Freizeit – Zeit für Spiele, Erlebnisse, Entdeckungen –, aber auch Zeit, während der die Kinder zu Hause sitzen und nicht recht wissen, was sie machen sollen. Für Kinder, die nicht in die Ferien fahren können oder wollen, bietet der Ferienpass ein abwechslungsreiches Ferienprogramm; eine gute Gelegenheit, den eigenen Kanton einmal als Feriengast kennenzulernen.

Der Ferienpass kostet zwischen 6 und 8 Franken pro Woche. Oft ist in diesem Preis Tram- und Busfahren inbegriffen. In verschiedenen Gemeinden ist auch der Eintritt in die Freibäder für Ferienpass-Inhaber gratis. Den Ferienpass gibt es in Sissach für den oberen und in Liestal für den mittleren Kantonsteil. Die Gemeinden unterhalb der Hülften Richtung Basel machen zum Teil beim Basler Ferienpass mit, und die Gemeinden im Birstal bieten einen eigenen Ferienpass an. Wann und wo der Ferienpass erhältlich ist, steht jeweils in den Zeitungen.

Hallen- und Freibäder
Ein See fehlt, Ergolz und Birs sind zu wenig tief, der Rhein für viele zu weit weg, also bleiben nur die Bäder, um sich zu erfrischen. *Hallenbäder* gibt's in Aesch, Allschwil, Arlesheim, Binningen, Birsfelden, Bottmingen, Frenkendorf, Gelterkinden, Häfelfingen (Bad Ramsach), Liestal und Reigoldswil. *Freibäder* in: Aesch, Allschwil, Arlesheim, Bottmingen, Buus, Gelterkinden, Itingen, Liestal, Pratteln, Reinach, Sissach und Waldenburg (siehe auch Gemeindeanhang).

Kunst- und Natureisbahnen
Schlittschuhlaufen kann man in Binningen im Margarethenpark bei Basel-Gundeldingen, Rheinfelden (AG) und Sissach. Natureisbahnen entstehen oft auf Schulplätzen mit kinderfreundlichen Abwarten, verschwinden aber manchmal allzu schnell wieder...

Welcher Spass, ins Wasser zu rutschen!
Schwimmbad in Liestal

Hilfe
Wenn Kinder oder Eltern Probleme haben und nicht mehr weiter wissen, wenn sie Hilfe brauchen, dann können sie sich an den *Jugendsozialdienst Baselland, Postfach 890, 4414 Füllinsdorf, Telefon 901 31 23*, wenden. Dort erhalten sie auch die Adressen der Sozialberatungsstellen der Gemeinden und Kirchgemeinden.

Siehe auch Seiten 108/109 und 114/115.

Die Treffpunkte

Der wichtigste Treffpunkt der Baselbieterinnen und Baselbieter ist die *Beiz*. Seit Beginn der Industrialisierung ist sie im gesellschaftlichen Leben immer bedeutungsvoller geworden.

Solches Gewicht hatte die *Beiz* aber nicht immer: Die Baselbieter Bauern des 18. Jahrhunderts durften ihre Landarbeit nicht für gesellige Treffs niederlegen, wenn sie überleben wollten. Nur wer berufsbedingt dazu gezwungen war – Reisende und Boten – verkehrte in Wirtshäusern.

Die alten Feste

Die Dorfbevölkerung traf sich zu den Festen: Anlass waren Geburt, Heirat und Tod; die Aufrichte, die Gemeindeversammlung und der Banntag; das Frühlingsfest und die Fasnacht; das Erntedankfest, die Traubenlese und die *Metzgete*. Und im Winter trafen sich die Leute in den warmen Stuben und erzählten Geschichten. Dabei sassen die Frauen oft am Spinnrad.

Der Treffpunkt von Frauen und Mädchen war der Dorfbrunnen. Hier schöpften sie Wasser und wuschen die Wäsche – nicht, ohne die neuesten Informationen auszutauschen. Gegen Abend gesellten sich oft Burschen dazu, und nicht selten wurden die ersten zarten Liebesbande am Dorfbrunnen geknüpft.

Die aufkeimende Industrie des 19. Jahrhunderts und der im Gleichschritt mitziehende Materialismus verdrängten die Volksbräuche. Die Geselligkeit wurde weniger öffentlich gepflegt, und bis zum Fernsehabend war es nicht mehr weit – im Baselbiet, wie an vielen anderen Orten der Welt auch.

Heute wird vereinzelt versucht, die alten Volksbräuche wieder zu beleben. Vor allem der Banntag durfte eine Renaissance erleben. Sonst aber trifft man sich zu Hause, in der Disco, im Kino, im Konzert, im Theater – oder eben in der *Beiz*.

Die Wiege des Kantons war eine Beiz

Die *Beiz* als Treffpunkt gehört im Baselbiet zur politischen Tradition: Am 18. Oktober 1830 trafen sich vierzig Baselbieter heimlich im *Bad Bubendorf* und forderten dort mehr Rechte für die Landschaft.

Schenken und *Tavernen*, wie man damals Wirtschaften nannte, waren nicht nur politische Wiegen, hier vergnügte man sich auch, das hiess im letzten Jahrhundert: man tanzte.

1845 erliess der Landrat *Bestimmungen betreffend das Tanzen*. Dieses Gesetz legte fest, wo und wann getanzt werden durfte. Sonntags war Tanzen verboten!

Das Wochenblatt «Der unerschrockene Rauracher» kommentierte die Landratsverhandlungen erbost: «Das Tanzen ist etwas absolut Nützliches. Wir haben im Grunde gar kein allgemeines Vergnügungsmittel mehr als das Tanzen. Die Männer kommen wohl bei Schützenfesten zusammen; diese aber haben mehr patriotischen Zweck. Die Frauen kommen wohl auch am Sonntag beim Tee oder Kaffee zusammen; diese Zusammenkünfte haben aber Klatschzwecke.»

Rohe Sitten in Liestal

Das Gesetz brachte kaum die erhoffte Ruhe: 1847 schrieb der Deutsche Theodor Mügge in seinen Reiseerinnerungen *Die Schweiz und ihre Zustände*: «Es soll in den Wirtshäusern zu Liestal oft arg hergehen, nirgends soll mehr getrunken werden, und selten verläuft einige Zeit, wo nicht irgendein konservatives Schweizerblatt von einer rohen Wirtshausszene, einer Prügelei oder allgemeiner Betrunkenheit in Liestal etwas Ergötzliches zu erzählen weiss.» Mügge meinte aber, dass die meisten Erzählungen Übertreibungen waren.

Die *Beizen* entwickelten sich zu einem Hort von Bier, Vereinen und politischen Lobbies – nicht nur im Kanton Basselland. Um diesem Trend entgegenzuwirken, gründete der Zürcher Frauenverein für alkoholfreie Wirtschaften 1918 die *Schweizerische Stiftung zur Förderung von Gemeindestuben und Gemeindehäusern*.

Gemeindestuben

Die Gemeindestuben sollten politisch wie konfessionell neutral sein, auch sollten sie alkohol- und trinkgeldfrei bleiben und der ganzen Bevölkerung, jung und alt, dienen, die «Wohlfahrt sowie die körperliche und geistige Gesundheit unseres Volkes fördern und veredelnd auf das gesellige Leben einwirken».

1921 wurde in Liestal die erste Gemeindestube eröffnet, 1926 in Pratteln, 1936 in Gelterkinden, 1947 in Muttenz, 1971 folgte eine in Frenkendorf. Die Gemeindestuben hatten Mühe, sich durchzusetzen. Ihr kulturelles Programm schrumpfte zusammen, denn sie kamen zu einer ungünstigen Zeit: Das Auto und der Fernseher traten ihren Siegeszug rund um die Welt an.

Trotzdem ist die Anzahl Wirtschaften im Baselbiet noch immer beträchtlich: Rund 500 Beizen, Wirtschaften, Cafés, Spunten, Pubs, Bäder und Restaurants laden zum gemütlichen *Hock*.

BEGEGNEN UND SPIELEN

Beliebtester Treffpunkt, um zu diskutieren, zu erzählen oder einfach zu plaudern, ist die Beiz erst seit hundert Jahren

Nicht nur zum Essen, sondern vor allem auch zu einem kleinen Schwatz, treffen sich die Baselbieter im Café

Viele Jugendliche haben ihre eigenen Treffpunkte

«Mehbesseri» auf krummen Touren

BEATRICE: (schreit ins Telefon) *Wie? Kriminalkommissar wer? I verstand Ihre Name nid, i bi nämlig schwerhörig.* (Zu den andern) *Er schwätzt eso glunge. Nei, kei Wort! Was? Nei! Mache Sie das nit. Hallo! Herr – Kommissar! Hallo!* (hängt ab) *E Katastrophe!!*
KOCH: *Was? Was isch los?*
BEATRICE: *Er chunnt do ane.*
WUNDERLI: *Oh je – mir wird's schlächt. I glaub i...*
BEATRICE: *Understöhn Sie sich!*
WUNDERLI: (deutet auf das Sofa) *Wenn sie das finde, si mir verlore.*
KOCH: *Das Züg muess ewäg!*
WUNDERLI: (wird immer hysterischer) *Hinter d'Badwanne? Nei! In lischaschte – nei! In eusi Bett – goht au nid. Oh – es het kei Wärt, die düen eus verhafte... läbeslänglich! Oh je!* (Man hört das Geräusch eines fallenden Eimers)
ALICE: *D'Lilli! Die het eus grad no gfehlt!*

Aber Lilli, die vorbestrafte Hausmagd, weiss einen Ausweg. Wunderli bleibt ein Angsthase, und Beatrice, die in Paris eine Zweigstelle für den Senioren-Gauner-Ring plant, ist sauer. Denn nicht sie, sondern Alice kriegt den Oberst Koch. Und der Kommissar Moresi? – Der merkt nichts, der darf nichts merken. Denn was soll Volkstheater ohne Happy-End?

Lilli, Wunderli, Beatrice, Alice und der Oberst wohnen in einer noblen Privat-Alterspension. Im Theaterstück klauen die «feinen Herrschaften» Pelze noch und noch. In Wirklichkeit ist Lilli Schülerin, Wunderli Beamter, Beatrice Lehrerin, Alice Hausfrau, der Oberst Wärter im Zolli und der Kommissar Moresi kaufmännischer Angestellter.

Das ist Laientheater aus der Provinz – stets gut, da immer echt. Denn es spielen nicht Schauspieler, sondern Menschen. Sie spielen nicht für die Zuschauer, die Dorfbewohner, Nachbarn, Freunde und Freundinnen, sondern auch für sich selbst. Sollte auch hin und wieder eine Aufführung *abverheie* oder beim Publikum nicht ankommen, so ist das kein grosses Unglück. Denn Laientheater ist in erster Linie nicht ein künstlerisches, sondern ein soziales Dorf-Ereignis: Dass dabei manche versteckte Begabung zum Vorschein kommt, und auch einige lokale Bühnen durchaus professionelle Ansprüche an sich selbst stellen, belebt die Szene zusätzlich.

Im Baselbiet gibt es ein gutes Dutzend Gruppen und Vereine, die regelmässig Theater spielen (siehe Adressliste). Dazu gesellen sich unzählige Turnvereine, Musikgesellschaften und gemischten Chöre, die einmal im Jahr ein Theaterstück oder einen Schwank zum Besten geben. Meistens unterdrückt darin eine streitsüchtige Frau ihren Ehemann. Dieser schleicht dem hübschen Dienstmädchen nach, welches seinerseits in den Sohn des Ehepaares verliebt ist, ihn jedoch nicht kriegen kann oder darf, weil es sich nicht gehört, dass ein einfaches Dienstmädchen einen Herrschaftssohn heiratet. Mit von der Partie ist ein erfolgreicher Junggeselle, der sich zuerst in die falsche Frau – die geldgierige Lady aus der Stadt – verliebt und erst ganz zum Schluss wie üblich doch noch die sympathische Witwe heiratet.

Die Stücke handeln von Liebe, Geld, Gesellschaft, Beziehungen und Missverständnissen – kurz vom Leben, wie es sich in jedem Dorf abspielt. Gespielt wird natürlich ohne Gage. Entlöhnt werden die Akteure durch die meist vollbesetzten Ränge in den Sälen. Und gut besucht werden die Aufführungen immer. Denn im Gegensatz zu problemschwangeren oder experimentellen Elite-Theatern, die sich oft nur mit Subventionsspritzen über Wasser halten können, erfreuen sich die Laienbühnen immer grosser Beliebtheit.

BEGEGNEN UND SPIELEN

Laienbühnen, Theater- und Spielvereine im Kanton Baselland

Arisdorf
Theatermühle Arisdorf
Heinrich Klaus
Im Chilefeld 2
4422 Arisdorf
Telefon 83 58 07

Arlesheim
Theater auf dem Lande
Gerold P. Kohlmann
Eremitagestrasse 44
4144 Arlesheim
Telefon 72 76 66

Binningen
Joli Théâtre
Postfach 321
4102 Binningen

Bottmingen
Senioren-Theater
Ann Höling
Therwilerstrasse 37
4103 Bottmingen
Telefon 401 06 23

Bubendorf
Freizeitbühne Bubendorf
Doris Zeller
Rainstrasse 31
4416 Bubendorf
Telefon 931 13 53

Frenkendorf
Bühne 67
Alex Auer
Mittelbrühlstrasse 7
4416 Bubendorf
Telefon 931 26 13

Gelterkinden
Laienbühne Gelterkinden
Jakob Pulfer
Sägeweg 6
4450 Sissach
Telefon 98 37 25

Läufelfingen
Laienbühne Läufelfingen
Richard Schaub
Eptingerstrasse 4
4448 Läufelfingen
Telefon 062/69 17 42

Liestal
Laienbühne Liestal
Peter Leupin
Rosengasse
4410 Liestal
Telefon 921 38 88

Aula-Theater
Andreas Riesen
Langhagstrasse 29
4410 Liestal
Telefon 921 24 39

Lupsingen
Theater- und Spielverein
Rainer Zeugin
Rheinstrasse 34
4302 Augst
Telefon 83 64 27

Oberwil
Theatergruppe Oberwil
Gérard Fabich
Bündtenweg 25
4104 Oberwil
Telefon 401 23 30

Pratteln
Laienbühne Pratteln
Walter Biegger
Liestalerwegli 18
4133 Pratteln
Telefon 821 49 95

Reinach
Laienbühne «Schemeli»
Claudia Toggenburger
Austrasse 19 a
4153 Reinach
Telefon 76 30 02

Theatergruppe Reinach
Erwin Schmidt
Bürenweg 11
4146 Hochwald
Telefon 78 69 40

Waldenburg
Theatergruppe Waldenburg
Erich Meier
Pfarrgasse 10
4437 Waldenburg
Telefon 97 00 51

Sportliches Baselbiet

Leibesübungen um 1920 (TV Niederdorf)

Das Baselbiet verfügt über eine ganze Reihe von Spitzensportlern, deren Namen national und international einen guten Klang haben: Der gelernte Leichtathlet Bruno Gerber aus Rothenfluh beispielsweise hat innerhalb nur eines Winters fast sämtliche Titel erobert, die es in den Eiskanälen zwischen St. Moritz und Calgary zu gewinnen gibt. Der Birsfelder Stefan Dörflinger rast seit vielen Jahren unermüdlich um die Motorrad-Weltmeisterschaft in der 80 ccm-Klasse mit. Die 13jährige Mittel- und Langstreckenläuferin Christine Hofmeier, eines der grössten Talente der Schweizer Leichtathletik-Szene, stammt zwar aus Nuglar, startet aber für den Sportclub Liestal. Die Liste von Baselbieter Sport-Könnern liesse sich beinahe beliebig fortsetzen...

Doch die Spitzensportler machen kaum ein Promille aller sportlich aktiven Baselbieterinnen und Baselbieter aus: Rund 75'000 registrierte Mitglieder, darunter ungefähr 15'000 Juniorinnen und Junioren, zählen die Baselbieter Sportvereine. Ausserhalb der Vereine, in Schulen, Firmen, spontanen Gruppen und – immer mehr – auch in kommerziell geführten Betrieben, treiben nach Schätzungen des Kantonalen Sportamts noch einmal 40'000 Personen mehr oder weniger regelmässig Sport.

Der Kanton engagiert sich in vielfältiger Weise für den Sport. Den Jugendlichen Freude an Sport und Spiel zu vermitteln – das bezweckt «Jugend und Sport Baselland», kurz *J+S*. Zwischen 31 und 35 Sportarten bietet J+S jährlich den Baselbieterinnen und Baselbietern zwischen 14 und 20 Jahren an. Organisation und Leitung von Jugend und Sport obliegen dem Kantonalen Sportamt in Liestal, das der Erziehungs- und Kulturdirektion untersteht. Ein paar Zahlen mögen die Bedeutung von J+S illustrieren: Im Jahr 1988 haben rund 18'000 Jugendliche, darunter 6500 Mädchen, die J+S-Kurse besucht; betreut wurden sie von 2600 Leitern und 261 Sportexperten. Insgesamt 416'228 Stunden Sport wurden in diesem Rahmen getrieben.

Mit dem neuen Modell «Jugendsport Baselland» soll nun auch die sportliche Betätigung der 10- bis 13jährigen gefördert werden. Dies soll durch die Unterstützung und Förderung der Trägerorganisationen und Durchführungsgruppen wie Vereine, Schulen, Jugendorganisationen usw. geschehen. Jährlich soll ein Betrag von 600'000 Franken für diese Zwecke zur Verfügung gestellt werden.

Neben Jugend und Sport betreut das Kantonale Sportamt den Sport-Toto-Fonds, die Ausbildung von Leitern, den Erwachsenensport und – gemeinsam mit den Gemeinden – den Bau von Sportanlagen.

Wo kann man sich erkundigen?
Kantonales Sportamt
Munzachstrasse 25 c
4410 Liestal
Telefon 925 50 72

Sport für alle: Spass beim Wettkampf...

Supertalent: Christine Hofmeier

BEGEGNEN UND SPIELEN

...Freude an der eigenen Fitness

Kunstflug-Weltmeister Eric Müller aus Füllinsdorf

Weltmeisterliche Bob-Crew mit Bruno Gerber aus Rothenfluh

Schützin Gaby Bühlmann aus Arlesheim: Olympia-Achte 1988

Fitness für alle

«Run for your life!» sagen die Amerikaner. Zu Recht: Wer regelmässig und mit Verstand läuft oder joggt, lebt zwar nicht unbedingt länger, aber mit Bestimmtheit besser. Passionierte Läuferinnen und Läufer sind leistungs- und widerstandsfähiger, ausgeglichener und haben mehr vom Leben. Herz, Kreislauf und Lunge werden in idealer Weise gefordert und gleichzeitig gefördert: Das Herz wird grösser und leistungsfähiger und arbeitet ökonomischer, die Muskulatur wird besser durchblutet und die Kapazität zur Sauerstoffaufnahme gesteigert.

Neben Kondition, Leistungsfähigkeit und Jugendlichkeit vermittelt der Laufsport aber auch Entspannung, Lebenslust und Zufriedenheit und schafft so einen Ausgleich zum Stress des Berufsalltags. Jeder Lauf ist ein Erlebnis, denn kein Tag ist wie der andere. Licht und Temperaturen wechseln. Die Farben und Gerüche von Laub, Gras und Blumen ändern sich im Laufe der Jahreszeiten, und manchmal begegnen die vom gutartigen Laufvirus Befallenen sogar Tieren aus Wald und Feld.

Eine ideale Möglichkeit, in den Laufsport einzusteigen, bieten die sogenannten Finnen- oder Weichlaufbahnen. Bei diesen Bahnen bilden eine Sickerschicht aus Kies und eine dicke Schicht aus Sägemehl oder Eichenrinde eine weiche, federnde Unterlage, die Muskeln, Bänder, Sehnen und Gelenke schont. Die Laufstrecke fügt sich in der Regel nahtlos in das bestehende Gelände ein und weist leichte Steigungen und Kurven auf; deshalb entsteht der Eindruck eines «Naturstadions».

Ganz nebenbei bietet eine solche Bahn ein äusserst angenehmes und belohnendes Laufgefühl, wie es auch die Moos- und Moorböden der Wälder Nordeuropas vermitteln, daher die Bezeichnung «Finnenbahn». In unserer Region gibt es bereits eine stattliche Anzahl von Finnenbahnen, die zum grössten Teil vom Kantonalen Sportamt mit Geldern aus dem Sport-Toto-Fonds finanziert wurden.

Das Kantonale Sportamt fördert aber nicht nur den Bau von Finnenbahnen, sondern achtet auch darauf, dass diese Anlagen richtig benutzt werden. In Zusammenarbeit mit dem Baselbieter Spitzenläufer und zehnfachen Schweizer-Meister über 3000 m Steeple, Roland Hertner, wurde eine ausführliche Trainings-Anleitung konzipiert, mit der sämtliche Finnenbahnen ausgerüstet werden sollen. Für jeden sportlichen Zustand, von «untrainiert» bis «olympiaverdächtig» finden sich auf diesen Informationstafeln Angaben, mit welchem Programm auf vernünftige Weise eine Leistungssteigerung erzielt werden kann.

Jede Info-Tafel enthält zudem spezifische Angaben, die nur für die betreffende Finnenbahn gelten. Aber egal, um welche Bahn es sich handelt: Der Körper sollte immer auf das Training vorbereitet werden, zum Beispiel mit Stretching-Übungen. Am Ende des Lauftrainings wiederum sollte dem Körper eine Verschnaufpause gegönnt werden.

Bleibt Ihnen also nur noch, die neuen Info-Tafeln genau zu studieren, und schon kann's losgehen. Run for your life!

<u>Wo gibt es Finnenbahnen?</u>
Finnenbahnen befinden sich in Aesch, Allschwil, Binningen, Birsfelden, Bottmingen, Bubendorf, Lausen, Liestal, Muttenz, Oberdorf, Ormalingen, Pratteln, Reinach, Ziefen und Zunzgen. Im Bau oder geplant sind Weichlauf-Bahnen in Bennwil, Gelterkinden und Therwil.

Die Finnenbahn in Lausen wurde harmonisch in das Gelände eingefügt

BEGEGNEN UND SPIELEN

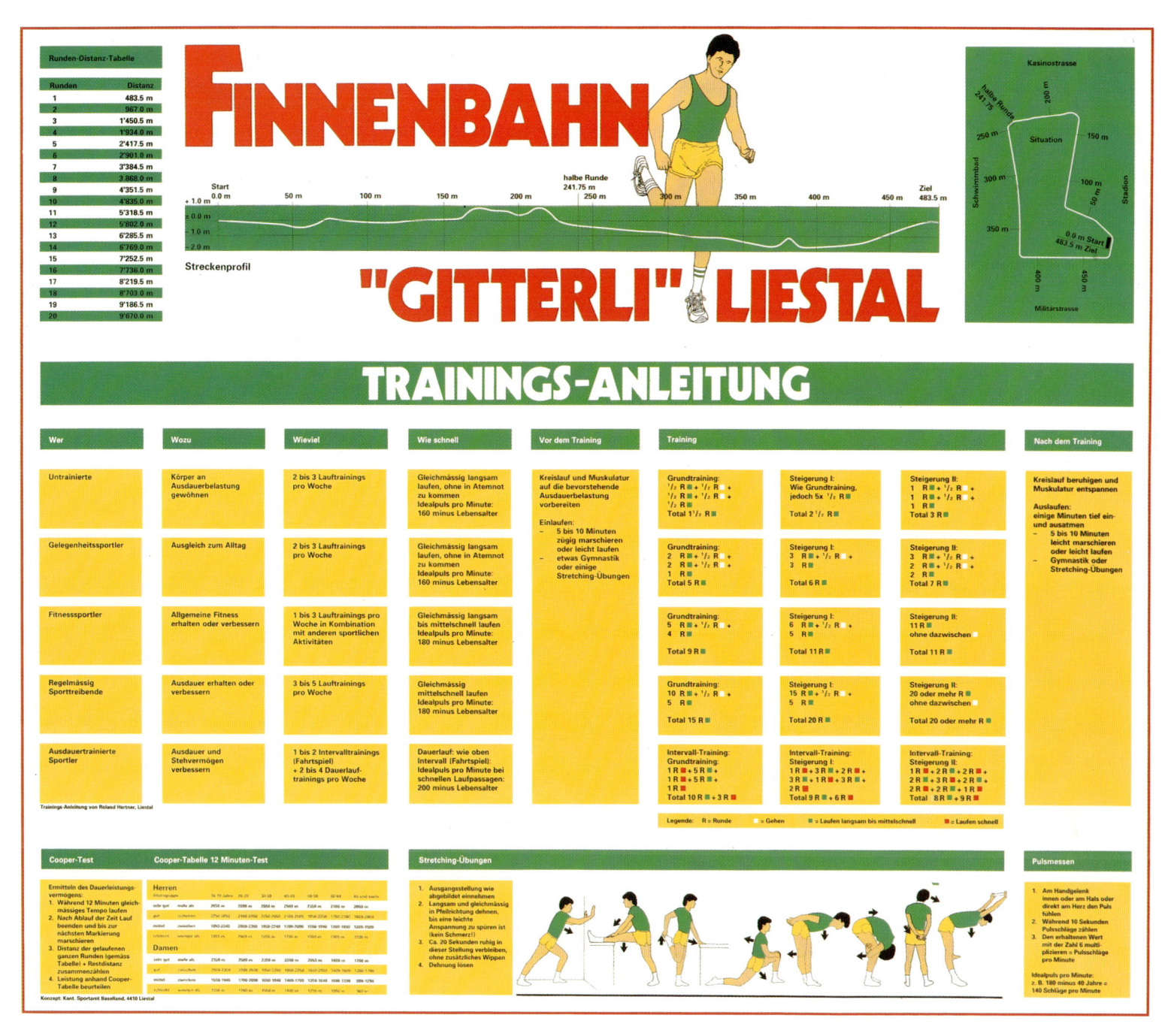

Richtig joggen will gelernt sein: Info-Tafeln bei den Finnenbahnen geben Tips für jeden Läufer, vom Anfänger bis zum Olympioniken

Eierleset, Maibäume, Banntag, Uffertwegge

Baselbieter Bräuche
im Frühling und Sommer

Der Frühling ist im Baselbiet reich an festlichen Anlässen und Bräuchen. In der Osterzeit, zumeist am ersten Sonntag nach Ostern, findet in zahlreichen Ortschaften ein *Eierleset* statt. Bei diesem volkstümlichen Bewegungsspiel geht es in der Regel darum, dass zwei Parteien – wie bei einer Stafette – nebeneinander eine bestimmte Anzahl Eier, die in langen Reihen auf dem Boden liegen, einzeln auflesen und in bereitstehende Spreuerwannen legen oder werfen.

Manchmal haben die Mannschaften, die sich aus Turn- und Sportvereinen rekrutieren, auf dem Parcours die verschiedensten Hindernisse zu überwinden oder allerlei kuriose Fortbewegungsmittel zu benützen – sehr zum Gaudi der Zuschauer. Sind alle Eier gelesen, treffen sich Sieger und Verlierer sowie alle Zuschauer zu einem grossen *Eiertätsch* im Dorfsaal oder in den Wirtschaften.

In den letzten Jahren zugenommen hat der Brauch, auf den 1. Mai die Dorfbrunnen mit *Maibäumen* zu schmücken. Zuweilen – so beispielsweise in Oltingen – sieht man an den Brunnstöcken Tännchen, die noch mit Seidenbändern und ausgeblasenen Eiern behängt sind. Den Schmuck besorgen Frauen, etwa Mitglieder der Damenriege oder des Frauenvereins. In Allschwil beschloss 1982 die Bürgergemeinde anlässlich des 150-Jahr-Jubiläums des Kantons die Errichtung von fünf Maibäumen, was alljährlich wiederholt wird.

Auf dem Programm der Trachtengruppen unseres Kantons steht seit einiger Zeit das *Mai-Singen* um den mit Bändern geschmückten Maibaum. Dabei erklingen Frühlingslieder aus Freude über das Wiedererwachen der Natur, und die Trachtenleute tanzen zu Volksweisen. Der Anlass erreicht seinen Höhepunkt im *Bändertanz*, einem Rundtanz um den Maibaum, bei dem unterhalb der Krone ein Geflecht aus verschiedenfarbigen Seidenbändern entsteht, das dann tanzend wieder entflochten wird. Beispiel und Anre-

«Hopp, hopp, hopp!» – Eierleset macht allen Spass

Ein mit einem Maibaum geschmückter Dorfbrunnen

Das fröhliche Mai-Singen zieht viel Publikum an

FESTEN UND FEIERN

gung zum Bändertanz gab 1948 eine Sing- und Tanzwoche der Schweizerischen Trachtenvereinigung im Luzernbiet. Heute wird dieser Tanz als einheimische Tradition empfunden.

Keine Frage nach der Herkunft stellt sich beim *Banntag* oder Bannumgang. Das Umschreiten der Gemeindegrenzen gilt als *das* Volksfest im Kanton Basel-Landschaft, das bereits 1469 in einer Basler Quelle als «loblich gewonheit und von alter her gebrucht ... – zue stetten und in dorfern» bezeugt ist. Bis zur Reformation (1529) hatten die Umgänge eine doppelte Aufgabe: eine religiöse, die Flurprozession, und eine weltlich-rechtliche, die Kontrolle der Gemeindegrenzen. Nach der Kirchenerneuerung verblieb letzteres in der reformierten Landschaft Basel als Gemeinwerk, während im katholisch gebliebenen Birseck der Umgang rein geistlichen Charakter annahm.

Mit der Festlegung der Grenzen in Grundbüchern und auf Katasterplänen verloren ab Mitte des letzten Jahrhunderts im Baselbiet die profanen Umgänge ihre praktische Bedeutung und verschwanden in der Folge vielerorts oder degenerierten zu eigentlichen Saufgelagen der männlichen Bürgerschaft. So wird auch der in Liestal etwa zu vernehmende Satz verständlich, dass am Banntag lediglich drei Männer, nämlich die drei gemalten Eidgenossen am Obertor, noch gerade stehen könnten.

Liestal ist übrigens neben Sissach der einzige Ort im Kanton, wo der Banntag ein reines Männerfest ist und deshalb dort auch «*Vatertag*» gennannt wird. Während an den meisten Orten der Bannumgang an Auffahrt durchgeführt wird, gehen die Liestaler seit dem 18. Jahrhundert schon am Montag zuvor *ums Baan*. In vier Rotten ziehen die Liestaler, jeder mit einem *Maien* am Hut, unter dem Gebimmel des Törliglöckleins, unter Trommel- und Pfeifenklängen und unter gewaltigem Schiesslärm aus Vorderladerflinten in den Frühlingswald hinaus. Bei einem ausgedehnten *Znünihalt* wird feierlichen Ansprachen gelauscht, und bei Wurst und Wein werden alte Freundschaften bekräftigt und neue Bekanntschaften gemacht. Verwischt scheinen alle sozialen Gegensätze, und Bürger und Einwohner kommen sich näher.

In mancher der Baselbieter Gemeinden, die seit dem Zweiten Weltkrieg einen atemberaubenden Bevölkerungszuwachs durch Zuwanderung erfahren haben, erkannte man die verbindende Funktion des Bannumganges. Als Möglichkeit, das Gemeinschaftsgefühl zu fördern, wurde die Idee aufgegriffen und als Gemeinde- und Familienfest eingeführt.

Eine Erinnerung an die Zeit, als auch der Liestaler Banntag und eine damit verbundene Musterung noch an Auffahrt abgehalten wurde, ist das Austeilen des *Uffertweggen*. Das heute im Rathaus vorwiegend den Kindern gereichte Brot diente einst als Wegzehrung für die mitmarschierenden Knaben.

Seit 1811 ist allerdings eine andere Herrlichkeit vorbei: bis zu diesem Jahr wurde jeweils am Auffahrtsmorgen jedem Bürger «*ein Mass Wein und ein pfündiges Laiblein Brot*» gereicht!

Eine dem Typ nach auch anderswo bekannte Figur kennt Ettingen mit dem *Pfingstblüttler*, der, in Laubzweige gehüllt, an Pfingsten durchs Dorf rauscht und aus allen Brunnentrögen mit Ruten Wasser verspritzt.

Banntag in Liestal: viel Krach, viel Pulverdampf aus Vorderlader-Gewehren

Im Liestaler Rathaus wird Kindern der Uffertwegge verteilt

Öpfelhauet, Santichlaus und Fasnacht

Öpfelhauet kennt man heute nur noch im Baselbiet

Baselbieter
Herbst- und Winterbräuche

Wenn am *Vreenesunntig*, also am ersten Septembersonntag, die Betzeitglocken erstmals wieder um 19 Uhr zu läuten beginnen, dann wissen alle, dass jetzt der Herbst ins Land zieht. Obwohl die Tage nun spürbar kühler und die Nächte länger werden, mangelt es nicht an Auflockerungen durch festliche Anlässe, welche die Zeit bis zum erneuten Einzug des Frühlings verkürzen.

Unter solchen Akzenten im Herbst- und Winterbrauchtum erwähnenswert ist zunächst der *Öpfelhauet*, ein originelles Reiterspiel, das an Septembersonntagen an verschiedenen Orten durchgeführt wird. Der Ursprung des heute von Reitervereinen veranstalteten Spieles ist militärischer Art und wohl aus Preussen zu uns gelangt. Der Apfelhauet ist heute nur noch in Baselland bekannt.

Um Martini (11. November) finden im Baselbiet nicht nur die letzten Warenmärkte statt, sondern es ist auch die Zeit der Kinderumzüge mit *Räbeliechtli*. Diese Rübenlichter sind bei uns an sich nichts Neues. Man höhlte einen *Durlips* (Runkelrübe) aus, schnitt eine Fratze hinein und stellte das von einem Kerzlein beleuchtete Werk auf einen Fenstersims oder auf einen Gartenhagpfosten. Etwa seit 1960 beginnt sich nun aber in immer mehr Gemeinden unseres Kantons der aus der Ostschweiz bekannte Brauch des Umherziehens mit Rübenlichtern einzubürgern.

So gesittet es bei diesen Lichtumzügen hergeht, so lärmig verläuft das *Santichlaus-Ylütte* in Liestal. Beim Eindunkeln bewegt sich dort am 6. Dezember ein langer Zug von Knaben und Mädchen, jedes Kind mit einer Glocke oder Schelle, ohrenbetäubend läutend durch die Gassen des Städtchens. Zwar wird seit Menschengedenken dieser Lärmbrauch durchgeführt, doch die Verknüpfung mit dem Erscheinen des Santichlaus ist neueren Datums.

Als heiliger Kinderfreund, der in die Häuser kommt, um zu mahnen und zu beschenken, war vor etwa hundert Jahren der *Santichlaus* noch nicht bekannt. An seiner Stelle erschien – allerdings erst am Heiligen Abend – der richtig wilde *Nüünichlingler*, eine alte Schreckgestalt. Unter dem *Nüünichlingle* verstand man im Baselbiet zudem auch einen eigentlichen Lärmbrauch am 24. Dezember. Erhalten hat er sich bis heute in Ziefen und Arboldswil. Die Tätigkeit beschränkt sich heute auf das monotone Schellen mit grossen Glocken, die auf dem Gang durchs Dorf im Takt gerührt werden. Die Burschen – nach korrekter Tradition nur unverheiratete junge Männer – tragen schwarze Mäntel und Zylinder von teilweise gigantischer Höhe. Dem Zug voran schreitet eine bärtige Figur mit einem Russlappen an einer langen Stange. Damit bestrich sie früher all-

FESTEN UND FEIERN

zu vorwitzige Gesichter an den Fenstern der Bauernhäuser.

Der besinnlichen Weihnachtszeit angepasster geht es dort zu, wo in diesen Tagen Weihnachtssingen (zum Beispiel Augst, Langenbruck, Pratteln) stattfinden oder wie in Arlesheim Sternsinger herumziehen.

Bloss im Familien- und Freundeskreis wird der Schritt ins neue Jahr gefeiert. Noch immer wird vielerorts derjenige, der am Silvestermorgen zuletzt aus dem Bett steigt, als *Silvesterjoggeli* oder *Silvestermutti* geneckt.

Mit dem bald einmal nach Dreikönig beginnenden Verkauf der Plaketten kündet sich die herannahende Fasnachtszeit an. Der alte Spruch «*An der Fasnacht mues küechlet sy, und wenn der Waibel uf em Pfanneschtil hockt*» gilt noch immer in vielen Baselbieter Häusern.

Bis auf wenige Spuren verschwunden ist indes die *alte Bauernfasnacht*. Nach dem Vorbild der kunstvollen Basler Fasnacht finden heute in zahlreichen grösseren Ortschaften des ganzen Kantons recht imposante Maskenumzüge statt: in den ehemals rein katholischen Gemeinden des heutigen Bezirks Arlesheim an der «Herrenfasnacht» (Sonntag vor Aschermittwoch), in den reformierten Ortschaften des mittleren und oberen Baselbiets erst am Sonntag danach, an der «alten Fasnacht».

Nach dem Eindunkeln lodern gleichentags im ganzen Kanton die Fasnachtsfeuer auf. Mancherorts werden auch Fackel- und Lampionumzüge durchgeführt. Weiterum berühmt ist der *Chienbäsen-Umzug* in Liestal, bei dem seit einigen Jahrzehnten auch eiserne Feuerwagen mitgeführt werden, welche die Fassaden des basellandschaftlichen Hauptstädtchens in ein infernalisches Licht tauchen.

Einen anderen Feuerbrauch kennt man im Birseck und im Leimental: das *Schybli schloo* (in Biel-Benken: *Reedli schigge*). Von einer Anhöhe werden feurige Holzscheiben über eine Bank ins Tal geschleudert, begleitet von einem Segensspruch: «*Schybli, Schybli dr Rai ab…*». Diesem Scheibenschlagen schliesst sich in Biel-Benken noch ein Kienfackeln-Schwingen an. Eine Erinnerung an die *Heische-Umzüge*, die man zur Fasnachtszeit einst wohl überall kannte, ist der am Fasnachtsmontag in Pratteln auftauchende *Butz*, eine seltsame Maskengestalt, die bei den Dorfbewohnern Wein, Esswaren und Geld heischt. Nach jahrelangem Unterbruch erschien in Sissach 1985 erstmals wieder das *Hutzgür*, ein «vermummter Schönbart» (so eine alte Quelle), der sich ehemals an der Fasnacht und an Mittefasten in der ganzen Region Basel bemerkbar gemacht hatte.

Eine Sissacher Spezialität ist seit den 30er Jahren nunmehr auch das Verbrennen des *Chluri*, einer grossen Puppe. Es zeigt das Ende der Fasnacht an.

Feuerzauber beim Chienbäsen-Umzug *in Liestal*

Nüünichlingle – *in Ziefen und Arboldswil noch Brauch*

Chluri-Verbrennen *in Sissach zum Ende der Fasnacht*

Saure Wochen – frohe Feste

Diese Goethe-Wort lässt sich auch auf die Baselbieter anwenden, die als Abwechslung zum nüchternen Alltag die Festlichkeiten lieben. Manche Bräuche sind zum Teil alt und für das Baselbiet typisch, erstaunlich viele haben erst vor wenigen Jahren – zum Teil neu, zum Teil wieder – in der Region Fuss gefasst.

Baselbieter Brauchtumskalender

Was?	Wo?	Wann?
Sternsinge	Arlesheim	in den Tagen vor Dreikönig
Fasnacht Herrenfasnacht: Umzüge, Maskenbälle, Maskentreiben	Aesch, Allschwil, Ettingen, Oberwil, Reinach, Therwil (Birseck)	in den Tagen der Herrenfasnacht (vor allem Sonntag vor Aschermittwoch)
Alti Fasnacht: Umzüge, Maskenbälle, Maskentreiben	Frenkendorf, Gelterkinden, Liestal, Oberdorf Pratteln, Sissach und in anderen Dörfern des mittleren und oberen Baselbiets	in den Tagen der Alten Fasnacht (vor allem Sonntag nach Aschermittwoch)
Fasnachtsfeuer und Fackelumzüge:	vielerorts im ganzen Kanton	Sonntagabend nach Aschermittwoch
Chienbäsen-Umzug	Liestal	dito
Chienfackele-Schwinge	Biel-Benken	dito
Schyybli-Schloo	in den Gemeinden des Birsecks und Leimentals	dito
Butz (Heische-Umzug)	Pratteln	Fasnachtsmontag
Chluri-Verbrennen	Sissach	Fasnachtsdonnerstag

Fasnacht im Baselbiet: Immer mehr Aktive und Zuschauer

FESTEN UND FEIERN

Was?	Wo?	Wann?
Eierleset	vielerorts	Sonntag nach Ostern
Aufstellen der Maibäume, Schmücken der Dorfbrunnen	vielerorts	Vorabend und Nacht auf 1. Mai (Schmuck verbleibt den ganzen Monat)
Maitanz, Maisinge	vor allem in Dörfern mit Trachtengruppen	Mai-Sonntage
Banntag (Bannumgang)	sehr verbreitet	in der Regel an Auffahrt; wichtige Ausnahmen: Sissach (Samstag vor Auffahrt), Liestal (Montag vor Auffahrt)
Uffertwegge	Liestal	Auffahrt
Pfingstblüttler	Ettingen	Pfingstsonntag
Öpfelhauet	vereinzelt	September-Sonntage
Räbeliechtli-Umzug	vielerorts	Oktober/November
Santichlaus-Ylütte	Liestal	6. Dezember
Nüünichlingler	Arboldswil, Ziefen	24. Dezember
Wiehnechtssinge	vereinzelt	25. oder 26. Dezember

Ausserdem zahlreiche Jahrmärkte, Volkstheateraufführungen, 1. August-Feiern, Jodlerchilben, Waldfeste und andere volkstümliche Anlässe. Für genaue Angaben über Ort und Zeit informieren Tageszeitungen, Gemeindeanzeiger und öffentliche Anschläge.

Baselbieter Volksleben. Sitte und Brauch im Kulturwandel der Gegenwart, Eduard Strübin, 2. Auflage Basel 1967.

Räbeliechtli-Umzug mit selbstgeschnitzten Laternen aus Runkelrüben

Glaubensfreiheit von Anfang an

Das Baselbiet ist noch so jung, dass es erst wenige Epochen schweizerischer Konfessionsgeschichte durchlaufen konnte. Aufregende Episoden in den vergangenen 150 Jahren waren einzig die Freischarenzüge im Sonderbundskrieg sowie der sogenannte Kulturkampf in der zweiten Hälfte des letzten Jahrhunderts.

Als sich die Landschäftler gegen die Stadt erhoben und nicht mehr Untertanen sein wollten, ging dies nicht, ohne auch die *Position der Dorfpfarrer* in Frage zu stellen. Die reformierten Pfarrer waren fast alle Stadtbürger. Ihre Wahl erfolgte durch den Basler Kirchenrat und die Regierung. Die Pfarrer waren Repräsentanten der Regierung in den Landgemeinden. Sie hatten darauf zu sehen, «dass die Obrigkeit geehrt und ihre Gesetze und Verordnungen befolgt werden». Religion und Untertanenmoral waren geschickt verknüpft.

Das bewährte sich. In den Trennungswirren hielten die Pfarrer treu zur Obrigkeit. Als die Landschaftliche Regierung 1832 von ihnen den Treueeid auf die neue Verfassung verlangte, waren nur zwei von ihnen dazu bereit. Die Verweigerer wurden ihres Postens enthoben und mussten den Kanton verlassen.

Sofort suchte die Regierung neue Pfarrer, und dies mit grossem Erfolg: Aus allen Teilen der Schweiz und aus Deutschland kamen sie. Es waren oft schwärmerische Liberale, die *politischer Tatendurst* in den jungen Kanton lockte. Wenige dieser Revolutionsgeistlichen blieben längere Zeit hier.

In den Jahren 1844 bis 1847 marschierten Baselbieter Truppen zweimal begeistert gegen Luzern, um den «jesuitisch-aristokratischen Sonderbund» zu zerschlagen und die Jesuiten zu vertreiben. Dahinter steckten aber weniger religiöse, als vielmehr politische Motive. Man wollte einen liberalen Bundesstaat und nirgends mehr eine kirchliche und aristokratische Obrigkeit, von der sich Baselland eben erst selbst befreit hatte.

Die Katholiken im eigenen Kanton diskriminierten die mehrheitlich reformierten Baselbieter nicht. Schon die erste Verfassung von 1832 garantierte die *Glaubensfreiheit.* Das ursprünglich rein katholische Birseck war erst durch den Wiener Kongress von 1814 zu Basel und damit zur Eidgenossenschaft gekommen. Zuvor war diese Gegend Untertanenland des Bischofs von Basel, der als deutscher Reichsfürst in Pruntrut residierte.

Das katholische Gebiet war im alten Kanton Basel ein Fremdkörper. Gerne schlossen sich die Birsecker deshalb mit den Landschäftlern zusammen, als es galt, die Obrigkeit abzuschütteln und einen eigenen, freien Staat zu gründen. So setzte sich der neue Kanton aus zwei in sich geschlossenen Konfessionsgruppen zusammen. Staatsreligion war die reformierte Konfession. Den Birseckern war vom Wiener Kongress religiöse Autonomie zugesichert worden. Diese Zugeständnisse anerkannte auch der neue Kanton.

In den ersten Jahrzehnten des Kantons gab es in den katholischen Gemeinden da und dort Unruhen wegen des Pfarrwahlrechtes. Wie die reformierten Gemeinden wollten auch sie ihre *Pfarrer selber wählen.* Dem aber stand das Ernennungsrecht des Bischofs entgegen. Verschiedene Abkommen zwischen Kanton und Bischof brachten keine positiven Ergebnisse für die Gemeinden. Im Jahr 1872 erliess dann der Kanton gegen den Willen des Bischofs ein Gesetz, das die auf fünf Jahre befristete Wahl der Pfarrer durch die Gemeinden einführte.

Barocke Pracht: Dom zu Arlesheim

GLAUBEN UND DENKEN

Schlichter Ort der Einkehr: Reformierte Kirche Oltingen

Damals herrschte auch im Kanton leichte Kulturkampfstimmung. Allerdings weniger zwischen den Konfessionen, als *innerhalb der katholischen Bevölkerung* selbst, die sich in Romtreue und Freisinnige schied. Das Unfehlbarkeitsdogma, vom Papst auf dem Vatikanischen Konzil 1870 verkündet, rief eine Welle des Unmuts hervor.

In Deutschland und in der Schweiz formierte sich eine altkatholische Bewegung, die auch auf das Birseck übergriff. Allschwil, eine Gemeinde, die schon unter fürstbischöflichem Regime als sehr eigenwillig aufgefallen war, wurde das Zentrum des Widerstandes. 1871 gründeten Aktivisten den altkatholischen Verein, und die Gemeindeversammlung beschloss, die vatikanischen Dekrete nicht zu akzeptieren. Am 25. April 1875 entschied die Gemeindeversammlung dann, die christkatholische Kirchenverfassung anzunehmen. Zwei Jahre später schickten sie den Pfarrer, der romtreu geblieben war, weg.

Abgesehen von solchen lokalen Spannungen herrschte Frieden, und die Kirchen konnten sich frei entfalten. Erst gegen Mitte unseres Jahrhunderts entstand das Bedürfnis nach einem *Kirchengesetz*. In der Volksabstimmung vom 27. Juni 1950 wurde das erste Kirchengesetz angenommen, in dem die reformierte, die römisch-katholische und die christkatholische Kirche zu Landeskirchen erklärt wurden. Damit erlangten die drei Kirchen äussere Freiheit vom Staat, ohne seine finanzielle Unterstützung zu verlieren: Gemeinden und Kanton leisten Beiträge und unterstützen die Kirchen bei der Erhebung der Kirchensteuern. Eine *Kirchengesetz-Revision*, die zur Zeit in Beratung ist, wird voraussichtlich grundlegende Änderungen bezüglich der Evangelisch-reformierten Landeskirche und ihrer Kirchgemeinden bringen (obligatorische Kirchensteuer-Erhebung in allen Kirchgemeinden und anderes mehr).

Wenig später gaben sich die einzelnen Kirchen Verfassungen, die den neuen Umständen entsprachen. In der gleichen Zeit begannen sich auch die alten, geschlossenen Konfessionsgebiete fast explosionsartig aufzulösen und zu vermischen. Innerhalb von dreissig Jahren haben sich durch Binnenwanderung im Kanton und durch enorme Zuwanderung aus allen Teilen der Schweiz die beiden grossen Konfessionen zahlenmässig stark angeglichen. Seit Anfang der 70er Jahre stieg die Zahl der Austritte aus den verschiedenen Glaubensgemeinschaften im Baselbiet stark an, doch blieben die Mitgliederzahlen der Landeskirchen im Gegensatz zu anderen Kantonen dank Bevölkerungswachstum konstant.

Gotteshäuser: Ausdruck des Glaubens

Öffentliche Gebäude bringen Glauben und Lebensgefühl einer Epoche zum Ausdruck. Dies gilt ganz besonders für die Kirchen – auch im Baselbiet.

Die kirchliche Architektur und Kunst des Mittelalters ist im Baselbiet an vielen Orten erhalten geblieben. Die folgende Auswahl von Kirchbauten spiegelt den Wandel der Zeit. Die Entwicklung der äusseren Formen illustriert dabei auch den Wandel, den der christliche Glaube durchmachte.

Von der Mitte des 12. bis ins 16. Jahrhundert war das Kloster ein religiöses Zentrum. Es war eine Zeit, in der tiefer Glaube und christliche Nächstenliebe neben finsterstem Aberglauben und Hexenjagden blühten, eine Zeit, in der geistliche und weltliche Macht um die Vorherrschaft rangen.

Gestiftet wurde das Kloster Schöntal um etwa 1145 von den Grafen von Frohburg. Misswirtschaft und Verwilderung führten zu Beginn des 16. Jahrhunderts zum Untergang des Klosters. In der Reformationszeit, zwischen 1524 und 1528, löste sich die Klostergemeinschaft auf. 1525 wurde das Kloster von Bauern am Tag der Kirchweihe gestürmt und geplündert, 1529 durch die Basler Reformation *de jure* aufgehoben.

südlichen Seitenschiffs. 1506/07 entstand der neue polygonale Chor in gotischem Stil mit Rippengewölbe und Masswerkfenstern, den sich die Liestaler soviel kosten liessen, dass sie deswegen fast verarmten. 1619/20 wurde der heutige Turm gebaut. Im Jahre 1652 erhöhte man das Langschiff und hob das nördliche Seitenschiff auf, wodurch ein saalartiges Schiff entstand.

Besonders die Gesamtanlage, in der sich die Kirche befindet, ist sehenswert. Als Wahrzeichen des Liestaler *Stedtli* weithin sichtbar ist der Turm mit seinem Spitzhelm, der von einem früheren Turm stammt.

Kloster Schöntal bei Langenbruck
Nordöstlich des Jurapassdorfes Langenbruck liegt das ehemalige Kloster Schöntal. Es ist eines der ältesten romanischen Baudenkmäler der Schweiz. Die Gebäude des Klosters werden seit der Reformationszeit als Bauernhof genutzt, die Klosterkirche als Schuppen.

Die Stadtkirche Liestal
Umgeben von einem Häuserring und errichtet auf römischen Grundmauern und Vorgängerbauten des 9. bis 13. Jahrhunderts, entstand die Stadtkirche um die Mitte des 13. Jahrhunderts als dreischiffige Basilika. Nach dem Erdbeben von 1356 und dem Stadtbrand von 1381 erfolgten die Verkürzung des Schiffs und die Aufhebung des

Der Dom von Arlesheim
1528 schloss sich das Dorf Arlesheim der Reformation an. Aber schon im Jahr 1582 gelang es Bischof von Blarer, Arlesheim zu rekatholisieren.

Bis im Jahr 1679, 150 Jahre nach der Reformation, das Domkapitel des Bischofs von Basel nach Arlesheim kam, war dieser Ort ein einfaches Rebbauerndorf. Eine neue

GLAUBEN UND DENKEN

Residenz mit Domkirche, Domplatz und Domherrenhäusern wurde gebaut. Die Zeit, in der die gesamte Anlage der Residenz entstand, war die Zeit des Barock und des Absolutismus. 1759 bis 1761 wurde die Domkirche im Rokokostil umgestaltet. Zum angestrebten Gesamtkunstwerk gehörte auch der akustische Sinnengenuss, zu dem die Orgel von Silbermann aus Strassburg verhalf, die heute noch Anziehungspunkt für Musikfreunde aus aller Welt ist.

In der Zeit der Französischen Revolution musste der Bischof seine weltliche Macht abgeben und das Domkapitel auflösen. Der Dom wurde von den französischen Truppen zeitweise als Pferdestall benutzt, geplündert, verwüstet und schliesslich vergantet. 1815 kaufte die Gemeinde Arlesheim den Dom und machte ihn zur Pfarrkirche.

und Fabriken gebaut. Neue Kirchen brauchte es kaum. Einzig ein paar Diasporagemeinden in ursprünglich fremden Konfessionsgebieten errichteten Gotteshäuser.

Der Kulturkampf bewirkte das Gegenteil seiner Absicht, nämlich eine jahrzehntelange Regression statt eine Modernisierung. Das drückte sich auch im Sakralbaustil aus, der sich in dieser Zeit vorwiegend auf Nachahmungen früherer Baustile beschränkte. In dieser Zeit entstanden im Baselbiet verschiedene neugotische und neuromanische Kirchen.

Erhalten ist zum Beispiel die reformierte Kirche Kilchberg (1868), die Methodistenkirche Liestal (1863), die katholische Kirche Binningen (1896) und die katholische Kirche Sissach von 1899 (Bild).

Alte biblische Motive belebten die Theologie neu und inspirierten den Kirchenbau. Die Kirche als feste Burg wurde abgelöst von Vorstellungen der Kirche als Zelt des wandernden Gottesvolks oder als Schifflein Petri. Das gab Anreiz für neue Gebäudeformen. Zudem erlaubte die moderne Bautechnik symbolträchtiges Spiel mit Material, Raum und Licht. Nüchtern, aber elegant, kostbar und imponierend wurde gebaut. Auch städtebaulich sollten die neuen Kirchen Akzente setzen.

Das Beispiel der katholischen Kirche Birsfelden (1959) steht für viele andere.

Die katholische Kirche Sissach
In den ersten hundert Jahren des neuen Kantons Basel-Landschaft wurden Bahnhöfe

Die Bruderklausenkirche Birsfelden
Der Aufschwung nach dem Zweiten Weltkrieg schuf auch neue Kirchenbauten. Vor allem die Katholiken, deren Mitgliederzahl von 1950 bis 1970 von 26'000 auf 80'000 stieg, benötigten dringend neue Gotteshäuser.

Das Kirchgemeindezentrum Pratteln
Eine pavillonartige Überbauung, diskret integriert in ein gemischtes, gartenstadtähnliches Quartier, erbaut 1969, ist das Kirchgemeindezentrum Pratteln. Auch dieser Bau ist Ausdruck des Daseinsgefühls einer Kirchgemeinde. Die Kirche ist nicht mehr die erhabene alleinige Leitgestalt, sondern Begleiterin im Alltag. Das neue Verständnis der vielfältigen Aufgaben einer Kirchgemeinde gab an vielen Orten den Impuls zum Bau von Kirchgemeindehäusern.

Die Kunstdenkmäler des Kantons Basel-Landschaft, Hans-Rudolf Heyer. Band I: Der Bezirk Arlesheim, Basel 1969; Band II: Stadt und Bezirk Liestal, Basel 1974; Band III: Der Bezirk Sissach, Basel 1986.

Jeder soll nach seiner Fasson selig werden

Die Statistiken des Kantons zeigen für die Jahre 1950, 1970 und 1988 folgende weltanschauliche Gliederung der Bevölkerung:

	1950	1970	1988
Evangelisch-Reformierte	78'786	118'192	117'483
Römisch-Katholiken	26'741	80'117	79'744
Christkatholiken	1'115	1'156	1'084
Andere Konfessionen (andere Christen, Juden, andere Nichtchristen)	907	3'332	13'504
Konfessionslose			20'892
Total Einwohner	107'549	204'889	232'707

Der Vergleich dieser drei Stichjahre zeigt einen doppelten Umbruch. Zwischen 1950 und 1970 hat sich die Einwohnerzahl im Kanton durch Zuwanderung von 100'000 auf über 200'000 Menschen gut verdoppelt. Binnenwanderung und Bevölkerungszunahme haben die hundert Jahre lang stabil gebliebene konfessionelle Struktur völlig verändert. Reformierte und Katholiken wurden zu gleich grossen Bevölkerungsgruppen. In den 70er Jahren kam es zu einem weiteren grossen Umbruch: Konnte die Statistik 1950 nur 0,8% Nichtmitglieder der beiden Kirchen angeben, waren es 1988 schon rund 15%, davon 59% Konfessionslose. Wenn sich auch die Rolle der traditionellen Kirchen gewandelt hat, sind die beiden grossen Landeskirchen doch nach wie vor die dominierenden weltanschaulichen Gruppierungen im Baselbiet. Neun von zehn Baselbietern zählen sich zu einer der beiden Konfessionen. Doch anders als in früheren Zeiten ist die individuelle Freiheit auch in Glaubensfragen heute allgemein akzeptiert. Der Ausspruch Friedrich des Grossen: «Jeder soll nach seiner Fasson selig werden», ist heute weitgehend verwirklicht.

Der grobe Raster der Statistik kennt nur drei Konfessionen und einen wenig differenzierten Rest von etwa 15%. Während die Katholiken eine homogene Gruppe sind, sieht es bei den Reformierten etwas anders aus. Unter ihren Mitgliedern befinden sich solche, die auch einer der zahlreichen Freikirchen angehören. Die Freikirchen bilden eine kleine Gruppe von wenigen tausend Leuten. Sie entfalten aber oft eine rege Aktivität. In Erscheinung treten etwa die Heilsarmee mit Zentren in Birsfelden, Liestal und Sissach, die traditionsreiche Mennonitengemeinde mit ihrem Zentrum auf dem Bienenberg bei Liestal, die Chrischonagemeinde, die vom Chrischonahügel ob Bettingen direkt ins Baselbiet schaut und wirkt. Auch die Evangelisch-methodistische Kirche und die Gemeinde für Urchristentum gehören zu den bedeutenderen Gruppen.

Die relativ grosse Verbreitung von Freikirchen hat im Baselbiet eine lange Tradition. Vom 17. Jahrhundert bis zur Kantonsgründung hatte die orthodoxe, starr rechtgläubige Basler Obrigkeit der reinen Lehre wegen ihre liebe Mühe mit den Untertanen auf dem Land. Waren es zuvor die Wiedertäufer, so fand seit dem 17. Jahrhundert der Pietismus grossen Anklang. Als Gegenströmung zur rationalistischen Aufklärung predigte diese Bewegung ein schwärmerisches Herzenschristentum und förderte private Bibelauslegung und Hausandachten. Vater des Baselbieter Pietismus war Hieronymus d'Annone, der von 1739 bis 1746 Pfarrer in Waldenburg und bis 1770 Pfarrer in Muttenz war. Immer wieder ging der Basler Kirchenrat gegen diese Strömungen vor, bis er nach 1820 resigniert aufgab. Damals war besonders die Herrnhuterbewegung sehr stark.

Heute kontrolliert keine Obrigkeit mehr die Rechtgläubigkeit. Das hat zur Folge, dass nicht nur alle möglichen Schattierungen der christlichen Religion, sondern auch nichtchristliche Religionen und nichtreligiöse Denkrichtungen in der Bevölkerung vertreten sind. Das Zentrum mancher Gruppen befindet sich aber nicht im Baselbiet, sondern in der Stadt Basel.

Eigens erwähnt werden sollen die Juden. Zwar machen sie nur einen Bruchteil eines Prozents der Bevölkerung aus, in der Geschichte des Baselbiets haben sie aber stets eine besondere Rolle gespielt. Zur Zeit der Kantonsgründung lebte eine Handvoll Juden als wandernde Kaufleute und Viehhändler in unserem Gebiet. Konkurrenzangst und Neid der Eingesessenen führten dazu, dass im April 1839 angeordnet wurde, kein Jude dürfe bleibenden Aufenthalt im Kantonsgebiet bekommen. Im Jahre 1851 verbot ein Gesetz den Juden grundsätzlich die Niederlassung. Das Veto dagegen, eine Unterschriftensammlung zur Aufhebung des Gesetzes, führte zu heftigen Auseinandersetzungen unter den Bürgern, brachte aber

GLAUBEN UND DENKEN

schliesslich nur oder immerhin 31,9% Unterschriften aller Stimmberechtigten zugunsten der Juden zusammen. Die Diskriminierung wurde erst 1866 durch eine eidgenössische Volksabstimmung aufgehoben, die den Juden die bürgerliche Gleichstellung gab.

Auf der Suche nach Sinn und Halt im Leben gehen die Menschen verschiedene Wege. Aufgabe des weltanschaulich neutralen Staates ist es, Toleranz und Humanität zu fördern.

Evangelisch-reformierte Kirche des Kantons Basel-Landschaft
Rosengasse 1
4410 Liestal   Telefon 921 22 51

Römisch-katholische Landeskirche des Kantons Basel-Landschaft
Rathausstrasse 78
4410 Liestal   Telefon 921 94 61

Hieronymus d'Annone,
Vater des Baselbieter Pietismus

Baselbieter Täuferpaar (Mennoniten) vor dem Oberen Tor in Liestal. Nach einem Stich von Joseph Reinhard (1749–1829)

Der «Aberglaube» der alten Baselbieter

Der Aberglaube ist ein Teil der Volkskultur. Die Wahrnehmung und Deutung naturgesetzlich unerklärbarer Kräfte bestimmten einst jeden Handgriff in Alltag und Festtag, jeden Schritt im Jahres- und Lebenslauf. Beobachtet wurden Naturvorgänge und die Verhaltensweisen von Pflanzen und Tieren.

Wie sehr das Volk auch im Baselbiet an abergläubischen Vorstellungen hing, zeigt deutlich die Reformationsordnung von 1759: Sie verbietet das Segnen, Wahrsagen, Zaubern, Beschwören und bestraft auch, wer Wahrsager, Teufelsbeschwörer, Schatzgräber, Segner und andere Betrüger um Rat bittet.
   Viel von dem, was einst geglaubt wurde, ist heute vergessen und wird belächelt. Dabei wird gerne übersehen, dass in der modernen Industriegesellschaft der Hang zu abergläubischen Ansichten und Praktiken ungebrochen ist.
   Dass bis in die jüngste Zeit hinein abergläubische Vorstellungen lebendig waren, illustrieren die nachfolgenden Beispiele. Sie wurden in der ersten Jahrhunderthälfte im Baselbiet aufgezeichnet.

Beispiele aus dem Baselbieter Aberglauben

Das Kleinkind
– Aus Angst vor bösen Einflüssen trägt man ein ungetauftes Kind nicht gern ins Freie und hängt nicht einmal seine Windeln hinaus.
– Wenn man einem Kind den ersten Brei auf dem Herd anbrennt, dann wird es später ein guter Sänger.
– Ein Kind wächst nicht mehr, wenn es einmal zum Fenster hinaus ins Freie geklettert ist.

Was Segen und Glück bringt
– Am Karfreitag soll man Bäume pfropfen.
– An Auffahrt gesteckte Bohnen klettern besonders gut.
– Bohnen soll man im *Nidsigänt* (absteigender Mond) setzen, weil sie dann mehr tragen.
– Viele Kirschen gibt es im nächsten Jahr, wenn man am Heiligen Abend Kirschenpfeffer isst.
– Ein am Heiligen Abend um die Obstbäume gebundenes Strohband macht diese im kommenden Jahr fruchtbar.
– Wenn man das Herz einer Fledermaus mit einem roten Seidenfaden unter jenen Arm bindet, mit dem man das Los zieht, so zieht man ein gutes Los.
– Wenn man im Frühling den Kuckuck zum ersten Mal hört und Geld in der Tasche hat, so hat man das ganze Jahr hindurch Geld; hat man dann keines, so hat man auch das ganze Jahr keines.
– Eine Kreuzspinne bringt Glück ins Haus; tötet man sie jedoch, so gibt es Unglück.
– Wer am Morgen dreimal hintereinander niesen muss, bekommt noch am gleichen Tag ein Geschenk.

Liebe und Hochzeit
– Wer bei Tisch die Butter anschneidet, bleibt noch sieben Jahre lang ledig.
– So viele Male man im Frühling den Kuckuck rufen hört, in so vielen Jahren heiratet man.
– Blüht der Hauswurz, gibt's im Haus eine Hochzeit.
– Wenn's der Braut in den Kranz regnet, gibt's eine böse Ehe.
– Wo die Schwalbe nistet, zieht der Hausfrieden wieder ein.
– Man darf jemandem kein Messer schenken, da es die Liebe zerschneidet.

Vom Wetter
– Wenn sich die Katze hinter den Ohren wäscht, dann ist gutes Wetter in Sicht.
– Regnet's am Sonntagvormittag auf die Kirchgänger, dann regnet's die ganze Woche.
– Wenn früh morgens auf dem Kirchturm drei Krähen hocken, dann gibt's Regenwetter.
– Wie der Wind in der Heiligen Nacht weht, so weht er das ganze Jahr.
– Zwiebelorakel in der Silvesternacht: Man nimmt zwölf Zwiebelstücke, für jeden Monat eines, bestreut sie mit etwas Salz. Je nachdem, wie sie Wasser ziehen, schliesst man auf die Feuchtigkeit der kommenden zwölf Monate.
– Am Karfreitag gelegte Eier soll man aufbewahren. Sie beschützen das Haus vor Blitzschlag, ausserdem faulen sie nicht.

Ein Bosheitszauber
– Um jemandem, den man hasst, etwas anzutun, schlägt man drei Nägel in einen grünen Baum, spreche die drei höchsten Namen aus, und die Nägel werden den Feind treffen.

GLAUBEN UND DENKEN

Hexenglauben und Hexensabbat

Der Glaube an die Existenz von Hexen war im Baselbiet nachweislich bis in unser Jahrhundert lebendig. So will noch um 1935 in Hemmiken ein Mann erlebt haben, wie sein Pferd jeden Morgen eine gezöpfelte Mähne hatte; eine Frau aus dem Dorf habe es verhext.

Im Baselbiet, genauer auf einer Matte bei Pratteln, gaben sich über Jahrhunderte hinweg Hexen und Hexer regelmässig ein Stelldichein. Über diese Zusammenkünfte *auf Brattelenmatten* liegen zahlreiche Berichte vor. So erzählte ein bernischer Landstreicher, dass einmal *by 50 Manns- 200 Wybspersonen* zusammen gewesen seien. Die «Baselbieter Sagen», eine grossartige Sammlung von rund 1100 Erzählungen aus der volkstümlichen Überlieferung, führt geradezu auffallend viele Hexen- und Zaubergeschichten auf, so auch diese aus Rickenbach:

«Im Chloschter, dem ältesten Dorfteil, wohnte eine alte Frau. Die Leute sagten von ihr, sie habe hexen und sich in eine schwarze Katze verwandeln können. Einmal warf ein Knabe einer schwarzen Katze einen Stein nach. Dieser traf sie am Kopf. Am Tage darauf hatte die Frau einen verbundenen Kopf.»

s het gschpängschtet

Nicht nur auf den und um die im Baselbiet sehr zahlreichen Burgruinen war es früher *unghüür*.

Recht häufig erschienen auch feurige Männer, Reiter, weisse Frauen oder Tiere an ganz andern Orten, wie beispielsweise die Marksteinversetzer, in den Grenzgebieten. Erstaunlich oft berichten Baselbieter Sagen von Dorf- oder Bachhunden, dem *Bachpfattli*, dessen Erscheinen meist vor einem Wetterumschlag erfolgte.

Der jüngste Fall einer Geistererscheinung war die im Winter 1980/81 vor und im Belchentunnel in Erscheinung getretene «weisse Frau». Dieser Strassengeist machte ganz modern Autostopp. Doch wollte ein haltender Automobilist die Gestalt zur Mitfahrt einladen, war sie jeweils plötzlich verschwunden. Immerhin einmal, so wusste die damals von massenhaften Anrufen geplagte Autobahnpolizei zu berichten, sei die Gestalt eingestiegen, aber dann auf einmal – mitten im Tunnel – vom Beifahrersitz verschwunden. Das *Bölchengespenst* machte damals weiterum von sich reden.

Der Hexensabbat in Pratteln

Baselbieter Sagen, 2. Auflage Liestal 1981, und Nachlese, Liestal 1978, Paul Suter/Eduard Strübin.

Das Baselbiet – eine Landschaft mit Vergangenheit

Altsteinzeitlicher Faustkeil aus Pratteln

Der Faustkeil von Pratteln (ca. 300'000 v. Chr.) ist die älteste Spur des Menschen im heutigen Kanton Basel-Landschaft. Er gehört aber ebensowenig wie andere Funde aus der Altsteinzeit, etwa jene vom Hollenberg (Arlesheim, ca. 10'000 v. Chr.) zur Hinterlassenschaft von richtigen «Einwohnern». Der damalige Mensch ernährte sich von Jagdwild und Pflanzen und hielt sich jeweils dort auf, wo Nahrung in genügender Menge vorhanden war.

Sesshaft wurde er erst in der Jungsteinzeit. Er baute Häuser, legte Äcker an und züchtete Vieh. Für den Winter konnten Vorräte angelegt werden. Neben Siedlungsspuren aus dieser Zeit kennen wir verschiedene Formen von Gräbern, die auf einen Glauben an ein Jenseits schliessen lassen.

In der Bronze- und Eisenzeit – beide nach dem Auftreten neuer Metalle benannt – werden Spuren von Siedlungen allmählich häufiger. Besonders spektakulär sind *Höhensiedlungen* (meist aus der späten Bronze- oder frühen Eisenzeit), die zum Teil auf unzugänglichen Felsrücken angelegt sind (Waldenburg: Gerstelfluh; Sissach: Bischofstein, Burgenrain, Fluh; Pfeffingen: Schalberg; Muttenz: Wartenberg). Handel und Handwerk – schon vorher nichts Unbekanntes – sind nun besser nachweisbar. Am Ende der Eisenzeit (1. Jahrhundert v. Chr.) darf man in Mitteleuropa von einer *keltischen Hochkultur* mit intensiven Beziehungen zum Mittelmeerraum sprechen. Von den griechischen und römischen Schriftstellern erfahren wir deshalb auch mehr über die Bewohner unseres Gebietes, als uns Funde allein sagen können.

Ein bedeutender Einschnitt mit nachhaltigen Folgen war das Auftreten der *Römer* und die Gründung von Augusta Raurica. Der Bau dieser Stadt und die systematische Besiedlung des Hinterlandes veränderten die Landschaft stark. Für den enormen Bedarf an Baumaterial und Brennholz wurden grosse Steinbrüche angelegt und Wälder abgeholzt. Acker- und Weideland wurde urbar gemacht, auf den gerodeten Flächen entstanden grosse Gutshöfe (etwa Munzach bei Liestal). Ein gedeckter, steinerner Kanal versorgte die Stadt mit Frischwasser (zu sehen in Liestal/Heidenloch und Füllinsdorf/Wölferhölzli). Strassen und Brücken stellten die Verbindungen nach aussen her. Die Blütezeit nahm im späteren 3. Jahrhundert ein Ende, als die *Alemannen* das römische Augst und viele der Gutshöfe zerstörten. Unter militärischem Schutz, belegt durch Kastelle (z.B. Kaiseraugst) und Wachttürme am Rhein (z.B. Muttenz und Birsfelden) war eine gewisse Erholung im späten 3. und im 4. Jahrhundert möglich. Um 400 jedoch verliessen mit der Armee die Repräsentanten der römischen Staatsmacht das Gebiet nördlich der Alpen.

Eine «germanische Landnahme» fand jedoch nicht statt, da die einheimische Bevölkerung zurückblieb. Erst im späten 6. und im 7. Jahrhundert begannen sich kleinere Gruppen von Germanen am Rande der bereits besiedelten Zonen festzusetzen. Die Funde aus dieser Zeit bestehen zum grössten Teil aus Gräbern. Siedlungsspuren sind nur aus Munzach und Lausen bekannt. Dass unsere Gegend jedoch relativ dicht besiedelt gewesen sein muss, zeigen die zahlreichen *Kirchen*, die im 7., 8. oder 9. Jahrhundert gebaut wurden (z.B. Bennwil, Lausen, Oberwil, Sissach). Der Mangel an schriftlichen und archäologischen Quellen verhindert allerdings die Nachzeichnung eines präziseren Bildes.

Die Quellenlage bessert sich erst etwa vom 10. Jahrhundert an, in der Zeit, die man als *Mittelalter* bezeichnet. Als wichtiges neues Element sind die *Burgen* zu nennen, von denen im Kantonsgebiet rund 70 bekannt sind. Nicht alle sind jedoch zur gleichen Zeit bewohnt gewesen; auch ihre

ERINNERN UND HOFFEN

Funktion kann sehr verschieden sein. Die wohl älteste Anlage aus dem frühen 10. Jahrhundert ist *Burghalden* bei Liestal. Wenig jünger sind Anlagen wie die Ödenburg (Wenslingen) und der Vordere Wartenberg (Muttenz). Alle diese frühen Anlagen sind Gründungen von Grafengeschlechtern; ihre Grösse lässt den Schluss zu, dass sie in Zeiten der Gefahr für die Bewohner der Umgebung als Fluchtort gedient haben. Kleinere Burgen wie Altenberg (Füllinsdorf) sind als Bautyp bereits im 11./12. Jahrhundert möglich, die meisten in der Grösse vergleichbaren Bauten stammen jedoch aus dem 13. Jahrhundert: Es sind die sogenannten Rodungsburgen, die zum Teil auch vom niederen Adel in der urbar gemachten Wildnis angelegt wurden. Beispiele sind etwa Scheidegg (Gelterkinden), Alt-Schauenburg (Frenkendorf) oder Rifenstein (Reigoldswil).

Alle diese Burgen waren nicht nur standesgemässe Behausung, sondern auch Verwaltungsmittelpunkte der jeweiligen Adelsherrschaft, die in der Regel aus dem typisch mittelalterlichen Streubesitz von unterschiedlichen Gütern und Rechten bestanden. Im heutigen Kantonsgebiet gab es zahlreiche solcher Adelsherrschaften. Die wichtigsten Mächte waren die Bischöfe von Basel und die Grafen von Frohburg, die bereits im 12. Jahrhundert das Kloster Schöntal gegründet hatten. Im 13. Jahrhundert entstand auf ihre Veranlassung hin das Städtchen Waldenburg; auch Liestal wurde zur Stadt erhoben. Erst nach 1300 gelang es einzelnen mächtigen Geschlechtern (etwa den Grafen von Thierstein), ihre Herrschaftsgebiete zu arrondieren und grössere zusammenhängende Territorien zu erwerben. Die Stadt Basel begann ab 1400, aus dem Baselbiet ein einheitliches und zusammenhängendes Staatswesen zu machen.

Theater, Schönbühltempel und Römerhaus/Römermuseum in Augst

Burghalden bei Liestal, Grundriss der Kapelle aus dem 10. Jahrhundert

Geschichte der Landschaft Basel und des Kantons Basel-Landschaft, D. Karl Gauss u.a., Liestal 1932. Band I: Von der Urzeit bis zum Bauernkrieg des Jahres 1653; Band II: Geschichte der Landschaft Basel 1653–1932.

Unter den «Gnädigen Herren» von Basel

J.J. Schäfer (1749–1823), Orismüller und Revolutionär

Die engen Beziehungen, die unser Landkanton mit der Stadt am Rheinknie pflegt, liegen stärker in der Geschichte als in der Geographie begründet. Und die Spannungen zwischen Stadtkanton und Baselbiet haben die gleichen jahrhundertealten Wurzeln.

Im 13. Jahrhundert war das spätere Baselbiet in verschiedene geistliche und adlige Herrschaften aufgeteilt, die oft nicht mehr als ein bis zwei Dörfer umfassten.

Von 1400 bis 1534 setzte sich die Stadt Basel nach und nach in den Besitz der Alten Basler Landschaft (ohne Birseck). Ohne Krieg, nur mit dem Geldbeutel, wurde das wichtige Gebiet an den beiden Hauensteinstrassen gesichert.

An die früheren Besitzer erinnert heute noch manches: So beispielsweise der Bischofsstab im Liestaler Wappen oder auch die vielen Burgruinen (Schauenburg, Ramstein usw.).

Meilensteine
Im Schlepptau der aufstrebenden Handelsstadt prägten sich bald wichtige Ereignisse in die Baselbieter Geschichte ein. In der Schlacht bei St. Jakob an der Birs im Jahre 1444 starben 200 Baselbieter im tollkühnen Kampf gegen die Armagnaken.

1474 bis 1477 machten viele Landschäftler die Burgunderkriege mit und brachten ansehnliche Beute nach Hause, worunter eine wertvolle Konfektschale, die im Besitz der Stadt Liestal ist.

1501 wurde der Stand Basel als elftes Glied in den Bund der Eidgenossen aufgenommen.

1529 musste auch die Basler Landschaft das reformierte Glaubensbekenntnis übernehmen.

Die Stadt Basel baute ihre Herrschaft über die neuen Untertanen in den folgenden Jahrhunderten zielstrebig aus. Die Landschaft wurde in *sieben Ämter* (Verwaltungsbezirke) eingeteilt, denen jeweils ein *Obervogt* (Statthalter) vorstand. Man darf sich unter diesen Männern keine finsteren, willkürlichen Gesellen vorstellen, die auf den – heute zerstörten – Burgen hausten. Sie waren auf acht Jahre ernannte Vertreter der Obrigkeit, die mit einer Mischung von Strenge und väterlicher Fürsorge über die ungebildeten Untertanen regierten.

Die Stadt befiehlt
In den Dörfern führten, vom Basler «Kleinen Rat» (Regierung) ernannte, *Untervögte* (Gemeindepräsidenten) das Zepter. Diese standen zugleich den örtlichen Zivilgerichten vor, welche aus Landleuten bestanden und lediglich für Handänderungen und kleinere Schuldbetreibungen zuständig waren. Das ganze übrige Gerichtswesen wurde von den Landvögten und vom Kleinen Rat besorgt. Eine Gewaltentrennung gab es noch nicht.

Die Einwohner der Landschaft waren zu jener Zeit noch *leibeigen*. Sie entbehrten vieler heute selbstverständlicher Freiheitsrechte (z.B. Niederlassungs- und Gewerbefreiheit). Die Obrigkeit regelte nicht nur das gesellschaftliche und wirtschaftliche Leben durch vielerlei Verordnungen, sie griff auch stark in den persönlichen Bereich ein, indem sie etwa den Umfang von Hochzeitsfesten reglementierte oder die voreheliche Sexualität zu bestrafen suchte.

Die Untertanen besassen auch *keine Volksrechte*, sieht man einmal von der begrenzten, rechtlich nicht festgelegten Selbstver-

ERINNERN UND HOFFEN

Aus der Liestaler «Burgunderschale» trinken heute Ehrengäste

Ruine Homburg bei Läufelfingen (niedergebrannt 1798)

waltung der Gemeinden ab. Das tägliche Leben war vom kleinräumigen Bezugsrahmen bestimmt. Im 18. Jahrhundert wohnten innerhalb der Stadtmauern nur 14'000, auf dem Lande zwischen Biel-Benken und Oltingen 20'000 Menschen.

Alle Kinder kamen zu Hause auf die Welt; ein grosser Teil überlebte jedoch wegen der schlechten Ernährung und der mangelhaften hygienischen Verhältnisse das Säuglings- und Kindesalter nicht. Auch gestorben wurde in den vertrauten vier Wänden. Nur wenige wurden ins Liestaler «Siechenhaus» gebracht, das damals eher eine Versorgungsanstalt als ein Spital war.

Kleinbauern und Posamenter

Im Erwerbsleben herrschte die Landwirtschaft vor. Fast jede Familie bewirtschaftete zumindest einen kleinen *Blätz* Land. Über vier Fünftel der Haushaltsvorstände waren entweder Tauner (Kleinbauern und Taglöhner), Handwerker oder Heimarbeiter (Posamenter) in schlechtbezahlten Diensten der städtischen Seidenband-Herren. Richtige Bauern mit eigenen Zugtieren waren in der Minderheit; diese besassen aber das meiste Land. Deswegen – aber auch, weil sie eher schreiben und lesen lernen konnten als die anderen – waren sie innerhalb der Gemeinden tonangebend. In der Regel waren sie von der Obrigkeit dazu ausersehen, die wichtigsten Dorfämter auszuüben.

So, wie es zwischen den Landbewohnern manchen Anlass zu Streitigkeiten über Weg- und Weiderechte oder über die Verteilung der *Frondienste* gab, so wurde das gewohnte Zusammenleben von Stadt und Land bisweilen durch heftige Auseinandersetzungen erschüttert. In der Folge des deutschen Bauernkrieges von 1525 rumorte es auch auf der Basler Landschaft. Unter dem Druck der vor den Stadttoren aufmarschierten Bauernhaufen wurden einige freiheitsrechtliche und steuerliche Zugeständnisse gemacht, die jedoch wenige Jahre später wieder rückgängig gemacht wurden.

Todesstrafe für Rebellen

1594 wurde der sogenannte *Rappenkrieg* ohne Blutvergiessen geschlichtet, als die Landschäftler wegen einer geringfügigen, aber als ungerecht empfundenen Steuererhöhung den Aufstand probten. Ernst dagegen wurde es, als der Schweizerische Bauernkrieg 1653 auch das Baselbiet ergriff. Mehrere Monate waren die Landleute der oberen Ämter in Aufruhr, elektrisiert von der anscheinend erfolgreichen Bewegung ihrer Emmentaler und Entlebucher Gesinnungsgenossen. Wiederum standen wirtschaftliche und steuerliche Forderungen im Vordergrund. Nach langem Hin und Her verlief die Revolte im Sande. Blut wurde erst im Nachhinein vergossen: Sieben Baselbieter Rädelsführer bezahlten ihren Ungehorsam auf der Richtstätte vor dem Basler Steinentor mit dem Leben.

Revolution aufs neue

Der Kampf um Gleichberechtigung führt zur Kantonsgründung

Eine neue Epoche zwischen Stadt und Land läutete das Jahr 1798 ein. Im Gefolge der Französischen Revolution (1789) und unter dem militärischen Druck der *Grande Nation* ergriffen revolutionsfreundliche städtische Aristokraten vereint mit der Landschaft die Macht. Das alte obrigkeitliche Regiment wurde abgeschafft, die Schlösser Farnsburg, Homburg und Waldenburg wurden verbrannt. Aus den Untertanen wurden gleichberechtigte «freie Schweizer», die eigene Vertreter in die neue *Basler «Nationalversammlung»* wählen konnten. Noch im selben Jahr wurde der Stand Basel in die 18 Kantone umfassende Helvetische Republik aufgenommen, die erste Vorläuferin unseres heutigen Bundesstaates.

Enttäuschte Hoffnungen

Die Baselbieter setzten grosse Hoffnung in dieses moderne Staatswesen. Tatsächlich erlangten sie verschiedene Rechte, die bisher der städtischen Bürgerschaft vorbehalten waren. Es fielen viele alten Zöpfe aus der Feudalzeit. Doch der sehnlichste Wunsch nach einer Verminderung der Abgaben ging nicht in Erfüllung.

Im Gegenteil: Das Baselbiet litt arg unter den Folgen des europäischen Krieges, den Frankreich mit Österreich und Russland ausfocht und der bis in die Ostschweiz brandete. Zehntausende französischer Soldaten zogen durch Basel über die Hauensteine und mussten einquartiert und verpflegt werden. Geplagt von Krieg und Besetzung, ermattet von unablässigen politischen Auseinandersetzungen und diskreditiert durch Frankreichs Vormundschaft fiel die Helvetische Republik nach fünf Jahren in sich zusammen.

In der nun folgenden Zeit der *Mediation* (1803–1814) und der *Restauration* (1814–1830) erlangten die Kantone wieder weitgehende Unabhängigkeit. Für die Baselbieter bedeutete dies, dass ihre Stellung innerhalb des Kantons wieder in Richtung der Zustände vor 1798 zurückglitt. Wohl wurde niemand wieder Untertan, doch politisch gewann die Stadt fast die alte Übermacht. 1803 war der bevölkerungsmässig überlegenen Landschaft noch eine deutliche Mehrheit im Grossen Rat zugestanden worden, die sich aber nach 1814 allmählich in eine Minderheit verwandelte. Im regierenden Kleinen Rat dominierten auch nach Sitzen die gebildeteren, wirtschaftlich unabhängigeren Stadtbürger.

Der konservative Zeitgeist brachte es mit sich, dass das Baselbiet durch die *Wiederherstellung der Zunftverfassung* wirtschaftlich benachteiligt wurde. Dadurch schützten sich die städtischen Handwerker vor Importen aus der Landschaft.

Das Birseck kommt zu Basel

Die neue Regierung sorgte aber auch für markante Fortschritte. Anknüpfend an die Helvetik, wurden grosse Anstrengungen für eine Hebung der Bildung der Landbevölkerung unternommen. Die Landwirtschaft profitierte von der Einführung der verbesserten Dreifelderwirtschaft und von einer gezielten Viehzucht. Die Posamenterei und – vorerst noch zaghaft – die Fabrikindustrie erlebten einen Aufschwung.

Zum Zeichen der Verbrüderung zwischen Stadt und Land: Aufstellen eines Freiheitsbaumes vor dem Basler Münster, 1798

ERINNERN UND HOFFEN

Ein markantes und folgenschweres Ereignis bildete 1815 die Aufnahme der neun birseckischen Gemeinden in den Kanton Basel. Diese waren viele hundert Jahre Untertanen der *Fürstbischöfe von Basel* gewesen. Wirtschaftlich nach Basel ausgerichtet, orientierten sie sich politisch und administrativ nach *Pruntrut*, wo ihr geistlicher und weltlicher Herr residierte. Im Gegensatz zu den Bewohnern der Alten Basler Landschaft waren sie nach der Reformation wieder zur katholischen Konfession zurückgekehrt. 1791 war das ganze Fürstbistum von französischen Truppen besetzt und ein Jahr später in Frankreichs zentralistisches Staatsgefüge integriert worden. Nach dem Ende der Napoleonischen Ära 1814/15 teilte der *Wiener Kongress* im Rahmen eines komplizierten politischen Kompensationsgeschäftes das Birseck dem Kanton Basel und damit der Eidgenossenschaft zu.

So erstaunt es nicht, dass die Birsecker sich in ihrem neuen Staatswesen nicht gleich heimisch fühlten. Aus dem Birseck kamen denn auch knapp zwanzig Jahre später die energischsten Führer der Baselbieter in den Trennungswirren: *Stephan Gutzwiller, Anton* und *Jakob von Blarer*.

Provisorische Regierung

Die Julirevolution in Frankreich (1830) gab den liberalen Ideen hierzulande wiederum kräftigen Auftrieb. Nicht die Klagen über verschiedene unbeliebte Auflagen und Verordnungen sorgten in erster Linie für Unruhe, sondern das wiedererwachte Begehren nach Gleichheit. Am 18. Oktober 1830 sandte eine Versammlung im *Bad Bubendorf* unter der Leitung von Stephan Gutzwiller eine entsprechende Petition für eine Verfassungsrevision an den Basler Grossen Rat.

Bürgerkrieg in Liestal am 21. August 1831

Nachdem das Parlament in der Verfassungsfrage und bei der Verminderung der Steuerlast allzu laue Zugeständnisse gemacht hatte, wurde am 6. Januar 1831 auf der Landschaft eine provisorische Regierung eingerichtet. Um diese aufzulösen, aber auch um die vielen stadttreuen Gemeinden zu beschützen, marschierten städtische Truppen auf. Die Führer der Unabhängigkeitsbewegung entzogen sich der Verhaftung durch Flucht.

Damit begann ein dramatisches Seilziehen. Beide Seiten bissen sich in der *Verfassungsfrage* und in der Forderung nach einer *Amnestie* für die basellandschaftlichen Rebellenführer fest. Die Gesandten der eidgenössischen Tagsatzung konnten in der aufgewühlten Atmosphäre keine Schlichtung herbeiführen. Ihr Verhalten führte vielmehr dazu, dass sich die Stadt Basel von den Bundesgenossen verraten fühlte.

Das letzte Gefecht

Schliesslich gründeten die 46 trennungswilligen Gemeinden am *17. März 1832* den neuen *Kanton Basel-Landschaft*. Bereits am 4. Mai wurde eine neue Verfassung vom Volk angenommen, drei Wochen später schon der erste Landrat gewählt. Ein allerletzter, verzweifelter Versuch Basels, die schon nicht mehr so zahlreichen stadttreuen Gemeinden zu beschützen, endete am 3. August 1833 mit einer Katastrophe. Die städtischen Truppen wurden bei der *Hülftenschanz* zwischen Pratteln und Frenkendorf abgewehrt und in die Flucht geschlagen. Damit war das Schicksal von Stadt und Landschaft Basel endgültig besiegelt. Am 26. August sprach die Tagsatzung die Totaltrennung der beiden Halb-Kantone unter dem Vorbehalt einer freiwilligen Wiedervereinigung aus.

150 Jahre jung

Die Geschichte des Kantons

*Stephan Gutzwiller,
einer der Kantonsgründer*

Der Kanton Basel-Landschaft hatte zunächst einen schweren Stand. Seine Existenz war nach der Trennung von der Stadt keineswegs gesichert.

Es fehlte an erfahrenen Verwaltungsfachleuten, aber auch an Pfarrern und Lehrern, welche die in die Stadt geflüchteten bisherigen hätten ersetzen können. Hier sprangen viele Flüchtlinge aus ganz Europa ein, die als liberale Revolutionäre ihre Länder hatten verlassen müssen und nun im Baselbiet eine neue Heimat fanden.

Auch finanziell war das neue Staatswesen gefährdet, die «Mitgift» aus der Vermögensteilung mit Basel war rasch aufgebraucht. Neue Einnahmequellen waren nicht durchsetzbar, hatten sich die Landschäftler doch nicht von der Stadt losgekämpft, um für ihren eigenen Staat höhere Steuern zu bezahlen. Eine glückliche Fügung war es deshalb, als 1836 in Schweizerhalle *Salz* gefunden wurde, was dem Kanton über Jahrzehnte hinweg ein dürftiges finanzielles Polster verschaffte (Salzzehnten).

Politisch war die Geschichte des Baselbiets im 19. Jahrhundert beherrscht von der Auseinandersetzung zwischen einer gemässigten *Ordnungspartei*, welche sich der politischen Konsolidierung und einer technokratischen Staatswirtschaft verschrieben hatte, und einer populistischen *Bewegungspartei*, die darin einen «Neuaristokratismus» und eine Gefährdung der Volksrechte erblickte. Die in Pressepolemiken und Volksversammlungen äusserst hart geführten Fehden gipfelten in den Verfassungskämpfen der 1860er Jahre, die der Lausner «*General*» Christoph Rolle auf dem Siedepunkt hielt.

«General» Christoph Rolle

Das Resultat war widersprüchlich: Die Verfassung von 1863 begründete den Übergang von der repräsentativen zur direkten Demokratie. Doch das selbstherrliche «Rolle-Regiment» im Regierungsrat wurde nach nur einer Amtsperiode wieder abgewählt.

Wirtschaftsförderung seit 1835

In der folgenden Zeit besänftigte sich der Parteienkampf, da das Volk seinen Willen bei der Gesetzgebung nun in kanalisierten Bahnen durchsetzen konnte. Schliesslich garantierte die Einführung der Proporzwahl 1919 eine ausgleichende Vertretung der verschiedenen Bevölkerungsgruppen im kantonalen Parlament. Die Wirtschaft war noch bis Ende des vorigen Jahrhunderts agrarisch geprägt. Die mit der Landwirtschaft eng verbundene Heimposamenterei strebte trotz mancher Krisen einem Höhepunkt zu (1880), bis sie in den 1920er Jahren einem raschen Niedergang entgegenging. Auch die fabrikmässige Industrie war vorwiegend Textilindustrie.

Einen markanten Einschnitt ins Wirtschaftsgefüge bedeutete 1853 bis 1858 der Bau der Eisenbahnlinie Basel-Olten. Diese verbesserte nicht nur die lokalen und regionalen Verkehrsverbindungen, sondern setzte die Baselbieter Täler der internationalen Konkurrenz der Massengüter aus. Der darauf folgende Zusammenbruch der Getreidepreise setzte der heimischen Landwirtschaft ebenso zu wie die Kreditverknappung durch den nationalen Eisenbahnboom. Um diese Nöte zu lindern, schritt der Kanton zur staatlichen Förderung der Viehwirtschaft und des Obstbaus, ausserdem beteiligte er sich an der Einrichtung einer privaten Hypothekenbank und gründete schliesslich im Jahre 1864 die Basellandschaftliche Kantonalbank.

ERINNERN UND HOFFEN

Die an den Passstrassen hervorgerufene Arbeitslosigkeit bei den Transport- und den zugewandten Gewerben wurde durch die Einführung der Uhrenindustrie erfolgreich bekämpft. Auch hier gab die *öffentliche Wirtschaftsförderung* den Anstoss, indem die Gemeinde Waldenburg 1853 Uhrenateliers mit welschem Know-how einrichtete. Schon drei Jahre später beschäftigten diese 150 Arbeitskräfte. Die weitere Diversifikation der Fabrikindustrie erfolgte vornehmlich im Chemie-, Metall- und Maschinenbausektor.

Schulpioniere

Ein dringendes Bedürfnis im jungen Kanton Basel-Landschaft war die Verbesserung des Schulwesens. Mit den Primar- und Bezirksschulgesetzen von 1835 und wenig später mit den Stipendien- und Handarbeitsschulgesetzen wurde Pionierhaftes geleistet. Als diese von vielen Idealisten betriebene Entwicklung aber ans «gute Tuch» der Steuerzahler ging, widersetzten sich diese mit anhaltendem Erfolg. Die Errichtung eines Gymnasiums und eines Lehrerseminars kam 1861 nicht zustande (dafür brauchte es noch volle 102 Jahre), man verliess sich ganz auf die Stadt Basel. Fast ein halbes Dutzend Schulgesetze wurde vom Stimmbürger bachab geschickt, bis das Schulwesen 1911 den Erfordernissen des Industriezeitalters angepasst werden konnte.

Nicht minder hartnäckig wurden dem Staat die nötigen finanziellen Mittel verweigert. Ein stets waches Misstrauen verhinderte den Ausbau der Staatsverwaltung, so dass Martin Birmann noch 1875 feststellte, der Kanton sei *«ein blosses Aggregat von Gemeinden»*. Man glaubte lange, die öffentlichen Aufgaben mit dem Salzzehnten, verschiedenen Patentgebühren und gelegentlichen befristeten Steuergesetzen bestreiten zu können. Erst die Verfassung von 1892 ermöglichte die regelmässige Besteuerung von Einkommen und Vermögen. Die gesetzliche Regelung liess aber noch bis 1928 auf sich warten.

Die Weiterentwicklung des basellandschaftlichen Staatswesens war zunächst stark von den Erfordernissen gesellschaftlicher Gefährdungen bestimmt. In der Vorkriegszeit war es noch die Bundesgesetzgebung gewesen, die die Einsetzung eines Kantonsoberförsters (1903), eines Lebensmittelinspektors (1910) und eines Arbeitsamtes (1913) gebot. Die Not der beiden Weltkriege und der Weltwirtschaftskrise in der Zwischenkriegszeit bewirkten auch im Baselbiet den Übergang vom «Nachtwächter»- zum modernen Sozialstaat. Der Kanton baute seine Dienstleistungen massiv aus, griff den notleidenden Gemeinden unter die Arme, intervenierte mit Wohnungsbauprogrammen und anderen Stützungsmassnahmen und verbesserte die Sozialgesetze.

Boom und Besinnung

Nach dem Zweiten Weltkrieg erfolgte ein Aufschwung, der sich zur Hochkonjunktur der 60er Jahre entfaltete und der das Gesicht unserer Region völlig veränderte. Einerseits führte dies zu einem deutlichen Anstieg des allgemeinen Wohlstandes. Andererseits musste dafür ein Preis bezahlt werden, über dessen Höhe man sich erst viel später bewusst wurde.

Das Baselbiet wurde vom Nachkriegsboom noch schneller und stärker erfasst als die anderen Schweizer Kantone. Die Bevölkerung verdoppelte sich von 1949 bis 1969 auf 200'000 Einwohner. Die negativen Auswirkungen wie die Abnahme der Grünflächen, die Umweltbelastungen und die hektische Lebenshaltung führten zu einer frühen Besinnung: Nicht zufällig lehrt die Kantonale Landwirtschaftsschule «Ebenrain» in Sissach schon seit 1972 neben der herkömmlichen Anbauweise auch den biologischen Landbau. Und auf dem Oberen Hauenstein, in Langenbruck, entstand 1981 mit kantonaler Hilfe das «Zentrum für angepasste Technologie und Sozialökologie». Der Kanton Baselland erliess als erster Stand der Eidgenossenschaft 1979 ein Energiegesetz, das den Willen zum sparsamen Umgang mit allen natürlichen Ressourcen und zur Förderung des Umweltschutzes widerspiegelt.

Verfassung von 1863: Übergang von der repräsentativen zur direkten Demokratie

---

Der Baselbieter Politiker Stephan Gutzwiller (1802–1875), Kaspar Birkhäuser, Liestal 1983. Baselland bleibt selbständig. Von der Wiedervereinigungsidee zur Partnerschaft, verschiedene Autoren, Liestal 1985.
Die politische Beteiligung des Volkes im jungen Kanton Baselland 1832–1875, Roger Blum, Liestal 1977.

In welcher «Verfassung» ist das Baselbiet?

Am 4. November 1984 nahmen die Baselbieter Stimmbürger bei einer Beteiligung von 22 Prozent die sechste Totalrevision ihres kantonalen Grundgesetzes an. Im Gegensatz zu früheren Verfassungs-Abstimmungen warf der Urnengang um das moderne, ausgewogene Paragraphenwerk keine hohen Wellen.

Die erste Verfassung vom 4. Mai 1832 nahm die neuen *liberalen Ideen* auf, um deretwegen die rebellische Volksbewegung der Landschäftler gegen die Stadt so mächtigen Auftrieb erhalten hatte: Souveränität des Volkes, Gewaltentrennung, Glaubens-, Vereins- und Pressefreiheit, Gewerbefreiheit. Die Volksrechte beschränkten sich weitgehend auf Wahlen. In die Gesetzgebung konnte nur eingegriffen werden, *wenn sich drei Fünftel aller Stimmberechtigten* innert 14 Tagen unterschriftlich gegen ein vom Landrat erlassenes Gesetz aussprachen und es damit zu Fall brachten. Ein schwieriges Unterfangen, das denn auch nur in drei von insgesamt 14 solcher Veto-Bewegungen erfolgreich war.

1863: «Revi» contra «Anti»

Zwei kleine Revisionen in den Jahren 1838 und 1850 brachten den weiteren Ausbau der Volksrechte und eine Reorganisation der Verwaltung.

Die Verfassung vom *6. März 1863* war ihrem Entstehen wie ihrem Inhalt nach revolutionär. Sie war das Resultat mehrjähriger heftiger Verfassungskämpfe zwischen den *Revi* (der revisionsfreundlichen Bewegungspartei unter «General» Christoph Rolle) und den *Anti* (der regierenden Ordnungspartei des Kantonsgründers Stephan Gutzwiller). Die Volksbewegung für eine neue Verfassung marschierte erfolgreich unter dem Banner «mehr Freiheit, wohlfeilere Gerechtigkeit, mehr Sparsamkeit».

Mit dem massiven Ausbau der Volksrechte wagten sich die Baselbieter auch im schweizerischen Vergleich weit vor: Das Volk musste

Karikatur «Die Demokratie siegt über die Bürokratie» aus der Rolle-Zeit

nun bei jeder Gesetzesänderung «begrüsst» werden (obligatorisches Referendum). Es konnte – was heute auf Bundesebene noch nicht möglich ist – den Erlass von Gesetzen erzwingen (Gesetzesinitiative). Sodann wurden der Regierungsrat und die wichtigsten Beamten der Volkswahl unterstellt.

Nach diesem epochemachenden Kraftakt vergingen fast dreissig Jahre, bis am *4. April 1892* im zweiten Anlauf die fünfte Verfassung angenommen wurde. Wesentliche Verbesserungen erfolgten im Bereiche der Steuern und der Finanzen. Endlich stimmte das Volk der jährlichen Erhebung *direkter Steuern* auf Einkommen und Vermögen zu. Damit wurde es den Kantonsbehörden ermöglicht, den in sie gesetzten Erwartungen gerecht zu werden.

Nach 1892 wurde die Verfassung – erstmals 1926 – in über zwei Dutzend Abstimmungen abgeändert. So wurde 1946 den Staatsbeamten, Lehrern und Pfarrern die Wählbarkeit in den Landrat zugestanden; *1967 erhielten die Frauen das Stimm- und Wahlrecht* in kantonalen Angelegenheiten.

ERINNERN UND HOFFEN

Wiedervereinigung oder Partnerschaft

Nicht wegzudenken aus der Baselbieter Verfassungsgeschichte ist die Frage der Wiedervereinigung mit dem Stadtkanton.

Schon wenige Jahre nach der Kantonstrennung wurde dieses Problem allenthalben diskutiert. Akut wurde die Wiedervereinigungsfrage aber erst in der Zwischenkriegszeit.

Von 1936 bis 1960 sprach sich die Baselbieter Bevölkerung viermal mit Ja-Mehrheiten von 52–60% für eine Verschmelzung der beiden Halbkantone aus. Bestimmend war die Bevölkerung in den rasch wachsenden Gemeinden der Agglomeration, für welche Basel mit seinen attraktiven Zentrumsleistungen (Bildung, Kultur, Spitäler usw.) die natürliche Hauptstadt war. Die Aufhebung der Kantonsgrenzen schien sinnvoll und praktisch.

Als die von einem Verfassungsrat beider Basel ausgearbeitete *Wiedervereinigungsverfassung* dem Volk am 7. Dezember 1969 vorgelegt wurde, hatten sich die Situation und die Stimmung in der Bevölkerung entscheidend verändert. Der Kanton hatte den längst überfälligen Ausbau seiner Infrastruktur (Bildung, Spitäler, Strassenbau) energisch an die Hand genommen und damit auch vielen Neuzuzügern gezeigt, dass er auf dem Weg zu einer wirklichen Selbständigkeit sei. Nach einem turbulenten, auf beiden Seiten leidenschaftlich geführten Abstimmungskampf obsiegten schliesslich die Wiedervereinigungsgegner. Sie vermochten *59% der Stimmenden* von ihrer Vision eines selbständigen, fortschrittlich-freiheitlichen, dynamischen und effizient verwalteten Baselbiets zu überzeugen.

Nachdem das Baselbiet die Wiedervereinigung 1969 verworfen hatte, gewann die Idee einer verstärkten Kooperation beider Basel weiter an Boden. 1974 wurde sie in den Kantonsverfassungen beidseits der Birs mit einem «Partnerschaftsartikel» verankert.

Einer Lösung harrt noch die staatspolitische Frage, ob die beiden Basler Halbkantone auch innerhalb der Eidgenossenschaft als gleichberechtigte Glieder, das heisst als Vollkantone, anerkannt werden.

Unsere Rechte und Pflichten heute

Aufgrund eines Postulats und nach gründlichen Vorabklärungen beschloss der Landrat 1978, die veraltete Verfassung einer Totalrevision zu unterziehen. Der Ausgangspunkt war, das zum Flickwerk gewordene Grundgesetz übersichtlicher zu gestalten, Widersprüchlichkeiten zu bereinigen und neuere Ideen aufzunehmen.

Die materiellen Neuerungen dieser Verfassung, die von einem Verfassungsrat innerhalb von viereinhalb Jahren ausgearbeitet wurde, sind nicht revolutionär. Trotzdem verdienen verschiedene Artikel besondere Aufmerksamkeit:

- Gemäss der seit vielen Jahren bewährten Praxis werden die Behörden zur *regionalen Zusammenarbeit,* insbesondere mit dem Bruderkanton, verpflichtet (§ 3–4).
- Bei den *persönlichen Rechten* legte die technologische Entwicklung und die Sensibilisierung der Öffentlichkeit den «Schutz vor Datenmissbrauch» nahe (§ 6). Nachdem die Gleichberechtigung von Mann und Frau auf Bundesebene garantiert wurde, ist sie nun auch in der kantonalen Verfassung verankert (§ 8).
- Nicht als klagbare Ansprüche, aber als politische Willenskundgebung sind die meisten *Sozialrechte* zu verstehen, so die Rechte auf Arbeit, Bildung und Wohnung (§ 16–17).
- Im Abschnitt *Volksrechte* wird mit der «Einheitsinitiative» Neuland betreten. Sie nimmt den Initianten die Entscheidung ab, ob ein Begehren auf Verfassungs- oder Gesetzesstufe verwirklicht werden soll (§ 28). Eine zusätzliche Mitbestimmung erhält das Volk durch das bisher unbekannte «Planungsreferendum», womit es bei schon verbindlichen Planungsbeschlüssen des Landrats intervenieren kann (§ 30).
- Weggefallen sind die Öffentlichkeit der Regierungsratssitzungen und die Möglichkeit, den Landrat während einer Legislaturperiode abzuberufen.
- Neu wurde ein *Ombudsman* eingeführt. An diesen kann sich jede Person wenden, die sich von den Verwaltungen in Kanton und Gemeinden oder den Gerichten unkorrekt oder unrechtmässig behandelt fühlt. Der Ombudsman kann keine Entscheide rückgängig machen, sondern kraft seiner Unabhängigkeit und seiner Persönlichkeit «wirkt (er) in erster Linie auf ein gütliches Einvernehmen hin» (§ 88–89).
- Der Abschnitt über die *öffentlichen Aufgaben* schliesslich verpflichtet Kanton und Gemeinden, in den verschiedensten Bereichen (z.B. des Umweltschutzes) tätig zu sein. Hier wird aber auch jede(r) einzelne dazu aufgerufen, etwa bezüglich der Gesundheit, verantwortlich zu handeln (§ 90–128).

Die neue Verfassung trat nach der Gewährleistung durch die Eidgenössischen Räte am 1. Januar 1987 in Kraft.

Verfassung des Kantons Basel-Landschaft, Liestal 1984; zu beziehen bei der Landeskanzlei in Liestal.

Zeittafel

6.–1. Jahrhundert vor Christus
Die Kelten besiedeln Mitteleuropa. Einer ihrer kleinen Stämme, die Rauracher, lässt sich in der Gegend von Basel nieder.

58 vor Christus
Die Rauracher ziehen mit den Helvetiern unter Divico nach Gallien. Sie werden bei Bibracte von Julius Caesar besiegt. Sie kehren in ihre Heimat zurück, wo sich die römische Herrschaft allmählich ausdehnt.

44 vor Christus
Munatius Plancus gründet eine Colonia Raurica.

3. Jahrhundert nach Christus
Germanische Stämme beginnen in das Gebiet um Basel einzufallen. Diese (z.T. Alemannen), die Nachkommen der Rauracher sowie die als «Romanen» bezeichneten Nachfahren der römischen Bevölkerung, vermischen sich nur teilweise.

500–1000
Die Landschaft um Basel ist Teil des Merovinger- und Karolingerreiches. Sie wird von alemannischen Grafen verwaltet. Die von Familienoberhäuptern gegründeten oder von den Römern übernommenen Einzelsiedlungen wachsen allmählich zu Dörfern an. Einzelne Siedlungen bleiben Gehöfte oder Weiler oder veröden.

1000–1400
Durch Schenkungen der deutschen Könige (Heinrich II., Heinrich III.) erhält der Bischof von Basel reiche Ländereien, die er zum grössten Teil dem landsässigen Adel (Frohburger, Homburger, Thiersteiner, Eptinger) zu Lehen gibt. Die Adelsgeschlechter verarmen (1356 werden verschiedene Burgen durch das Erdbeben von Basel zerstört) oder sterben aus. An ihre Stelle tritt die aufblühende Stadt Basel.

1400
Basel erwirbt vom Bischof pfandweise die Ämter Liestal, Homburg und Waldenburg und sichert sich so den Übergang über die beiden Hauensteine.

1444
Die Eidgenossen belagern die Farnsburg. Sie ziehen von dort gegen Basel und unterliegen unter anderem mit 200 Baselbietern den Armagnaken in der Schlacht bei St. Jakob.

1461
Basel kauft von Thomas von Falkenstein die Herrschaft Farnsburg mit der Landgrafschaft im Sisgau. Durch den Erwerb weiterer Ortschaften (z.B. 1465 Sissach, 1515 Muttenz, 1525 Pratteln, 1532 Arisdorf, 1664 Nusshof und Hersberg) wird das Territorium der Landschaft Basel erweitert.

1501
Die Stadt und die Landschaft Basel werden eidgenössisch.

1525
Die Bauern plündern den Olsbergerhof in Liestal sowie die Klösterchen Engental und Rothaus bei Muttenz, auch Schöntal bei Langenbruck. Das durch den Aufruhr der Bauern rund um die Stadt bedrängte Basel stellt den Ämtern Freiheitsbriefe aus, die jedoch 1530 wieder zurückgegeben werden müssen.

Der «Olsbergerhof» in Liestal

1529
Basel tritt zum reformierten Glauben über. Dieser Beschluss ist auch für die Landschaft verbindlich.

1575/1595
Die fürstbischöflichen Gemeinden des Birsecks kehren nach und nach zur katholischen Konfession zurück.

1590–1594
Die Erhöhung des Umgeldes (Umsatzsteuer) auf Wein und Fleisch führt zu Unruhen auf der Landschaft Basel. In diesem sogenannten Rappenkrieg kann Ratsherr Andreas Ryff auf dem Rappenfeld beim Schloss Wildenstein vermitteln, bevor es zu einer bewaffneten Auseinandersetzung zwischen der Obrigkeit und den Untertanen kommt.

ERINNERN UND HOFFEN

1618–1648
Im Dreissigjährigen Krieg werden die Grenzgebiete der Landschaft durch die Durch- und Streifzüge kaiserlicher und schwedischer Truppen wiederholt in Mitleidenschaft gezogen.

1653
Die Bauern der Landschaft und mit ihnen auch Liestal nehmen am grossen schweizerischen Bauernkrieg teil und beschwören den Bund von Huttwil. Die Bauern unterliegen aber den obrigkeitlichen Truppen auf der ganzen Linie. Das geistige Oberhaupt der Baselbieter Bauern, Isaak Bowe, kann fliehen. Sieben weitere Anführer werden in Basel hingerichtet. Die Stadt Liestal verliert ihre Vorrechte.

1654
Die ein Jahr zuvor ehr- und wehrlos erklärten Untertanen werden von der Obrigkeit wieder in Gnaden aufgenommen.

1655
Im Hinblick auf die drohenden Auseinandersetzungen zwischen den katholischen und reformierten Orten (1. Villmergerkrieg) erhalten die Untertanen auf der Landschaft Basel ihre Waffen zurück.

1668
Ein letztes Mal zieht die Pest durchs Land und fordert viele Opfer.

1727
Zur Linderung der Armut werden in allen Gemeinden Armenfonds angelegt.

1750/1770
Erster Höhepunkt der Baselbieter Posamenterei. Ein zweiter wird im letzten Drittel des 19. Jahrhunderts folgen.

1770/1771
Wegen einer anhaltenden witterungsbedingten Hungersnot suchen viele Baselbieter ihr Glück in den nordamerikanischen Kolonien, obschon die Basler Obrigkeit die Not mit der Abgabe von Lebensmitteln zu lindern versucht. Die Krise trägt zur Verbreitung der Kartoffel als Lebensmittel, statt nur als Futter, bei.

1790
Der Grosse Rat von Basel hebt die Leibeigenschaft auf.

1792
Französische Truppen besetzen mit dem Fürstbistum Basel (Jura) auch das Birseck. Dieses bleibt bis 1813 ein Teil Frankreichs.

1798
Die Französische Revolution erfasst auch das Baselbiet. Die obrigkeitlichen Schlösser werden niedergebrannt. In einer Freiheits- und Gleichheitsurkunde werden die Landbürger den Stadtbürgern gleichberechtigt erklärt. Durch eine Verbrüderungsfeier auf dem Münsterplatz in Basel wird dieser Erklärung Ausdruck verliehen. Wenig später gehen Stadt und Landschaft in der einen und unteilbaren helvetischen Republik auf.

1800
Da die Feudallasten nicht, wie erwartet, aufgehoben werden, erhebt sich im Distrikt Sissach ein Aufruhr. Zur Unterdrückung dieses «Bodenzinssturmes» werden schliesslich französische Truppen eingesetzt.

1803
Die von Napoleon für Basel festgelegte Mediationsverfassung räumt der Landschaft Basel eine angemessene Vertretung in der Regierung ein.

1814
In der neuen Verfassung, die die Restauration einleitet, wird die Vertretung der Landschaft wieder geschmälert.

1815
Die neun vormals zum Fürstbistum Basel gehörenden Gemeinden des Birsecks werden im Wiener Kongress Basel zugeteilt.

1816/1817
Die Missernten dieser beiden Jahre veranlassen wiederum viele Baselbieter zur Auswanderung.

1830
An zwei Volksversammlungen beim Bubendörfer Bad wird eine beförderliche Revision der Staatsverfassung verlangt. Hauptbegehren ist eine Vertretung in den Behörden entsprechend der Bevölkerungszahl. Die Landschaft zählt mehr als doppelt soviele Einwohner wie die Stadt.

Wichtige Erwerbsquelle: Posamenterei

Baselland in historischen Dokumenten, Fritz Klaus. Band I: Die Gründerzeit 1798–1848, Liestal 1982; Band II: Der grosse Umbruch 1849–1882, Liestal 1983; Band III: Im Zeichen des Fortschritts 1883–1914, Liestal 1985.

1831

Da die erwarteten Steuererleichterungen nicht gewährt werden und die Verfassungsrevision nicht zügig vorangetrieben wird, beschliesst eine neue Volksversammlung in Liestal die Ernennung einer provisorischen Regierung. Durch einen militärischen Auszug sucht die Stadt die Ordnung wiederherzustellen. Die Mitglieder der provisorischen Regierung entweichen über die Kantonsgrenzen. Sie verfolgen ihre Ziele von ihrem Zufluchtsort aus weiter. Die in Basel ausgearbeitete neue Verfassung wird zwar angenommen, aber der Ausschluss der Mitglieder der provisorischen Regierung von der Amnestie schafft neuen Zündstoff.

Im August unternimmt Basel ohne Erfolg eine neue Expedition zur Wiederherstellung der Ordnung.

Die Mitglieder der provisorischen Regierung sind bereits vorher zurückgekehrt. Mit der Führung der Geschäfte wird eine Verwaltungskommission beauftragt.

Die Tagsatzung schickt im September eine Besatzung in den entzweiten Kanton. Im November lässt der Grosse Rat der Stadt Basel in den Gemeinden abstimmen, ob sie bei der Stadt bleiben oder sich von ihr trennen wollen.

1832

Am 22. Februar beschliesst der Grosse Rat in Basel, den 46 Gemeinden, die sich im November für die Trennung ausgesprochen hatten, die Verwaltung auf den 15. März zu entziehen.

Am 17. März beschliessen Ausschüsse der aus dem Staatsverband ausgestossenen Gemeinden die Gründung eines Kantons Basel-Landschaft und die Wahl eines Verfassungsrates.

Die Verfassung wird am 4. Mai angenommen. Am 29. Mai konstituieren sich die Behörden.

Die Tagsatzung spricht im September die Partialtrennung aus.

1833

Am 3. August rücken die Basler erneut aus, um den noch stadttreuen Gemeinden um Gelterkinden und im Reigoldswilertal Hilfe zu leisten. Nach einem kurzen Gefecht bei der Hülftenschanze ziehen sie sich fluchtartig in die Stadt zurück.

Am 26. August beschliesst die Tagsatzung die Totaltrennung des Kantons Basel unter Vorbehalt einer freiwilligen Wiedervereinigung.

1835

Der Landrat erlässt zwei besondere Gesetze über die Organisation des Schulwesens und die Errichtung von Bezirksschulen.

1836

Die vier Bezirksschulen werden eröffnet. Im gleichen Jahr werden die Salzlager bei Schweizerhalle entdeckt. Dank dem Ertrag kann der Kanton seine Auslagen bis Ende des 19. Jahrhunderts bestreiten, ohne regelmässige direkte Steuern zu erheben.

1838

Die Verfassung von 1832 wird, wie vorgeschrieben, revidiert.

1840

Unzufriedenheit über die verspätete Ablage der Staatsrechnungen und die Bevorzugung der Fremden, besonders der Advokaten, geben Anlass zum «Gemeindejoggeliputsch». Gelterkinden wird deswegen militärisch besetzt.

Aufgrund eines Gesetzes vom 8. Dezember werden Arbeitsschulen für Mädchen errichtet.

Schauplatz historischer Ereignisse – Gasthof «Bad Bubendorf»

Hypothekenbank Liestal, 1879

1849

Die Hypothekenbank wird gegründet. Sie soll die Mittel zur Ablösung des längst zur Rückzahlung fälligen Berneranleihens von 1834 beschaffen.

1850

Mit der neuen Verfassung wird das Direktorialsystem eingeführt. Alle fünf Regierungsräte sind von nun an vollamtlich tätig.

ERINNERN UND HOFFEN

1855/1858
Die Linie der Schweizerischen Centralbahn von Basel über Sissach und Läufelfingen nach Olten wird in Betrieb genommen. Die Fuhrleute und Handwerker an den Hauensteinstrassen verlieren ihren Verdienst. Im Waldenburgertal wird die Uhrenindustrie eingeführt.

1863
Die von Christoph Rolle, Lausen, durchgesetzte Verfassungsrevision bringt die Einführung der direkten Demokratie mit der Volkswahl der Regierungsräte und dem obligatorischen Gesetzesreferendum.

1864
Mit der Gründung einer Kantonalbank soll der durch die Investitionen im Bahnbau bedingten Kapitalknappheit abgeholfen werden.

1881
Im neuen Gemeindegesetz wird die Verwaltung auf die Einwohnergemeinden übertragen. Die bisher führenden Bürgergemeinden können zur Erledigung ihrer Geschäfte eine besondere Verwaltung einsetzten.

1892
Die Verfassung von 1892 enthält in den Übergangsbestimmungen die Grundlagen für eine geordnete Steuergesetzgebung. Die Gültigkeit der Wahlen und Abstimmungen wird nicht mehr von einem Drittel beziehungsweise der absoluten Mehrheit der Stimmberechtigten abhängig gemacht. Die Wahl des Ständeratsmitgliedes wird vom Landrat auf das Volk übertragen.

1895
Ein Landratsreglement ermächtigt die Gemeinden, für Wahlen und Abstimmungen das Urnensystem einzuführen. Ausgeschlossen davon sind die kreisweise durchzuführenden Verfassungsrats-, Landrats- und Geschworenenwahlen.

1914–1918
Grenzbesetzung im Ersten Weltkrieg. Bau grosser Befestigungen am Hauenstein.

1918/1919
Erst im zweitletzten Kriegsjahr werden die Lebensmittel rationiert – mit ein Grund für die sozialen Unruhen, die nach Kriegsende die ganze Schweiz, vor allem die städtischen Gebiete, erfassen. Auch Baselbieter Truppen werden zur Unterdrückung von Streiks und Demonstrationen aufgeboten.

1919
Im neuen Wahlgesetz wird die Verwendung von Stimmurnen obligatorisch erklärt. Für die Landratswahlen wird das Proportionalwahlverfahren eingeführt.

1926
Die Verfassung von 1892 wird erstmals teilweise revidiert. Die Zahl der Landräte wird auf 80 reduziert.

1931/1936
Der Weltwirtschaftskrise wird mit Notstandsarbeiten und Intensivierung der Kleinlandwirtschaft zugunsten der arbeitslosen Posamenter begegnet. Damit beschleunigt sich der Ausbau des Sozialstaates.

Betonierter Unterstand der Hauenstein-Fortifikation

1978: Demonstration nach der Schliessung der Prattler Gummifabrik Firestone; 620 Angestellte verlieren ihre Arbeit

Lebensmittelmarken, wie sie während des Zweiten Weltkriegs verteilt wurden

Blick in ein Uni-Labor: steigende Beiträge des Landkantons an die Universität Basel

1932
Volk und Behörden feiern das hundertjährige Bestehen des Kantons.

1936
Die 1933 eingereichte Wiedervereinigungsinitiative wird angenommen.

1938
Der vom Verfassungsrat ausgearbeitete Verfassungsartikel findet Zustimmung.

1939–1945
Grenzbesetzung während des Zweiten Weltkriegs. Durch Rationierungs- und Unterstützungsmassnahmen wird die Not breiter Kreise gelindert.

1946
Der Ausschluss der Beamten, Lehrer und Pfarrer von der Wählbarkeit in die Behörden wird aufgehoben.

1947/1948
Die eidgenössischen Räte versagen dem neuen Verfassungsartikel über die Wiedervereinigung die Gewährleistung.

1958
Eine neue Wiedervereinigungsinitiative wird angenommen.

1960/1969
Ein Verfassungsrat beider Basel arbeitet die Verfassung für einen Kanton Basel aus.

1968
Nach mehreren erfolglosen Anläufen werden die Frauen in kantonalen Angelegenheiten stimm- und wahlberechtigt.

1969
Die Verfassung für den Kanton Basel wird deutlich abgelehnt.

ERINNERN UND HOFFEN

Feierlicher Umzug zur 150-Jahr-Feier der Kantonsgründung

1970
Das neue Gemeindegesetz gewährt den Frauen das Stimm- und Wahlrecht auf Gemeindeebene. Es trägt der Entwicklung der Gemeinden Rechnung und ermöglicht die Einsetzung von Gemeindeparlamenten anstelle der Gemeindeversammlung.

1974
Die Wiedervereinigungsbestimmungen der Verfassung werden durch einen Partnerschaftsartikel ersetzt.

1976
Aufgrund des Vertrages und des Gesetzes über die Mitträgerschaft des Kantons Basel-Landschaft an der Universität Basel engagiert sich der Landkanton mit steigenden Beiträgen für die Sicherstellung von Lehre und Forschung. Bezahlte er im Jahre 1976 noch Beiträge in der Höhe von 16 Mio. Franken, so unterstützte er die Uni 1988 bereits mit 36 Mio. Franken.

1978
Durch die Schliessung der Gummifabrik Firestone AG in Pratteln werden auf einen Schlag 620 Angestellte arbeitslos.

1982/1983
Der Kanton Basel-Landschaft blickt auf sein 150jähriges Bestehen zurück.

1983
Nachdem sich das Laufental zweimal deutlich für die Aufnahme von Anschlussverhandlungen mit dem Kanton Basel-Landschaft ausgesprochen hat, werden die Modalitäten ausgehandelt. Der Anschlussvertrag wird vom Baselbiet klar angenommen, von den Laufentalern aber verworfen.

1984
Die Stimmberechtigten heissen eine neue Verfassung gut. Sie zielt auf eine Erweiterung der Volksrechte ab und sieht die Anstellung eines Ombudsmans vor.

1986
Die Chemiekatastrophe vom 1. November bei Sandoz in Muttenz/Schweizerhalle, bei der mehrere 100 Tonnen Chemikalien verbrennen und Löschwasser den Rhein vergiftet, wird weiterum als Fanal für die Risiken der modernen Industriegesellschaft empfunden.

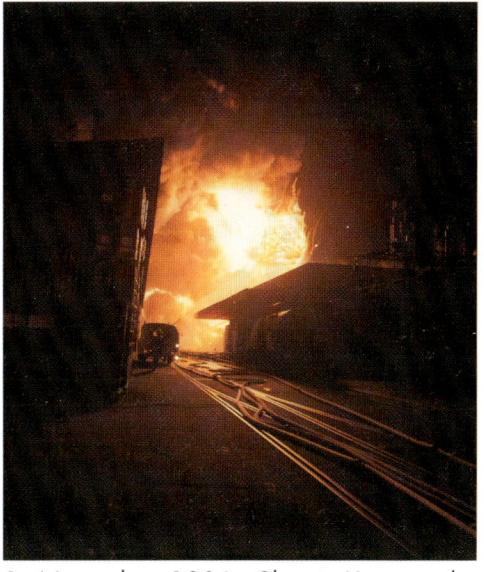

1. November 1986: Chemie-Katastrophe bei Sandoz in Muttenz/Schweizerhalle

1987
Nach einem Dutzend Jahren stetiger Entwicklung ist der Tarifverbund Nordwestschweiz der öffentlichen Verkehrsbetriebe mit dem Einbezug von SBB und PTT voll ausgebaut. Ein einheitliches und subventioniertes Umwelt-Abonnement innerhalb dieses Verbundes gab es bereits seit 1984.

1988
Das Ziel, in der Eidgenossenschaft als Vollkanton anerkannt zu werden, wird in der Kantonsverfassung festgeschrieben.

Die nachfolgenden Kurzinformationen über die 73 Baselbieter Gemeinden stützen sich in erster Linie auf vorhandene Publikationen und zum Teil auf Angaben der Gemeindeverwaltungen. Die Einwohnerzahlen beziehen sich auf Ende 1988.

Als wichtige Quellen dienten uns:
Paul Suter, Gemeindewappen von Baselland, Liestal, 1984;
Fritz Klaus, Chumm ins Baselbiet, herausgegeben vom Verkehrsverein Baselland, Liestal.

Für weitere Informationen über eine der Baselbieter Gemeinden empfehlen wir die Heimatkunden sowie die Separatdrucke des Schweizerischen Kunstführers. Auskunft über die erhältlichen Publikationen erteilen Buchhandlungen oder Bibliotheken. Über die Adressen der ortsansässigen Parteien und Vereine können die Gemeindeverwaltungen Auskunft geben.

Für die Durchsicht des Manuskriptes danken wir den Gemeinden.

DIE GEMEINDEN

Aesch, «Ääsch», Bezirk Arlesheim, 322 m ü. M., rasch angewachsene Gemeinde zwischen Birsebene und Jurarand. 9580 Einwohner.

Wappen: Seit 1937. Auf silbernem Grund ein schwarzes Speereisen, begleitet von einem roten sechsstrahligen Stern. Es ist das Wappen des ausgestorbenen Basler Adelsgeschlechts Macerel, das im 14. Jahrhundert die ältere Aeschburg als Lehen besass. Flagge: weiss-schwarz.

Ortsgeschichte: Ein jungsteinzeitliches Steinkistengrab, das die Überreste von 47 Personen enthält, weist auf eine frühe Besiedlung von Aesch hin. Auch bronzezeitliche, römische und frühmittelalterliche Funde wurden zutage gefördert. Von der Anwesenheit der Römer künden vor allem ein alter Weg über die Platten und die Spuren eines grossen Gutes im Leerenacker. Nach Aesch nannte sich ein thiersteinisches Dienstmannengeschlecht, das drei Burgen am jenseitigen Birsufer erstellte. Als die Herren von Aesch im 13. Jahrhundert ausstarben, ging das Lehen an den Bischof von Basel über. 1356, beim Erdbeben von Basel, zerfielen die Burgen. Während des Dreissigjährigen Krieges wurde das Dorf 1638 von schwedischen Truppen geplündert. 1792 wurde das Fürstbistum aufgehoben und als Raurachische Republik konstituiert. Diese wurde ein Jahr später Frankreich einverleibt (Département du Mont-Terrible, Schreckenberg), wodurch die Aescher vorübergehend Franzosen wurden.

Sehenswürdigkeiten: Schloss Aesch. Ehemals von Blarerscher Freihof, 1606 erbaut, 1958 restauriert. – Kirche, um 1820 erbaut, mit Glasgemälden von Jacques Düblin und Fresken von Hans Stocker. – Schloss Angenstein, mit Bergfried und begehbarer Zinne. – Beim Wasserfall in der Chlus die Ruinen Schalberg, Münchsberg und Tschäpperli, die damals zur Bewachung des Plattenpasses dienten. – Ausgezeichneter Ausgangspunkt für Ausflüge.

Vereine: Allgemeiner Touringbund ATB, Alphornbläser, Altpfadfinder APV, Badmintonclub, Basketballclub, Blauring, Boxclub, Cäcilienchor, Chluusbachgaischter, Country Club, Damedysli, Darts-Club, Eisstockclub Doppelstab, Fasnachtskomitee, FC Negerdorf, Fischereiverein BL und Umgebung, Fitnessclub, Freiwilliger Schulsport, Fussballclub, Gewerbeverein, Gym-Fit-Club, Gymnastikunterricht, Guggenmusik Birspfupfer, Harmonikaclub, Jazz Nights, Jugendchor Aesch/Pfeffingen, Jugendchor St. Josef, Kath. Elisabethenverein, Kath. Frauenverein, Kath. Jungmannschaft, Kaninchenzüchterverein, Ladies fit, Lehrerturnverein, Männerchor, Männerriege, Milit. Schiessverein, Moto-Autoclub, Motorradclub, Musikverein, Mutter- und Kindturnen, Natur- und Vogelschutzverein, Pfadfinder Angenstein, Pfadfinder Bärenfels, Pflanzlandpächterverein, Pistolenclub, Ref. Frauenverein Aesch/Pfeffingen, Ref. Kirchenchor, Reiterkameraden, Robi Verein, Rock'n'Roll Tanzclub Mambo, Samariterverein, Schützenclub, Shinsei-Club, Sportschützen-Club, D´Sytestächer, SVKT Sektion Aesch, Tauchclub Mini-Sub, Tennisclub Angenstein, Tischtennis-Club, Turnen für Jedermann, Turnverein, Turnverein Damenriege, Velo-Motoclub an der Birs, Verein für Hauspflege und Betagtenhilfe, Verein für Volksgesundheit, Vereinigung Pensionierter, Verkehrsverein Aesch/Pfeffingen, Volkstümlicher Verein, Volleyballclub, Waggis-Clique, Weinbaugenossenschaft, Zeigergruppe, Zunft zu Wein- und Herbergsleuten.

Parteien: CVP, FDP, SP, GfA (Gemeinsam für Aesch; VKA, LdU, LP).

Öffentliche Sportanlagen: Vita-Parcours Schwanggebiet (Klusstrasse), Freibad Schützenmatte (Dornacherstrasse), Finnenbahn, Mehrzweckhalle (Löhrenacker).

Amtliches Publikationsorgan: Wochenblatt für Birseck und Dorneck, Stollenrainstrasse 17, 4144 Arlesheim, ✆ 061/701 10 72.

Gemeindeverwaltung: 4147 Aesch, ✆ 061/78 12 13. Öffnungszeiten: Mo, Di, Do, Fr 10–12, 13.30–16 Uhr, Mi 10–12, 13.30–18.30 Uhr.

Heimatkunde Aesch, erschienen 1985.

Allschwil, «Allschwyl», Bezirk Arlesheim, 287 m ü. M., bevölkerungsstärkste Gemeinde des Baselbiets, gehört geographisch und kulturhistorisch zum Sundgau. 18'907 Einwohner.

Wappen: Seit 1939. Goldener Schlüssel und silbernes Schwert, gekreuzt auf blauem Grund, Symbole der Heiligen Petrus und Paulus, der Patrone der Dorfkirche. Flagge: blau-weiss.

Ortsgeschichte: Urkundlich erstmals 1033 als Almswilre erwähnt, d.h. Weiler des Alaman oder der Alemannen. Es ist unklar, ob die römische, aus schriftlichen Aufzeichnungen bekannte Strassenstation Arialbinum (Itinerarium Antonini, um 280 n. Chr.) mit Allschwil identisch ist. Bodenfunde bezeugen, dass hier seit der älteren Steinzeit Menschen lebten. Gefunden wurden unter anderem Glokkenbecher aus der Jungsteinzeit, Gräber aus der jüngeren Bronzezeit und aus der Römerzeit, ein gallo-römisches Brandgräberfeld, römische Mauern und Münzen. Aus dem Mittelalter stammt das Steinplattengrab an der Klarastrasse. In fränkischer Zeit gehörte Allschwil zum Herzogtum Elsass. 1004 gelangte es als Teil einer umfangreichen Schenkung an den Bischof von Basel. Nach dem Bauernkrieg von 1525 schlossen Allschwil und die Gemeinden des Birsecks einen Burgrechtsvertrag mit Basel, der bis 1585 dauerte. Während des Dreissigjährigen Krieges kam es zu Plünderungen durch die Schweden. 1792 kam Allschwil zur Raurachischen Republik, ab 1793 zu Frankreich als Teil des neu geschaffenen Département du Mont-Terrible, später des Département du Haut-Rhin. 1815 bis zur Kantonstrennung gehörte die Gemeinde zu Basel.

Sehenswürdigkeiten: Gut erhaltener Dorfkern mit Kirche. Typisches Sundgauerdorf, vorwiegend in Fachwerkbauweise. – Heimatmuseum (Baslerstrasse 48), Fachwerkhaus mit Wohn- und Wirtschaftsteil und interessanten prähistorischen Funden. – Dorfmühle (Mühlebachweg 17), eine im 17. Jahrhundert erbaute Hostienmühle. Sie war bis vor dreissig Jahren noch in Betrieb und beherbergt heute ein Restaurant. – Kirche St. Peter und Paul, 1250 urkundlich erwähnt, wurde 1443 und 1698 neu erbaut. Heute spätbarocke Ausstattung. – Schmiede (Schönenbuchstrasse 2), markanter Fachwerkbau mit gotischen Zierelementen aus dem 17. Jahrhundert. – Aussichtsterrasse auf dem Wasserturm Lange Ägerten.

Vereine: Akkordeon-Orchester, Allgemeiner Kranken- und Hauspflegeverein, Arbeiter-Turnverein, Badminton-Club Smash, Basketball-Club, Betagtenhilfe, Central-Clique, Elisabethen-Verein, Exotis, Familiengarten-Verein, Fasnachtsclique Verainigte Schwellemer, Fussball-Club, Gemischter Chor Frohsinn, Gewerbeverein, Hundesport, IG Storchensiedlung, Interessengruppe für das Kind, Jodler-Doppelquartett, Judo-Club, Kammerorchester, Kaninchen- und Geflügelzüchterverein, Kath. Kranken- und Wochenpflegeverein, Kunst-Verein, Langlauf-Club, Männerchor, Männerchor Neu-Allschwil, Männerriege Turnverein, Militärschützen, Musikverein, Musikgesellschaft Concordia, Natur- und Vogelschutzverein, Pfadfinderabteilung St. Fridolin, Pistolen-Club, Ref. Frauenverein, Robinson-Verein, Röm.-kath. Frauenverein, Samariterverein, Schachclub Neu-Allschwil, Schachgesellschaft, Schärbe-Clique, Schweizer Boxerhund-Club, Schweiz. Schäferhunde-Club, Schwimmclub, Schützengesellschaft, Ski-Club, Société Mutuelle Française, Sportschützen, Squash-Club, Squash-Club Basel, Tageseltern-Verein, Tischtennis-Club, Turnverein, Turnverein Neu-Allschwil, Velo-Club, Verein für einen Jugendtreffpunkt, Verkehrs- und Kulturverein, Volleyball-Club, Wanderverein, Wildviertel-Clique.

Parteien: CVP, FDP, Grüne, LP, NA, SP, SVP.

Öffentliche Sportanlagen: Hallenbad Schulzentrum Neu-Allschwil (Muesmattweg 2), Gartenbad Am Bachgraben.

Amtliches Publikationsorgan: Allschwiler Wochenblatt, Kirschgartenstrasse 5, 4010 Basel, ℡ 061/23 50 90.

Gemeindeverwaltung: Baslerstrasse 101, 4123 Allschwil, ℡ 061/63 55 55. Öffnungszeiten: Mo–Fr 9.30–12, 14–17 Uhr, Mi bis 18 Uhr.

Heimatkunde Allschwil, erschienen 1981.

Anwil, «Ammel», Bezirk Sissach, 605 m ü. M., östlichste Gemeinde des Kantons. Bauerndorf in windgeschützter Mulde des Tafeljuras. 317 Einwohner.

Wappen: Seit 1941. Schild mit einer schwarzen und einer silbernen Hälfte unter einem goldenen Querstreifen, genannt Schildhaupt. Weiss und Schwarz erinnern an die Herren von Kienberg und an Basel, das goldene Schildhaupt bezieht sich auf die ehemalige Herrschaft Homburg. Flagge: gelb-schwarz-weiss.

Ortsgeschichte: Bodenfunde bezeugen eine Besiedlung der Tafeljurahochfläche von der jüngeren Steinzeit bis ins frühe Mittelalter. Der Name Anwil erscheint 1276 und 1378 in den Urkunden und bedeutet Weiler des Arno. Im Mittelalter gehörte Anwil den Grafen von Alt-Homburg, 1400 gelangte es teilweise, 1534 ganz in den Besitz der Stadt Basel. Bis 1801 verlief hier die Landesgrenze zu Österreich; Anwil war Zollort. 1831/33 hielt das Dorf zu Basel, bis es sich den Landschäftlern anschliessen musste.

Sehenswürdigkeiten: Dorfbrunnen.

Vereine: Frauenverein, Gemischter Chor, Samariterverein, Schützenverein, Turnverein.

Amtliches Publikationsorgan: Gelterkinder Anzeiger, Postfach 114, 4460 Gelterkinden, ✆ 062/52 16 02.

Gemeindeverwaltung: Schulhaus, 4469 Anwil, ✆ 061/99 08 40 oder 99 07 90.

Heimatkunde Anwil, erschienen 1967.

Arboldswil, «Arbetschwyl», Bezirk Waldenburg, 633 m ü. M., liegt auf der Hochebene zwischen dem Waldenburger- und dem Reigoldswilertal. Seit 1981 «Gemeinde Europas», Partnergemeinde ist Bourgogne (Marne) in Frankreich. 410 Einwohner.

Wappen: Seit 1944. Grüner Dreiberg, silberne Zinnenmauer und goldene Sonne auf blauem Grund. Das Wappen symbolisiert die Chastelenflue. Flagge: blau-weiss.

Ortsgeschichte: Urkundlich erstmals 1226 als Arboltswilre genannt, 1245 Arbolswiler, 1574 Arbetschwyl. Funde von der jüngeren Steinzeit bis in die römische Zeit sprechen dafür, dass das Dorf auf altem Kulturboden steht. Auf der Chastelenflue hat es Reste einer ummauerten Höhensiedlung aus der Bronzezeit. Arboldswil gehörte zunächst den Grafen von Frohburg, kam 1366 zusammen mit Waldenburg an den Bischof von Basel und im Jahre 1400 mit dem Amt Waldenburg an die Stadt Basel.

Vereine: Altersturnen, Altersverein Reigoldswil und Umgebung, Feldschützengesellschaft, Fischerverein, Frauenriege, Frauenturnverein, Frauenverein, Hauspflegeverein Arboldswil-Lupsingen-Ziefen, Jugendriege, Mädchenriege, Männerchor, Männerriege, Milchgenossenschaft, Natur- und Vogelschutzverein, Turnverein.

Amtliches Publikationsorgan: Arboldswiler Dorfblatt, 4424 Arboldswil, ✆ 061/931 24 39.

Gemeindeverwaltung: 4424 Arboldswil, ✆ 061/931 28 08. Öffnungszeiten: Mo 16–18, Di 10–11.45 Uhr.

Arisdorf, «Aschdef», Bezirk Liestal, 370 m ü. M., Bauerndorf, bekannt für seine vielen Kirschbäume. 1090 Einwohner.

Wappen: Seit 1945. In goldenem Feld schwarzer Bär auf rotem Dreiberg. Der Bär ist dem Siegel der Herren von Bärenfels, der letzten adligen Dorfbesitzer, entnommen. Flagge: gelb-schwarz.

Ortsgeschichte: 1154 Arnolstorf (d.h. Dorf des Arnolds), 1265 Arlstorf, 1266 Arnstorf. Um 1300 ging das Dorf von den Frohburgern an die Herren von Thierstein über. Später kauften die Herren von Bärenfels Teile des Besitzes, 1446 gehörte ihnen ganz Arisdorf. 1532 verkaufte Adelberg III. von Bärenfels das Dorf an die Stadt Basel. 1798 war Arisdorf der Ausgangspunkt für die Basler Revolution, die den Landschäftler Untertanen die Gleichberechtigung mit der Stadt brachte.

Sehenswürdigkeiten: Spätgotische Kirche aus dem Jahre 1595, 1961 renoviert; seit 1849 mit dem ersten harmonischen Geläute (dreistimmig) im Baselbiet versehen. – Alte Mühle mit barocken Stichbogenfenstern. – Altes Pfarrhaus, 1798 haben Arisdörfer auf der südlichen Laubenstütze die Symbole der Französischen Revolution, Dolch und Jakobinermütze, eingeritzt.

Vereine: Feldschützengesellschaft, Frauenchor, Frauenverein, Fussballclub, Guggenmusig, Jodlerclub, Jugendmusik, Musikverein, Samariterverein, Ski-Club, Theatermühle, Turnverein, Velo-Moto-Club, D'Vereinler.

Parteien: SP, SVP.

Amtliches Publikationsorgan: Rheinfelder Bezirksanzeiger, Kirchgasse 2, 4310 Rheinfelden, ℡ 061/87 52 78.

Gemeindeverwaltung: Mitteldorf 4, 4422 Arisdorf, ℡ 061/811 21 44.

Arlesheim, «Arlise», Bezirkshauptort, Sitz von Bezirksgericht, Bezirksschreiberei und Bezirksstatthalteramt. 340 m ü. M., liegt zwischen Birsebene und Berg Gspänig. 8529 Einwohner.

Wappen: Seit 1945. Ein blauer Flügel auf silbernem Grund. Das Wappen geht zurück auf dasjenige der Herren von Üsenberg, die im Mittelalter die Vogtei Birseck innehatten. Flagge: weiss-blau.

Ortsgeschichte: 1239 als Arlisheim erwähnt, 1245 Arloshein, 1269 Arlesheim. Im Banne Arlesheim befinden sich neben Münchenstein die ältesten bekannten Siedlungsorte des Kantons, die Eremitage-Höhle, der Hohle Felsen und die Hollenberg-Höhlen. Unter anderem wurden dort Skelette, Mahlsteine und Schmuck aus der Alt-, Mittel- und Jungsteinzeit gefunden. Im frühen Mittelalter gehörte die Siedlung Arlesheim dem elsässischen Herzog Eticho. Seine Tochter Odilia schenkte sie im Jahre 708 dem Kloster Hohenburg im Elsass. 1239 verkaufte die Äbtissin Willebirgis von Hohenburg Arlesheim dem Bischof von Basel. 1529 schloss sich die Bevölkerung der Reformation an, kehrte jedoch 1581 wieder zum alten Glauben zurück. Arlesheim kam zu grosser Bedeutung, als sich das Domkapitel, das von Basel nach Freiburg i. Br. geflohen war, 1679 dort niederliess. Domherrenhäuser und Domkirche wurden gebaut. Durch die Französische Revolution ging das Domkapitel Arlesheim wieder verloren, und der bischöfliche Teil des Birstals geriet unter französische Herrschaft. Am Wiener Kongress im Jahre 1815 wurde Arlesheim zum Kanton Basel geschlagen. 1832 setzten sich die Bürger von Arlesheim für die Kantonstrennung ein, seither ist das Dorf Bezirkshauptort. In den letzten hundert Jahren liessen sich neben der Industrie vor allem begüterte Bürger hier nieder. Die Fabriken wurden im Tal, die Villen an den Hügeln gebaut. Nach der Jahrhundertwende war das Dorf bekannt für seine Villen und seine sauberen Strassen.

Sehenswürdigkeiten: Barocke Domkirche, 1681 fertiggestellt, 1761 Umgestaltung im Rokokostil und Bau der Orgel. Die Fresken im Innern des Doms malte Josef A. Appiani, die reichen Stuckornamente stammen von Feichtmeyer. Die Orgel baute Johann Andreas Silbermann aus Strassburg. – Schloss Birseck, von 1239 an zeitweilig im Besitz der Basler Bischöfe, beim Erdbeben von 1356 zerstört und anschliessend wieder aufgebaut. 1793 geplündert und von Revolutionären in Brand gesteckt. 1812 wird Schloss Birseck teilweise wieder aufgebaut: Rundturm, Wehrgang, Schlosskapelle und Rittersaal mit neugotischen Malereien. – Burg Reichenstein, beim Erdbeben von 1356 zerfallen, 1933 durch private Initiative wieder aufgebaut. Heute im Besitz einer Stiftung. Die Burg kann für Anlässe gemietet werden. – Eremitage, englischer Garten mit Grotten, Weihern und einer Einsiedelei. Domherr Heinrich von Ligerz, Freiherr Franz Carl von Andlau und Balbina von (vom) Staal liessen ihn 1785 anlegen. – Domplatz mit Domherrenhäusern. Heute befinden sich hier Bezirksgericht, Bezirksschreiberei und Bezirksstatthalteramt. – Domplatzbrunnen von 1680. – Dorfmuseum Trotte. – Arlesheim liegt im Einflussbereich des von Rudolf Steiner gegründeten anthroposophischen Weltzentrums Goetheanum im benachbarten Dornach (Kanton Solothurn) und beherbergt die anthroposophischen Spitäler Ita-Wegmann-Klinik und Lukas-Klinik sowie die Heilmittelfabrik Weleda.

Vereine: Altersverein, ASG Arlesheimer Sporthallen, Atmungsturngruppe, Basketball-Club, Bocciaclub, Feldschützen, Frauenchor, Frauen-, Damen- und Mädchenriege, Frauenverein, Fussballclub, Gewerbeverein, Handharmonikaclub Münchenstein/Arlesheim, Haus- und Grundbesitzerverein, IG Vereine von Arlesheim, Jodlerclub, Junge Kirche, Jungwacht und Blauring, Kaninchenzüchterverein, Kath. Frauenverein, Kath. Kirchenchor, Kath. Männerverein, Kleinkalibersektion des Sportschützenverbandes beider Basel, Laufsportgruppe, Männerchor, Männerriege, Militärschiessverein, Musikverein, Orchesterverein, Pfadfinderabteilung Hilzenstein, Pfadfinderinnen Dorneck, Pistolenclub, Ref. Kirchenchor, Samariterverein, Schachclub Birseck, Sportfischerverein, Tennisclub, Trägerverein Jugendhaus, Turnverein, Verkehrsverein, Vinzenz-Verein.

Parteien: CVP, FDP, LdU, SP, SVP.

Öffentliche Sportanlagen: Freibad, Waldweg-Netz.

Amtliches Publikationsorgan: Wochenblatt für das Birseck und Dorneck, Stollenrainstrasse 17, 4144 Arlesheim, ✆ 061/701 10 72.

Gemeindeverwaltung: Domplatz 8, 4144 Arlesheim, ✆ 061/72 34 34.

Augst, «Augscht», früher Baselaugst zur Unterscheidung vom ehemals österreichischen Kaiseraugst, Bezirk Liestal, 275 m ü. M., an der Mündung der Ergolz in den Rhein gelegen. 822 Einwohner.

Wappen: Seit 1945. Silberner Löwenkopf mit goldener Zunge und goldener Krone auf rotem Grund. Wappen der Edelknechte Pfirter von Liestal, die im 14. Jahrhundert durch die Habsburger mit der Hälfte des Zolles von Augst belehnt wurden. Flagge: rot-weiss.

Ortsgeschichte: Der Name Augst geht auf die Römerstadt Augusta Raurica zurück, die vom 1. bis ins 3. Jahrhundert auf dem Terrassensporn zwischen Ergolz und Violenbach lag. Sie war Knotenpunkt der römischen Heerstrassen vom Bodensee ins Elsass und vom Genfersee an den Rhein. Als die Stadt durch die Alemanneneinfälle gefährdet wurde, entstand gegen Ende des 3. Jahrhunderts in der Nähe des Rheins, dort wo der Dorfkern von Kaiseraugst liegt, das Castrum Rauracense. Die eindringenden Alemannen liessen sich hier nieder, während Augusta Raurica verödete. Im Mittelalter bildete sich eine weitere Siedlung an der Ergolzbrücke, wo sich der Zoll und eine Mühle befanden. Die beiden Augst bildeten jahrhundertelang ein Gemeinwesen, wurden aber schliesslich dadurch getrennt, dass sie an verschiedene Besitzer fielen. Das Dorf auf der rechten Seite des Violenbaches kam im 14. Jahrhundert mit der Herrschaft Rheinfelden an Österreich, deshalb Kaiseraugst. Das linksufrig gelegene Dorf gelangte 1461 mit der Herrschaft Farnsburg in den Besitz der Stadt Basel und heisst seither Baselaugst. Als Grenzort erlebte Augst immer wieder unruhige Zeiten, bis das Fricktal und die Herrschaft Rheinfelden schweizerisch wurden.

Sehenswürdigkeiten: Römisches Theater, das bis zu 8000 Personen Platz bot. Hier finden heute Freilichtspiele und Konzerte statt. – Überreste des Tempels Schönbühl. – Römerhaus, Rekonstruktion eines römischen Wohn- und Geschäftshauses mit Inventar. Darin werden reiche Funde aus der Römerzeit gezeigt. Besonders bemerkenswert ist der 1962 entdeckte Silberschatz. – Überreste der Trinkwasserleitung. – Stücke der Ringmauer und das Gasthaus Rössli, das damals Absteige und Zoll war, erinnern an das mittelalterliche Augst. – Flusskraftwerk mit Schleusen, 1908–1912 erbaut.

Vereine: Bootclub, Damenturnverein, Frauenriege, Frauenverein, Freie Schützengesellschaft, Gemischter Chor, Kaninchenzüchterverein, Männerchor, Samariterverein, Schützengesellschaft, Sportverein, Tennis-Club, Tischtennis-Club, Turnverein, Verein für Freilichtspiele, Vereinigung pro Augst.

Parteien: Demokratische Vereinigung, Vereinigung Angestellter und Gewerkschafter.

Amtliches Publikationsorgan: Bezirksanzeiger Rheinfelden, Kirchgasse 2, 4310 Rheinfelden, ✆ 06/ 87 52 78.

Gemeindeverwaltung: Gemeindehaus, 4302 Augst, ✆ 06/ 811 11 03.

Heimatkunde Augst, erschienen 1984.

Bennwil, «Bämbel», Bezirk Waldenburg, 518 m ü. M., Bauerndorf in einer Talmulde zwischen Diegter- und Waldenburgertal. 518 Einwohner.

Wappen: Seit 1945. Auf blauem Grund ein silbernes Lamm mit goldenem Glorienschein. Es trägt an einer goldenen Stange eine silberne Fahne mit durchgehendem roten Kreuz. Das Wappen erinnert an die jahrhundertelangen Beziehungen zum Kloster Schöntal. Auch auf der Bennwiler Taufschale findet sich das Motiv. Flagge: blau-weiss.

Ortsgeschichte: Bennwil gehört zu den Wiler-Orten, die im Laufe des 8. Jahrhunderts von Alemannen in einer Gegend gegründet wurden, wo noch Teile der alten kelto-romanischen Bevölkerung sesshaft blieben.

1189 verschenkte Graf Hermann II. von Frohburg den Hof mit den Leuten und dem Patronatsrecht der Kirche dem Benediktinerkloster Schöntal bei Langenbruck. Im gleichen Jahr wurde die Siedlung als Bendewilere erstmals erwähnt. Die politische Gemeinde Bennwil gehörte zur frohburgischen Herrschaft und seit 1400 zum baslerischen Amt Waldenburg. Nach der Aufhebung des Klosters im Jahre 1528 ging auch das Patronatsrecht an Basel über. Am 29. April 1617 brannten die Kirche, der Kornspeicher, acht Wohnhäuser und zwei Scheunen bis auf die Grundmauern nieder. 1670 wurde die Kirche neu erbaut.

Aus Bennwil stammt der Vater des 1845 in Liestal geborenen Carl Spitteler. Dem Dichter und Nobelpreisträger errichteten die Bennwiler 1948 auf dem Dorfplatz ein Denkmal.

Sehenswürdigkeiten: Taufbecken aus dem Kloster Schöntal, vermutlich im 15. Jahrhundert in Nürnberg entstanden. – Kirche, 1670 neu erbaut. – Spitteler-Denkmal, Findling aus den Walliser Alpen vom Nordhang des Sagwaldes.

Vereine: Chuttägässler, Damenturnverein, Feldschützen, Frauenriege, Frauenverein, Gemischter Chor, Kindergartenverein, Männerriege, Turnverein.

Parteien: FDP.

Amtliches Publikationsorgan: Waldenburger Bezirksblatt, Hauptstrasse 22, 4437 Waldenburg, ℅ 061/97 00 64.

Gemeindeverwaltung: Hauptstrasse 22, 4431 Bennwil, ℅ 061/97 12 54. Öffnungszeiten: Di 19–20, Sa 10–12 Uhr.

Literatur: Zur Geschichte von Bennwil, 1983.

Biel-Benken, «Biel-Bängge», Bezirk Arlesheim, bis 1971 zwei politische Gemeinden, Biel und Benken, 316 m ü. M., im Leimental, früher Bauerndorf, heute Wohngemeinde. 2247 Einwohner.

Wappen: Seit 1930. Fünf silberne Wecken auf rotem Schild. Benken übernahm das Wappen der ehemaligen Besitzerfamilie Schaler. Heute gilt es für Biel-Benken. Biel hatte bis 1971 das gleiche Wappen mit umgekehrten Farben. Flagge: rot-weiss.

Ortsgeschichte: Die beiden Dörfer Biel (Benken minor oder Kleinbenken) und Benken (Benken maior oder superior) waren im 13. Jahrhundert im Besitz des Basler Rittergeschlechts der Schaler. 1526 wurden sie an die Stadt Basel verkauft. Als 1529 in Stadt und Landschaft Basel die Reformation eingeführt wurde, bildeten Biel und Benken zusammen eine Pfarrei. Anstelle der beiden Dorfkapellen baute man 1621 in Benken eine neue Kirche. Im Dreissigjährigen Krieg wurde der Grenzort Benken mehrmals geplündert und in Brand gesteckt. Beim Ausbruch der Französischen Revolution war das Dorf Zufluchtsort für die Juden aus dem benachbarten Sundgau.

Sehenswürdigkeiten: Reformierte Kirche von 1621. – Älteste Glocke des Kantons, sie stammt aus der geschleiften Kapelle des verschwundenen Dorfes Munzach bei Liestal. – Alter Sodbrunnen beim Pfarrhaus. – Schlössli Biel-Benken (ehem. Lehenhaus des Weiherschlosses Benken). – Denkmal zur Erinnerung an den Dichter-Pfarrer Friedrich Oser. – Naturreservat Spittellache im Wald. – Alte Mühle im Dorfteil Benken. – «Reedlischiggä», alter Fasnachtsbrauch am Sonntag nach Aschermittwoch.

Vereine: Badminton-Club, Frauen- und Töchterchor, Frauenverein, Hauspflegeverein, Männerchor, Samariterverein, Schützengesellschaft, Turnverein.

Amtliches Publikationsorgan: Biel-Benkener Dorf-Zytig, R. Dierdorf, Postfach, 4105 Biel-Benken, ℅ 061/73 77 56.

Gemeindeverwaltung: Kirchgasse 9, 4105 Biel-Benken, ℅ 061/73 33 66.

Binningen, «Binnige», Bezirk Arlesheim, 294 m ü. M., Wohngemeinde am Rande Basels. 14'244 Einwohner.

Wappen: Seit 1921. Auf silbernem Grund schwarzer Pfahl mit drei silbernen Sternen, Wappen der Familie «von Binningen». Flagge: weiss-schwarz.

Ortsgeschichte: Wahrscheinlich liess sich eine alemannische Sippe dort nieder, wo die Strasse in das Leimental den Birsig überquerte. Eine der ältesten Urkunden des Kantons bezeugt, dass im Jahre 1004 die Hard im Elsass von König Heinrich II. dem Bischof von Basel geschenkt wurde. Im Grenzbeschrieb dieses Gebietes erscheint der Name Binningen zum ersten Mal. Mit Bottmingen zusammen gehörte die Siedlung von da an zu Basel. 1534 verpfändete der Bischof seinen Besitz an die Stadt Basel. Das Weiherschloss Binningen, das Ende des 13. Jahrhunderts erstmals urkundlich erwähnt wurde, war schon früh Eigengut und wechselte sehr oft seine Besitzer. Um 1860 zählte das Dorf 146 Häuser. Nach 1890 beschleunigte der Bau der Birsigtalbahn das Wachstum der Gemeinde.

Sehenswürdigkeiten: Schloss Binningen, im 13. Jh. vom Basler Heinrich Zeisen erbaut. 1545 bis 1559 gehörte es dem Niederländer David Joris, der hier als Johann von Brugg unter falschem Namen lebte. Nachdem er als Haupt einer Wiedertäufergemeinde entlarvt worden war, wurde sein Leichnam exhumiert. Seither soll er als Geist umherirren. 1662 bis 1738 war das Schloss Eigentum der Bündner Familie «von Salis». Seit 1870 wird hier eine Gastwirtschaft geführt. 1960 ging das Schloss in den Besitz der Einwohnergemeinde über. – Holeeschloss, um 1550 erbaut. Von der ehemaligen Anlage steht nur noch der Hauptflügel mit dem Treppenturm. Privatbesitz, seit 1974 unter Denkmalschutz. – Kirche zu St. Margarethen, auf dem Margarethenhügel nordöstlich der Gemeinde, hat ihren Ursprung im 10. oder 11. Jh. – Gasthof Neubad, 1765 erbaut, diente der Bevölkerung ursprünglich auch als Bad. – Ortsmuseum, seit 1987.

Vereine: Allg. Touring Bund ATB, Altersverein, Arbeiter-Schiessverein, Arbeiter-Turnverein, Assoc. Morresi Emigrati, Badminton-Club, Blaukreuzjugend, Blauring, B.S.C. Old Boys, Cäcilienverein, Comitato genitori scuola, Damen-Handballclub, Damenriege, Daronga Spielplätze, Eishockey-Club, Elternbildung Leimental, Familiengärtnerv. Bruderholz, Familiengärtnerv. Paradies, Familienzentrum Kettiger, Feldschützen, Feuerwehrv., Frauenchor, Frauengemeinschaft d. kath. Pfarrei, Frauenriege, Frauenv., Freizeitwerkstatt, Gemischter Chor Eintracht, Gewerbev., Gymnastik-Gruppe Meiriacker, Handball-Club, Handball-Club Basilisk, Handharmonika-Club, Hauseigentümerv., Hundesport, IG Regionalschiessplatz, Judo-Club Bushido, Jugendhaus, Jugoslawischer Verein, Kath. Frauen- und Töchterriege, Kath. Kranken- u. Hauspflegeverein, Kegelclub Jung Holz, Kranken- u. Hauspflegeverein der ref. Kirchgemeinde, Krankenkassen-Gemeindeverband, Kunstverein, Landwirtschaftl. Ortsverein, Leichtathletikriege, Männerchor, Männergesangverein, Männerriege, Margarethenkantorei, Metallharmonie, Minigolf-Club Laubfrosch, Morgengymnastik, Mütterberatung Leimental, Naturfreunde Birsigtal, Orchesterverein, Orientierungslauf-Club, Ornithologischer Verein, Pfadfinderabt. Falkenstein, Pro Juventute, Pro Senectute, Ref. Kirchgemeindeverein, Regio-Chor, Reitclub Zum Steckenpferd, Samariterverein, Sportclub Blau Boys, Sport-Club, Sportclub Juventus, Schwing-Club, Stiftung Alters- u. Pflegeheim Langmatten, Stiftung Naturschutzgebiet Herzogenmatten, Tagesmütter, Tennisclub, Tischtennis-Club, Turnerinnenv. Fortuna, Turner-Veteranen-Verb., Turnverein, Turnverein Sokol, Turnverein Neusatz, Velo-Club, V. Gemeindebibliothek, V. Ludothek, V. für Volksgesundheit, V. z. Förderung d. Naturschutzgebietes Herzogenmatt, Vinzenz-V., Volleyball-Club Meiriacker, Volleyball-Club Rex, Volleyball-Club Sonnenbad, Fasnachtscliquen: Die Heimelige, Müsliclique 73, Schnäggejätter-Fasnachtsges., Vorstadt-Glunggi, Wäglitramper.

Parteien: CVP, EVP, FDP, Grüne Binningen, LP, SP.

Öffentliche Sportanlagen: Sonnenbad St. Margarethen, Waldlehrpfad Allschwilerwald, Vita-Parcours Holeeholz, Schwimmhalle Spiegelfeld, Kunsteisbahn.

Amtliches Publikationsorgan: Binninger Anzeiger, Kirchweg 10, 4102 Binningen, ℡ 061/47 25 80.

Gemeindeverwaltung: Curt Goetz-Strasse 1, 4102 Binningen, ℡ 061/47 49 00. Öffnungszeiten: Mo, Di, Mi, Fr 9.30–11.30 und 14–16 Uhr, Do 9.30–11.30 und 14–18.30 Uhr.

Heimatkunde Binningen, erschienen 1978.

Birsfelden, «Birsfälde», Bezirk Arlesheim, 260 m ü. M., Industrie- und Wohngemeinde am Stadtrand Basels mit grossen Rheinhafenanlagen. 11'838 Einwohner.

Wappen: Seit 1924. Auf rotem Grund ein silberner Wellenbalken über drei goldenen Sternen. Der Wellenbalken symbolisiert die Birs, die Sterne das Sternenfeld. Flagge: weiss-gelb-rot.

Ortsgeschichte: 1274 Erwähnung von minor Rinvelden, 1444 Klein Rinfelden. Die Namen bezeichneten früher das rechtsufrige Mündungsgebiet der Birs, das Birsfeld, das von Birs, Rhein und Hard begrenzt wird. Funde aus der Stein-, Bronze- und Eisenzeit sowie Reste römischer Wachttürme auf dem Sternenfeld und in der Hard sprechen von der Anwesenheit des Menschen in dieser Gegend. 1102 wurden ein Steg und eine Fähre über die Birs erwähnt, 1425 baute man die erste feste Brücke. Mit Muttenz kam das Birsfeld 1515 an Basel. Die Entwicklung zur Ortschaft begann erst nach der Trennung beider Basel, als die Birs Kantonsgrenze wurde und sich Gewerbetreibende und Arbeiter an der Strasse nach Basel ansiedelten. Seit 1850 hatte der Ort eine weitgehend selbständige Verwaltung. 1875 wurde Birsfelden zur selbständigen Gemeinde erhoben. 1960 zählte Birsfelden 10'000 Einwohner, die «Stadt vor der Stadt» war Tatsache geworden. Seit 1966 nimmt die Einwohnergemeinde Einbürgerungen vor, da die Bildung einer Bürgergemeinde abgelehnt wurde.

Sehenswürdigkeiten: Protestantische Kirche, erbaut 1865, umgebaut 1932. – Römisch-katholische Kirche Bruder Klaus, moderner Sichtbetonbau aus dem Jahre 1959. – Rheinhafenanlagen, erste Etappe erstellt in den Jahren 1937–1942, zweite Etappe von 1951–1956. – Kraftwerk mit einer Schleuse, erbaut von 1950–1954. 1979 Eröffnung der zweiten Schleuse. – Die grosse Grünfläche der Kraftwerkinsel dient als Naherholungszone. – Moderne Schulhausanlagen Rheinpark und Sternenfeld aus den Jahren 1969 und 1976.

Vereine: Altersverein, Allgemeiner Touringbund, Arbeiter-Sängerbund, Arbeiter-Schiessverein, Arbeiter-Wassersportverein, Armbrustschützen, Badminton-Club, Basketball-Club, Bellevue-Stars, Blauring, Boccia-Club, Boccia-Vereinigung beider Basel, Centro Ricreativo Italiano, Christlicher Posaunenchor, CVJM Turnsektion, Damen- und Frauenriege, Darts-Sport-Club, Familiengärtner-Verein, Feuerwehrverein, Fischerverein, Fischerverein BL Rhein/Birs, Frauenverein, Fussball-Club, Gemischter Chor Frohsinn, Gewerbeverein, Guggemusig Birsblootere, Handharmonika-Club, Haus- und Grundeigentümer-Verein, Hundesportverein, Judo Sport Club, Jungwacht, Kath. Frauen- und Mütterverein, Kath. Männerverein, Kegelclub Volltreffer, Kolbotn-OK (OL-Verein), Kunst- und Kulturverein, Männerchor, Militärschützen, Musikkorps, Natur- und Vogelschutzverein, Ornithologische Gesellschaft, Pistolenschützen, Quartierverein Sternenfeld, Samariterverein, Satus-Turnverein, Schach-Club, Schach-Club beider Basel, Schwimm-Club, Ski-Club, Schweiz. Lebensrettungsgesellschaft, Standschützen, Stägehysler Clique, Sportschützen-Verein, Tagesmütter, Tennis-Club, Tischtennis-Club, Trägerverein Jugendzentrum, Turnverein, Velo-Moto-Club, Verein freier Radfahrer, Verein für Pilzkunde, Verein für die Schuljugend, Wander- und Fitnessgruppe, Waldbrüder, Wasserfahrverein.

Parteien: CVP, EVP, FDP, Grüne Birsfelden, SP.

Öffentliche Sportanlagen: Vita-Parcours im Hardwald, Finnenbahn im Hardwald, Schwimmhalle, Sportplatz Sternenfeld.

Amtliches Publikationsorgan: Birsfelder Anzeiger, Muttenzerstrasse 4, Postfach 1, 4127 Birsfelden, ℅ 061/41 20 20.

Gemeindeverwaltung: Hardstrasse 21, 4127 Birsfelden, ℅ 061/41 38 00.

Heimatkunde Birsfelden, erschienen 1976.

Böckten, «Böckte», «Beckte», Bezirk Sissach, 385 m ü. M., 634 Einwohner.

Wappen: Seit 1945. Abwechselnd drei silberne und drei blaue Querbalken. Es ist das Wappen des Truchsesses von Rheinfelden, die als letztes Adelsgeschlecht das Dorf Böckten besassen. Flagge: weiss-blau.

Ortsgeschichte: Böckten hiess 1246 Bettinchon, 1339 Betkon. Der Name gehört zu den Sippennamen auf -ingen mit anschliessendem -hofen. Durch Abschleifen wurde Bettinghofen zu Bettinchon, Betkon, worauf dann, wie zum Beispiel bei Buckten, eine Umstellung der Konsonanten erfolgte, die dem mündlichen Sprachgebrauch entgegenkam (tk wird zu kt). Hof und Dorf Böckten gehörten im Mittelalter den Grafen von Homburg, wechselten dann aber mehrmals die Herrschaft und fielen 1467 an Basel. Nach der Eröffnung des Gotthardpasses wurde zur Sicherung des Unteren Hauensteins am Kienberg im Jahre 1311 die Burg Bischofstein erbaut. Sie fiel dem Erdbeben von 1356 zum Opfer.

Sehenswürdigkeit: Burgruine Bischofstein, freigelegte Mauer- und Turmüberreste.

Öffentliche Sportanlagen: Spielwiese und Spielplatz bei der Turnhalle.

Vereine: Damenriege, Fasnachtsgesellschaft, Feldschützengesellschaft, Frauenriege, Frauenverein, Männerchor, Männerriege, Turnverein.

Gemeindeverwaltung: Schulweg 2, 4461 Böckten, ☏ während Schalterstunden 061/99 24 78, übrige Zeit Gemeindeschreiber, ☏ 061/99 10 24. Öffnungszeiten: Di 18.30–20, Fr 19–20 Uhr.

Heimatkunde Böckten, erschienen 1988.

Bottmingen, «Bottmige», Bezirk Arlesheim, 295 m ü. M., bevorzugte Wohngemeinde. 5636 Einwohner.

Wappen: Seit 1943. Zwei gekreuzte silberne Figuren auf rotem Grund, deren Bedeutung sich nicht mit Sicherheit feststellen lässt. Es ist das Siegel des Basler Adelsgeschlechtes Schilling, der zweiten Besitzer des Bottminger Schlosses. Flagge: rot-weiss.

Ortsgeschichte: Urkundlich wird Bothmingen erstmals 1246 erwähnt. Wie Binningen war auch Bottmingen eine frühalemannische Siedlung. Im Mittelalter stand es unter der Herrschaft des Bischofs von Basel. Es besass jahrhundertelang eine gemeinsame Gemeindeorganisation mit Binningen, die erst nach langwierigen Auseinandersetzungen 1830 aufgelöst wurde. 1534 erwarb die Stadt Basel Binningen und Bottmingen für 400 Gulden. Wie die übrigen Ortschaften im Leimental hatte Bottmingen durch Kriegszüge und Plünderungen viel zu leiden. Nach dem St. Jakobs-Krieg, 1445, wurde Bottmingen durch Peter von Mörsberg verbrannt. Auch 1499, zur Zeit des Schwabenkrieges und während des Dreissigjährigen Krieges, fielen immer wieder Soldaten ins Leimental ein. 1794 verweigerten die Bottminger der Stadt Basel den Heuzehnten. Das Land versuchte, die Herrschaft der Stadt loszuwerden. Bei den Trennungswirren richtete sich am 8. Januar 1832 die erste militärische Aktion der Basler gegen Binningen und Bottmingen.

Sehenswürdigkeiten: Weiherschloss Bottmingen, 1363 erstmals urkundlich erwähnt. Im Laufe der Jahrhunderte liessen verschiedene Besitzer Änderungen und Umbauten vornehmen. 1938 wurde das Schloss unter Denkmalschutz gestellt und in den Jahren 1943–45 restauriert. Seit 1957 gehört es dem Kanton Basel-Landschaft und dient heute als Restaurant. – Altes Schul- und Gemeindehaus: Nachdem im Jahre 1857 das 1838 erbaute Schulhaus zusammen mit anderen Gebäuden niederbrannte, liess die Gemeinde 1859/60 ein ehemaliges Wirtshaus an der Therwilerstrasse zu einem Schulhaus umbauen. Vor dem einfachen Bau, das ein Glockentürmchen trägt, befindet sich die letzte intakte Brückenwaage im Leimental. – Schulhaus Hämisgarten, eigenartiger Bau mit Glasbild von Jacques Düblin. – Dorfmuseum, seit 1978.

Öffentliche Sportanlagen: 4 Turnhallen mit Aussenanlagen, Sportfeld-Bocciabahn, Frei- und Hallenbad Burggartenstrasse, 380 m lange Finnenbahn oberhalb der Talholzstrasse.

Vereine: Alterstreff, Alstursturen und -schwimmen, Arbeiterschiessen, Burggartenkellerverein, Damenriege, Familiengärtnerverein, Feldschützen, Frauen- und Hauspflegeverein, Frauenchor, Frauenriege, Gemischter Chor, Gymnastik, IG Vereine, Jodlerclub, Jugendchor, Jugendriege, Kleinkaliberschützen, Mädchenriege, Männerriege, Musikverein, Samariterverein, Schwimmclub, Skiclub Badus, Tagesmütterverein, Turnverein, Verein Dorfmuseum, Verkehrsverein des Birsig- und Leimentals, Volleyball-Club.

Parteien: CVP, DP, EVP, FDP, LdU, SP, SVP, UeW.

Amtliches Publikationsorgan: Bibo (Birsigtal-Bote), Petersgasse 34, 4001 Basel, ☏ 061/25 81 66.

Gemeindeverwaltung: Schulstrasse 1, 4103 Bottmingen, ☏ 061/47 16 55. Öffnungszeiten: Mo–Fr 10–12, Mo 14–17 Uhr, Do 14–18.30 Uhr.

Bretzwil, «Brätzbel», Bezirk Waldenburg, 630 m ü. M., 701 Einwohner.

Wappen: Seit 1939. Zwei rote gekreuzte Lilienstäbe auf goldenem Grund. Wappen der Edelknechte von Ramstein. Flagge: gelb-rot.

Ortsgeschichte: 1194 wurde Braswilere erstmals erwähnt. Im 7. oder 8. Jh. gründeten die Alemannen eine Sippensiedlung. Bretzwil gehörte ursprünglich zur Talkirche Oberkirch bei Nunningen (SO) und wechselte später zum Bischof von Basel über. Die «Herren von Brislach», ein zähringisches Dienstmannengeschlecht, das die Burg Ramstein erbaut hatte, erhielten 1377 Bretzwil vom Bischof als Lehen. 1518 verkauften die Edelknechte von Ramstein, wie sie sich jetzt nannten, Bretzwil an die Stadt Basel. 1673 wurde Bretzwil mit dem ganzen Ramsteineramt dem Waldenburgeramt einverleibt. Seit der Reformation bilden Bretzwil und Lauwil zusammen eine Kirchgemeinde, zu der bis 1785 auch Reigoldswil gehörte.

Sehenswürdigkeiten: Kirche St. Maria, 1953 renoviert, mit Glasmalereien und geschnitzter Barockkanzel. – Wenige Mauerreste von Burg Ramstein. – Isaak Bowe-Brunnen beim Baumgartenschulhaus, Denkmal für den Bauernführer im Krieg von 1653.

Öffentliche Sportanlage: beim Baumgartenschulhaus.

Vereine: Fleckviehzuchtgenossenschaft, Frauenverein, Gemischter Chor, Jodlerklub Echo v. Ramstein, Milchgenossenschaft, Musikverein, Obstbau- u. Vogelschutzverein, Samariterverein, Schützengesellschaft, Turnverein, Verschönerungsverein.

Amtliches Publikationsorgan: Mitteilungsblatt der Gemeinde (s. Gemeindeverwaltung). – Waldenburger Bezirksblatt, Hauptstrasse 22, 4437 Waldenburg, ☏ 061/97 00 64.

Gemeindeverwaltung: Gemeindekanzlei, 4207 Bretzwil, ☏ 061/96 15 36. Öffnungszeiten: Mo 9–11, Do 18.30–20 Uhr.

Heimatkunde Bretzwil, erschienen 1980.

Bubendorf, «Buebedef», Bezirk Liestal, 375 m ü. M., Bachzeilendorf am Eingang zum hintern Frenkental. 3073 Einwohner.

Wappen: Seit 1943. Durch Spitzenschnitt schräg in Schwarz und Silber geteilt. Es ist das Wappen der Herren von Bubendorf. Flagge: schwarz-weiss.

Ortsgeschichte: Beim Zusammenschluss des unteren und des oberen Frenkentals, wo das Bad Bubendorf liegt, entwickelte sich an der Strasse über den Oberen Hauenstein eine kleine spätrömische Siedlung. Alemannische Steingräber mit guterhaltenen Skeletten und Beigaben bezeugen, dass sich hier später Alemannen niederliessen. Wohl durch Schenkung des Königs kam die Siedlung Bubendorf im Mittelalter an die Frohburger und von diesen an den Bischof von Basel. Das Dorf entwickelte sich rund um den Dinghof im heutigen Unterdorf. Neben dem Dinghof stand die Mühle mit der Säge, davor der erste laufende Brunnen des Dorfes. Der Kastanienbaum steht an der Stelle der einstigen Gerichtslinde, dem «Königsbaum». 1400 gelangte das Dorf mit dem ganzen Waldenburgeramt an die Stadt Basel. Vor allem im 17. Jahrhundert diente die als «Königsbrunnen» schon lange bekannte Quelle als Heilbad. Hier, im Bad Bubendorf, nahm die Bewegung gegen die Stadt Basel 1830 mit ersten Volksversammlungen ihren Anfang, während das Dorf noch lange der Stadt treu blieb. Erst am 3. August 1833 stellte sich Bubendorf auf die Seite der Landschaft.

Sehenswürdigkeiten: Alte Wappenscheiben in der Pfarrkirche. – Kassettendecke mit bemalten Holztafeln im Pfarrsaal, um 1700 entstanden. – Ehemaliger Dinghof der Dompropstei, Hauptstrasse 52. Dreigeschossiges Wohnhaus mit gotischen Dreierfenstern, Satteldach, Treppengiebeln und angebauter Scheune aus dem Jahre 1600. – Alte Baselbieter Bauernhäuser. – Bad Bubendorf, früher Bad, heute Restaurant und Hotel. – Schloss Wildenstein, einzige bewohnbare und bewohnte Burg im Kanton, befindet sich in Privatbesitz. – Wasserfall mit Tropfstein unterhalb von Schloss Wildenstein.

Öffentliche Sportanlagen: Sportplatz Langgarben, Sportplatz Brühl, Turnhalle beim Schulhaus, Vita-Parcours Talhalde-Murenberg mit Finnenbahn an der Murenbergstrasse in der ersten Waldkurve.

Vereine: Blaukreuzverein, Brüel-Stolperi, Damenturnverein, Feldschützengesellschaft, Fränke-Schränzer, Frauenchor, Frauenverein, Fussballclub, Hauspflegeverein, Kaninchenzüchterverein, Kinderspielgruppe, Kulturverein, Luftgewehrschützen, Männerchor, Musikverein, Natur- und Vogelschutzverein, Samariterverein, Schützenclub, Tambouren- und Pfeiferclique, Tischtennisclub, Turnverein.

Parteien: FDP, SP.

Amtliches Publikationsorgan: Amtsanzeiger der Gemeinde Bubendorf, erscheint jeden zweiten Freitag.

Gemeindeverwaltung: 4416 Bubendorf, ℡ 061/931 17 21. Öffnungszeiten: Mo–Fr 9–12 und 17–18 Uhr.

Buckten, «Buckte», Bezirk Sissach, 483 m ü. M., im Homburgertal gelegen. 678 Einwohner.

Wappen: Seit 1944. In der oberen Hälfte ein goldenes Posthorn auf schwarzem, in der unteren Hälfte ein schwarzes Rad auf goldenem Grund. Posthorn und Wagenrad erinnern an die einst wichtige Stellung Bucktens als Passort des Unteren Hauensteins, die Farben an die frühere Zugehörigkeit zur Herrschaft Homburg: Flagge: gelb-schwarz.

Ortsgeschichte: 1323 wird Butkon erstmals erwähnt. Wie bei Böckten und Diegten liegt im Ortsnamen Buckten eine merkwürdige Umstellung der Konsonanten vor, die dem mündlichen Sprachgebrauch besser entsprach: tk wurde zu kt. Flurnamen und Funde beweisen eine Besiedlung in voralemannischer Zeit. Dorf und Bann waren ursprünglich frohburgisch und kamen dann zur Herrschaft Homburg. 1305 fiel Buckten an den Bischof und 1400 an die Stadt Basel. Eine alte Tradition, die auf die Herrschaft Homburg zurückzuführen ist, hat sich bis in die Gegenwart erhalten: das «No-Uffert z'Buckte». Dieser Brauch zeugt davon, dass das Dorf bereits früher eine gewisse zentrale Funktion besass. So hatte der Landvogt von der Homburg jeweils am Sonntag nach Auffahrt in Buckten auf dem Dorfplatz die Aufgabe, die jungen Paare zivil zu trauen. Nach dieser Amtshandlung gab es für das einfache Volk bei Musik, Tanz und Gesang ein fröhliches Fest; wohl das einzige im Jahr. Der gemütliche Teil dieses Anlasses wird noch heute als Volksfest mit Schiessbuden- und Rummelplatzbetrieb und Tanz alle Jahre begangen.

Sehenswürdigkeit: Ruine Homburg.

Vereine: Gemischter Chor, Musikverein, Turnverein (Altersturnen, Damenriege, Frauenriege, Männerriege).

Amtliches Publikationsorgan: Informationsblatt der Gemeinde.

Gemeindeverwaltung: Hauptstrasse 29, 4446 Buckten, ✆ 062/69 15 77, wenn keine Antwort 062/69 23 77.

Buus, «Buus», Bezirk Sissach, 443 m ü. M., Bauerndorf, Obst- u. Rebbau, in einem Talboden gelegen, in den mehrere kleine Täler münden. 751 Einwohner.

Wappen: Seit 1945. In silbernem Feld auf schwarzem Boden ein roter Rebstecken mit grünem Weinstock und blauer Traube. Flagge: weiss-blau.

Ortsgeschichte: Dunkler, voralemannischer Ortsname. Nach steinzeitlichen, bronzezeitlichen und römischen Funden zu schliessen, war Buus früh besiedelt. Kirche vermutlich auf römischem Gebäude errichtet. Buus gehörte im Mittelalter wahrscheinlich dem Kloster Beromünster, ging dann an die Grafen von Lenzburg, an die Frohburger, an die Grafen von Habsburg-Laufenburg und schliesslich mit der Farnsburg an die Thiersteiner. 1461 verkaufte Thomas von Falkenstein die Farnsburg an Basel. Über 300 Jahre herrschten die Basler Landvögte von der Farnsburg aus. Das Patronatsrecht über die Kirche gehörte vom 14. Jh. bis 1805 dem Deutschordenshaus in Beuggen jenseits des Rheins. 1798 wurde die Farnsburg von aufständischen Bauern geplündert und gebrandschatzt. Weinbau 1274 erstmals urkundlich erwähnt.

Sehenswürdigkeiten: Ruine Farnsburg mit Rundsicht. – Pfarrkirche St. Michael, 1860 und 1943/44 renoviert. – Spätgotisches Pfarrhaus. – Frühbarocke Wappentafel d. Deutschordensritter (1625).

Vereine: Auto-Moto-Club, Damenriege, Frauenchor, Frauenverein, Männerchor, Musikgesellschaft, Natur- u. Vogelschutzverein, Pistolenclub, Reiterclub, Samariterverein, Schützenges., Turnverein.

Parteien: FDP, SVP.

Öffentliche Sportanlage: Freischwimmbad Sellmatt.

Amtliches Publikationsorgan: Bezirksanzeiger Rheinfelden, Kirchgasse 2, 4310 Rheinfelden, ✆ 061/87 52 78.

Gemeindeverwaltung: 4463 Buus, ✆ 061/86 14 44.

Heimatkunde Buus, erschienen 1972.

Diegten, «Diekte», Bezirk Waldenburg, 485 m ü. M., typisches Strassendorf. 1091 Einwohner.

Wappen: Seit 1930. In der goldenen Hälfte ein schwarzer steigender Löwe, in der schwarzen Hälfte drei silberne Schrägstreifen. Wappen des thurgauischen Rittergeschlechts von Eschenz, das 1381 mit der Herrschaft Diegten belehnt wurde. Flagge: gelb-schwarz-weiss.

Ortsgeschichte: Der Ortsname erscheint 1152 erstmals als Dietingoven. Er gehört zu den alemannischen Namen auf -ingen mit anschliessendem -hofen. Er wandelte sich von Dietinghofen über Dietikon zu Dietken. Durch Umstellung der Konsonanten wurde daraus Diekte, Diegten. Vorrömische und römische Funde deuten auf eine recht frühe Besiedlung der Gegend hin. Die bemerkenswerten fünf Dorfkerne – Ober-, Mühle-, Mittel-, Schloss- und Unterdiegten – gehen auf eine alemannische Besiedlung im 6./7. Jahrhundert zurück. Im 12. Jahrhundert sassen Lehensleute der Frohburger auf der Burg in Schlossdiegten. Nachdem die Besitzer wiederholt gewechselt hatten, gelangte ein Teil von Diegten 1482 und der andere 1487 an die Stadt Basel. Das Patronatsrecht an der Kirche St. Peter war von 1314 bis 1805 beim Kloster Olsberg.

Sehenswürdigkeiten: Pfarrhaus und -scheune mit Inschrift. – Pfarrkirche St. Peter mit Glasgemälde und Sgraffito von Walter Eglin.

Vereine: Altersturnen, Chinder-Näschtli, Damenriege, FC Diegten-Eptingen, Feuerwehr, Fischerei-Verein, Frauenturnen, Frauenverein, Gemischter Chor, Hauspflegeverein, Hundesport, Kindergarten, Kirchenpflege, Männerchor, Männerriege, Musikschule, Musikverein, Mutter-Kind-Turnen, Natur- und Heimatschutz, Samariterverein, Schützenverein, Turnerinnenriege, Turnverein, Vorderlader.

Amtliches Publikationsorgan: Waldenburger Bezirksblatt, Hauptstrasse 22, 4437 Waldenburg, ✆ 061/97 00 64.

Gemeindeverwaltung: Zälghagweg 55, 4457 Diegten, ✆ 061/98 33 93. Öffnungszeiten: Di 9–11, Mi 17.30–18.30, Do 9–11, Fr 17.30–18.30 Uhr.

Diepflingen, «Diepflike», Bezirk Sissach, 410 m ü. M., Wohngemeinde und Bauerndorf im Homburgertal. 407 Einwohner.

Wappen: Seit 1945. Auf grünem Boden eine silberne Tormauer mit rotem Tor und Dach vor schwarzem Hintergrund. Das Wappen weist auf den alten Schwibbogen hin, der wohl zur früheren Zollstelle gehört hatte. Flagge: schwarz-weiss-rot.

Ortsgeschichte: Der Dorfname wurde 1251 als Dyephlinchon erstmals erwähnt. «Hof der Dietphalinge» wurde zu Dietphalinchova, Dietphlikon, Diepfliken. Bodenfunde beweisen, dass die Gegend schon in voralemannischer Zeit besiedelt war. Im Mittelalter gehörte das Dorf mit dem niedern Gericht, einer Mühle und einer Steingrube den Grafen von Thierstein, später jenen von Falkenstein. 1363 errichteten die Grafen von Frohburg, Thierstein und Habsburg eine Zollstätte in Diepflingen. 1461 ging Diepflingen an die Stadt Basel über. 1671 zerstörte eine Feuersbrunst einen Teil des Dorfes. In den Trennungswirren 1833 hielt Diepflingen mit Gelterkinden zunächst treu zu Basel, wodurch es Angriffen der Gegner ausgesetzt war. Um sich der ständigen Bedrohung zu entziehen, erklärte sich das Dorf am 20. Mai 1833 zur neutralen «Republik Diepflingen». Diese hatte allerdings nur eine Lebensdauer von neun Tagen.

Sehenswürdigkeit: Schulhaus, erbaut 1959, mit Werken von Ugo Cleis, Walter Eglin und Emilio Stanzani.

Vereine: Frauenverein, Schützengesellschaft, Tischtennis-Club.

Amtliches Publikationsorgan: Gelterkinder Anzeiger, Postfach 114, 4460 Gelterkinden, ✆ 062/52 16 02.

Gemeindeverwaltung: Schulhaus, 4442 Diepflingen, ✆ 061/98 32 38. Öffnungszeiten: Mo 18.30–19.30, Mi 18–20 Uhr.

Eptingen, «Eptige», Bezirk Waldenburg, 570 m ü. M., Bauerndorf am oberen Ende des Diegtertales. Mineralquelle Bad Eptingen. 562 Einwohner.

Wappen: Seit 1938. Auf goldenem Grund ein liegender, schwarzer Adler mit roter Zunge und roten Fängen. Wappen der Herren von Eptingen. Flagge: gelb-schwarz.

Ortsgeschichte: Am Fusse des schon in der Steinzeit begangenen Jurapasses der Challhöchi entstand im frühen Mittelalter die Sippensiedlung Eptingen. Reihengräber mit Beigaben bezeugen eine alemannische Besiedlung im 6./7. Jahrhundert. Im Jahre 1145 hiess der Ort Ebittingen, 1189 Eptingen und 1194 Eptinwin. Im Mittelalter gehörte die Gegend dem Bischof von Basel, der sie Lehensleuten überliess, die sich Herren von Eptingen nannten. Sie errichteten auf den Höhen um das Dorf ihre Stammsitze: Riedflue, älteres und jüngeres Rucheptingen, älteres und jüngeres Wildeptingen. 1981–1983 wurde unterhalb der Riedflue eine Grottenburg aus dem 11./12. Jahrhundert mit sensationellen Funden, Säulenfragmenten, vergoldetem Amulett usw. ausgegraben. Die Stadt Basel kaufte 1487 die Herrschaft Eptingen-Oberdiegten und schlug sie zum Farnsburgeramt. 1803 wurde Eptingen zum Bezirk Waldenburg umgeteilt.

Sehenswürdigkeiten: Kirche von 1357, 1725 neu aufgebaut, Turm und vier Glocken von 1879. – Burgruine Witwald.

Vereine: Damenriege, Frauenverein, Gemischter Chor, Gesundheits-Turnen, Hauspflegeverein, Männerriege, Musikverein, Samariterverein, Schützengesellschaft, Turnverein.

Amtliches Publikationsorgan: Waldenburger Bezirksblatt, Hauptstrasse 22, 4437 Waldenburg, ℡ 061/97 00 64.

Gemeindeverwaltung: 4458 Eptingen, ℡ 062/69 12 62. Öffnungszeiten: Mo, Di, Do Nachmittag.

Heimatkunde Eptingen, erschienen 1967.

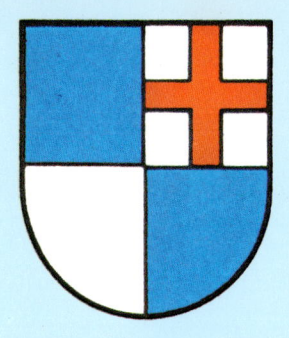

Ettingen, «Ettige», Bezirk Arlesheim, 335 m ü. M., im Leimental gelegen. 4904 Einwohner.

Wappen: Seit 1948. Viergeteilt in zwei blaue und zwei silberne Flächen. In der oberen silbernen Ecke ein durchgehendes rotes Kreuz, das an die frühere Zugehörigkeit zum Kloster Reichenau erinnert. Flagge: blau-weiss.

Ortsgeschichte: Die frühmittelalterliche Sippensiedlung, die in der Nähe des alten Plattenpasses entstand, verdankt ihren Namen einem Alemannen namens Atto oder Etto (atto = Vater, Vorfahr). Bodenfunde aus der Altsteinzeit. In der Zeit Karls des Grossen waren der Bischof von Basel und das Kloster Reichenau Besitzer von Ettingen. Nachdem die Stadt Solothurn über 100 Jahre lang die Oberhoheit über das Dorf innegehabt hatte, fiel es 1669 ans Bistum Basel. Die Französische Revolution brachte 1792 den Anschluss an die Raurachische Republik und 1793 ans französische Département du Mont-Terrible. 1815 am Wiener Kongress zu Basel geschlagen.

Sehenswürdigkeiten: Pfarrkirche St. Peter und Paul aus dem Jahr 1717. 1936 Renovation. 1937 schuf Jacques Düblin Altar- und Kreuzwegbilder in Sgraffito sowie drei grosse Chorfenster.

Vereine: Akkordeonclub, Bibliotheksv., Blauring, Fasnachtkomitee, Frauengymnastikgr., Fussballclub, Hauseigentümerv., Jagdges., Judoclub, Jungwacht, Kirchenchor, Kulturhist. V., Männerchor, Milchgenossenschaft, Musikv., Obstbauv., Samariterv., Schützenclub, Turnerinnen, Turnv., Velo- und Sportclub, Weinbauverein.

Parteien: CVP, FDP, Freie Fortschrittliche Ortspartei, LP, SP.

Öffentliche Sportanlage: Waldlehrpfad Heidenfeld-Blauen.

Amtliches Publikationsorgan: Bibo (Birsigtal-Bote), Petersgasse 34, 4001 Basel, ℡ 061/25 81 66.

Gemeindeverwaltung: Kirchgasse 13, 4107 Ettingen, ℡ 061/73 21 23. Öffnungszeiten: Mo–Fr 9–11, Mo 14–18.30, Di–Fr 14–16 Uhr.

Frenkendorf, «Fränkedef», Bezirk Liestal, 337 m ü. M. Der alte Siedlungskern liegt auf einer Terrasse über dem westlichen Steilhang des Ergolztals gegenüber von Füllinsdorf. Im Lauf des 19. Jahrhunderts wuchs die Siedlung bis zur Bahnlinie hinunter. 5643 Einwohner.

Wappen: Frenkendorf gehört zu den wenigen Gemeinden, die ein altes Gemeindezeichen besitzen, den Halbmond. 1939 wurden für das Wappen die Farben der Herren von Schauenburg gewählt. Das Wappen zeigt nun einen silbernen Halbmond auf blauem Grund. Flagge: blau-weiss.

Ortsgeschichte: Orte mit der Endung -dorf kommen in dieser Gegend gruppenweise vor (Arisdorf, Bubendorf, Füllinsdorf). Sie gehören zu einer jüngeren Siedlungsepoche als jene auf -ingen. Dem Dorf geht ein Personenname im Genitiv voraus. Hier wohl Franko, Genitiv Frenkin. Ausser römischen Siedlungsspuren auf der Schauenburgerflue und einigen Streufunden hat der Boden von Frenkendorf noch keine Geheimnisse preisgegeben. Auch die frühmittelalterliche Geschichte des Dorfes ist ungewiss. Später gehörte Frenkendorf zur Herrschaft Schauenburg, die die Herren von Schauenburg erst von den Frohburgern und dann vom Bischof von Basel als Lehen erhielten. Nach dem Aussterben der Schauenburger verpfändeten die geistlichen Herren Frenkendorf 1432 an den Basler Henman von Offenburg, 1439 an die Stadt Basel. Im 14. und 15. Jahrhundert besassen die Herren von Eptingen ebenfalls Güter im Dorf. 1487 wurden sie geradezu als Dorfherren genannt, doch 1525 traten auch sie ihren Besitz an die Stadt Basel ab. Kirchlich gehörte Frenkendorf, obwohl es eine eigene St. Margaretha-Kapelle besass, zur Pfarrei Munzach. Nachdem die Dorfkirche erweitert und ein Pfarrhaus gebaut worden war, nahm der Pfarrrer 1763 Sitz in Frenkendorf.

Sehenswürdigkeiten: Pfarrkirche St. Margarethen, 1616 erbaut, 1686 und 1721 erweitert. – Burgruine Neu-Schauenburg, nach dem Erdbeben von 1356 wieder instandgestellt. – Burgruine Alt-Schauenburg, Entstehungszeit nach den Funden ca. Mitte 13. Jahrhundert. – Hülftendenkmal, zur Erinnerung an das Gefecht auf der Hülftenschanz 1833.

Vereine: Altersverein, Arbeiterschiessverein, Arbeitsgruppe Kinderspielplätze, Bourbon-Street Jazzband, Bühne 67, Coop Frauenbund, Damenriege, Fasnachtskomitee, Feldschützengesellschaft, Feuerwehrverein, Frauen- und Müttergemeinschaft der kath. Kirche, Frauenverein Dreikönig, Frauenriege, Frauenverein, Fussballclub, Gemeindekrankenpflege, Gemeindestubenverein, Gewerbeverein, Guggemusig Güllepumpi, Guggemusig Schlappschwänz, Halbmond-Clique, Handballriege, Haus- und Grundeigentümerverein, Hauspflegeverein, Jugendmusik, Kammerchor Munzach, Kleintierzüchter-Verein, Kulturkreis Ergolz, Männerchor Frohsinn, Männerriege, Musikgesellschaft, Natur- und Vogelschutzverein, Radfahrerverein Adler, Samariterverein, SOS-Dienst, Schachverein, Schützengesellschaft, Ski-Riege, Team Erziehung und Familie, Tischtennisclub, Trachtengruppe, Turnerriege, Turnverein, Unihockey-Club, Verein Rütihus, Verkehrs- und Verschönerungsverein.

Parteien: CVP, FDP, SP, SVP.

Öffentliche Sportanlagen: Hallenbad Sekundarschulhaus Mühleakker, Fussballplatz Kittler.

Amtliches Publikationsorgan: Frenkendörfer Anzeiger, Güterstrasse 22, 4402 Frenkendorf, ✆ 061/901 15 93.

Gemeindeverwaltung: Hauptstrasse 2, 4402 Frenkendorf, ✆ 061/901 18 55. Öffnungszeiten: Mo–Fr 8.30–11.30, 14–17, Do bis 18.30 Uhr.

Heimatkunde Frenkendorf, erschienen 1986.

Füllinsdorf, «Fülschdef», Bezirk Liestal, 330 m ü. M., am Sonnenhang über der Ergolz, der heute grossflächig mit Einfamilienhäusern bebaut ist. Im Tal Hochhäuser und Einkaufszentrum, entlang der Rheinstrasse Gewerbezonen Schneckeler, Ergolz und Wölfer. 4096 Einwohner.

Wappen: Seit 1946. Springendes silbernes Füllen mit goldenen Hufen und goldener Zunge auf blauem Grund. Obwohl der Ortsname mit dem Tiernamen «Füllen» nichts zu tun hat, wurde schon im 17. Jahrhundert das Füllen gelegentlich als Wappen geführt. Diese Farben wurden gewählt, weil Füllinsdorf einst zur Herrschaft Schauenburg gehörte. Flagge: weiss-blau.

Ortsgeschichte: Im Jahre 825 wird der Ortsname Firinisvilla erwähnt, 1276 lautet er Vilinsdorf. Der Wandel von der Endung -villa zu -dorf wird als Beweis dafür angesehen, dass sich das alemannische Element in der Bevölkerung durchgesetzt hat. Die Bodenfunde in Füllinsdorf reichen von der jüngeren Steinzeit bis in die Römerzeit. Die Wasserleitung für Augusta Raurica führte durch den Gemeindebann. Nach einer Urkunde aus dem Jahre 825 übertrug ein Uppert den dritten Teil seines Besitzes zu Firinisvilla dem Kloster St. Gallen. Später gelangte Füllinsdorf an den Bischof von Basel, der die Eptinger damit belehnte. Von diesen ging 1277 ein Teil an das Kloster Olsberg. Weitere Güter besassen die Herren von Schauenburg als Lehenträger der Frohburger. 1439 gelangte das ganze Dorf an die Stadt Basel, die den Besitz behaupten konnte und ihn dem Amt Liestal zuteilte. Im 17. Jahrhundert entwickelte sich aus einer Mühle, welche die Wasserkraft der Ergolz nutzte, die Industriesiedlung Niederschönthal. Der Name wurde vom baslerischen Besitzer im 17. Jahrhundert willkürlich gewählt. Es besteht kein Zusammenhang mit dem Kloster Schöntal bei Langenbruck. Auf dem höchsten Punkt des Gemeindebanns befindet sich die Burgstelle «Altenberg». Die jüngst ausgegrabene und konservierte Burg ist im 11. Jahrhundert anzusiedeln und gehört demzufolge zu den ältesten unserer Region.

Vereine: Altersverein Frenkendorf und Umgebung, Arbeitsgruppe für Entwicklungshilfe der ev.-ref. und der röm.-kath. Kirchgemeinden, Blaukreuzmusik Niederschönthal, Coop Frauenbund, Elbisrugger, Familiengärtner-Vereinigung im Birch, Feldschützengesellschaft, Filzlüüs-Waggis, Frauen- und Müttergemeinschaft der kath. Pfarrei, Frauenverein, Gemeindekrankenpflege, Gemeindestubenverein, Gewerbeverein, Hauspflegeverein, Jagdgesellschaft, Jodlerclub, Kammerchor Munzach, Kaninchenzüchter-Verein, Kath. Kirchenchor, Kegelclub Holzchopf, Kirchgemeindehausverein, Kulturkreis Ergolz, Männerchor, Mittagsclub, Musikgesellschaft und Jungbläser, Natur- und Vogelschutzverein, Samariterverein, Sparverein, Tennisclub, Tischtennisclub, Turnverein, Unihockey-Club, Veloclub, Verkehrs- und Verschönerungsverein.

Parteien: CVP, FDP, LdU, SP, team 75.

Öffentliche Sportanlagen: Waldlehrpfad Büchlehau, Vita-Parcours Elbisberg.

Amtliches Publikationsorgan: Amtsblatt Füllinsdorf, Allmendstrasse 10, 4410 Liestal, ☏ 061/921 12 74.

Gemeindeverwaltung: 4414 Füllinsdorf, ☏ 061/901 53 53, Öffnungszeiten: Mo–Fr 10–12, 15–17 Uhr, Mi 15–18.15 Uhr.

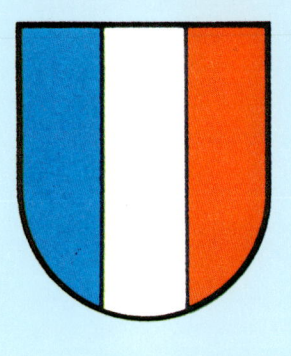

Gelterkinden, «Gälterchinde», Bezirk Sissach, 405 m ü. M., ein Zentrum des Oberbaselbiets, Sitz des Bezirksgerichts Gelterkinden. 5160 Einwohner.

Wappen: Seit 1944. Senkrecht in Rot, Silber und Blau dreigeteilter Schild. Dieser entspricht dem Wappen des frohburgischen Ministerialengeschlechts der Herren von Gelterkinden.
Flagge: blau-weiss-rot.

Ortsgeschichte: 1103 und 1154 lautete der Name Gelterkingen. Er gehört zur grossen Gruppe der frühalemannischen Siedlungsnamen auf -ingen und bedeutet «Hof des Geltrich und seiner Sippe», der Geltrichinge. Durch städtische Schreiber wurde das mundartliche g durch d ersetzt (Kind statt Ching), das mit der Zeit auch in den allgemeinen Sprachgebrauch übernommen wurde. Die Bodenfunde beweisen, dass die Gegend von der jüngeren Steinzeit bis ins Mittelalter kontinuierlich bewohnt war. Vermutlich seit dem 5. Jahrhundert erhob sich über dem Dorf eine dem Apostel Petrus geweihte Kirche. Möglicherweise war dieser Ort schon früher eine Kultstätte. Am Fuss des Kirchhügels befand sich der Hennenbühlhof. Er gehörte den Grafen von Frohburg, welche die Herren von Gelterkinden damit belehnten. Später fiel er an die Thiersteiner, die ihn 1399 mit dem Kirchenschatz dem Deutschordenshaus in Beuggen verkauften. Weitere Güter in Gelterkinden besassen auch das Kloster St. Alban, das Stift St. Leonhard, das Domkapitel und verschiedene weltliche Herren. Im Jahre 1461 erwarb die Stadt Basel mit der Herrschaft Farnsburg auch Gelterkinden. Die Farnsburg, von wo aus Basler Landvögte mehr als 300 Jahre lang das Amt regierten, wurde 1798 von Revolutionären in Brand gesteckt. 1832/33 hielt Gelterkinden treu zur Stadt und forderte zu seinem Schutz Basler Truppen an. Darauf stürmten Landschäftler die Gemeinde (Gelterkinder Sturm vom April 1832). 1864 verzeichnete Gelterkinden 290 Posamenterstühle und zwei Seidenbandfabriken. Die Eröffnung der Hauenstein-Basislinie im Jahre 1916 brachte dem Dorf weiteren Aufschwung.

Sehenswürdigkeiten: Dorfplatz, Kirchrain und Kirche. – Ruine Scheidegg.

Vereine: Akkordeongruppe, Altersheimstiftung der Bürgergemeinde, Bienenzüchterverband, Blaukreuzverein, Circolo realta nuova, Colonia Libera Italiana, Comitato Genitori, Damenriege, Elternbildung Oberes Baselbiet, Feuerwehrverein, Frauenchor, Frauenturnverein, Frauenverein, Freischützen, Fussballclub, Fussballclub Junioren, Gewerbeverein, Guggemusig Eibach-Rugger, Gymnastikgruppe, Handharmonikaclub, Hauspflegeverein, Hobby-Darts-Club, Jodlerclub Farnsburg, Judo-Budo-Club, Jungwacht und Blauring, Kaninchenzüchterverein, Kulturverein, Laienbühne, Landw. Genossenschaft, Mädchenriege, Männerchor, Männerriege, Motorsportclub, Mutter-Kind-Turnen, Musikverein, Naarebaschi-Clique, Naturfreunde Oberbaselbiet, Natur- und Vogelschutzverein, Orchestergesellschaft, Pfadfinderabteilung, Pfadfinderinnen, Realclub (Spanierverein), Ref. Jugendgruppe, Ref. Kirchenchor, Reitverein, Röm.-kath. Kirchenchor, Röm.-kath. Frauen- und Müttergemeinschaft, Rudolf-Steiner-Kindergarten, Samariterverein, Schachclub, Schulheim Leieren, Schützengesellschaft, Schweiz. Verein für Familienherberge, Schwimmclub, Schwingclub, Sparverein, Spielgruppe, Tagesmütterverein, Tennisclub, Tischtennisclub, Trachtengruppe, Turnen für jedermann, Turnverein, Veloclub, Verein für das Schulheim Sommerau, Verein für Volksgesundheit, Verein Oekoladen, Verkehrs- und Verschönerungsverein, Volleyballclub.

Parteien: EVP, FDP, SP, SVP, Bürgerlicher Zusammenschluss und «Richlinienbewegung» (kommunal).

Öffentliche Sportanlagen: Hallen- und Freibad Lachmatt, Vita-Parcours Lachmatt, Finnenbahn, Sport- und Tennisplätze.

Amtliches Publikationsorgan: Gelterkinder Anzeiger, Dietschi AG, Postfach, 4600 Olten, ℡ 062/32 41 41.

Gemeindeverwaltung: 4460 Gelterkinden, ℡ 061/99 50 50.

Heimatkunde Gelterkinden, erschienen 1966.

Giebenach, «Gibenech», Bezirk Liestal, 322 m ü. M., am Violenbach gelegen. 580 Einwohner.

Wappen: Seit 1939. Silbernes Fünfeck auf blauem Grund. Das Fünfeck, auch Drudenfuss genannt, ist ein uraltes sternförmiges Schutzzeichen gegen nächtliche Spukgeister. Es wurde in Giebenach schon früher als Gemeindezeichen verwendet. Silber und Blau erinnern daran, dass ein Teil des Dorfes einst zur Herrschaft Schauenburg gehört hat. Flagge: blau-weiss.

Ortsgeschichte: «In villa Gibennacho» liest man in einem Dokument aus dem Jahre 1246 und «bi dem hofe ze Gybenach» in einem solchen von 1338. Heute lautet der Ortsname im Dialekt Gibenech und wird auf der ersten Silbe betont. Wahrscheinlich endete der ursprüngliche Name auf -acus und bezeichnete, von einem gallischen Personen- oder römischen Familiennamen abgeleitet, ein Grundstück als Besitz der betreffenden Person. Ortsname und Funde sprechen für eine Besiedlung Giebenachs zur Römerzeit. Das mittelalterliche Dorf entstand aus zwei Höfen «ze Fronlo» und «an dem Wartbüle». Nach den Grafen von Alt-Homberg besassen es die Homburger und die Habsburger, später das Kloster Olsberg. Im 16. Jahrhundert fiel Giebenach an die Stadt Basel und wurde dem Liestaleramt zugeteilt.

Vereine: Altersverein, Damen- und Frauenturnverein, Elternkreis, Feldschützengesellschaft, Frauenverein, Mutter-Kind-Turnen, Turnverein.

Amtliches Publikationsorgan: Bezirksanzeiger, Kirchgasse 2, 4310 Rheinfelden, ℅ 061/87 52 78.

Gemeindeverwaltung: Schulstrasse 33, 4303 Giebenach, ℅ 061/83 32 85. Öffnungszeiten: Mo 16.30–18.30, Do 16.30–17.30 Uhr.

Häfelfingen, «Häfelfinge», Bezirk Sissach, 543 m ü. M., Bergdorf am Nordwest-Abhang des Wisenbergs. 225 Einwohner.

Wappen: Seit 1946. In goldenem Feld unter schwarzem Querstreifen schwarzer dreibeiniger Topf. Das neue Wappen wurde in Anlehnung an den Dorfnamen geschaffen. Die Farben entsprechen denjenigen der Herrschaft und des Amtes Homburg. Flagge: gelb-schwarz.

Ortsgeschichte: Der Ortsname auf -ingen, der 1358 als Hevelingen erstmals in einer Urkunde auftaucht, weist auf eine frühmittelalterliche Sippensiedlung hin. Der Gründer hiess wahrscheinlich Hevilo oder Hefwulf. Häfelfingen gehörte ursprünglich den Frohburgern und war später ein Teil der Herrschaft Homburg, die 1305 vom Bischof und 1400 von der Stadt Basel erworben wurde. 1798 kam das Dorf zum Distrikt Gelterkinden und 1814 zum Bezirk Sissach. Kirchlich gehört Häfelfingen mit Wittinsburg, Känerkinden und Buckten zu Rümlingen.

Vereine: Altersturnen, Feldschützengesellschaft, Frauenverein.

Gemeindeverwaltung: Buckterstrasse 3, 4445 Häfelfingen, ℅ 061/69 15 21.

Hemmiken, «Hämmike», Bezirk Sissach, 504 m ü. M., zwischen Farnsberg und Wischberg in einem Talboden gelegen. 250 Einwohner.

Wappen: Seit 1945. Ein aufrecht stehendes und zwei gekreuzte Steinhauerwerkzeuge auf goldenem Grund. Farben der Grafen von Frohburg. Flagge: gelb-blau.

Ortsgeschichte: Der Ortsname geht zurück auf einen Personennamen, Hammo oder Hemo, mit der Sippenbezeichnung -ing, der mit dem folgenden -hofen verschmolzen wurde. Durch Abschleifung ergab sich die Endung -ken. Das fruchtbare Gelände von Hemmiken war bereits zur Römerzeit besiedelt. Im spätern Mittelalter gehörte das Dorf zur Herrschaft Thierstein-Farnsburg, mit der es 1461 an die Stadt Basel fiel. Weil Hemmiken an das österreichische Fricktal grenzte, litt es in Kriegszeiten unter Brandschatzungen, so zur Zeit des Schwabenkrieges und 1633 im Dreissigjährigen Krieg. Schön behauene Türstürze, Ofenplatten usw. zeugen von der Steinhauerei, die im 18. und 19. Jh. im Dorf blühte. Bearbeitet wurde der Schilfsandstein, der südlich «Schlegel» abgebaut wurde. Importe und Schwierigkeiten beim Abbau brachten die Steinhauerindustrie zum Erliegen. 1917 starb der letzte Hemmiker Steinhauer.

Sehenswürdigkeiten: Zeugnisse der Steinhauerei an den Häusern.

Vereine: Altersturnen, Damenriege, Frauenverein, Gemischter Chor, Pferdefreunde, Schützenverein, Sparverein, Turnverein, Vogelschutzverein.

Öffentliche Sportanlage: Sportplatz.

Amtliches Publikationsorgan: Volksstimme von Baselland, Hauptstrasse 31–33, 4450 Sissach, ℡ 061/98 35 85.

Gemeindeverwaltung: Schulhaus, 4465 Hemmiken, ℡ 061/99 57 29. Öffnungszeiten: Di, Do 10–11, Mi 19.45–20.15 Uhr.

Heimatkunde Hemmiken, erschienen 1989.

Hersberg, «Herschbrg», Bezirk Liestal, 530 m ü. M., auf der Wasserscheide zwischen Ergolz, Violenbach und Talbächli gelegen. 256 Einwohner.

Wappen: Seit 1945. In silbernem Feld ein roter Stufengiebel auf grünem Dreiberg. Darüber ein schachbrettartig rotweiss gemusterter Querstreifen. Der gotische Stufengiebel auf dem Dreiberg weist auf den Hof hin, aus dem sich das Bergdörflein entwickelte. Der Querstreifen stammt aus dem Zisterzienser Wappen und erinnert an die ehemalige Zugehörigkeit zum Kloster Olsberg. Als Farben wurden die basellandschaftlichen Standesfarben gewählt. Flagge: weiss-rot.

Ortsgeschichte: Die Verbindung eines Personennamens, Heri oder Hari, mit -berg spricht für eine junge alemannische Siedlung. Erstmals urkundlich erwähnt wird der Weiler Herisperch im Jahre 1226. Beim Brunnen inmitten der Siedlung verlief einst die Grenze zwischen dem Sisgau und der Herrschaft Rheinfelden. 1380 gehörten Hof, Zwing und Bann dem Kloster Olsberg, die hohe Gerichtsbarkeit den Grafen von Thierstein. 1461 kam das Dorf mit der Herrschaft Farnsburg an die Stadt Basel. Das Kloster Olsberg machte aber weiterhin Ansprüche auf seinen früheren Besitz geltend. Erst ein Vertrag von 1664 sicherte der Stadt sämtliche Rechte in Hersberg und Nusshof. Im Dreissigjährigen Krieg wurde das Dorf von spanischen Soldaten geplündert und von der Pest heimgesucht.

Verein: Schützengesellschaft.

Amtliches Publikationsorgan: Bezirks-Anzeiger, Kirchgasse 2, 4310 Rheinfelden, ℡ 061/87 52 78.

Gemeindeverwaltung: 4423 Hersberg, ℡ 061/921 47 41. Öffnungszeiten: Do 18.30–19.30 Uhr.

Hölstein, «Hölschte», Bezirk Waldenburg, 430 m ü. M., Industriegemeinde an der Vordern Frenke. 1833 Einwohner.

Wappen: Seit 1945. Auf rotem Grund liegender silberner Adler mit goldenen Fängen. Der Eptinger Adler erinnert an die Besitzer des Dorfes im 14. und 15. Jh. Die Farben drücken die Zugehörigkeit zum Cluniazenserkloster Payerne aus, dessen Schild in Silber und Rot gespalten ist. Flagge: rot-weiss.

Ortsgeschichte: Erstmals urkundlich erwähnt 1093/1103 als Hulestein, was «hohler Stein» oder «beim hohlen Fels» bedeutet. Damit ist die Talenge mit der in den Fels eingeschnittenen Vordern Frenke gemeint. Funde wie das römische Landhaus in Hinterbol zeugen von einer frühen Besiedlung der Gegend, in die um 260 die Alemannen einfielen. Im Mittelalter besassen das Kloster St. Alban und später die Abtei Peterlingen (Payerne) in Hölstein einen Klosterhof. Im 14. Jh. waren Hof und Dorf Lehen eines Zweiges der Eptinger, der Ziefener. Diese mussten das Dorf wiederholt gegen die Besitzgelüste der Basler Adligenfamilie Rot verteidigen. In der zweiten Hälfte des 15. Jh. erwarb die Stadt Basel die volle Herrschaft über Hölstein. Das Dorf wurde oft von Hochwassern heimgesucht, so 1629, 1830, 1924 und 1926. Der Bau der Centralbahnlinie Basel-Olten machte drei Hölsteiner Wirte arbeitslos, die bis dahin die Pferdefuhrwerke bedient hatten. 1904 wurde die Uhrenfabrik Oris Watch & Co. SA. gegründet, die bis 1982 existierte.

Sehenswürdigkeiten: St. Margarethen Kirche, erbaut 1590. – Pfarrstübli von 1721. – Das Neuhaus mit der Inschrift: «Anno 1671 Under Herren Eusebius Merian Und der Frau Elisabeth Gysin ist dieses Haus auss dem grund auff new erbauen worden.»

Vereine: Damenriege, Eishockeyclub Hölstein/Niederdorf, Fasnachtsclique Guggewaggis, Fasnachtsclique Schlussliechtli, Frauenchor, Frauenriege, Frauenverein, IG Ortsvereine, Hauspflegeverein, Männerchor, Männerriege, Musikverein, Samariterverein, Schützengesellschaft, Turnverein.

Amtliches Publikationsorgan: Waldenburger Bezirksblatt, Hauptstrasse 22, 4437 Waldenburg, ℡ 061/97 00 64.

Gemeindeverwaltung: Bennwilerstrasse 7, 4434 Hölstein, ℡ 061/951 10 33. Öffnungszeiten: Mo–Fr 10–11.30, 15.30–17.30 Uhr.

Itingen, «Ütige», Bezirk Sissach, 370 m ü. M., liegt in einem Seitentälchen der Ergolz und breitet sich in jüngster Zeit am gegenüberliegenden Südhang aus. 1418 Einwohner.

Wappen: Seit 1946. Fliegender silberner Fisch auf rotem Grund. Wappen der früheren Besitzer des Hofes, des Basler Geschlechts Utingen. Flagge: rot-weiss.

Ortsgeschichte: 1226 wird Utingen erstmals erwähnt. Gehört zu den Namen auf -ingen, die den ältesten alemannischen Sippensiedlungen entsprechen. Das alte Dorf erinnert mit seiner geschlossenen doppelten Häuserzeile an mittelalterliche Verhältnisse. Im 15. Jahrhundert waren die Eptinger Besitzer des Dorfes. 1467 verkaufte Hans Münch von Gachnang, Gemahl der Verena von Eptingen, «das dorffly Utingen» mit allen Rechten der Stadt Basel, die es zum Farnsburger Amt schlug. Im 18. und 19. Jahrhundert lebte das Dorf vorwiegend von der Posamenterei und der Landwirtschaft. Heute hat sich Itingen zu einer Wohn- und seit den 60er Jahren zunehmend zu einer Industriegemeinde entwickelt.

Sehenswürdigkeit: Der schöne alte Dorfkern mit seiner rechtwinklig zur Landstrasse stehenden Doppelzeile.

Vereine: Altersturnen, Bienenzüchterverein, Frauenturnverein, Frauenverein, Gemischter Chor, Gesundheitsturnen, Haus- und Krankenpflegeverein, Hundesport, Musikverein, Mutter- und Kind-Turnen, Pistolenclub, Samariterverein, Sparverein, Schützengesellschaft, Turnverein (Aktivriege, Damenriege, J+S-Riege, Jugendriege, Mädchenriege, Männerriege), Vogelschutzverein, Vortragskommission (Kulturkommission).

Öffentliche Sportanlagen: Freischwimmbad, Turnhalle.

Amtliches Publikationsorgan: Gemeindeanzeiger Itingen, herausgegeben von der Gemeindeverwaltung.

Gemeindeverwaltung: Dorfstrasse 24, 4452 Itingen, ✆ 061/98 12 98. Öffnungszeiten: Mo 10–12, 16–19 Uhr, Di, Do 10–12, 16–18 Uhr, Fr 10–12, 16–17 Uhr.

Känerkinden, «Chänerchinde», Bezirk Sissach, 552 m ü. M., Bauerndorf und Wohngemeinde in sonniger Lage über dem Homburgertal. 393 Einwohner.

Wappen: Seit 1939. Goldene Sonne über silbernem Pflug auf blauem Grund. Das Wappen versinnbildlicht den fruchtbaren Ackerbau der Gemeinde. Flagge: blau-gelb.

Ortsgeschichte: 1359 wurde der Ort Kennichingen genannt, 1455 Kenrkingen. Nach der Namensform auf -ingen ist es eine frühe alemannische Sippensiedlung. Känerkinden war eines der sieben Dörfer der Herrschaft Homburg, die 1305 in den Besitz des Bischofs von Basel kamen. 1400 erwarb die Stadt Basel mit der Herrschaft Homburg auch Känerkinden. Seit 1814 gehört das Dorf zum Bezirk Sissach. Bis 1939 bildete Känerkinden mit Buckten zusammen eine Schulgemeinde. Seither führt es eine eigene Schule. Kirchlich gehörte es immer zu Rümlingen.

Sehenswürdigkeit: Nördlich des Dorfes, auf der Hochebene zwischen Känerkinden und Wittinsburg, befindet sich ein einzigartiger Aussichtspunkt, von wo aus vier Landvogteischlösser der alten Landschaft Basel zu sehen sind: Homburg, Farnsburg, Waldenburg und Ramstein.

Vereine: Blaukreuzmusik, Blaukreuzverein, Frauenverein, Freizeitturnen Frauen, Freizeitturnen Männer, Gemischter Chor, Milchgenossenschaft, Obstbauverein, Schützenverein, Sparverein, Verein der Kameraden.

Amtliches Publikationsorgan: Chänerchinder Dorfblettli, wird viermal im Jahr durch die Gemeindeverwaltung herausgegeben.

Gemeindeverwaltung: Wittinsburgerstrasse, 4447 Känerkinden, ✆ 062/69 22 19.

Heimatkunde Känerkinden, in Vorbereitung.

Kilchberg, «Chilchbrg», Bezirk Sissach, 580 m ü. M., Bauerndorf über dem Eital, bevölkerungsmässig kleinste Gemeinde des Kantons. 109 Einwohner.

Wappen: Seit 1944. Durch einen schwarzen Faden schräg geteilt. Oben Silber, unten viermal schräg geteilt von Silber und Schwarz. Das Wappen entspricht dem Siegel der Herren von Kilchberg. Flagge: weiss-schwarz.

Ortsgeschichte: Auf altem Kulturboden, den Funde aus der Steinzeit und der Römerzeit bezeugen, wurde im frühen Mittelalter eine St. Martins-Kirche gebaut. Sie war die Mutterkirche für Kilchberg, Rünenberg und Zeglingen. Nach ihr wurde die Siedlung Chilperch (1226) genannt. Vermutlich gehörte der Ort dem Bischof von Basel und gelangte später an die Grafen von Frohburg. Diese gaben ihn an ein Geschlecht weiter, das sich nach Kilchberg nannte und wahrscheinlich eine Burg an der Stelle des heutigen Pfarrhauses bewohnte. 1376 werden die Grafen von Thierstein als Besitzer des Dorfes genannt. Das Patronatsrecht von St. Martin, d.h. das Recht, den Pfarrer zu bestimmen und den Zehnten zu beziehen, hatte von 1400–1807 das Chorherrenstift St. Martin in Rheinfelden inne. Erst dann ging es an die Stadt Basel über, der das Dorf seit 1461 gehörte. Kilchberg bildet mit Zeglingen zusammen eine Schulgemeinde. Das Schulhaus befindet sich in Zeglingen.

Sehenswürdigkeiten: Kirche, 1867 Neubau in neugotischem Stil mit sehenswertem Glasgemälde im Chor. Bei der Restaurierung der Kirche im Jahre 1975 wurden eine Glockengiessgrube gefunden und eine vierte Glocke aufgezogen. – Wasserfall Giessen.

Vereine: Gemeinsam mit Zeglingen in Zeglingen.

Öffentliche Sportanlagen: in Zeglingen.

Amtliches Publikationsorgan: Gelterkinder Anzeiger, Postfach 114, 4460 Gelterkinden, ✆ 062/54 16 02.

Gemeindeverwaltung: 4496 Kilchberg, ✆ 061/99 55 10. Öffnungszeiten: Mo 9–20 Uhr.

Lampenberg, «Lampebrg», Bezirk Waldenburg, 522 m ü. M., Wohgemeinde und Bauerndorf auf einer Hochebene zwischen den Frenkentälern. 468 Einwohner.

Wappen: Seit 1929. Eine silberne Pflugschar auf rotem Grund. Die Tradition spricht von der Pflugschar als Sinnbild der Gemeinde. Flagge: rot-weiss.

Ortsgeschichte: 1226 wird Lampenberc erstmals schriftlich erwähnt. Die Namen auf -berg gehören einer späteren alemannischen Siedlungsepoche an; hier Berg des Lampo. Funde und Flurnamen beweisen aber, dass die fruchtbare Hochfläche von Lampenberg schon früh bewirtschaftet wurde. Im 13. Jahrhundert schenkten die Frohburger als Herren des Dorfes mehrere Güter dem Kloster Schöntal. Auch ihr Dienstmannengeschlecht, die Edlen von Lampenberg, machten dem Kloster Schenkungen. Im Jahre 1400 kam Lampenberg mit dem Waldenburgeramt an die Stadt Basel. Lampenberg hatte im Mittelalter eine der heiligen Verena geweihte Kapelle, die 1532 in ein Wohnhaus umgewandelt wurde.

Sehenswürdigkeit: Rundsicht auf dem Egghübel.

Vereine: Gemischter Chor, Musikverein, Schützengesellschaft, Turnergruppen.

Öffentliche Sportanlagen: Sportplatz, Mehrzweckhalle.

Amtliches Publikationsorgan: Mitteilungsblatt der Gemeinde, herausgegeben von der Gemeindeverwaltung.

Gemeindeverwaltung: Hauptstrasse 46, 4432 Lampenberg, ✆ 061/97 15 82 oder 97 18 03. Öffnungszeiten: Di 18.30–20, Sa 10–12 Uhr, oder nach Absprache.

Langenbruck, «Langebrugg», Bezirk Waldenburg, 731 m ü. M., Passort am Oberen Hauenstein. Kur- und Wohngemeinde ohne Industrie inmitten eines weiten Wander- und Skigebietes. Südlichste und höchstgelegene Gemeinde des Baselbiets. 882 Einwohner.

Wappen: Seit 1939. Auf schwarzem Boden eine goldene Brücke vor blauem Hintergrund. Darauf ein silbernes Lamm mit goldenem Glorienschein und silberner Fahne mit durchgehendem rotem Kreuz an goldener Stange. Das Lamm, das Agnus Dei, erinnert an das frühere Kloster Schöntal. Dieses ziert eine Taufschale aus dem Kloster, die sich in der Kirche von Bennwil befindet. Mit der stilisierten «langen Brücke» wird einer alten Verkehrseinrichtung gedacht, die dem Dorf seinen Namen gab. Flagge: blau-weiss.

Ortsgeschichte: Der um 1145 erwähnte Ortsname «Villa Langenbruccho» wird von der ehemaligen mit Hölzern belegten Strasse, die wie eine Brücke aussah, abgeleitet. Der Weg war in einer sumpfigen Gegend bei der Passhöhe mit Rundhölzern verfestigt, damit er sicher passiert werden konnte. Schon die römische Strasse von Aventicum (Avenches) über Salodurum (Solothurn) nach Augusta Raurica (Augst) überquerte den Oberen Hauenstein. Ursprünglich gehörte der Bann von Langenbruck zu Onolzwil und damit zum Kloster Murbach. Nach dem Jahre 1000 war das ganze Gebiet im Besitz der Frohburger. 1130 gründete Adalbero von Frohburg das Kloster Schöntal, das als kirchlicher und kultureller Mittelpunkt der Landschaft des Oberen Hauensteins grosse Bedeutung erlangte. Das Kloster wurde im Bauernkrieg 1525 geplündert und 1528 aufgehoben. 1832 schloss sich Langenbruck dem Kanton Basel-Landschaft an, während der Weiler Bärenwil erst 1833 dem neuen Kanton einverleibt wurde. Der Verkehr über den Pass benützte bis 1740 den Saumpfad. 1830 wurde dann die heutige Strasse angelegt. Durch den Bau des Hauenstein-Eisenbahntunnels entfiel der Transitverkehr. Dafür entwickelte sich neben Uhrmacherei und Posamenterei der Fremdenverkehr. Es wurden Kurhäuser, Pensionen, Kinderheilstätten und Kinderheime gebaut. Seit einigen Jahren widmet sich das Ökozentrum Langenbruck der Erforschung neuer, sanfter Technologien in den Bereichen Energie, Ernährung und Abfallwirtschaft.

Sehenswürdigkeiten: Römerstrasse, in den Felsen eingeschnittenes Wegstück mit vertieften Radspuren, 500 m nördlich der Passhöhe. – Teufelsschlucht. – Kirche, 1589/90 erbaut. – Ehemaliges Kloster Schöntal, eines der ältesten noch erhaltenen rein romanischen Bauwerke der Schweiz.

Vereine: Bergbauernverein, Blaukreuzverein, Damenturnverein, Frauenverein, Gemischter Chor, Hauspflegeverein, IG Dorfvereine, Jodlerclub Oberer Hauenstein, Männerriege, Musikgesellschaft, Samariterverein, Schützengesellschaft, Skiclub, Sparverein, Turnverein, Verkehrsverein.

Parteien: FDP, SP, SVP.

Öffentliche Sportanlagen: Mehrere Skilifte, Skilanglaufloipe Bärenwil, Waldlehrpfad Helfenberg, Tennisplatz Obere Au, Sprungschanzen Freichelen.

Amtliches Publikationsorgan: Waldenburger Bezirksblatt, Hauptstrasse 22, 4437 Waldenburg, ✆ 061/97 00 64.

Gemeindeverwaltung: 4438 Langenbruck, ✆ 062/60 11 37.

Läufelfingen, «Läufelfinge», Bezirk Sissach, 560 m ü. M., am Nordportal des älteren Hauensteintunnels gelegen. 1148 Einwohner.

Wappen: Seit 1945. Auf goldenem Grund übereinander zwei schwebende schwarze Adler mit roten Fängen und Schnäbeln. Es ist das Wappen der Grafen von Neu-Homberg oder Homburg. Flagge: gelb-schwarz.

Parteien: FDP, SP, SVP.

Öffentliche Sportanlagen: Turnanlage Herrenmatt, Fussballplatz Krätziger.

Amtliches Publikationsorgan: Mitteilungsblatt, herausgegeben von der Gemeindeverwaltung.

Gemeindeverwaltung: 4448 Läufelfingen, ✆ 062/69 11 23.

Ortsgeschichte: Leinvolvingen wird 1226 erstmals genannt. Der Ortsname auf -ingen deutet auf eine alte alemannische Sippensiedlung hin. Bodenfunde und Flurnamen zeugen aber auch von einer römischen Besiedlung der Gegend. Ursprünglich frohburgischer Besitz, gelangte das Dorf an die Neu-Homberger, die um das Jahr 1240, zur Zeit der Eröffnung des Gotthardpasses, Schloss Homburg zur Beherrschung des Unteren Hauensteins erbauten. Von ihnen kam Läufelfingen 1305 an den Bischof und im Jahre 1400 mit den Herrschaften Homburg und Liestal an die Stadt Basel. Im Bauernkrieg 1653 wurde Uli Gysin von Läufelfingen als Rädelsführer enthauptet. Bis 1798, als es in Flammen aufging, war Schloss Homburg die Residenz der Basler Obervögte des Homburgeramtes. Die Entwicklung Läufelfingens wurde durch den mittelalterlichen Strassen- und späteren Eisenbahnverkehr stark begünstigt. 1827–1830 wurde die heutige Hauensteinstrasse gebaut, 1853–1857 der Hauensteintunnel, in dem 1857 bei einem Unglück 63 Arbeiter den Tod fanden. Seit der Eröffnung der Hauenstein-Basislinie über Gelterkinden hat sich die Entwicklung des Dorfes verlangsamt.

Sehenswürdigkeiten: Kirche St. Peter und Paul, mit Pfarr- und Sigristenhaus zusammen schöne mittelalterliche Baugruppe über dem Dorf. In der Kirche drei moderne Glasgemälde von Walter Eglin. – Ruine Homburg, restauriert. – Aussichtsturm auf dem Wisenberg, 1003 m ü. M.

Vereine: Damenturnverein, Frauenturnverein, Hauspflegeverein, Jodlerclub, Jugendriege, Kleinkinderschulverein, Laienbühne, Mädchenriege, Männerriege, Mutter-Kind-Turnen, Musikverein, Samariterverein, Schützenbund, Turnverein.

Lausen, «Lause», Bezirk Liestal, 343 m ü. M., Wohn-, Gewerbe- und Industriegemeinde im mittleren Ergolztal. 4074 Einwohner.

Wappen: Seit 1938. In der oberen Hälfte drei goldene Kugeln auf schwarzem Grund, unten zwei gekreuzte goldene Spitzhacken auf rotem Grund. Die drei goldenen Kugeln sind die Attribute des Kirchenpatrons, des Heiligen Nikolaus, im 4. Jahrhundert Bischof von Myra. Die Spitzhacken versinnbildlichen den einstigen Abbau von Eisenerz, Huppererde und Kalkstein in Lausen. Flagge: schwarz-rot-gelb.

Ortsgeschichte: 1275 wird Lausen als Langenso erstmals erwähnt. Der Ursprung des Namens ist unklar. Das Dorf liegt an einer Grundmoräne mit charakteristischen Gletscherschliffen. Bodenfunde beweisen, dass hier schon in der Steinzeit gewerbsmässig Werkzeug aus Hornsteinknollen hergestellt wurde. Zwischen Furlen und Itingen soll sich eine Eisenschmelze befunden haben, und im Heidenloch zwischen Lausen und Liestal begann die römische Wasserleitung nach Augusta Raurica. Im Mittelalter befand sich Lausen zuerst im Besitz der Frohburger, dann der Homburger, fiel 1305 an den Bischof von Basel und wurde um 1400 schliesslich Eigentum der Stadt Basel. 1872 begann man in Lausen Tonerde abzubauen und brannte sie zu Kacheln und Ziegeln. Seit 1910 wird auch der Lausner Kalkstein industriell verwertet.

Sehenswürdigkeiten: Kirche St. Nikolaus aus dem 10. oder 11. Jahrhundert, 1486 neu erbaut, im Chor Fresken und eine Glasscheibe aus dieser Zeit, 1924 neues Geläute. Warum die Kirche ausserhalb des Dorfkerns steht, ist unbekannt. Grabungen von 1985 zeigten allerdings, dass sich bei der Kirche römisch-frühmittelalterliche Wohnstätten befanden. – Spätgotische Papiermühle von 1620 mit bemerkenswerten Schnitzereien.

Vereine: AC Rossoneri, Blaukreuzverein, Damenriege, Eishockey-Club, FC Lausen, Fischereiverein, Frauenchor, Frauenverein, Gewerbeverein, Gymnastik- und Spielclub, Helmel Turngruppe, Jagdgesellschaft, Jugendtreff, Kirchenchor St. Niklaus, Kranken- und Hauspflegeverein, Männerchor, Männerriege, Musikverein, Naturfreunde, Naturschutzverein, Ornithologischer Verein, Pferdefreunde Lausen, Pro Juventute, Samariterverein, Schützenverein, Sparverein, Thüringer-Club, Turnverein, Verein Kirchliche Arbeit, Verkehrs- und Verschönerungsverein, Volksbewegung gegen AKW, Vortragskommission.

Parteien: Bürgerliche Vereinigung, Sozialdemokratische Partei, Mistral, Vereinigung unabhängiger Wähler.

Öffentliche Sportanlagen: Vita-Parcours Stockhalde, Sportanlage «Bifang».

Amtliches Publikationsorgan: Amtsanzeiger Lausen, herausgegeben von der Gemeindeverwaltung.

Gemeindeverwaltung: Grammontstrasse 10, 4415 Lausen, ℡ 061/921 00 33. Öffnungszeiten: Mo–Fr 10–12, 14–18 Uhr.

Heimatkunde Lausen: «Unser Dorf einst und jetzt», erschienen 1963.

Lauwil, «Louel», Bezirk Waldenburg, 637 m ü. M., schön gelegenes Bergdorf im Hinterland. 305 Einwohner.

Wappen: Seit 1944. Drei rote Flammen über grünem Fünfberg auf silbernem Grund. Das Wappen erinnert an das Wahrzeichen Lauwils, die Hohwacht. Im August 1833, während der Trennungswirren, leuchteten dort vergeblich Signalfeuer, um die Stadt zu Hilfe zu rufen. Flagge: weiss-rot.

Ortsgeschichte: 1194 wird Luiwilre erstmals genannt. Name und Bodenfunde weisen darauf hin, dass die im 7. Jahrhundert einrückenden Alemannen, die Sippe des Ludin, noch mit der keltorömischen Urbevölkerung zusammenlebten. Im Mittelalter gehörte Lauwil zur frohburgischen Herrschaft Waldenburg. Aber auch die Herren von Ramstein und das Kloster Schöntal hatten Besitz im Dorf. 1949 fand man bei Grabungen Überreste der mittelalterlichen Kirche St. Romai (St. Remigius), die wahrscheinlich der Mittelpunkt einer Kirchgemeinde Reigoldswil-Lauwil war. Daneben hatte es gleichzeitig am Fusse der Wasserfalle eine St. Hilarius-Kapelle. 1536 brannte St. Romai ab und wurde 1562 mit gleichem Namen in Reigoldswil wieder aufgebaut. Von 1555 an war Reigoldswil-Lauwil kirchlich mit Bretzwil verbunden, seit 1765 bildet Lauwil mit Bretzwil eine Kirchgemeinde.

Vereine: Frauenverein, Jodlerclub Hohwacht, Musikverein, Schützengesellschaft.

Amtliches Publikationsorgan: Waldenburger Bezirksblatt, Hauptstrasse 22, 4437 Waldenburg, ℗ 061/97 00 64.

Gemeindeverwaltung: Lammetstrasse 3, 4426 Lauwil, ℗ 061/96 21 21.

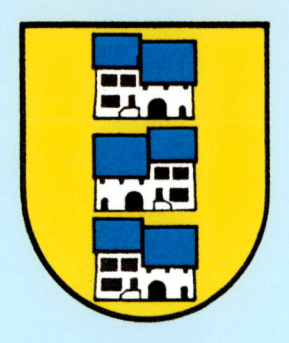

Liedertswil, «Tschoppehof», Bezirk Waldenburg, 633 m ü. M., liegt in einer Mulde zwischen Waldenburger- und Reigoldswilertal. 153 Einwohner.

Wappen: Seit 1940. Übereinander drei Baselbieter Dreisässenhäuser (Wohnhaus, Scheune, Stall) mit blauen Dächern auf goldenem Grund. Die drei Häuser erinnern an die alten Einzelhöfe, aus denen Liedertswil hervorgegangen ist, die Farben an die ehemalige Zugehörigkeit zur frohburgischen Herrschaft Waldenburg. Flagge: gelb-blau.

Ortsgeschichte: 1194 wird erstmals der Name Liedirwilre, Weiler des Liothard, erwähnt, von dem sich das heutige Liedertswil ableitet. Im Dialekt hat sich allerdings der Name Tschoppenhof bis auf den heutigen Tag gehalten. Er geht auf Durs Tschopp zurück, der den Hof 1530 besass. Das aus einer Gruppe von alemannischen Einzelhöfen entstandene Dörfchen kam als Bestandteil der frohburgischen Herrschaft Waldenburg 1366 an den Bischof und 1400 an die Stadt Basel. Kirchlich gehört Liedertswil auch heute noch zur Pfarrei St. Peter-Waldenburg.

Verein: Schützengesellschaft.

Amtliches Publikationsorgan: Waldenburger Bezirksblatt, Hauptstrasse 22, 4437 Waldenburg, ℗ 061/97 00 64.

Gemeindeverwaltung: 4436 Liedertswil, ℗ 061/97 92 02.

Liestal, «Lieschtel», 327 m ü. M., altes Landstädtchen, Hauptort des Kantons Basel-Landschaft und des Bezirks Liestal. Sitz kantonaler Behörden, Gerichte und Verwaltungen. Wichtiger Schulort mit Gymnasium und Lehrerseminar, Marktort, Eidgenössischer Waffenplatz mit Infanteriekaserne. In Liestal befindet sich unter anderem die Eidgenössische Zollschule, ein Kantonsspital, die Kantonale Psychiatrische Klinik. Liestal ist mit seinen ca. 18 km² die flächenmässig grösste Gemeinde des Kantons. 12'054 Einwohner.

Wappen: Zur Zeit der bischöflichen Herrschaft (1305–1400) erhielt Liestal den Bischofsstab, den es wie das Bistum in roter Farbe führte. Besondere Kennzeichen waren die sieben gotischen Krabben (Tupfen) und der rote Schildrand. Nach der Trennung beider Basel übernahm die Landschaft den roten Stab als Kantonswappen. Um Verwechslungen zu vermeiden, machte man in Liestal ein seit 1407 bekanntes Stadtsiegel 1921 zum offiziellen Stadtwappen: Die untere Hälfte ist rot, die obere silbern. Darauf ein wachsender roter Bischofsstab mit sieben gotischen Krabben. Flagge: weiss-rot.

Ortsgeschichte: Der Name Lihstal wird 1189 erstmals genannt. Für seine Erklärung gibt es verschiedene Hypothesen: liustatio, römischer Wachtposten zum Schutz der Strasse; Lucistabulum, Haus eines römischen Siedlers namens Lucius; Liubherestal, der Besitz eines Alemannen namens Liubirih; Lieschtal, der Ort, wo Liesche (Riedgras) wächst, wie zum Beispiel die sumpfige Gegend des späteren Weihers. Die Gegend von Liestal war schon in vorrömischer Zeit besiedelt. Die römische Villa in Munzach und die römische Wasserleitung, die im Heidenloch sichtbar ist, zeugen von der Anwesenheit der Römer. Ein römischer Wachtposten und eine römische Kultstätte sollen auf dem Geländesporn beim heutigen Kirchhof existiert haben. Seine Entwicklung verdankt Liestal seiner verkehrsgünstigen und strategisch wichtigen Lage an der Strassengabelung zu den beiden Hauensteinpässen. Nach der Eröffnung des Gotthardpasses und nach dem Bau der ersten Rheinbrücke im nahen Basel wird Liestal in der Mitte des 13. Jahrhunderts von den Frohburgern zur befestigten Stadt und damit zum sicheren Etappenort an der Nord-Süd-Route gemacht. Liestal wird mit Mauern, Toren und Türmen versehen. Der Markt wird vom offenen «Altmarkt» in der Nähe des Zusammenflusses von Ergolz und Frenke in die sicherere Stadt verlegt. 1305 verkaufen die Frohburger die Stadt an den Bischof von Basel. Unter der Herrschaft des Bischofs erlangten die Liestaler weitgehende Selbständigkeit. 1374 verpfändete der Bischof von Basel Liestal mit Waldenburg und Homburg dem Herzog Leopold von Österreich, der sie bald den Grafen von Thierstein überliess. Als diese 1381 das Pfand nicht zurückgeben wollten, nahm Herzog Leopold Liestal ein und verbrannte das Städtchen. Doch schon im gleichen Jahr löst der Bischof das Pfand wieder ein und gewährt Liestal neue Rechte. 1400 kauft die aufstrebende Handelsstadt Basel dem Bischof das Städtchen ab. Freiheiten und Vorrechte gehen wieder verloren und können erst im Laufe der Zeit wieder zurückerobert werden. Der freiheitsliebende und wehrhafte Geist Liestals verwickelt die Bewohner des Städtchens immer wieder in kriegerische Auseinandersetzungen. Als Untertanen der Stadt Basel sind die Liestaler 1444 mit ihrem eigenen Banner bei St. Jakob an der Birs dabei, wo sie 23 Mitbürger verlieren. 1476 und 1477 kämpfen Liestaler in den Burgunderkriegen. Entgegen dem strikten Neutralitätsbefehl der Stadt Basel unterstützen die Liestaler 1499 im Schwabenkrieg die Solothurner und Eidgenossen. 1501 legt der Schultheiss von Liestal auf dem Basler Marktplatz im Namen seiner Mitbürger und Nachbardörfer den Eid auf den Schweizerbund ab. Es kommt immer wieder zu Scharmützeln mit den habsburgischen Rheinfeldern. Liestal rebelliert immer wieder gegen die Bevormundung durch Basel, das seine Vormacht wenn nötig auch mit Gewalt durchsetzt. Unter dem Eindruck des süddeutschen Bauernkrieges erheben sich anfangs des 16. Jahrhunderts auch die Baselbieter erfolgreich gegen die Stadt Basel. Liestal erhält 1525 einen Freiheitsbrief, der unter anderem die Leibeigenschaft aufhebt. Wenig später schliesst sich Liestal auch der Reformation an. Im 17. Jahrhundert beteiligen sich die Liestaler an der schweizerischen Bauernbewegung und revoltieren wieder gegen die Vorherrschaft Basels. Der Aufstand scheitert. Liestal wird 1653 von Basler Truppen besetzt, und drei Liestaler Rädelsführer werden in Basel enthauptet. Schon drei Jahre später erreicht Liestal die Wiederbewaffnung des Städtchens. Als 1789 von Frankreich her der Ruf nach Freiheit und Gleichheit ertönt, verlangt Liestal als einzige Baselbieter Gemeinde schon 1790 die Wiederherstellung der alten Rechte. Begeistert feiert Liestal 1797 den durchreisenden Napoleon. «Liestal bien patriote» nennt er das Städtchen, das zum Mittelpunkt der Baselbieter Befreiungsbewegung wird. Hier steht der erste Freiheitsbaum der deutschen Schweiz. Am 16. Januar 1798 zerreissen rebellische Liestaler die obrigkeitliche Fahne und hissen die Tricolore. Unter Führung Liestals erlangt das Baselbiet als erstes Untertanenland der Eidgenossenschaft die langersehnte Freiheit. Nach Napoleons Sturz bekommt Liestal wieder die Vorherrschaft Basels zu spüren. 1830 springt der Funke der französischen Julirevolution auch ins Baselbiet. Im Liestaler Rathaus beginnt eine provisorische Regierung zu tagen. Liestal wird schliesslich zum Hauptort des am 17. März 1832 in seinen Mauern gegründeten neuen Kantons. Noch während langer Zeit prägt die revolutionäre Gesinnung die Politik Liestals, das im 19. Jahrhundert viele politische Flüchtlinge aufnimmt. 1854 erhielt Liestal Anschluss an das internationale Eisenbahnnetz; das war die Grundlage für seine Industrialisierung.

Sehenswürdigkeiten: Munzach (825 Munciacum), römischer Herrschaftssitz aus der Mitte des 1. Jahrhunderts. Die Grabungen von 1950–1955 förderten Mosaikböden, eine Hypokaust-Heizung, Amphoren und zahlreiche Kleinfunde zutage. – Römische Wasserleitung im Heidenloch. – Steinenbrüggli über die Frenke (vermutlich römisch). – Erhaltene Teile der Befestigungsanlagen: Das obere Tor, Thomasturm, Reste der Stadtmauer an der Büchelistrasse. – Alte Stadtmühle (1422). – Rathaus (1568): Ratsaal mit Kabinettscheiben (16.–17. Jahrhundert); Burgunderschale, silberne, zum Teil vergoldete Schale Karls des Kühnen, die vom Liestaler Wirt Heinrich Strübin in der Schlacht von Nancy (1477) erbeutet wurde; Fassadenmalereien des Rathausneubaus von 1937 und Wandgemälde im Lichthof von Otto Plattner; Waffensaal und Dichtermuseum (Spitteler, Widmann, Herwegh). – Olsbergerhof (1571). – Altes Kornhaus (um 1650), später Zeughaus und heute Kantonsmuseum mit archäologischen, historischen und wissenschaftlichen Sammlungen. – Reformierte Stadtkirche (heutige Gestalt aus dem 16./17. Jahrhundert) mit frühgotischer Türe, Standesscheiben und Chorgestühl mit Flachschnitzerei von 1506. – Kantonales Regierungsgebäude (Spätbarock 1770/79 und 1850) mit Landrats- und Regierungsratssaal. – Ergolzhof Feldmühle. – Hofgut Gräubern (1750). – Kantonales Gerichts- und Bibliotheksgebäude. – Römisch-katholische Kirche (1961). – Denkmäler für Georg Herwegh, Carl Spitteler usw. – Wasserfall Kessel. – Aussichtsturm Schleifenberg.

Vereine: Altersverein, Arbeiterturnverein, Badminton-Club, Bürgerinitiative, Carnivals Squash-Club, Circolo Sardo Gennargentu, Colonia Libera Italiana, Darts-Club, Disco Church-Corner, Elternverein, Fasnachtskomitee, Feldschützenverein, Feuerwehrverein, Frauenchor Harmonie, Frauenchor, Frauenriege des Turnvereins, Frauenverein, Freischützen, Fussballclub, Gewerbeverein, Goldbrunnen-Clique, Gymnastikriege, Gymnastikverein, Hornussergesellschaft, IG Liestal, Jodlerclub, Judo-Sport, Jugenddancing, Jugendfestverein, Jugendmusik, Jugendmusikschule, Jugendtreffpunkt, Ju-Jitsu-Club, Kaninchenzüchterverein, Kanonengässler-Clique, Kath. Cäcilienverein, Kath. Frauenverein, Kath. Gesellenverein, Kath. Kirchenchor, Kleintheater Aula, Krankenpflegeverein, Künstlersekretariat, Laienbühne, Laternenschränzer-Guggemusik, Lions-Club, Männerchor, Männerchor Sängerbund, Milchgugge, Militärsanitätsverein, Militärschiessverein, Modellfluggruppe, Naturfreunde, Obst- und Gartenbauverein, Oratorienchor, Orchesterverein, Orientierungslaufgruppe, Pfadfinderabteilung, Pflädderli-Clique, Pfrund-Kickers, Quartierverein Liestal Nord, Quartierverein Liestal Ost, Ref. Kirchenchor, Residänzler-Clique, Rotstab-Clique, Rotstab-Jündtli, Samariterverein, Schachgesellschaft, Schützenclub, Schützengesellschaft, Schweizer Schäferhundesport, Schwingclub, Sportclub, Sportschützen, Stadtmusik, Tauchclub, Tennisclub, Tischtennisclub, Törliwaggis-Clique, Touringbund ATB, Trachtengruppe, Trotzchöpf-Clique, Tschamauche-Clique, Turnerinnen des Turnvereins, Turnverein ETV, Velo- und Motoclub, Verein Tagesheim Liestal und Umgebung, Verein zur Förderung geistig Behinderter, Verkehrs- und Verschönerungsverein, Vogelschutzverein, Volleyball-Club.

Parteien: CVP, EVP, FDP, Grünes Liestal, LdU, NA, SVP, SP.

Öffentliche Sportanlagen: Finnenbahn Gitterli, Frei- und Hallenschwimmbad Gitterli mit Minigolf-Anlage, Fussballplätze, Stadion Gitterli, Tennisplätze, Vita-Parcours Sichtern, Waldlehrpfade Eglisacker und Grammet.

Amtliches Publikationsorgan: Amtliches Mitteilungsblatt, herausgegeben von der Stadtkanzlei, ☏ 061/921 52 52.

Gemeindeverwaltung: Rathaus, 4410 Liestal, ☏ 061/921 52 52.

Heimatkunde Liestal, erschienen 1970.

Lupsingen, «Lupsige» oder in Anlehnung an das benachbarte Seltisberg auch Lupsebärg und Lupsebärger, Bezirk Liestal, 431 m ü. M., Wohngemeinde in Terrassenlage am Ende eines stillen Seitentälchens des Oristals. 988 Einwohner.

Wappen: Seit 1946. Ein aufrechter blauer Wolf mit roter Bewehrung auf goldenem Grund. Das Wappen wurde in Anlehnung an lateinisch lupus (Wolf) geschaffen, den auch die mündliche Überlieferung als Wappentier bezeichnet. Flagge: gelb-blau.

Ortsgeschichte: Eine Theorie besagt, dass der Ortsname, der 1194 als Lubesingin erstmals genannt wird, auf althochdeutsch Lubisingun zurückgehe; die Kurzform dafür ist Lubo, was verwandt ist mit liub, lieb. Namensform und Grabfunde sprechen für eine alemannische Siedlung, Flurnamen und Einzelfunde bezeugen aber eine Besiedlung in römischer Zeit. Im Mittelalter gehörte Lupsingen zur frohburgischen Herrschaft Waldenburg, kam 1366 an den Bischof und 1400 mit dem Amt Waldenburg an die Stadt Basel. Als Grenzort wurde Lupsingen im St. Jakoberkrieg 1448 von Hans von Rechberg und Thomas von Falkenstein gebrandschatzt. Nach der Revolution von 1798 wechselte es vom Waldenburger zum Liestaler Bezirk.

Sehenswürdigkeiten: Laubenhaus, Liestalerstrasse 6. – Schlössli, Seltisbergerstrasse 12.

Vereine: Altersturnen, Frauenverein, Frauenturnverein, Knabenriege, Mädchenriege, Männerriege, Schützengesellschaft, Tennisclub, Theater- und Spielverein, Tischtennisclub, Turnen für jedermann, Turnverein.

Amtliches Publikationsorgan: Amtsanzeiger der Gemeinde Lupsingen, herausgegeben von der Gemeindeverwaltung.

Gemeindeverwaltung: Liestalerstrasse 14, 4419 Lupsingen, ℡ 061/96 09 03. Öffnungszeiten: Mo–Fr 16–17, Di 16–19 Uhr.

Heimatkunde Lupsingen, erschienen 1985.

Maisprach, «Maischbrg», Bezirk Sissach, 385 m ü. M., Bauerndorf in sonniger Lage am Abhang des Sunnenbergs. 609 Einwohner.

Wappen: Seit 1944. In eine rote und eine silberne Hälfte geteilt, darauf je eine Weintraube in gewechselten Farben. Das Wappen weist auf den bedeutenden Weinbau der Gemeinde hin. Flagge: rot-weiss.

Ortsgeschichte: 1180 erscheint der Ortsname als Meisprache, 1247 als Mesbrache. Er ist voralemannisch, und seine Endung weist wohl auf die keltoromanische Endung -acus hin. Möglich wäre auch die Ableitung von einem althochdeutschen Flurnamen: Meginesbrâcha, Brachfeld des Megin. Die mundartliche Form deutet wahrscheinlich die alte, unverständliche Endung -sprach auf -berg um, obwohl Maisprach ein Taldorf ist. Der Ort liegt auf altem Kulturboden. Auf dem Sunnenberg befand sich eine frühgeschichtliche Wehranlage, auf dem Hübel eine römische Villa. Im Mittelalter bestanden neben dem Dorf zwei Höfe. Einer gehörte noch 1360 dem deutschen Reiche; der andere, zu dem auch die Kirche gehörte, dem Basler Bischof. Das Dorf selbst besassen um 1322 die Grafen von Thierstein. 1461 gingen das Dorf und beide Höfe an die Stadt Basel über. 1546 brannte Maisprach grösstenteils nieder, und im Dreissigjährigen Krieg hatte es als Grenzort viel zu leiden. Bekannt ist der Maispracher Weinbau, den es schon zur Römerzeit gab. Hinweise darauf fand man bei der Ausgrabung der römischen Villa. 1328 wird der Rebbau erstmals urkundlich erwähnt, und 1805 sagt man vom «roten Maisperger», er werde allgemein geschätzt und an den Tafeln der «Grossen und Reichen» getrunken.

Sehenswürdigkeit: Pfarrkirche St. Maria, erbaut 1291, 1711 Turm und Chor neu erbaut.

Vereine: Altersturnen, Badmintonclub, Damenriege, Frauenchor, Frauenriege, Gymnastikgruppe, Jugendgruppe, Männerchor, Männerriege, Mutter-Kind–Turnen, Natur- und Vogelschutzverein, Schützengesellschaft, Turnverein, Velo-Moto-Club, Weinbauverein.

Öffentliche Sportanlagen: Sportplatz und Turnhalle.

Amtliches Publikationsorgan: Bezirksanzeiger Rheinfelden, Kirchgasse 2, 4310 Rheinfelden ℡ 061/87 52 78.

Gemeindeverwaltung: Zeiningerstrasse 1, 4464 Maisprach, ℡ 061/841 14 46. Öffnungszeiten: Mo 13.30–19, Mi und Fr 7.30–11.30 Uhr.

Heimatkunde Maisprach, erschienen 1968.

Münchenstein, «Münchestai», Bezirk Arlesheim, 300 m ü. M., grossräumige Wohn- und Industriegemeinde an der Birs mit den Quartieren: Münchenstein-Dorf, Gstad, Neuewelt, Ruchfeld, Gartenstadt, Loog, Wasserhaus und Brüglingen. 11´384 Einwohner.

Wappen: Seit 1946. Auf silbernem Grund ein schwarzer, barhäuptiger, rot beschuhter Mönch. Das Wappen entspricht dem Siegel des bischöflich-baslerischen Ministerialengeschlechts Münch. Flagge: weiss-schwarz.

Ortsgeschichte: Wie Bodenfunde verraten, müssen die vor Hochwasser geschützten Anhöhen östlich der Birs schon recht früh besiedelt gewesen sein (mindestens vor 25'000 Jahren). Funde aus spätern prähistorischen Zeiten lassen vermuten, der Münchensteiner Bann sei immer wieder von Siedlern geschätzt worden. Der einstige Ortsname Geckingen deutet auf eine frühalemannische Siedlung hin. Mit der Herausbildung der Lehensherrschaften im Mittelalter beginnt die Zeit, in der die Siedlung in die Geschichte elsässischer Adelshäuser eingebunden wird. Nachdem das Basler Dienstadelsgeschlecht Münch in den Besitz des Dorfes gelangt war, erlebten die Bewohner wichtige Veränderungen. Sozusagen über ihren Dächern, auf dem Felsen östlich der Siedlung, nahm eine Burg um 1270 trutzige Gestalt an. Das auf dem sogenannten Stein erbaute Schloss der Familie Münch gab fortan auch dem Dorf den Namen: Münchenstein. Vielerorts geriet jedoch die auf wenig Arbeitsteilung beruhende Wirtschaft der Adelsherrschaften gegenüber den Städten ins Hintertreffen. So versteht sich, dass Stadtbürger aus Handel, Gewerbe und Handwerk Bischof und Adel immer mehr Rechte abtrotzten. Folgerichtig begann die finanzkräftige Stadt ihr Territorium nach Süden auszudehnen. 1470 ging die Herrschaft Münchenstein leihweise, 1515 definitiv in städtische Hände über. Über 300 Jahre verwalteten die städtischen Obervögte Dorf und Amt Münchenstein. Erst 1798, als mit dem Zusammenbruch der Alten Eidgenossenschaft die Ideen der Französischen Revolution Gestalt annahmen, wurde die Herrschaft der gnädigen Stadtherren erschüttert. Nachdem durch die Mediation 1803 und die Restauration 1815 verschiedene Neuerungen wieder rückgängig gemacht worden waren, bedeutete eigentlich erst die Kantonstrennung in den 30er Jahren die endgültige Loslösung von der Stadt. Mit der Trennung begann die eigentliche Selbstverwaltung der Gemeinde Münchenstein, die im wesentlichen immer noch ein Bauerndorf blieb, obwohl in der Neuen Welt bereits eine die Wasserkraft nutzende Textilindustrie entstanden war. Erst der Bau der Eisenbahnlinie Basel-Delémont 1875 leitete die Ansiedlung weiterer Industrien ein, die dank grosszügig konzipierten Industriekanälen weitgehend die Wasserkraft der Birs nutzen konnten. Im 20. Jahrhundert entwickelte sich Münchenstein mehr und mehr zu einer Vorortsgemeinde, die Birs und Bahn in drei grosse Gebiete teilen. Industrie und Gewerbe sind jedoch der Gemeinde geblieben, halten sich doch Ein- und Auspendler ungefähr die Waage.

Sehenswürdigkeiten: Im Dorfkern: Wohnhäuser aus dem 16. und 17. Jahrhundert mit weitgehend erhaltenen Fassaden. – Am Fusse des Schlossfelsens die 1470 errichtete Trotte, 1560 zur Zehntentrotte ausgebaut, 1985 renoviert. – Die reformierte Kirche St. Bartholomäus, 1334 erbaut, 1719 erneuert. – In der «Neuen Welt»: Herrschaftshaus Bruckgut (in Privatbesitz) und die um 1829/30 von Melchior Berri erbaute Villa Ehinger. – Gedeckte Holzbrücke über die Birs. – Alte, um 1660 errichtete Hammerschmiede auf dem vorindustriellen Gewerbeareal am Teichweg. – Nach Plänen von Bernoulli erbaute Genossenschafts-Siedlung «Wasserhaus». – Im Naherholungsgebiet von Brüglingen: Hofgüter mit alten Gebäuden (spätgotische Mühle am St. Alban-Teich, heute Mühlenmuseum), Stallungen, welche heute eine bedeutende Kutschen- und Schlittensammlung aus dem alten Basel beherbergen. – Botanischer Garten der Stadt Basel sowie Villa des Christoph Merian mit englischem Park.

Vereine: Ass. Emigranti Sancataldesi AESS, AGFF, Altersverein, Arbeiter-Motorfahrer, Arbeiterschiessverein, Ballspielverein, Bibliothek, Blaukreuzjugend, Cäcilienchor, Chrischona Gemeinde, Comitato Genitori, CRICEI, Damenturnverein, Dobermann-Club, Familiengartenverein, Feuerwehrverein, Foto-Team 66, Frauenchor Münchenstein, Frauenchor Neuewelt, Frauenturngruppe SVKT, Fussballclub, Gemischter Chor, Genossenschaft Festhalle Au, Gewerbeverein, Gugge-Zwärgli, Harmonikaclub, IG Gewerbe und Kultur Dorf und Gstad, Jodlerclub, Jugendmusikschule, Kegelclub Castello, Kleinkalibersektion der SG, Langlaufclub Birseck, Militärschiessverein, Motorsport-Union, Musikverein, Natur- und Vogelschutzverein, Ref. Kirchenchor, Samariterverein, Sängerfreunde an der Birs, Sängerfreundschaft Neuewelt, Satus Turnverein, Schachclub Birseck, Schützengesellschaft, Sportclub, Sportfischer, Supporterclub FC, Tennisclub, Tischtennisclub, Trachtengruppe, Turnverein, Turnverein Neuewelt, Verkehrs- und Verschönerungsverein.

Parteien: CVP, FDP, LdU, Grüne Münchenstein, SP, WIG-Knoblauch.

Öffentliche Sportanlage: Vita-Parcours Auwald-Heiligholzstrasse.

Amtliches Publikationsorgan: Wochenblatt für Birseck und Dorneck, Stollenrainstrasse 17, 4144 Arlesheim, ℡ 061/72 10 72.

Gemeindeverwaltung: Schulackerstrasse 4, 4142 Münchenstein, ℡ 061/46 08 40. Öffnungszeiten: Mo–Fr 10–12, 14–16, Mi 14.15–18.15 Uhr.

Muttenz, «Muttez», Bezirk Arlesheim, 291 m ü. M. (Gemeindehaus), ehemals sternenförmiges Strassenzeilendorf, heute ausgedehnte Wohnquartiere, Industriezone, Rangierbahnhof, Erholungsgebiete Wartenberg, Rütihard, Hardwald. 17'063 Einwohner.

Wappen: Seit 1939. In Silber über einem dreifachen, zinnenbewehrten roten Turm die obere Hälfte eines aufgerichteten rechtsgewendeten Löwen. Der Löwe stammt aus dem Allianz-Wappen des Konrad VIII. Münch-Löwenberg, 1371 Herr zu Wartenberg; der Turm gilt als Symbol der drei ehemaligen Burgen auf dem Wartenberg. Flagge: weiss-rot.

Ortsgeschichte: Als «Methimise» erstmals erwähnt in einer Urkunde vom 25. August 793. Siedlungsspuren aus vorgeschichtlicher Zeit (bronzezeitliche Funde auf dem Wartenberg, eisenzeitliche Gräber in der Hard) sowie neun römische Siedlungsplätze. Im 8. Jh. befand sich Muttenz im Besitz des Domstiftes von Strassburg. Die damals erbaute Kirche wurde dem heiligen Arbogast geweiht, dem ersten fränkischen Bischof von Strassburg. Auf dem Felde bei «Mittenza» hielt Kaiser Konrad II. 1032 mit König Rudolf III. jene Unterredung ab, in deren Folge das burgundische Reich an den Kaiser überging. Das mittelalterliche Dorf lag im Schutze der drei Burgen auf dem Wartenberg, deren Ursprung unbekannt ist. Diese erschienen im 13. Jh. als Lehen des Domstiftes Strassburg im Besitz der Grafen von Homberg. 1306 erwarben die Münche von Münchenstein die Gemeinde. Um 1420 liess Hans Thüring Münch die Kirche mit einer Ringmauer befestigen. Nachdem das Dorf mit Münchenstein zuerst an die Stadt Basel verpfändet war, fiel es dieser 1515 endgültig zu. Muttenz blieb bis weit ins 19. Jh. ein Bauern- und Lohnarbeiterdorf. Abseits, an der Birsmündung in den Rhein, entwickelte sich nach der Kantonstrennung als Folge der Wanderbewegung Birsfelden, welches 1875 durch Gesetz selbständige Einwohnergemeinde wurde. Hatte die Bevölkerung bis zur Jahrhundertwende kaum zugenommen, so wuchs sie nach dem Ersten Weltkrieg stark und nach dem Zweiten Weltkrieg gar überdurchschnittlich.

Sehenswürdigkeiten: Gut erhaltener und den neuen Erfordernissen sorgfältig angepasster Dorfkern, 1983 Henri-Louis-Wakker-Preis des Schweizerischen Heimatschutzes. – Kirche St. Arbogast mit romanischem Vorchor, spätgotischem Altarchor und Sakramentshaus (um 1420) sowie einer Holzdecke im Schiff (1504), Wandmalereien in Chor und Schiff aus dem 15. Jahrhundert. Die reformierte Kirche St. Arbogast ist die einzige vollständig erhaltene befestigte Kirchenanlage der Schweiz. Beinhaus an der Innenseite der Ringmauer mit Holzdecke und Wandbildern aus dem Jahre 1513. – Grenzsteinsammlung im Kirchhof. – Burgruinen auf dem Wartenberg (Aussichtsturm). – Bauernhausmuseum, Dorfmuseum mit Sammlung des bekannten Historienmalers Karl Jauslin, der von 1842 bis 1904 lebte. – Freidorf, bedeutendster Siedlungsbau der Schweiz aus der Zwischenkriegszeit. – Katholische Kirche, wuchtiger Betonbau aus dem Jahre 1965. – Gemeindezentrum mit Verwaltung, Restaurant, Saalbau und Geschäftshaus (1969).

Vereine: Akkordeonorchester, Altersverein, Arbeiter-Schützenbund, Ars Mittenza, Chorgemeinschaft Contrapunkt, Daihatsu-Club, Damenriege, Familiengartenverein, Feuerwehrverein, Frauen-Turnverein Freidorf, Frauenchor, Fussballerchörli, Gartenbauverein, Gesellschaft pro Wartenberg, Gesellschaft für Natur- und Heimatkunde, Gewerbeverein, Gymnastikgruppe, Heuwänder, Hundesport, IG Zentrum, Jass- und Wanderfreunde, Jodlerclub, Jugendmusik, Kammerensemble Farandole, Kantorei St. Arbogast, Katholische Turner, Mädchenkunstturnen, Männerchor, Männerriege KTV, Männerriege TVM, Militärschiessverein, Musikverein, Naturfreunde, Notfunkcorps beider Basel, Ornithologische Gesellschaft, Pfadfinder Herzberg, Pistolenschützen, Robinsonverein, SLRG, Samariterverein, Schachclub, Schänzli-Fäger, Schützengesellschaft, Schwingclub, Skiclub, Sportschützen, Sportverein, Tennisclub, Trachtenclub, TTC Rio-Star, Turnverein, VBC Juventia, Verein für Volksgesundheit, Verkehrs- und Verschönerungsverein, Wasserfahrverein.

Parteien: CVP, EVP, FDP, Grüne, IG Donnerbaum, SP, Vereinigung der Parteilosen.

Öffentliche Sportanlagen: Margelacker (Fussball, Leichtathletik), Hallenbad, Vita-Parcours Rütihard und Hardwald, Finnenbahn Stettbrunnen, Sporthallen Kriegacker.

Amtliches Publikationsorgan: Muttenzer Anzeiger, St. Jakob-Strasse 8, 4132 Muttenz, ℡ 061/61 55 00.

Gemeindeverwaltung: Kirchplatz 3, 4132 Muttenz, ℅ 061/62 62 62. Öffnungszeiten: Mo, Di, Do 9–11, 14–16 Uhr, Mi 9–11, 14–18.30 Uhr.

Heimatkunden: «Muttenz, Gesicht einer aufstrebenden Stadtsiedlung», 1968. – «Heimatkunde von Muttenz 1863», erschienen 1987. – Schweizerischer Kunstführer: «Muttenz», Bern 1983.

Niederdorf, «Niderdorf», Bezirk Waldenburg, 472 m ü. M., langgezogenes Bachzeilendorf an der Vorderen Frenke. 1554 Einwohner.

Wappen: Seit 1938. Schräg in eine rote und silberne Hälfte geteilt. Darauf in gewechselten Farben ein aufrechtstehender gotischer Schlüssel mit dem Buchstaben N im Schlüsselgriff. Der Schlüssel ist das Attribut des Patrons der Talkirche St. Peter in Waldenburg. Flagge: weiss-rot.

Ortsgeschichte: Römische Streufunde und frühmittelalterliche Steinplattengräber zeigen, dass die Gegend in dieser Zeit bewohnt war. Im Mittelalter hiess das dörfliche und kirchliche Zentrum des oberen Frenkentals Onolzwil, um 835 wird es als Honoltesvillare urkundlich erwähnt. Der Name Honolt soll auf althochdeutsch Hunwalt zurückgehen, was sich aus Hun (Tierjunges, junger Bär) und waltan (Macht über etwas haben) zusammensetzt. Im 9. Jahrhundert gehörte Onolzwil dem elsässischen Kloster Murbach, später den Frohburgern, welche Lehensleute hatten, die sich «de Onolzwilere» nannten. Schon vor dem Bergsturz im Jahre 1295 sprach man «de inferiori Onoltzwil», das heisst vom unteren Onolzwil. Die Bezeichnung Niederdorf, «Onolzwil im niedern Dorf», setzte sich um 1453 durch, während Oberdorf bis Ende des 15. Jahrhunderts Onolzwil hiess. Beide Siedlungen kamen im Jahre 1400 an die Stadt Basel. Kirchlich gehörte das Dorf immer zu Waldenburg. Im Mittelalter stand in Niederdorf eine St. Niklaus-Kapelle, die nach der Reformation in ein Wohnhaus umgebaut wurde und im 17. Jahrhundert einem Dorfbrand zum Opfer fiel.

Sehenswürdigkeiten: Mühle, ältestes Gebäude in Niederdorf. – De Bary'sches Haus, erstes Schulhaus bis 1900. – Altes, um 1900 erbautes Schulhaus. – Bauernhof und Herrschaftshaus Arxhof, beherbergt heute eine Arbeitserziehungsanstalt. – Regionale Zivilschutzanlage, Härgelenstrasse 4.

Öffentliche Sportanlage: Sportplatz Baumgarten.

Vereine: Altersturnen, Damenturnverein, Frauenturnverein, Frauenverein, Gesundheitsturnen, Hauspflegeverein, Kinderhütedienst, Kirchenchor, Männerchor, Männerriege, Mutter-Kind-Turnen, Musikverein, Samariterverein, SC Hölstein/Niederdorf, Schützenverein, Trachtengruppe Waldenburgertal, Turnverein, Verschönerungsverein.

Parteien: Bürgerliche Vereinigung, SP.

Amtliches Publikationsorgan: Waldenburger Bezirksblatt, Hauptstrasse 22, 4437 Waldenburg, ℡ 061/97 00 64.

Gemeindeverwaltung: Kilchmattstrasse 5, 4435 Niederdorf, ℡ 061/97 01 40.

Nusshof, «Nusshof», Bezirk Sissach, 543 m ü. M., stilles kleines Bauerndorf. 163 Einwohner.

Wappen: Seit 1945. Ein zweiblättriger grüner Zweig mit drei roten Haselnüssen auf silbernem Grund. Das Wappen entspricht dem Ortsnamen. Die Haselnuss wurde gewählt, weil sie heraldisch gut darzustellen ist. Flagge: weiss-grün.

Ortsgeschichte: Der spätalemannischen Siedlung hat wahrscheinlich ein auffälliger Baum oder eine Baumgruppe den Namen gegeben. Grund und Boden gehörten 1372 noch dem Kloster Olsberg, aus dessen Meierhof im späteren Mittelalter das Dörfchen entstand. Mit Wintersingen kam Nusshof zur Herrschaft Thierstein-Farnsburg und 1461 an die Stadt Basel. Während des Dreissigjährigen Krieges wurde es als Grenzort Opfer von plündernden spanischen Soldaten.

Vereine: Frauenverein, Schützenverein.

Amtliches Publikationsorgan: Informationsblätter der Gemeinde.

Gemeindeverwaltung: Schulhaus, 4453 Nusshof, ℡ 061/98 27 38.

Oberdorf, «Oberdorf», Bezirk Waldenburg, 500 m ü. M., Industrieort an sonniger Lage im Waldenburgertal mit höchstgelegenem Rebgelände der Nordschweiz am Dielenberg. 1987 Einwohner.

Wappen: Seit 1938. Schräg in eine silberne und eine blaue Hälfte geteilt. Darauf in gewechselten Farben ein aufrechtstehender gotischer Schlüssel mit dem Buchstaben O im Schlüsselgriff. Der Schlüssel ist das Attribut des Patrons der Talkirche St. Peter in Waldenburg. Flagge: weiss-blau.

Ortsgeschichte: Da Oberdorf und Niederdorf jahrhundertelang unter dem Namen Onolzwil eine Einheit bildeten, ist hier auf die Ortsgeschichte von Niederdorf zu verweisen. Nach mündlicher Tradition wird angenommen, dass nach dem 1295 erfolgten Bergsturz vom Dielenberg das alte Onolzwil in der Talenge verlassen und die Siedlung in die obere und untere Talweite verlegt worden ist. Indessen weist die schon um 1187 gebräuchliche Bezeichnung Nieder-Onolzwil darauf hin, dass der Ort sich schon vor dem Bergsturz ober- und unterhalb der Kirche ausdehnte. Die Trennung der beiden Gemeinden erfolgte allmählich und dauerte bis ins ausgehende 16. Jahrhundert. Im Jahre 1656 wurde die 1589 gegründete Deputatenschule von Waldenburg nach Oberdorf verlegt und dem Lehrer durch die Übertragung des Sigristendienstes eine gesicherte Stellung verschafft. Damit war Oberdorf bis zur Einführung der Gemeindeschulen der Sitz der obrigkeitlichen Deputatenschule des Waldenburgertales.

Sehenswürdigkeiten: Kirche St. Peter, zwischen Oberdorf und Niederdorf gelegen. – Uli Schad-Brunnen von Fritz Bürgin aus dem Jahre 1953.

Öffentliche Sportanlagen: Sportplatz z'Hof mit Clubhaus, Mehrzweckhalle, Sportanlagen Mehrzweckhalle, Turnhallen Sekundarschule, Sportanlagen Sekundarschule, Finnenbahn «Sunzel».

Vereine: Altersturnen, Dachluckenspinner, Damenturnverein, Drägspatze, Frauenturnverein, Frauenverein, Freischützen, Freiwilliger Schulsport, Fränkätaler Schnurichaibe, Fussballclub, Gemischter Chor, Gesundheitsturnen, Gewerbeverein, Haltungsturnen, Hundesport, JO Ski-Club, Jagdgesellschaft, Jodlerclub Bärgarve, Jugendmusikschule, Kath. Frauenverein Waldenburgertal, Kinderhütedienst, Kirchenchor St. Peter, Kleinkaliberschützen, LV Frenke, Lehrerturnen, Los Ventilos, Mädchenpfadi, Mutter-Kind-Turnen, Musikverein, Männerchor, Männerriege, Obstbau- und Vogelschutzverein, Pistolenclub, Reiterclub, Samariterverein, Sing- und Ziervogelverein, Ski-Club, Tennisclub Waldenburg, Turnverein, Verschönerungsverein, Volleyball (TVO), Weinbauernverein.

Parteien: CVP, FDP, SP, SVP.

Amtliches Publikationsorgan: Waldenburger Bezirksblatt, Hauptstrasse 22, 4437 Waldenburg, ✆ 061/97 00 64.

Gemeindeverwaltung: Dorfmattstrasse 6, 4436 Oberdorf, ✆ 061/97 01 33.

Heimatkunde Oberdorf, in Bearbeitung.

Oberwil, «Oberwyl», Bezirk Arlesheim, 312 m ü. M., Wohngemeinde im Leimental, 5 km südwestlich von Basel. 8649 Einwohner.

Wappen: Seit 1941. Roter Schild, senkrecht geteilt von silbernem Wellenpfahl, der flankiert wird von aufrechtstehenden silbernem Schwert und Schlüssel. Im Schlüsselgriff der Buchstabe O. Der Wellenpfahl symbolisiert den Birsig, der die Gemeinde durchfliesst. Schwert und Schlüssel sind die Attribute der Kirchenpatrone St. Peter und Paul. Flagge: weiss-rot.

Ortsgeschichte: Besiedelt war die Gegend schon in vorgeschichtlicher Zeit, wie einige Bodenfunde beweisen. Um 1093/1103 taucht der Name Obervvlre erstmals auf. Ober-Wil bezeichnete die Lage einer alemannischen Sippensiedlung im Blick auf ein Wil, das weiter unten gelegen sein muss. Das Gebiet war im Mittelalter Besitz des Bischofs von Basel. Im 14. Jahrhundert wurde das Dorf erst an die Thiersteiner und später an die Ramsteiner verpfändet, fiel aber wieder ans Bistum zurück. Im Bauernkrieg 1525 erhob sich auch Oberwil gegen den Bischof, und von 1529–1595 bekannten sich die Bewohner zur Reformation. Im Dreissigjährigen Krieg wurde das Dorf von den Schweden geplündert und zum Teil verbrannt. 1792 kam Oberwil zur Raurachischen Republik, 1793 zu Frankreich und im Wiener Vertrag von 1814 zum Kanton Basel.

Sehenswürdigkeit: Katholische Pfarrkirche St. Peter und Paul von 1341, 1636 abgebrochen und neu erbaut.

Öffentliche Sportanlagen: Sportanlagen Eisweiher, Hallenbad Hüslimatt.

Vereine: Altersverein, Auto-Moto-Club, Badmintonclub, Badmintonclub Gynasium, Basketballclub Gymnasium, Cäcilienchor, Celica-Club, Damenriege, Elternbildung Leimental, Familiengärtnervereine FGVO (Eigene Scholle, Lettenmatt, Paradies), Feldschützenverein, Feuerwehrverein, Filmgruppe, Frauenturnverein, Frauenverein, Fussball-Club, Gewerbeverein, Gymnastik für werdende Mütter, Gymnasik und Gesundheitsturnen, Handballclub, Hauseigentümerverein, IG Vereine, Jodlerclub, Judoclub, Jugendmusik, Jugendriege, Jugendtreffpunkt, Kath. Frauen- und Mütterverein, Kynologischer Verein, Mädchenriege, Männerchor Sängerbund, Männerriege, Modellfluggruppe, Musikverein, Mutter-Kind-Turnen, Natur- und Vogelschutzverein, Ökumenische Frauengruppe, Ornithologischer Verein Fortschritt, Pfadfinder, Pistolenclub Birsigtal, Radfahrer-Verein, Ref. Kirchenchor, Reiterclub beider Basel, Samariterverein, Schützenclub, Schwimmclub, Schwingclub, Sparverein, Sportschützen, Storchenverein Gymnasium, Tagesmütterverein, Theatergruppe, Turnverein, Vereinigung der Oberwiler Musikfreunde, Verkehrsverein des Birsig- und Leimentals, Volleyballclub Gymnasium.

Parteien: CVP, FDP, NLO, SP.

Amtliches Publikationsorgan: Bibo (Birsigtalbote), Petersgasse 34, 4001 Basel, ✆ 061/25 81 66.

Gemeindeverwaltung: Hauptstrasse 24, 4104 Oberwil, ✆ 061/401 15 15. Öffnungszeiten: Mo–Fr 10–11.30, 14–16.30, Do bis 18.30 Uhr.

Heimatkunde Oberwil, erschienen 1989.

Oltingen, «Oltige», Bezirk Sissach, 576 m ü. M., Bauerndorf mit schönen alten Häusern am Fusse der Schafmatt. 340 Einwohner.

Wappen: Seit 1943. Auf goldenem Grund ein schwarzer Schrägbalken, darauf drei silberne Hufeisen mit schwarzen Nägeln. Das Wappen erinnert an Oltingens frühere Bedeutung als Passfussort, die Farben an die ehemalige Zugehörigkeit des halben Dorfes zur Herrschaft Kienberg. Flagge: gelb-schwarz.

Ortsgeschichte: Steinzeitliche und römische Funde beweisen, dass der alte Schafmattübergang schon sehr früh besiedelt war. Im Mittelalter verlief die Grenze zwischen Sisgau und Frickgau längs der Ergolz. Sie trennte Oltingen, das 1267 erstmals urkundlich erwähnt wird, in zwei Teile. Die rechtsufrige Hälfte gehörte als Lehen der Grafen von Habsburg-Laufenburg zur Herrschaft Kienberg. Die linksufrige Hälfte war schon 1372 farnsburgisch und kam 1461 an die Stadt Basel. Das kienbergische Oltingen wechselte mehrmals den Besitzer, bis es im 17. Jh. endgültig an Basel fiel.

Sehenwürdigkeiten: Kirche St. Nikolaus aus dem Jahre 1296 mit Glocken von 1440 und 1493 und einer Kanzel von 1667. Der heutige Bau stammt aus der Spätgotik. Bei der Renovation der Kirche 1956–1958 wurden prächtige Fresken aus dem 15. Jahrhundert entdeckt, freigelegt und restauriert. – Mittelalterliches Haus aus mächtigen Tuffsteinquadern. – Alte Säge mit grossem Wasserrad. – Ortsmuseum.

Öffentliche Sportanlage: Sportplatz bei der Mehrzweckhalle.

Vereine: Arbeitsgemeinschaft für Natur und Heimat, Damenriege, Frauenriege, Gemischter Chor, Milchgenossenschaft, Samariterverein, Schützengesellschaft, Turnverein.

Amtliches Publikationsorgan: Mitteilungsblatt, herausgegeben von der Gemeindeverwaltung.

Gemeindeverwaltung: Gemeindekanzlei, 4494 Oltingen, ✆ 061/99 06 96 (wenn keine Antwort 061/99 05 79).

Ormalingen, «Ormelinge», Bezirk Sissach, 425 m ü. M., gewerbereiches Dorf in sonniger Lage an der Ergolz. Die Landwirtschaft hat sich aus dem Dorf auf Nebenhöfe verlagert. 1478 Einwohner.

Wappen: Seit 1946. Untere Hälfte blau und obere Hälfte golden mit rotem Stern. Angelehnt an das Siegel der Edelknechte von Zielemp, die um die Mitte des 14. Jahrhunderts Güter in Ormalingen besassen. Flagge: gelb-blau.

Ortsgeschichte: Flurnamen und Funde beweisen eine frühgeschichtliche Besiedlung. 1286 wird Normandingen erstmals erwähnt. Es ist der Name einer frühen alemannischen Sippensiedlung und leitet sich wahrscheinlich von Nordmann ab. Im Laufe der Jahrhunderte ging der Anfangsbuchstabe N verloren, weil er in Wendungen wie «in Normandingen» oder «gen Normandingen» zur Präposition gezogen wurde. Im Mittelalter gehörte das Dorf nacheinander den Grafen von Homberg, Frohburg, Homburg und Thierstein. 1461 kam Ormalingen mit der Herrschaft Thierstein-Farnsburg an die Stadt Basel. 1535 wurde die ursprünglich selbständige Kirchgemeinde von Ormalingen mit derjenigen von Gelterkinden vereinigt. Bildet seit 1740 mit Hemmiken eine eigene Kirchgemeinde.

Sehenswürdigkeiten: Pfarrkirche mit Fresken aus dem 14. Jahrhundert. – Ruine Farnsburg, ca. 45 Minuten vom Dorf entfernt.

Öffentliche Sportanlagen: Sportplatz, Fitness- und Finnenbahn.

Vereine: Altersturnen, Blaukreuzv., Damenriege, Fasnachtsges., Frauenchor, Frauenturnv., Frauenv., Gesundheitsturnen, Hauspflegev., Jodlerclub, Kult. Veranstaltungen, Männerchor, Motoclub, Musikv., Mutter-Kind-Turnen, Oberbaselbieter Singkreis, Samariterv., Schützenges., Sparv., Tischtennisclub, Turnv., Vogelschutzv.

Amtliches Publikationsorgan: Gelterkinder Anzeiger, Postfach 114, 4460 Gelterkinden, ✆ 062/52 16 02.

Gemeindeverwaltung: 4466 Ormalingen, ✆ 061/99 24 04.

Heimatkunde Ormalingen, erschienen 1980.

Pfeffingen, «Pfäffige», Bezirk Arlesheim, 396 m ü. M., liegt am Blauen. 1647 Einwohner.

Wappen: Seit 1946. Blauer Balken mit aufgesetzter halber blauer Lilie auf silbernem Grund. Wappen der Edelknechte Wider von Pfeffingen, welche für die Thiersteiner im 14. und 15. Jahrhundert die Herrschaft Pfeffingen verwalteten. Flagge: weiss-blau.

Ortsgeschichte: Der Ortsname taucht um 1140 als Feffingen auf und stammt von einer frühalemannischen Sippensiedlung. Faff oder Pfaff soll «im Besitz der Kirche» bedeuten. Weiter zurück als der Ortsname weisen die zahlreichen Bodenfunde, die die Anwesenheit des Menschen seit der älteren Steinzeit bezeugen. Zur Zeit der Franken entstand in Pfeffingen die ehrwürdige St. Martinskirche, Mittelpunkt einer ansehnlichen Pfarrgemeinde, zu der auch Aesch, Reinach, Duggingen und Grellingen gehörten. Jünger als Kirche und Dorf ist die Burg Pfeffingen. Nach der Tradition schenkte Kaiser Heinrich II. um 1010 die Herrschaft Pfeffingen dem Bischof von Basel, der sie erst den Widern und dann den Thiersteinern zu Lehen gab. Das Dorf litt unter den zahlreichen Fehden der Thiersteiner. So wurde es 1374 von den Baslern verbrannt und 1444 von den Armagnaken. Im Dreissigjährigen Krieg verwüsteten die Truppen der Österreicher, der Schweden und des Herzogs Bernhard von Weimar die Gegend. 1792/93 gehörte Pfeffingen zur Raurachischen Republik und war anschliessend französisches Territorium. Nach dem Wiener Kongress kam das Dorf zum baslerischen Birseck.

Sehenswürdigkeiten: Pfarrkirche St. Martin, die älteste des Birsecks, von 1322. – Schlossvilla, jetzt Waldschule des Schulfürsorgeamtes Basel-Stadt. – Ruine Pfeffingen und die Ruinen der Burgen Münchsberg und Schalberg, die Ende des 13. Jahrhunderts von Stadtadligen, die aufs Land zogen, gegründet wurden.

Vereine: Alttsturnen Pro Senectute, Damenturnverein, Feldschützen, Frauen- und Mütterverein, Frauenturnverein, Glöcklifelsrueche (Fasnachtsclique), Gugge-Musik, Haus- und Grundbesitzerverein Aesch/Pfeffingen, Jugendgruppe Blauring, Notbräms (Jugendorganisation), Pfadi Mönchsberg, Kaninchenzüchterverein, Kath. Kirchenchor, Männerchor, Männerriege, Ornithologische Gesellschaft, Verein für Volksgesundheit, Verkehrsverein Aesch/Pfeffingen, Volleyballclub.

Amtliches Publikationsorgan: Wochenblatt für Birseck und Dorneck, Stollenrainstrasse 17, 4144 Arlesheim, ✆ 061/72 10 72.

Gemeindeverwaltung: 4148 Pfeffingen, ✆ 061/78 11 20. Öffnungszeiten: Mo–Fr 10.30–11.30, 16–17, Mi 16–18.30 Uhr.

Heimatkunde Pfeffingen, erschienen 1966, 2. Auflage 1971, 3. Auflage 1989.

Pratteln, «Brattele», Bezirk Liestal, 288 m ü. M., Wohngemeinde und bedeutender Industrieort, Bahnknotenpunkt der Linien Basel-Olten und Basel-Zürich. 15´392 Einwohner.

Wappen: Seit 1938. Auf goldenem Grund mit schwarzem Schildrand ein schwarzer, nach links gestürzter Adler mit rotem Schnabel und roten Fängen. Der Adler ist dem Wappen der Eptinger, der ehemaligen Schloss- und Dorfbesitzer, entnommen. Flagge: gelb-schwarz.

Ortsgeschichte: Bodenfunde reichen bis in die Altsteinzeit und bezeugen eine dichte Besiedlung zur Römerzeit. 1093/1103 wird der Name Bratello erstmals erwähnt. Er wird auf das lateinische Wort pratellum (kleine Wiese) zurückgeführt. Seine unverschobene Lautform gilt als Zeichen dafür, dass in dieser Gegend die keltoromanische Bevölkerung neben den Alemannen noch lange sesshaft blieb. Das Dorf selbst geht auf einen Dinghof das Klosters St. Alban und auf den Besitz der Herren von Eptingen zurück. Diese errichteten im 11. oder 12. Jh. die Burg Madlen auf dem Adlerberg, die 1356 durch das Erdbeben zerstört wurde. Nach dem Erdbeben bauten die Eptinger die Burg im Dorf als Weiherschloss wieder auf. 1384 wurde das Dorf von den Baslern verbrannt und 1468 im Sundgauerkrieg von den Eidgenossen verwüstet. 1525 erwarb Basel die eptingische Herrschaft in Pratteln. Im 19. Jh. wurde Pratteln zum Industrieort: 1836 stiess Karl Christian Glenck mit einer Bohrung beim Rothus in der Nähe des Rheins in 130 m Tiefe auf Salz; 1837 wurde die Saline Schweizerhalle eröffnet. 1854 weihte man die Centralbahnstrecke Basel-Liestal und 1875 die Bözberglinie Basel-Brugg ein; 1880 errichtete Emil Stohler auf der St. Alban-Matte einen Ziegelbrennofen, und auf dem Gelände des heutigen Coop-Lagerhauses wurde eine Zichorienfabrik gebaut.

Sehenswürdigkeiten: Alte Pfarrkirche, 1250 erstmals erwähnt. Sie ist dem Heiligen Leodegar, dem Bischof von Autun und Patron des Klosters Murbach, geweiht. Der Chor stammt aus der Spätgotik. – Schloss Pratteln, ehemaliges Weiherschloss der Eptinger, 1773 vergantet, von Privaten bewohnt und verändert. Der Graben wurde aufgefüllt. Das Gebäude diente als Armenhaus. 1966 renovierte man das Schloss nach Ansichten Emanuel Büchels aus dem Jahre 1735. – Sanierter Dorfkern mit Dorfmuseum, Alter Wacht, 1692 als erstes Schulhaus erbaut und 1961 renoviert, und Schmiedeplatz. – Hagenbächli, romantisches, um 1650 erbautes Rebhäuslein. 1952 renoviert. – Landgut Mayenfels, erbaut 1726, erweitert 1775, heute Rudolf-Steiner-Schule. – Naturreservat Talweiher. – Alte Salzbohrtürme in Schweizerhalle.

Vereine: Allgemeiner Touringbund Augst, Altersverein, Arbeitermännerchor, Arbeitertouringbund, Arbeiterschiessverein, Badminton-Club Längi, Badminton-Club Pratteln, Bananas-Club, Basketball-Club, Burelümmel, Fasnachtsclique Saggladärne, Feldschützenges., FOJAP, Frauenchor, Fussballclub, Gemeindestubenverein, Gewerbeverein, Guggemusig Rhy-Schränzer, Handharmonikaclub, Hundesportverein, Schweiz. Invalidenverband, IG Ortsvereine, Jodlerclub, Jodlerclub Mayenfels, Judoclub, Jugendmusik, Laienbühne, Männerchor, Militärschützen, Musikges., Nachtfalterschränzer, Naturfreunde, Natur- und Vogelschutzverein, Ornithologische Genossenschaft, Pistolenschützen, PPV Hintererli, Quartierverein Längi, Reiterkameraden, Samariterverein, Segelclub, Singchörli Schweizerhalle, Skiclub, Skiclub Scalottas, Sparverein Höfli, Schützenclub, Silberclub für Klein- und Champagne-Silber, Schwimmclub, Schwingclub, Sportfischerverein, Sportclub Rohner, Sportschützen Schweizerhalle, Tennisclub, Tischtennisclub, Trachtengruppe, Turnverein AS, Turnverein NS, Verein für Volksgesundheit, Vereinigte Radfahrer, Verkehrs- und Verschönerungsverein.

Parteien: CVP, DSP, EVP, FDP, Grüne Pratteln, LdU, SP, SVP.

Öffentliche Sportanlagen: Fussball- und Leichtathletikstadion Sandgruben, Freibad Sandgruben, Kultur- und Sportzentrum beim Schloss, Spielwiese Hexmatt, Finnenbahn Erli, Vita-Parcours Erli, Waldlehrpfad Erli.

Amtliches Publikationsorgan: Prattler Anzeiger, Schlossstrasse 57, 4133 Pratteln, ℡ 061/81 25 95.

Gemeindeverwaltung: Burggartenstrasse 25, 4133 Pratteln, ℡ 061/825 21 11. Öffnungszeiten: Mo, Do, Fr 8.30–11.30, 14–16.30, Di, Mi 8.30–11, 14–18 Uhr.

Heimatkunde Pratteln, erschienen 1968. Schriftenreihe von Ernst Zeugin.

Ramlinsburg, «Ramschbrg», Bezirk Liestal, 497 m ü. M., über dem Waldenburgertal gelegene Bauern- und Wohngemeinde. 415 Einwohner.

Wappen: Seit 1938. Auf goldenem Grund mit rotem Schildrand zwei blaue abgekehrte Sicheln. Es ist das Wappen der Basler Familie Sevogel, die Inhaber des Sallandes war. Flagge: gelb-blau.

Ortsgeschichte: 1367 wird Remlisperg erstmals urkundlich erwähnt. Die Endung auf -burg hat sich erst zu Beginn des 19. Jahrhunderts durchgesetzt. In der Mundart sagt man noch heute «uf im Ramschbrg». Wahrscheinlich hiess der Alemanne, von dem sich der Name ableitet, Ramlin, eine Verkleinerung von Hramo (Rabe). Ramlinsburg lag im Bereich des Dinghofes Bubendorf und gehörte zum Salland. Als Lehen der Dompropstei ging es durch viele Hände. Im 15. Jahrhundert war Henman Sevogel, der Schlossherr von Wildenstein, Besitzer des Sallandes. Von ihm ging Ramlinsburg an Basel über. Der Ort bestand lange aus zwei selbständigen Höfen, Ober- und Niederramlisberg, die sich erst im 16. Jahrhundert zum Dorf entwickelten. 1926 erfolgte schliesslich die Zusammenlegung der bis dahin getrennten Verwaltung des Bürgergutes.

Sehenswürdigkeiten: Gut erhaltener Dorfkern. – Rundsicht auf die Jurakette.

Vereine: Damenturnverein, Frauenverein, Hauspflegeverein, Schützengesellschaft, Singkreis, Sparverein, Theatergruppe, Turnverein.

Öffentliche Sportanlagen: Hartplatz, Rasenplatz, Mehrzweckhalle.

Amtliches Publikationsorgan: Informationsblatt, herausgegeben von der Gemeindeverwaltung.

Gemeindeverwaltung: 4433 Ramlinsburg, ✆ 061/931 24 23. Öffnungszeiten: Mo, Mi, Do, Fr 10–11, Di 17–19.30 Uhr.

Reigoldswil, «Reigetschwyl», Bezirk Waldenburg, 545 m ü. M., liegt in der obersten Talmulde des hinteren Frenkentales und bildet den natürlichen Mittelpunkt des Baselbieter Hinterlandes. 1342 Einwohner.

Wappen: Seit 1937. In der unteren Hälfte auf blauem Grund ein silberner Wellenschrägbalken, in der oberen Hälfte ein buntgefiederter Adler mit roten Fängen und rotem Schnabel auf goldenen Grund. Die obere Hälfte erinnert an die ehemalige Zugehörigkeit zur Herrschaft Frohburg, die untere Hälfte weist auf die Lage des Dorfes am Fuss der Wasserfallen hin, von wo zahlreiche Bächlein ins Tal fliessen. Flagge: gelb-blau.

Ortsgeschichte: Die Anwesenheit der Römer ist durch Funde und Flurnamen belegt. Der Ortsname Rigoltswilre (Weiler des Rigolt) wird 1152 erstmals urkundlich erwähnt und lässt vermuten, dass hier eindringende Alemannen inmitten von Keltoromanen eine Siedlung gründeten. Erste bekannte Besitzer des Dorfes sind die Herren von Frohburg. Ihre Lehensherren, die Edlen von Rifenstein, hausten auf ihrer schwer zugänglichen Burg östlich des Dorfes, von wo sie den Wasserfallenpass gut überwachen konnten. 1226 erscheinen die Edlen von Reigoldswil als Wohltäter des Klosters Schöntal. 1366 gelangt der Ort mit dem Amt Waldenburg an den Bischof von Basel und 1400 in den Besitz der Stadt. Im Mittelalter waren Reigoldswil und Lauwil eine Kirchgemeinde, deren Mittelpunkt die St. Remigiuskirche bei Lauwil war. Daneben gab es am Wasserfallen-Passweg eine St. Hilariuskapelle. Nach dem Brand der St. Remigiuskirche wurde 1562 die heutige Dorfkirche erbaut. Von 1555–1765 bildeten Reigoldswil und Lauwil mit Bretzwil zusammen eine Pfarrei; 1765 wurde Reigoldswil abgetrennt und mit Titterten zu einer selbständigen Kirchgemeinde vereinigt.

Sehenswürdigkeiten: Ref. Kirche St. Remigius von 1562. – Auf dem Kirchhof Brunnen mit Statue des in Reigoldswil gebürtigen Bildhauers Jakob Probst. – Ehemalige St. Hilariuskapelle, heute Wohnhaus Chilchli mit Aussenstützmauer. – Ruine Rifenstein, restauriert.

Vereine: Altersturnen, Blaukreuzverein, Camera-Club, Damenriege, Frauenchor, Frauenriege, Frauenverein, Gemeinnütziger Verein für ein Alters- und Pflegeheim, Gesellschaft zum «Feld», Gewerbeverein, Hauspflegeverein, Jagdgesellschaft Bärengraben, Jodlerchörli Enzianeflue, Konzertverein, Ländlerkapelle Moser-Buebe, Männerchor, Männerriege, Milchgenossenschaft, Mutter-Kind-Turnen, Musikverein, Obstbau- und Vogelschutzverein, Pistolensektion der Rifensteinschützen, Rifensteinschützen, Samariterverein, Schützenverein, Schwyzerörgeli-Fründe, Skiriege, Sozialtherapeutischer Verein Adlenberg, Sparverein, Sportfischer-Club, Tennisclub, Turnverein, Verein Therapeutische Jugendhilfe, Verkehrs- und Verschönerungsverein, Viehzuchtgenossenschaft, Ziegenzuchtgenossenschaft.

Parteien: EVP, FDP, SP.

Öffentliche Sportanlage: Schwimmbecken in der Sekundarschule.

Amtliches Publikationsorgan: Mitteilungsblatt, herausgegeben von der Gemeindeverwaltung.

Gemeindeverwaltung: 4418 Reigoldswil, ℅ 061/96 14 08. Öffnungszeiten: 9–10, 16–17, Mo 16–18 Uhr.

Heimatkunde Reigoldswil, erschienen 1987.

Reinach, «Rynech», Bezirk Arlesheim, 303 m ü. M., ausgedehnte Wohngemeinde am Südfuss des Bruderholzes. 18'063 Einwohner.

Wappen: Seit 1949. In der linken Hälfte ein roter Bischofsstab auf silbernem Grund, in der rechten Hälfte drei goldene Kugeln auf blauem Grund. Die drei Kugeln sind die Attribute des Heiligen Nikolaus, der rote Bischofsstab erinnert an das Bistum Basel. Die Farben weisen auf die Zugehörigkeit zum bischöflichen Amt Birseck hin. Flagge: weiss-blau.

Ortsgeschichte: Bodenfunde und Flurnamen bezeugen, dass hier schon in voralemannischer Zeit Menschen lebten. Für den Ortsnamen Rinacho, dem man 1174 erstmals in einer Urkunde begegnet, gibt es verschiedene mögliche Erklärungen: er könnte eine Zusammensetzung mit -ach (Wasser) sein, oder mit dem keltischen Rinakos (Gut, Besitz des Rinos) oder rinos (Fluss, Bach) zusammenhängen. Im Mittelalter war Reinach und sein Bann bischöflich und gehörte seit 1435 zur Vogtei Birseck. Güter in Reinach besassen auch die Thiersteiner, die Edlen von Dachsfelden und von Bechburg sowie einige Basler Klöster. Nach dem Bauernkrieg von 1525 liess sich Reinach ins Burgrecht von Basel aufnehmen und wurde in der Folge reformiert. Aber Bischof Jacob Christoph Blarer machte die Reformation 1595 hier wieder rückgängig. 1792, nach dem Ende der bischöflichen Herrschaft, kam das Dorf zur Raurachischen Republik, ein Jahr später zu Frankreich und nach dem Wiener Kongress zum Kanton Basel. Vor allem nach dem Zweiten Weltkrieg wuchs dank ausgedehnter Bauzonen und verkehrstechnischer Erschliessung die Wohnbevölkerung stark an. 1965 wurde die Geburt des 10'000sten Reinachers gefeiert. In den folgenden zwanzig Jahren hat sich die Einwohnerzahl nochmals fast verdoppelt.

Sehenswürdigkeiten: Katholische Kirche St. Nikolaus aus dem Jahre 1430, renoviert 1921. – Moderne reformierte Kirche. – Bruderholzdenkmal von 1958 zur Erinnerung an eine Schlacht im Schwabenkrieg 1499. – Von Niklaus Kury (1737–1803) Wegkreuz am Dorfausgang gegen Aesch und Relief «Flucht nach Ägypten» an der Liegenschaft Hauptstrasse 9. – Heimatmuseum (Kirchgasse 9). – Aussichtspunkt Rebberg mit Panoramatafel.

Vereine: Associazione Culturale Emigranti Italiani (ACEI), ACS, Altersverein, Amicale de la langue française, Arbeitsgruppe Lebendiges Reinach, Armbrustschützenverein, Badminton-Club, Betagtenhilfe, Blaukreuzverein, Briefmarkensammler-Verein, Bürgerinitiative, Camping- und Caravaning-Club, Club Español del Birseck, Elternschule, Die Zämmeg'wirflete, Fasnachts-Comité Rynach, Feuerwehrverein, Frauenriege ETV, Frauenturngruppe SVKT, Fussballclub, Genossenschaft Aumatt, Gewerbe- und Industrie-Verein, Gimpel Sing- und Ziervogelliebhaberverein, Gymnastikgruppe, Hauseigentümerverband, IG Ortsvereine, Jagdreiter St. Hubertus, Jass-Club, Jodlerclub, Kleinkaliberschützen, Kultur in Reinach, Laienbühne Schemeli, Männerchor, Männerriege ETV, Militärschiessverein, Moto-Club, Musikgesellschaft Konkordia, Obst- und Gartenbauverein, Orchester, Ornithologische Gesellschaft, Pistolenschützen, Reinacher Kantorei, Reinacher Sportverein, Reinacher Turnerinnen-Verein, Samariterverein, Schachclub, Schachfreunde Reichenstein, Schützengesellschaft, Sport-Club Post Reinach, Sportfischerverein Birseck, Tagesmütterverein, Tennisclub, Theatergruppe, Tierparkverein, Turnverein ETV, U.S. Acquarica C., Veloclub, Verein Freizeit Jugend, Verein Gemeindebibliothek, Verein für Volksgesundheit, Verein für Natur- und Vogelschutz, Verein Robinsonspielplatz, Verkehrs- und Verschönerungsverein, Volkstanzkreis, Volleyballclub H.d.u.S., Volleyballerinnen, Zunft zu Rebmessern.

Parteien: CVP, EVP, FDP, Grüne Baselland, Grüne Partei Baselbiet, LdU, LP, NA, Parteilose Einwohner Reinach PER, SP.

Öffentliche Sportanlagen: Freischwimmbad Dornacherweg, Vita-Parcours Käppeli, OL-Parcours Bruderholz, Waldlehrpfad Leiwald, Sporthalle Fiechten, Tierpark.

Amtliches Publikationsorgan: Wochenblatt für Birseck und Dorneck, Stollenrainstrasse 17, 4144 Arlesheim, ✆ 061/701 10 72.

Gemeindeverwaltung: Hauptstrasse 16–18, 4153 Reinach, ✆ 061/711 40 40. Öffnungszeiten: Mo, Di, Do 9.30–11.30, 14–16.30, Mi 9.30–11.30, 14–18.30, Fr 9.30–11.30, 13–16 Uhr.

Heimatkunde Reinach, erschienen 1975.

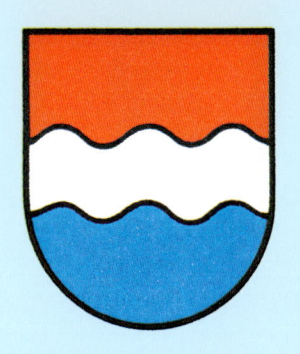

Rickenbach, «Rickebach», Bezirk Sissach, 479 m ü. M., in einem nach Süden geöffneten Seitental der Ergolz zwischen Kienberg, Staufen und Farnsberg gelegen. Vormals Bauerdorf und Kurort. 401 Einwohner.

Wappen: Seit 1947. Ein silberner Wellenbalken teilt das Wappen in eine obere rote und untere blaue Hälfte. Das neue Wappen wiederholt die Farben der kirchlichen Muttergemeinde Gelterkinden. Der Wellenbalken symbolisiert das Rickenbächlein und der blaue Grund den einstigen Fischweiher von Rickenbach. Flagge: rot-weiss-blau.

Ortsgeschichte: Spärliche Bodenfunde bezeugen die Anwesenheit des Menschen in der jüngeren Steinzeit. Erst in einer späteren alemannischen Siedlungsepoche wird der nach dem Bach benannte Hof gegründet. Seinem Namen Richenbah begegnet man erstmals in einer Urkunde aus dem Jahre 1274. Im 12./13. Jahrhundert befand sich Rickenbach zuerst im Besitz der Homburger-Frohburger, dann der Thiersteiner und schliesslich der Falkensteiner. 1461 kam es mit dem Amt Farnsburg zu Basel. 1510 liess der Rat von Basel in der sumpfigen Talsohle westlich des Dorfes durch Balthasar Walch von Lindau einen Fischweiher anlegen, der aber im Laufe des 18. Jahrhunderts mehr und mehr verlandete und 1799 aufgegeben wurde. Möglicherweise hängt es mit diesem Fischweiher zusammen, dass die Rickenbacher noch im 19. Jahrhundert 250 Jucharten zehntenfreies Ackerland besassen. 1904 wurde das Gebiet des ehemaligen Weihers drainiert. Obwohl Rickenbach bis 1536 eine eigene Kapelle besass, gehörte es immer zur Pfarrei Gelterkinden.

Sehenswürdigkeit: Aussichtspunkt Rickenbacher Flue.

Vereine: Fasnachtgesellschaft, Feldschützen, Frauenverein, Turnerinnen, Turnverein.

Amtliches Publikationsorgan: Gelterkinder Anzeiger, Postfach 114, 4460 Gelterkinden, ✆ 062/52 16 02.

Gemeindeverwaltung: Hauptstrasse 15, 4462 Rickenbach, ✆ 061/99 15 72.

Rothenfluh, «Roteflue», Bezirk Sissach, 480 m ü. M., Bauerndorf, unter der Roten Flue gelegen. 671 Einwohner.

Wappen: Seit 1946. Auf goldenem Grund grüner Dreiberg mit roter Fluh, flankiert von zwei grünen Tannen. Sie weisen darauf hin, dass 52% des Gemeindebannes aus Wald bestehen. Farben der ehemaligen Vogtei Farnsburg. Flagge: gelb-rot.

Ortsgeschichte: Auf uraltem Kulturboden gründeten alemannische Siedler Loglingen und Hendschikon. Der ursprüngliche Name wurde durch den Flurnamen verdrängt, 1195 hiess der Ort Rotenfluo oder Ober- und Niederrothenfluh. Während Hendschikon verödete, entwickelte sich Loglingen zur heutigen Dorfsiedlung. Meierhof und Mühle gehörten im 12. Jh. dem Domstift Basel, das damit die Thiersteiner belehnte; Hendschikon oder Niederrothenfluh gehörte erst den Hombergern und dann den Habsburgern. Im 15. Jh. besass die Familie Münch von Münchenstein beide Siedlungen. Nachdem Basel das thiersteinische Lehen erworben hatte, trat 1545 auch die Familie Münch alle Rechte an die Stadt ab. Das Dorf kam zum Farnsburgeramt, in der Helvetik zum Distrikt Gelterkinden und 1803 zum Bezirk Sissach. Ursprünglich bestand in Oberrothenfluh die Pfarrei St. Stephan und in Niederrothenfluh die Pfarrei St. Georg. Ende des 13. Jh. wurden die Kirchgemeinden vereinigt.

Sehenswürdigkeiten: Pfarrkirche St. Stephan mit typischem Käsbissenturm. Der heutige Bau stammt aus dem Jahr 1856, der Kirchturm von 1613. – Pfarrhaus. 1534 brannte das alte Pfarrhaus völlig ab. Der Neubau in gotischem Stil erfolgte wahrscheinlich teilweise mit Steinen der im gleichen Jahr abgerissenen St. Georgs-Kirche. – Speicherhaus aus dem 17. Jh. – Eingemauerter Grenzstein mit Wappen des Bistums Basel und der Habsburger. Der Stein erinnert an die Grenze zwischen Sisgau und Frickgau, die durch Rothenfluh verlief.

Vereine: Frauenverein, Hauspflegeverein, Natur- und Vogelschutzverein, Schützenverein, Sparverein, Turnverein.

Gemeindeverwaltung: Hirschengasse 84, 4467 Rothenfluh, ℡ 061/99 04 54.

Rümlingen, «Rümlike», Bezirk Sissach, 462 m ü. M., im schmalen Homburgertal gelegen. 300 Einwohner.

Wappen: Seit 1944. Auf goldenem Grund St. Georg in blauer Rüstung mit rotem Glorienschein und rotem Speer, der einen schwarzen Drachen ersticht. Rümlingen führt den Kirchenpatron im Wappen und erinnert mit den Farben Gold und Schwarz an die ehemalige Zugehörigkeit zur Herrschaft Homburg. Flagge: gelb-schwarz.

Ortsgeschichte: Der Ortsname entwickelte sich über Rumelinghofen und Rumelikon, das 1358 urkundlich erwähnt wird, zu Rümlike. Er setzt sich zusammen aus dem Namen eines Alemannen namens Rûma, Romanus oder Rumali und der Sippenendung -ing und -hof. Die heutige Schreibweise geht willkürlich auf die alte Endung -ingen zurück. Als Bestandteil der Herrschaft Homburg wurde Rümlingen 1305 bischöflich und 1400 baslerisch. 1803 kam das Dorf zum Bezirk Sissach. Im frühen Mittelalter wurde in Rümlingen eine St. Georgskapelle gebaut, die der Pfarrei Sissach unterstellt war. 1501 gelangte Rümlingen zu grösserer Bedeutung, als es unter Anschluss der Dörfer Buckten, Häfelfingen, Känerkinden und Wittinsburg eine selbständige Kirchgemeinde wurde. Aus dieser Zeit stammt auch die heutige Kirche.

Sehenswürdigkeiten: Spätgotische Pfarrkirche St. Georg mit Deckenmalereien von Walter Eglin und drei Glasgemälden von Jacques Düblin. – Daneben das alte zweistöckige Beinhaus. – Pfarrhaus aus dem Jahre 1667. – Taufstein im Pfarrgarten mit gotischer Inschrift von 1514. – Viadukt der alten Hauensteinlinie der Bundesbahn mit acht Steinbogen, 25 m hoch.

Vereine: Frauenturnen, Fussballclub, Männerturnen, Schützenver.

Amtliches Publikationsorgan: Mitteilungsblatt, herausgegeben von der Gemeindeverwaltung.

Gemeindeverwaltung: Häfelfingerstrasse 6, 4444 Rümlingen, ℡ 062/69 19 52. Öffnungszeiten: Di 17–18.30, Fr 15–18.30 Uhr.

Rünenberg, «Rünebrg», Bezirk Sissach, 600 m ü. M., auf der Jurahochebene am Fusse des Wisenbergs gelegen. 550 Einwohner.

Wappen: Seit 1944. Silberne Margrite (weisse Wucherblume) mit goldener Mitte auf blauem Grund. Margrite war der Spitzname für die Rünenberger, wo in der Mitte des 19. Jahrhunderts die Kleegraswirtschaft gefördert wurde und als Folge davon vermehrt Margriten in den Feldern wucherten. Nach mündlicher Tradition ist der Übername älter. Flagge: blau-weiss.

Ortsgeschichte: 1102 hiess der Ort Runachperh, 1454 Runenberg. Die Bezeichnung mit der Endung -berg, vielleicht Berg des Runheri oder Runo, spricht für eine spätalemannische Siedlung. Funde wie zum Beispiel ein poliertes Steinbeil und Bronzenadeln und -pfeilspitzen zeigen aber, dass hier schon viel früher Menschen lebten. Auch die Römerstrasse von der Sommerau nach Zeglingen führte über Rünenberg. Im Jahre 1392 belehnte der Bischof von Basel Graf Hermann von Thierstein mit dem Hof von Rünenberg. «Uf der Linden» bei Rünenberg war einer der fünf Orte, wo die Landgerichte des Sisgaus unter freiem Himmel tagten. 1461 kam Rünenberg mit der Herrschaft Farnsburg an die Stadt Basel, in der Helvetik zum Distrikt Gelterkinden und 1803 zum Bezirk Sissach. Schon 1747 klapperte hier der erste Posamenterstuhl; 1757 bekam das Dorf eine Schule. Rünenberg ist die Heimat von General Johann August Sutter, dem «Kaiser von Kalifornien», von Martin Grieder alias Martin Birmann, dem grossen Sozialpionier des Baselbiets, und von Niklaus Riggenbach, dem Erbauer der Vitznau-Rigi-Bahn.

Sehenswürdigkeiten: Erratischer Block im Dorf beim Weiher mit der Gedenktafel von Johann August Sutter. – Alte Dorflinde. – Wasserfall Giessen im Chrindel.

Vereine: Damenriege, Feldschützengesellschaft, Frauenriege/Altersturnen, Frauenverein, Gemischter Chor, Gesundheitsturnen, Hauspflegeverein, Männerriege, Milchgenossenschaft, Musikverein, Obstbauverein, Turnverein.

Öffentliche Sportanlage: Turnhalle mit Sportplatz.

Amtliches Publikationsorgan: Mitteilungsblatt, herausgegeben von der Gemeindeverwaltung.

Gemeindeverwaltung: 4497 Rünenberg, ℡ 061/99 25 27.

Heimatkunde Rünenberg, erschienen 1971.

Schönenbuch, «Schönebuech», Bezirk Arlesheim, 362 m ü. M., westlichste Gemeinde des Kantons mit Zollstelle Schweiz/Frankreich, Bauerndorf und Wohngemeinde. 999 Einwohner.

Wappen: Seit 1945. Auf silbernem Grund eine rote Buche auf grünem Dreiberg. Das neue Wappen deutet den Ortsnamen und weist mit dem Dreiberg auf die Höhenlage des Dorfes hin. Flagge: weiss-rot.

Ortsgeschichte: Der Ortsname, der 1315 als Schönenbuoch erstmals in einer Urkunde auftaucht, geht auf einen Flurnamen zurück. Nach einem durch stattliche Bäume auffallenden Buchengehölz wurde der nahegelegene alemannische Weiler benannt. Im Mittelalter besass das Basler Kloster St. Klara in Schönenbuch einen Hof; einen weiteren hatten die Eptinger vom Domstift zu Lehen. Dieser wechselte wiederholt den Besitzer und fiel im 17. Jahrhundert an den Stand Solothurn. Da Schönenbuch stets unter der Oberhoheit des Bischofs von Basel stand, teilte es das Schicksal der bischöflichen Vogtei Birseck: 1792 Teil der Raurachischen Republik, 1793 französisch, 1815 baslerisch. Kirchlich war Schönenbuch mit Allschwil verbunden. 1825 erhielt es eine eigene Kirche und wurde 1837 selbständige Pfarrei.

Vereine: Feldschützengesellschaft, Musikverein, Samariterverein, Turn- und Sportverein (mit Untersektion Tennis und Badminton), Veloclub.

Amtliches Publikationsorgan: Monatliches Mitteilungsblatt, herausgegeben von der Gemeindeverwaltung.

Gemeindeverwaltung: 4124 Schönenbuch, ℡ 061/63 31 55 oder 061/63 30 63.

Seltisberg, «Sältischbrg», Bezirk Liestal, 494 m ü. M., Wohngemeinde auf der Hochebene zwischen Oris- und Frenkental. 1040 Einwohner.

Wappen: Seit 1944. Geteilt in eine untere silberne und obere rote Hälfte, die eine silberne Erdbeerblüte mit goldener Mitte und grünen Kelchblättern trägt. Die Erdbeerblüte erinnert an den ehemaligen Spitznamen Ärbeerischnitzer für Seltisberger und «uf em Ärbeerihübel» für Seltisberg. Flagge: rot-weiss.

Ortsgeschichte: Bodenfunde bezeugen die Besiedlung des Plateaus seit der Steinzeit. Die Römer hatten hier vermutlich einen Gutshof. Die Alemannen gründeten später eine Sippensiedlung, deren Name wohl auf den Personennamen Selbold zurückgeht. Selboldisperch wird 1194 erstmals urkundlich erwähnt. Damals besassen das Kloster Beinwil und etwas später auch das Kloster Schöntal Güter in Seltisberg. Das Dorf lag aber im Machtbereich der Frohburger. Mit Liestal zusammen gelangte Seltisberg 1305 an den Bischof und 1400 an die Stadt Basel. Nun erhob das Kloster Beinwil Anspruch auf die Gerichte. 1509 wurde Seltisberg endgültig Basel überlassen, das Kloster erhielt die Orismühle, die Fischweide im Orisbach und drei Viertel des Seltisberger Zehnten. In der Helvetik kam das Dorf zum Distrikt und 1803 zum Bezirk Liestal. Verunreinigtes Trinkwasser verursachte 1855 eine Choleraepidemie, an der 13 Seltisberger starben. Um die Wasserversorgung zu sanieren, baute man eine Wasserleitung von Nuglar nach Seltisberg, die 1886 eingeweiht wurde. Kirchlich gehörte Seltisberg im Mittelalter zu St. Pantaleon, nach der Reformation zu Liestal.

Vereine: Altersturnen und -gymnastik, Feldschützen, Frauenriege, Frauenverein, Gemischter Chor, IG Dorfvereine, Männerriege, Mutter-Kind-Turnen, Musikgesellschaft, Spielgruppe, Tennisclub, Turnerinnenriege, Turnverein.

Amtliches Publikationsorgan: Amtsanzeiger der Gemeinde Seltisberg, herausgegeben von der Gemeindeverwaltung.

Gemeindeverwaltung: Liestalerstrasse 4, 4411 Seltisberg, ℡ 061/96 99 11. Öffnungszeiten: Di–Fr 10–11, Di 16–18 Uhr.

Sissach, «Sissech», Bezirkshauptort, 376 m ü. M., Marktflecken, Industrie- und Wohngemeinde im Ergolztal. 5049 Einwohner.

Wappen: Seit 1944. Senkrecht in eine rote und silberne Hälfte geteilt, darin je ein erhobener Arm in der umgekehrten Farbe. Es ist das Wappen eines Liestaler Bürgergeschlechts, das sich «von Sissach» nannte. Schon 1597 wurde es als Dorfwappen geführt. Flagge: rot-weiss.

Ortsgeschichte: 1226 wird Sissaho erstmals urkundlich erwähnt. Der Name kann auf einen keltoromanischen Siedler namens Sissus (Sissiacum = Besitz des Sissus) zurückgeführt werden. Die Siedlungsgeschichte von Sissach lässt sich an den aufgefundenen Spuren, die initiativer lokaler Forschung zu verdanken sind, über 5000 Jahre zurückverfolgen: Aus der Zeit um 3000 v. Chr. fand man auf dem Burgenrain die Reste jungsteinzeitlicher Wohnstätten. Die späte Bronzezeit ist etwa um 1200 v. Chr. auf dem Vorplateau nördlich der Sissacher Flue und wenig später (bis 1000 v. Chr.) auf dem schmalen Rücken des Bischofsteins vertreten. An beiden Orten stand eine Reihe aneinandergebauter Blockhütten. Zur Zeit der Kelten (Rauriker), ca. 600–100 v. Chr., entstanden auf der Flue und auf dem Burgenrain hinter ausgedehnten Steinerdwällen geschützte Siedlungen. Die Reste von zwölf Töpferöfen und eine Menge Keramik lassen auf ein blühendes Gewerbe im Vorderen Brüel um ca. 100 v. Chr. schliessen. Auf die Römer, die einen Gutshof in der Bützenen bewirtschafteten, folgten die Alemannen und die Franken. Zwischen 600 und 1000 n. Chr. entstanden auf dem Burgenrain und auf der Sissacher Flue, den beherrschenden Punkten der Landschaft, fränkische Fluchtburgen. Damit erhielt Sissach zentrale Bedeutung für den Sisgau, der 835 erstmals urkundlich erwähnt wird und nach seinem Hauptort, Sissach, benannt ist. Von den Fluchtburgen sind heute noch rekonstruierte Mauerzüge und nichtkonservierte Wälle und Gräben zu sehen. Im Jahre 1041 schenkte Kaiser Heinrich III. den Sisgau dem Bischof von Basel. Als Lehensherren besassen die Eptinger in der ersten Hälfte des 13. Jahrhunderts das Dorf und bauten sich auf dem steilen Ausläufer des Kienbergs die Burg Bischofstein. Sie zerfiel im Erdbeben von Basel 1356. Im Jahre 1461 erwarb die Stadt Basel die landgräflichen Rechte und 1465 von den Eptingern das Dorf Sissach, das sie dem Farnsburgeramt angliederte. Nach der Revolution von 1798 wurde Sissach dem Distrikt Gelterkinden zugeteilt; 1814 wurde es Bezirkshauptort. Nach dem Bau der Eisenbahnlinie 1855 und der beiden Seidenbandfabriken, 1859 und 1860, nahm Sissach einen wirtschaftlichen Aufschwung. Die erste Urkunde über eine Dorfschule stammt von 1601. 1620 wird der Wollweber Peter Zweibrucker als Schulmeister erwähnt. 1808–12 wurde in Sissach das erste Basellandschaftliche Lehrerseminar geführt und 1874 das heutige Primarschulhaus gebaut. 1955 werden das Sekundarschulhaus Sagenakker, 1956 die Landwirtschaftliche Schule Ebenrain und 1970 das Realschulhaus in der Bützenen bezogen. Kirchlich gehörten im Mittelalter mehrere Gemeinden des Ergolz-, Diegter- und Homburgertales zu Sissach. 1501 wurde Rümlingen selbständig, 1830 Zunzgen mit Tenniken vereinigt. Die heutige Kirchgemeinde umfasst Sissach, Itingen, Böckten, Thürnen und Diepflingen.

Sehenswürdigkeiten: Schloss Ebenrain, 1774/75 erbaut für den Basler Bandfabrikanten Martin Bachofen-Heitz. Heute im Besitz des Kantons Basel-Landschaft, dient es für Kunstausstellungen und Konzerte. – Kirche St. Jakob mit reichverzierter Orgel aus dem Jahre 1821. – Katholische Kirche St. Josef. – Burgruine Bischofstein. – Aussichtspunkt Sissacher Flue.

Öffentliche Sportanlagen: Sportanlage Tannenbrunn, Freischwimmbad Brütschimatt, Kunsteisbahn Neumatt (im Sommer Tennisplatz), Grütli-Waldlehrpfad Langenboden-Luchern.

Vereine: Altersheimverein, Altersturnen, Altersverein Oberes Baselbiet, Amnesty International (Sektion), Amrep-Club, Arbeitsgemeinschaft für Natur- und Heimatschutz, Ballett, Baseball-Club, Baselbieter Bogenschützen, Bienenzüchterverein, Blaukreuzverein, Box-Club, Combat-Team, Coro Enziana, Circolo Ricreativo Italiano, Curling Club, Damenriege, Eishockeyclub, Elternbildung Oberes Baselbiet, Exotic Sissach, Fasnachtsgesellschaft, Feldschützengesellschaft, Feuerwehrverein, Foto Team Spektra, Frauenchor Cäcilia, Frauenriege, Frauenturngruppe, Frauenturnverein, Frauenverein, Freischützengesellschaft, Gartenbauverein, Gemischter Chor, Gewerbeverein, Haus- und Grundbesitzerverein, Jodlerclub Flüeli, Judo- und Budo-Club, Jugendlokal, Jugoslawischer Verein, Jungmusikcorps, Kath. Kirchenchor, Kranken- und Hauspflegeverein, Kynologischer Verein, Mädchenriege, Männerchor Frohsinn, Männerchor Liederkranz, Männerriege, Musikverein, Mütterteam, Obst- und Weinbauverein, Ornithologischer Verein, Pfadfinder, Pistolenclub, Posaunenchor, Ref. Kirchenchor, Reiterclub, Rock Dance Club, Rotary-Club, Samariterverein, Schachclub, Sportschützen, Sportverein (mit Sektionen), Standschützengesellschaft, Tauchclub Ergolz-Nautic, Tennisclub, Tennisclub Kunsteisbahn, Trachtengruppe, Turnverein (mit Sektionen), Verein für Volksgesundheit, Verkehrs- und Verschönerungsverein, Volksliederchor, Volleyballclub, Vortrags- und Kulturfilmverein.

Parteien: FDP, SP, SVP.

Amtliches Publikationsorgan: Volksstimme von Baselland, regionales Informations- und Publikationsblatt, Hauptstrasse 31–33, 4450 Sissach, ℡ 061/98 35 85.

Gemeindeverwaltung: Bahnhofstrasse 1, 4450 Sissach, ℡ 061/98 13 14. Öffnungszeiten: Mo–Fr 8–11.30, Mo, Di, Do 14–17, Mi 14–18, Fr 14–16.30 Uhr.

Heimatkunde Sissach, erschienen 1984.

Tecknau, «Däggnau», Bezirk Sissach, 438 m ü. M., Wohngemeinde mit etwas Industrie und Landwirtschaft, im Eital, am Nordportal des Hauenstein-Basistunnels gelegen. 661 Einwohner.

Wappen: Seit 1945. Grüner Schild mit silbernem Wellenpfahl, der den Eibach symbolisiert, der durch das grüne Tal fliesst. Flagge: grün-weiss.

Ortsgeschichte: 1372 wird Tegnow erstmals urkundlich erwähnt. Der Ortsname setzt sich zusammen aus -au, das heisst «Wiese am Wasser», und einem alemannischen Personennamen wie Takko, Dago oder Degano. Die Alemannen waren aber sicher nicht die ersten Siedler in dieser Gegend. In den Felshöhlen der sonnseitigen Talflanke hausten schon in vorgeschichtlicher Zeit Menschen. Die uralten Zugänge zum Juraübergang der Schafmatt führen durch die Gegend von Tecknau. Im Mittelalter gehörte der Ort zur hombergisch-frohburgischen Erbschaft, die an das Grafenhaus Thierstein-Farnsburg gelangte; 1461 fiel er mit der Herrschaft Farnsburg an die Stadt Basel. Nach der Revolution von 1798 kam Tecknau zum Bezirk Gelterkinden, später zum Bezirk Sissach. Wesentlich für die Entwicklung des Ortes war der Bau des Hauenstein-Basistunnels von 1912–1916. «s Tunälldorf» heisst ein Mundartroman von Traugott Meyer, der diese Entwicklung schildert. Eine eigene Schule hat Tecknau seit 1821, kirchlich gehört es auch heute noch zu Gelterkinden.

Öffentliche Sportanlage: Sportanlage Bubenacker.

Vereine: Altersturnen, Damenriege, Feldschützengesellschaft, Frauenriege, Frauenverein, Männerchor, Männerriege, Turnverein, Veloclub, Volleyballclub.

Amtliches Publikationsorgan: Gelterkinder Anzeiger, Postfach 114, 4460 Gelterkinden, ℡ 062/52 16 02.

Gemeindeverwaltung: Dorfstrasse 22, 4492 Tecknau, ℡ 061/99 13 27.

Heimatkunde Tecknau, erschienen 1987.

Tenniken, «Dännike», Bezirk Sissach, 427 m ü. M., Bauerndorf, am Stockenrain und am Hang des oberen Gisiberges gelegen. 838 Einwohner.

Wappen: Seit 1944. In eine goldene und silberne Hälfte geteilt. Auf goldenem Grund ein schwarzes Antoniuskreuz (gotischer Grossbuchstabe T), auf silbernem Grund drei schwarze Schrägbalken. Tenniken hat das Wappen der Herrschaft Eschenz übernommen, zu der es einst gehörte, und den steigenden Löwen durch ein Antoniuskreuz ersetzt. Flagge: gelb-schwarz-weiss.

Ortsgeschichte: Tennichon, 1226 erstmals urkundlich erwähnt, gehört zu den Ortsnamen mit der Endung -kon, die zu -ken abgeschliffen wurde. Abgeleitet wurde er vom alemannischen Personennamen Tano oder Dano. Tenniken gehörte zur Herrschaft Eschenz und gelangte, als Ritter Henman mit seinen Söhnen bei Sempach gefallen war, an Grosskinder des Ritters. In der ersten Hälfte des 15. Jahrhunderts waren die Besitzverhältnisse unklar, Basel und Solothurn bemühten sich um die Herrschaft, die 1482 schliesslich an Basel fiel und zum Farnsburgeramt kam. 1798 wurde das Dorf dem Bezirk Waldenburg angegliedert, nach der Kantonstrennung dem Bezirk Sissach. Tenniken wurde 1529 selbständige Kirchgemeinde, der 1830 Zunzgen angeschlossen wurde.

Sehenswürdigkeiten: Kirche St. Maria mit Chor von 1515 und Kanzel von 1616. – Pfarrhaus von 1559 mit Inschrift. – Alte Pfarrscheune. – Der Hof, heute s Höfli genannt, einst Sitz des Baslers Hebdenstreit, genannt La Roche. – Kulturelle Einrichtungen: Gemeindebibliothek, Webstube, Backstube.

Öffentliche Sportanlage: Schulanlage Seematt.

Vereine: Damenturnverein, Feldschützengesellschaft, Frauenverein, Hornussergesellschaft, Männerchor, Männerriege, Musikverein, Natur- und Vogelschutzverein, Ski-Club, Volleyball-Club.

Amtliches Publikationsorgan: Gelterkinder Anzeiger, Postfach 114, 4460 Gelterkinden, ℡ 062/52 16 02.

Gemeindeverwaltung: Alte Landstrasse 32, 4456 Tenniken, ℡ 061/98 36 86. Öffnungszeiten: Mo–Fr 8.30–11.30, Mi 15.30–18.30 Uhr.

Therwil, «Därwyl», Bezirk Arlesheim, 306 m ü. M., vorwiegend Wohngemeinde, im Leimental gelegen. 7583 Einwohner.

Wappen: Seit 1940. Ein goldener Schild mit einem schwarzen Viertel im heraldisch gesehen linken Obereck. Es ist das Familienwappen «von Terwilr». Flagge: gelb-schwarz.

Ortsgeschichte: Zahlreiche steinzeitliche, römische und alemannische Funde zeugen von einer frühen Besiedlung der Gegend. Der Ortsname Terwilre, der 1223 erstmals in einer Urkunde erscheint, geht auf einen alemannischen Personennamen, möglicherweise Tarro, zurück. Das Kloster Reichenau, als Besitzer des Dorfes, belehnte damit die Grafen von Thierstein, die später einen Teil ihrer Rechte verkauften. 1518 erwarb der Bischof von Basel mit der Herrschaft Pfeffingen auch Therwil. 1525, zur Zeit der Bauernkriege, erhoben sich die Therwiler und liessen sich ins Burgrecht der Stadt Basel aufnehmen. Dann schlossen sie sich der Reformation an. Basel und Solothurn bemühten sich, das Dorf in ihren Besitz zu bringen. Aber Ende des 16. Jahrhunderts setzte sich der Bischof und damit auch die Gegenreformation in Therwil durch. Im Dreissigjährigen Krieg wurde das Dorf mehrmals geplündert. Nach der Revolution kam Therwil zur Raurachischen Republik, von 1792–1815 stand es unter französischer Herrschaft und wurde dann dem Kanton Basel zugeschlagen. Der Therwiler Stephan Gutzwiller gehörte zu den Anführern des Baselbieter Freiheitskampfes. Kirchlich bildete Therwil bis 1802 mit Ettingen zusammen eine Pfarrei, seither ist es selbständig. Ein für das Dorf wichtiges Ereignis aus neuerer Zeit war die Eröffnung der Birsigtal-Bahn im Jahre 1887.

Sehenswürdigkeiten: Kirche St. Stephan, 1267 erwähnt, 1631 neu erbaut, mit Malereien und Tabernakel aus Spanien. – Friedhofskapelle mit Anna-Selbdritt-Gruppe.

Öffentliche Sportanlage: Vita-Parcours Therwil-Reinach.

Vereine: Ackersegen, Akkordeonclub, Arbeits- und IG «Alt-Therwil», Arbeitsgruppe für Erwachsenenbildung, Arbeitsgruppe für Kinderspielplätze, Badminton-Club, Baseball Flyers, Blauring, Bubenriege, Damenfussballclub, Damenriege, Familiengärtnerverein «In der Au», Feldschützengesellschaft, Feuerwehrverein, Frauenchor, Frauenturnen, Fussballclub, «Gschprützti Sau»-Kochclub, Gymnastikgruppe Coop, Handball, Hauseigentümerverein, Hauspflegeverein, Jagdgesellschaft, Jodlerclub, Judoclub, Jugendhaus, Jugend- und Freizeitclub Forum «Disco Black & White», Jungwacht, Kaninchen- und Geflügelzüchterverein, Kinderturnen, Kirchenchor, Kunstturnen, Leichtathletik, Mädchenriege, Männerchor, Männerturnen (Fitness und Faustball), Musikgesellschaft Concordia, Mutter-Kind-Turnen, Natur- und Vogelschutzverein, Orientierungslauf-Club «Elchok», Pfadfinderinnen-Abteilung Oberwil-Therwil-Ettingen, Ringerclub, Samariterverein, Softball Flyers, Sparverein, Sportverein, Schachclub, Schwangerschaftsturnen, Tagesmütterverein, Tennisclub Birsmatt, Tennisclub Leimental, Vereinshaus «99er-Treff», Vereinskartell, Verkehrsverein Birsigtal, Volleyballclub.

Parteien: CVP, EVP, FDP, LdU, SP.

Amtliches Publikationsorgan: Bibo (Birsigtal-Bote), Petersgasse 34, 4001 Basel, ℡ 061/25 81 66.

Gemeindeverwaltung: Bahnhofstrasse 33, ℡ 061/73 14 14. Öffnungszeiten: Mo 9–11.30, 14–18.30, Di–Fr 9–11.30, 14–16.30 Uhr.

Thürnen, «Dürne», Bezirk Sissach, 391 m ü. M., am Eingang zum Homburgertal gelegenes Bauern- und Wohndorf. 958 Einwohner.

Wappen: Seit 1944. In goldenem Feld auf grünem Dreiberg schwarzer Turm mit Ringmauer, flankiert von zwei offenen Eingangspforten. In Anlehnung an die mündliche Überlieferung, die den Ortsnamen «bei den Türmen» deutet, wurde ein neues Wappen geschaffen. Bei der Gestaltung nahm man Bezug auf die Rekonstruktion der frühmittelalterlichen Fluchtburg auf dem Burgenrain mit Turm und Doppeltor. Die Farben erinnern an die ehemalige Zugehörigkeit zum Homburgeramt. Flagge: gelb-schwarz.

Ortsgeschichte: Mauerreste, eingestürzte Gewölbe und Einzelfunde zeugen von römischen Gebäuden, die in der Kilchmatt und in Geren standen. Dem Namen der alemannischen Siedlung Durnun begegnet man erstmals in einer Urkunde aus dem Jahre 1101. Seine Bedeutung für die mündliche Überlieferung «bei den Türmen» ist unklar. Im 11. Jahrhundert besass das baslerische Kloster St. Alban in Thürnen Güter, die den Eptingern zu Lehen gegeben wurden. Im übrigen gehörte das Dorf zur Herrschaft Homburg, fiel 1305 an den Bischof und 1400 an die Stadt Basel. Bis 1798 blieb es beim Homburgeramt und kam 1803 zum Bezirk Sissach. Thürnen besass im Mittelalter eine St. Blasius-Kapelle, gehörte aber schon damals zur Pfarrei Sissach.

Öffentliche Sportanlage: Beim Schulhaus.

Vereine: Damenturnverein, Fasnachtsgesellschaft, Feldschützengesellschaft, Frauenverein, Frauenturnverein, Freies Gesundheitsturnen, Kranken- und Hauspflegeverein, Männerchor, Männerriege, Musikverein, Turnverein.

Amtliches Publikationsorgan: Amtlicher Anzeiger, herausgegeben von der Gemeindeverwaltung.

Gemeindeverwaltung: Böckterstrasse 20, 4441 Thürnen, ℡ 061/98 40 40.

Titterten, «Ditterte», Bezirk Waldenburg, 668 m ü. M., Bauerndorf in Sattellage zwischen Fluebachtal unf Flüegraben am Fusse des Rankberges. 369 Einwohner.

Wappen: Seit 1943. In goldenem Feld St. Martin in blauer Rüstung mit silbernem Schwert, rotem Mantel und rotem Glorienschein. St. Martin ist Patron der Kirche von Titterten. Die Farben erinnern an die ehemalige Zugehörigkeit zur frohburgischen Herrschaft Waldenburg. Flagge: gelb-rot.

Ortsgeschichte: 1152 wird der Name Driritum erstmals urkundlich erwähnt, der sich dann über Titritun (1226) und Titritten (1347) zu Titterten (1415) entwickelte. In dieser Namensform steckt wahrscheinlich die keltorömische Endung -dunum, welche «fester Ort» bedeutet. Funde aus der Steinzeit und voralemannische Flurnamen bezeugen eine frühe Besiedlung der Gegend. Von den Alemannen fand man auf der Marchhöchi und beim Einzelhof Weid Steinkistengräber, von den Franken stammt die Martinskirche. Im 12. Jahrhundert war Titterten im Besitz der Frohburger, welche 1189 das Patronatsrecht der Kirche dem Kloster Schöntal übertrugen. Damals bewohnten die Edlen von Titterten, frohburgische Dienstmannen, eine heute verschwundene Burg östlich des Dorfes. Im Jahre 1400 fiel Titterten mit der Herrschaft Waldenburg an die Stadt Basel. Nach 1798 gehörte es zum Bezirk Waldenburg. Kirchlich war das Dorf bis zur Reformation mit dem Kloster Schöntal verbunden, von 1525–1765 gehörte es zur Pfarrei St. Peter-Waldenburg und wurde dann mit Reigoldswil vereinigt.

Vereine: Altersturnen, Blaukreuzverein, Damenriege, Elektragenossenschaft, Frauenriege, Frauenverein, Gemischter Chor, Jagdgesellschaft, Jugendriege, Männerriege, Maschinengenossenschaft, Milchgenossenschaft, Obstbau- und Vogelschutzverein, Schützengesellschaft, Sparverein, Turnverein.

Amtliches Publikationsorgan: Waldenburger Bezirksblatt, Hauptstrasse 22, 4437 Waldenburg, ℡ 061/97 00 64.

Gemeindeverwaltung: Turnhalle, 4425 Titterten, ℡ 061/96 13 07.

Waldenburg, «Wollbrg», «Waldeburg», Hauptort des gleichnamigen Bezirks und Sitz des Bezirksgerichts, 530 m ü. M., Industrie- und Wohngemeinde am oberen Ende des Waldenburgertales. 1180 Einwohner.

Wappen: Seit 1926. Auf goldenem Grund ein Adler mit bunten Federn, roten Krallen, rotem Schnabel und roter Zunge. Der Adler ist vom Schild der Grafen von Frohburg übernommen. Flagge: gelb-blau.

Ortsgeschichte: 1244 wird Waldenburch erstmals urkundlich erwähnt. Der Name geht auf Walenburg zurück, was «Burg der Walen», der Welschen oder Römer bedeutet. Von der Anwesenheit der Römer, die vermutlich auf der Schanz einen Wehrbau zur Sicherung der oberen Hauensteinstrasse besassen, zeugen Funde wie Statuen und Bronzemünzen. Im frühen Mittelalter gehörte die Gegend von Waldenburg zu Onolzwil (vgl. Oberdorf und Niederdorf) und war Besitz des elsässischen Klosters Murbach; später stand sie unter frohburgischer Herrschaft. Nach der Eröffnung des Gotthardpasses gründete Hermann von Frohburg das Städtlein Waldenburg. Er sicherte es mit zwei Strassen- und zwei Wassertoren und einem Mauerring. In seiner nordwestlichen Mauerecke hausten die Edlen von Arnoldsdorf (Arisdorf) im einzigen Steinhaus, dem späteren Pfarrhaus. Beherrscht wurde das enge Tal von zwei Burgen, von der Schanz oberhalb des Städtchens und von der Burg auf dem Rehhaggrat. 1366 fiel Waldenburg an den Bischof, 1400 an die Stadt Basel. Im Jahre 1525 besass Waldenburg ein Hammerwerk und eine Eisenschmiede, die später in eine Papiermühle umgewandelt wurde. 1589 wurde die Waldenburger Schule eröffnet. Im neuen Kanton Basel-Landschaft wurde Waldenburg 1833 Bezirkshauptort. Nachdem der Passverkehr über den Oberen Hauenstein durch den Bau der Centralbahn vollständig zum Erliegen gekommen war, führte die Gemeinde 1853 die Uhrenindustrie ein. 1859 erwarben Gedeon Thommen und Louis Tschopp die Firma. Tschopp war auch der Initiant für den Bau der Waldenburgerbahn. Sie wurde 1880 als Schmalspurbahn eröffnet und 1953 elektrifiziert. Kirchlich gehörte Waldenburg immer zur alten Pfarrei St. Peter, obwohl es im Ort selbst eine 1471 erneuerte St. Georgskapelle aus dem 13. Jahrhundert gab. 1833/34 baute Waldenburg das ehemalige Kornhaus zu einer Kirche um, die 1841/42 mit einem Turm ergänzt wurde. Sie dient seither als Wechselkirche der Pfarrei St. Peter.

Sehenswürdigkeiten: Pfarrkirche mit sehenswerten Glasscheiben. – Pfarrhaus mit Deckenmalereien. – Oberes restauriertes Tor mit Sonnenuhr. – Gut erhaltener mittelalterlicher Stadtkern. – Bezirksschreiberei mit Waffentafel der Obervögte. – Restaurierte Schlossruine auf dem Rehhaggrat mit Bergfried, der eine prächtige Aussicht bietet.

Öffentliche Sportanlage: Freischwimmbad Alte Hauensteinstrasse.

Vereine: Altersverein, Bienenzüchterverein, Circolo Italiano, Colonia Libera Italiana, Damenriege, Frauenchor, Frauenriege, Frauenverein, Gewerbeverein, Haus- und Grundeigentümerverein, Jodlerclub, Jugendclub, Kaninchen- und Geflügelzüchterverein, Kegelclub Fliegenpilz, Kegelclub Schmalspur, Männerchor, Männerriege, Militärschiessverein, Musikverein, Obstbau- und Vogelschutzverein, Richtichörli, Samariterverein, Schloss-Knechte, Schützengesellschaft, Skiclub, Tennisclub, Tischtennisclub, Turnverein, Verkehrs- und Verschönerungsverein.

Parteien: CVP, EVP, FDP, LdU, SP, SVP.

Amtliches Publikationsorgan: Waldenburger Bezirksblatt, Hauptstrasse 22, 4437 Waldenburg, ☎ 061/97 00 64.

Gemeindeverwaltung: Hauptstrasse 38, 4437 Waldenburg, ☎ 061/97 00 44.

Heimatkunde: Geschichte von Waldenburg, 1957, vergriffen.

Wenslingen, «Wäislige», Bezirk Sissach, 570 m ü. M., Bauerndorf auf der Hochebene zwischen Ergolz- und Eital. 587 Einwohner.

Wappen: Seit 1946. In der goldenen Hälfte eine grüne Tanne auf schwarzem Grund, in der roten eine goldene Ähre. Das Wappen drückt den Waldreichtum und den bedeutenden Ackerbau aus; die Farben erinnern an die ehemalige Zugehörigkeit zur Herrschaft Thierstein. Flagge: gelb-rot.

Ortsgeschichte: Der Ortsname, der 1280 in der heutigen Schriftform erstmals in einer Urkunde erscheint, wird einer Siedlungsepoche nach dem 8. Jahrhundert zugerechnet. Spuren von Menschen, wie die Höhlenwohnungen am Rande der Hochebene, reichen aber in vorgeschichtliche Zeit zurück. Am Ende des 10. Jahrhunderts errichteten die Grafen von Homberg-Thierstein westlich des Dorfes eine ausgedehnte Burganlage, die jedoch schon 1180 wieder aufgegeben wurde. Im Jahr 1372 gehörte Wenslingen zur Herrschaft Farnsburg, 1446 verpfändeten die Grafen Hans und Thomas von Falkenstein das Dorf einem Basler Bürger, und 1461 ging es in den Besitz der Stadt Basel über. Vom Farnsburgeramt kam Wenslingen 1802 zum Bezirk Sissach. Das Dorf, das kirchlich mit Oltingen und Anwil verbunden ist, hat seit 1757 eine eigene Schule.

Sehenswürdigkeiten: Ruine Ödenburg, Reste der im 12. Jahrhundert verlassenen Burganlage, die um 1580 schon die «öde Burg» genannt wurde. – Jungfernstein vor der Ödenburg. Eine tischähnliche mächtige Steinplatte, vielleicht ein keltisches Heiligtum.

Öffentliche Sportanlage: Sportplatz beim Kreisschulhaus.

Vereine: Damenriege, Frauenriege, Frauenv., Gemischter Chor, Männerriege, Milch- und Landwirtschaftliche Konsumgenossenschaft, Schützenges., Turnverein, Natur- und Vogelschutzverein.

Amtliches Publikationsorgan: Gemeindenachrichten, herausgegeben von der Gemeindekanzlei, ✆ 061/99 06 90.

Gemeindeverwaltung: 4493 Wenslingen, ✆ 061/99 06 90.

Wintersingen, «Wintersinge», Bezirk Sissach, 430 m ü. M., in einem engen Talkessel zwischen Sissach und Rheinfelden gelegen. Weinbaugemeinde. 486 Einwohner.

Wappen: Seit 1939. In rotem Feld schräg übereinander drei silberne Speereisen oder Pfeile. Wappen Rudolfs von Wintersingen von 1284. Flagge: rot-weiss.

Ortsgeschichte: 1166 wird Wintersingin erstmals urkundlich erwähnt. Der Ortsname auf -ingen deutet auf eine frühe alemannische Siedlung hin, die möglicherweise nach einem Winitheri benannt wurde. Bodenfunde und Flurnamen bezeugen eine voralemannische Besiedlung der Gegend. Um 1880 sollen noch Überreste eines römischen Gutshofes auf Breitfeld zu sehen gewesen sein. Im frühen Mittelalter gab es im Dorf einen Freihof, der in königlichem Besitz war und Flüchtlingen Unterkunft und Verpflegung bot. Im 14. Jh. gehörten Freihof und Dorf den Thiersteinern. Mit der Herrschaft Farnsburg wurde Wintersingen 1461 baslerisch. Es blieb bis 1814 beim Farnsburgeramt, kam dann zum Bezirk Liestal und nach der Trennung von Stadt und Land zum Bezirk Sissach. Seit dem Mittelalter bilden Wintersingen und Nusshof eine Kirchgemeinde.

Sehenswürdigkeiten: Dorfkirche, 1676 durch Seitenflügel erweitert, 1920 im Barockstil renoviert. – Pfarrhaus mit grosser Linde. – Denkmal des Sängervaters Heinrich Grieder (1821–1913).

Öffentliche Sportanlagen: Mehrzweckhalle, Aussensportanlagen, Schiessanlagen über 50 und 300 m.

Vereine: Damen- und Männerriege, Fasnachtsges., Frauenv., Gemischter Chor, Hauspflegev., Jugend- und Mädchenriege, Musikv., Obstbauv., Samariterv., Schützenges., Turnv., Weinbauverein.

Amtliches Publikationsorgan: Bezirksanzeiger Rheinfelden, Kirchgasse 2, 4310 Rheinfelden, ✆ 061/87 52 78.

Gemeindeverwaltung: 4451 Wintersingen, ✆ 061/98 29 69. Öffnungszeiten: Di 19–20, Mi 17–19 Uhr.

Wittinsburg, «Wytschbrg», Bezirk Sissach, 572 m ü. M., Bauerndorf in einer Mulde des Tafeljuras zwischen Homburger- und Diegtertal. 262 Einwohner.

Wappen: Seit 1944. Auf der schwarzen Schildhälfte eine goldene Kornähre und auf der goldenen Hälfte eine schwarze. Das Wappen versinnbildlicht den auf der Tafeljurahochfläche vorherrschenden Ackerbau. Flagge: schwarz-gelb.

Ortsgeschichte: Steinzeitliche und römische Funde sprechen von einer frühen Besiedlung der Tafeljurafläche. Das Dorf geht auf eine spätalemannische Sippensiedlung zurück, deren Gründer vielleicht Widubar oder Witheris geheissen hat. 1358 erscheint der Ortsname Witerberg erstmals in einer Urkunde. Die heutige Schreibweise mit der Endung -burg hat sich im 18. Jahrhundert durchgesetzt, im Dialekt ist das -berg allerdings erhalten geblieben («uf im Wytschbrg»). Wittinsburg gehörte zur Herrschaft Homburg, kam 1305 an den Bischof und 1400 an die Stadt Basel. Im Mittelalter und bis in die Neuzeit waren die Steingruben, die Mühlsteine, Türstürze und Fenstergewände aus Tenniker Muschelagglomerat lieferten, von Bedeutung. Bis 1798 blieb das Dorf beim Homburgeramt und kam dann zum Bezirk Sissach. Kirchlich gehört Wittinsburg mit Känerkinden, Buckten und Häfelfingen zu Rümlingen.

Vereine: Altersturngruppe, Frauenverein, Gesundheitsturnen, Männerchor, Schützenverein, Turngruppe.

Amtliches Publikationsorgan: Gelterkinder Anzeiger, Postfach 114, 4460 Gelterkinden, ℡ 062/52 16 02.

Gemeindeverwaltung: 4443 Wittinsburg, ℡ 061/69 11 72.

Zeglingen, «Zeglige», Bezirk Sissach, 535 m ü. M., langgezogenes Bauerndorf mit einheitlichem Dorfbild, im Eital gelegen. 451 Einwohner.

Wappen: Seit 1944. Eine silberne Deichsel auf rotem Grund. Das neue Wappen veranschaulicht die Gabelung des Eitals südlich von Zeglingen. Flagge: rot-weiss.

Ortsgeschichte: Zeglingen, das als Zegningen um 1358 erstmals urkundlich erwähnt wird, ist auch eine der alemannischen Sippensiedlungen auf -ingen. Bronze- und eisenzeitliche Funde im Tal und römische Siedlungsspuren auf der Hochebene zeigen aber, dass die Gegend schon früher bewohnt war. In römischer und mittelalterlicher Zeit teilte sich südlich von Zeglingen die vom Homburgertal herkommende Strasse nach Wisen-Erlimoos-Trimbach und nach der Schafmatt. Im Jahre 1372 gehörte das Dorf zur Herrschaft Thierstein-Farnsburg und gelangte 1461 in den Besitz der Stadt Basel. Bis 1798 war es beim Farnsburgeramt und kam dann zum Bezirk Sissach. Zeglingen hatte bis ins 16. Jahrhundert eine St. Agatha-Kapelle, gehörte aber immer zur Pfarrei St. Martin in Kilchberg.

Sehenswürdigkeit: Kaum historische Bausubstanz, aber das Dorfbild ist gesamthaft intakt geblieben.

Vereine: Altersturngruppe, Damenriege, Frauenriege, Frauenverein, Gemischter Chor, Jugendriege, Mädchenriege, Männerchor, Männerriege, Natur- und Vogelschutzverein, Schützenverein, Skiriege, Turnverein.

Öffentliche Sportanlage: Sportanlage in der Ei.

Amtliches Publikationsorgan: Informationsbulletin der Gemeinde, herausgegeben von der Gemeindeverwaltung.

Gemeindeverwaltung: Hauptstrasse 38, 4495 Zeglingen, ℡ 061/99 53 33 oder 061/99 35 67.

Heimatkunde Zeglingen, erschienen 1983.

Ziefen, «Zife», Bezirk Liestal, 428 m ü. M., Wohngemeinde im Hinteren Frenkental. 1039 Einwohner.

Wappen: Seit 1943. Ein liegender schwarzer Adler mit goldenen Fängen und goldenem Schnabel auf silbernem Grund. Es ist das Wappen der Eptinger von Ziefen, wie es auf einer Glasscheibe von 1583 zu sehen ist.
Flagge: weiss-schwarz

Ortsgeschichte: Der Ortsname, der 1226 als Civenne erstmals in einer Urkunde auftaucht, ist voralemannischer, möglicherweise galloromischer Herkunft. Am Osteingang des Dorfes befand sich ein römischer Gutshof, dessen Quellfassung noch heute genutzt wird; im Rebberg stiess man auf Überreste eines römischen Rundturms. Auf dem Chilchberg, auf dem heute die Kirche steht, erhob sich im 14. Jh. eine Burg, die von einem Zweig der Eptinger mit dem Zunamen Zivenner bewohnt wurde. 1400 kam das Dorf mit dem Amt Waldenburg an die Stadt Basel. 1565 wütete die Pest in Ziefen und raffte 211 Menschen dahin. Bis 1798 gehörte das Dorf zum Waldenburgeramt und wechselte dann zum Bezirk Liestal. Zur Blütezeit der Posamenterei waren in Ziefen 300 Webstühle in Betrieb.

Sehenswürdigkeiten: Dorfmuseum. – Pfarrkirche St. Blasius. 1931 entdeckte man einen Zyklus von Wandbildern, die um 1350 entstanden sein dürften. – Schulhaus von 1956 mit Mosaik von Walter Eglin und Fresko von Ugo Cleis an der Turnhalle.

Vereine: Fischerei-Verein, Frauenchor, Frauenriege, Frauenverein, Männerchor, Männerriege, Natur- und Vogelschutzverein, Musikgesellschaft, Ornithologischer Verein, Samariterverein, Schützengesellschaft, Turngrüppli, Turnverein, Verein für Heimatpflege.

Amtliches Publikationsorgan: Amtsanzeiger der Gemeinde, herausgegeben von der Gemeindeverwaltung.

Gemeindeverwaltung: 4417 Ziefen, ℡ 061/931 14 89. Öffnungszeiten: Mo, Fr 15–18, Mi 15–17 Uhr.

Heimatkunde Ziefen, erschienen 1973.

Zunzgen, «Zunzge», Bezirk Sissach, 406 m ü. M., Wohngemeinde am Ausgang des Diegtertales. 2223 Einwohner.

Wappen: Seit 1948. In goldenem Feld auf rotem Berg ein schwarzgemauerter Zinnenturm. Das neue Wappen zeigt in stilisierter Form den Heidenbüchel, das Wahrzeichen des Dorfes. Der Turm erinnert an die einstige Burg von Zunzgen. Die ehemalige Zugehörigkeit zur Herrschaft Habsburg-Laufenburg kommt in den Farben zum Ausdruck.
Flagge: gelb-rot.

Ortsgeschichte: 1323 wird Zunzkon erstmals urkundlich erwähnt. Wie bei Diegten und Tenniken handelt es sich um einen frühen alemannischen Siedlungsnamen auf -ing, der mit dem nachfolgenden -hofen verschmolzen und zu -kon und -gen abgeschliffen wurde. Allerdings sprechen Flurnamen dafür, dass die Gegend von Zunzgen schon in voralemannischer Zeit besiedelt war. Der markante Heidenbüchel südlich des Dorfes ist eine künstliche Aufschüttung. Bei Grabungen fand man Bauteile einer frühmittelalterlichen Burganlage, über deren Bewohner leider noch nichts Genaues bekannt ist. Dorf und Burg gehörten wohl zur Herrschaft Homberg und fielen 1223 durch Erbschaft den Grafen von Habsburg-Laufenburg zu. Ihre Lehensleute waren zuerst die Edlen von Frick, seit 1406 die Eptinger. In der zweiten Hälfte des 15. Jahrhunderts wurde Zunzgen baslerisch und gehörte zum Farnsburgeramt, bis es 1803 zum Bezirk Sissach kam. Das Dorf besass bis nach der Reformation eine St. Johannes-Kapelle, war aber ein Teil der Pfarrei St. Jakob in Sissach. 1830 wurden Zunzgen und Tenniken zu einer Kirchgemeinde vereinigt.

Sehenswürdigkeiten: Heidenbüchel, etwa 30 m hoher Schuttkegel, der im 10. oder 11. Jahrhundert eine Holzburg trug. – Gewölbte steinerne Dorfbachbrücke.

Öffentliche Sportanlagen: Freischwimmbädli Ei, Fitnessbahn Zunzgerhard, Finnenbahn Zunzgerhard.

Vereine: Damenriege, EHC-Supporter, Einhockeyclub, Fanclub EHC, Frauenchor, Frauenturnverein, Frauenverein, Frauenverein

SOS-Dienst, Gemischter Chor, Guggemusig, Hauspflegeverein, Kegelclub Fortuna, Kegelclub Spycher, Männerchor, Männerriege, Musikverein, Natur- und Vogelschutzverein, Ornithologischer Verein, Pistolensektion, Schützengesellschaft, Skiriege, Tischtennisclub, Turnverein, Veloclub, Wurlitzer-Clique.

Parteien: Verein Demokratisches Zunzgen, Arbeiter- und Angestellten-Union, Vereinigung Freier Wähler Zunzgen.

Amtliches Publikationsorgan: Gemeindemitteilungsblatt, herausgegeben von der Gemeindeverwaltung.

Gemeindeverwaltung: 4455 Zunzgen, ✆ 061/98 12 24.
Öffnungszeiten: 13.30–17.30, Mo bis 19 Uhr.

PLZ	Bezirk/Gemeinden	Fläche in ha	Einwohner pro km²	Wohnbevölkerung 1988	Ausländer in %	Beschäftigte 1985	Gemeindesteuer* 1989	Schulden in Fr. pro Kopf** 1987
	Ganzer Kanton	**42813**	**544**	**232707**	**14,4**	**78596**		**1432**
	Bezirk Arlesheim	**9627**	**1467**	**141273**	**14,0**	**44485**		**1174**
4147	Aesch	737	1300	9580	18,6	3412	52,0	1852
4123	Allschwil	893	2117	18907	13,1	5176	51,1	430
4144	Arlesheim	690	1236	8529	19,9	2181	50,6	1630
4105	Biel-Benken	414	543	2247	6,1	444	49,0	782
4102	Binningen	443	3215	14244	15,4	3373	50,0	502
4127	Birsfelden	254	4661	11838	18,3	3752	55,0	1745
4103	Bottmingen	299	1885	5636	13,6	611	55,5	1635
4107	Ettingen	630	778	4904	10,8	716	56,0	510
4142	Münchenstein	722	1577	11384	12,6	6298	54,5	1755
4132	Muttenz	1663	1026	17063	14,5	10813	47,3	248
4104	Oberwil	789	1096	8649	12,5	1667	52,0	1063
4148	Pfeffingen	492	335	1647	5,2	158	54,0	1560
4153	Reinach	700	2580	18063	12,2	4350	52,8	1328
4124	Schönenbuch	134	746	999	8,7	171	54,0	2838
4106	Therwil	767	989	7583	8,4	1363	57,5	2902
	Bezirk Liestal	**8595**	**588**	**50562**	**19,3**	**21842**		**1642**
4422	Arisdorf	1004	109	1090	3,4	131	65,0	1690
4302	Augst	162	507	822	13,9	461	49,1	284
4416	Bubendorf	1086	283	3073	11,1	907	64,1	1793
4402	Frenkendorf	466	1210	5643	19,1	1326	64,0	3250
4414	Füllinsdorf	467	877	4096	13,9	1114	60,0	1599
4304	Giebenach	130	446	580	6,2	52	55,0	428
4423	Hersberg	163	157	256	3,1	19	58,0	1143
4415	Lausen	557	731	4074	16,4	1423	56,0	1061
4410	Liestal	1809	666	12054	22,5	8479	61,0	1615
4419	Lupsingen	313	316	988	4,7	82	59,0	2213
4133	Pratteln	1079	1427	15392	26,4	7351	55,9	1366
4433	Ramlinsburg	226	184	415	7,0	75	58,0	419
4411	Seltisberg	361	288	1040	4,6	123	51,0	1261
4417	Ziefen	772	135	1039	2,3	299	62,0	1471
	Bezirk Sissach	**14097**	**195**	**27517**	**9,9**	**8231**		**2047**
4461	Anwil	395	80	317	2,2	94	65,0	1467
4461	Böckten	230	276	634	7,4	104	58,0	2222
4446	Buckten	201	337	678	9,1	108	60,0	–
4463	Buus	888	85	751	3,1	128	61,0	15

BASELLAND IN ZAHLEN

PLZ	Bezirk/Gemeinden	Fläche in ha	Einwohner pro km²	Wohnbevölkerung 1988	Ausländer in %	Beschäftigte 1985	Gemeindesteuer* 1989	Schulden in Fr. pro Kopf** 1987
4442	Diepflingen	146	279	407	4,9	98	65,0	2084
4460	Gelterkinden	980	527	5160	14,2	1876	52,0	2583
4445	Häfelfingen	397	57	225	2,7	73	61,0	–
4461	Hemmiken	331	76	250	2,8	59	65,0	–
4452	Itingen	310	457	1418	10,6	478	43,0	2219
4447	Känerkinden	152	259	393	5,3	27	58,0	–
4496	Kilchberg	158	69	109	–	28	60,0	263
4448	Läufelfingen	816	141	1148	7,0	284	53,5	2282
4464	Maisprach	508	120	609	1,8	126	55,0	545
4453	Nusshof	172	95	163	3,1	22	58,0	935
4494	Oltingen	714	48	340	1,8	77	65,0	896
4466	Ormalingen	695	213	1478	7,6	221	64,5	1870
4462	Rickenbach	287	140	401	6,0	49	65,0	9310
4467	Rothenfluh	1098	61	671	7,6	95	65,1	2128
4444	Rümlingen	226	133	300	19,0	171	63,0	123
4497	Rünenberg	493	112	550	2,5	73	65,0	1541
4450	Sissach	887	569	5049	13,5	2753	59,1	2901
4492	Tecknau	234	282	661	18,0	254	54,0	1309
4456	Tenniken	460	182	838	5,3	148	60,0	2383
4441	Thürnen	221	433	958	14,5	138	65,0	2463
4493	Wenslingen	596	98	587	2,2	102	60,0	1637
4451	Wintersingen	703	69	486	1,2	86	65,0	1068
4443	Wittinsburg	325	81	262	3,4	86	65,0	814
4495	Zeglingen	789	57	451	3,1	125	65,0	1082
4455	Zunzgen	685	325	2223	11,4	348	61,0	1212
Bezirk Waldenburg		**10494**	**127**	**13355**	**9,4**	**4038**		**2111**
4424	Arboldswil	347	118	410	1,7	78	65,0	–
4431	Bennwil	657	79	518	4,1	106	68,3	2855
4207	Bretzwil	726	97	701	9,6	212	63,0	–
4457	Diegten	963	113	1091	4,3	247	60,0	765
4458	Eptingen	1118	50	562	4,8	193	65,0	4295
4434	Hölstein	602	304	1833	9,5	303	67,0	2988
4432	Lampenberg	394	119	468	0,9	71	63,0	2632
4438	Langenbruck	1567	56	882	10,3	256	55,0	1357
4426	Lauwil	728	42	305	6,9	44	60,0	3064
4436	Liedertswil	192	80	153	1,3	63	60,0	1120
4435	Niederdorf	447	348	1554	17,0	493	60,0	567
4436	Oberdorf	623	319	1987	11,4	746	65,0	3412
4418	Reigoldswil	928	145	1342	4,5	400	63,0	3002
4425	Titterten	366	101	369	2,2	66	62,0	348
4437	Waldenburg	836	141	1180	19,9	760	65,0	2136

* in % der Staatssteuer, inklusive Fürsorgesteuer
** Mittel- und langfristige Schulden

Das Programm des Kantonsverlags

Der Kanton Basel-Landschaft verfügt über einen eigenen Verlag, der die Aufgabe hat, das Baselbieter Schrifttum aufzubereiten und unter die Leute zu bringen. Der «Verlag des Kantons Basel-Landschaft», wie er offiziell heisst, führt in seinem reichhaltigen Sortiment Populäres und Wissenschaftliches – eine Fülle von Informationen für alle, die sich den Kanton Baselland interessieren.

In einigen Reihen wird gesammelt, was Geschichte und Gegenwart des jungen Kantons betrifft. Die Spanne reicht von aktuellen politischen, wirtschaftlichen, sozialen und kulturellen Themen bis hin zu Dokumentationen oder Karten, von der Grundlagenforschung bis zur – auch mundartlichen – Belletristik, also ein Programm vom Speziellen bis zu Kuriosem.

Wir stellen hier diese Reihen mit einigen ausgewählten Titeln vor.

Quellen und Forschungen

Die Reihe «Quellen und Forschungen» beinhaltet Grundlagen- und Hintergrundmaterialien zu Fragen und Problemen, die den Kanton Basel-Landschaft betreffen. Aus dem umfangreichen Angebot seien hier einige «Bestseller» herausgegriffen.

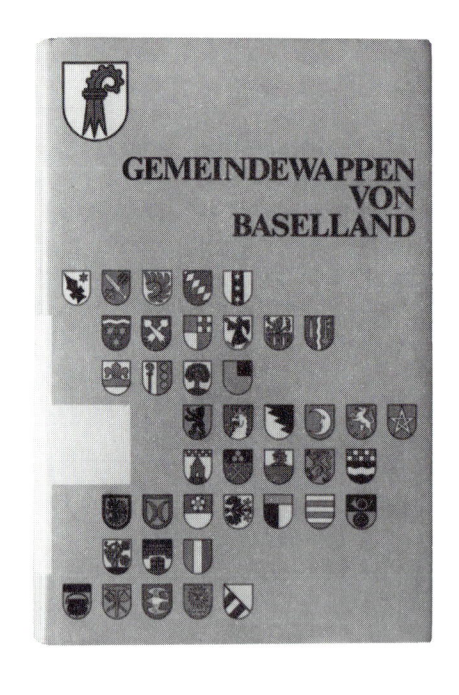

Die Gemeindewappen des Kantons Baselland
von Paul Suter
4., ergänzte Auflage 1984, 179 Seiten, gebunden.
Von Aesch bis Zunzgen werden in diesem Standardwerk alle 73 Gemeinden des Kantons in alphabetischer Reihenfolge vorgestellt. Zu jeder Ortschaft erfährt man etwas über Herkunft und Bedeutung von Namen und Wappen und erhält einen kurzen historischen Abriss. Die sehr konzentrierten Informationen werden ergänzt durch Illustrationen und reiche Literaturhinweise. Am Ende des Buches befindet sich ein Anhang mit allen Gemeindewappen in Farbe. Sie sind auch als *Poster* erhältlich.

Baselbieter Sagen
von Paul Suter und Eduard Strübin
81 Federzeichnungen von Willy Stäheli.
2. Auflage 1981, 409 Seiten, gebunden.
Mit *Nachlese* und *Letzte Ernte*.
Liebeszauber, Spukhäuser, feurige Mannen, Erdweiblein, Hexen, Schimmelreiter und sogar ein verhexter Posamenterstuhl trieben einst im Baselbiet ihr Unwesen. Mit einer bunten Vielfalt von Geschichten will uns die vorliegende Sammlung von Baselbieter Sagen diese fremde Welt näher bringen. Die Sagen sind teils in Schriftdeutsch, teils in Dialekt erzählt und nach Bezirken und Ortschaften geordnet.

BASELBIETER BÜCHER

Müschterli us em Baselbiet
von Eduard Strübin und Paul Suter
Illustrationen von Remy Suter.
Mit *No ne Hampfle Müschterli* und *Neui Baselbieter Müschterli*.
2. Auflage 1984, 232 Seiten, gebunden.
Wenn man in den «Müschterli» blättert, hat man sich «undereinisch» festgelesen, so unterhaltsam, lustig und witzig sind die über 700 Geschichten und Anekdoten, die teils in Schriftdeutsch, teils in Mundart abgefasst sind. Sie stammen aus der Zeit von der Mitte des 17. Jahrhunderts bis zum Jahre 1980 und zeigen öffentliches und privates Leben im Baselbiet. Es wird Bauern, Handwerkern und Posamentern, aber auch Pfarrherren, Lehrern und Ärzten aufs Maul geschaut, aus Amtsstuben und Ratssälen geplaudert und aus der Schule geschwatzt.

Der Baselbieter Bundesrat Emil Frey – Staatsmann, Sozialreformer und Offizier
von Fritz Grieder
1988, 500 Seiten, gebunden.
Bundesrat Emil Frey (1838–1922) ist eine der faszinierendsten und schillerndsten Persönlichkeiten, die das Baselbiet hervorgebracht hat. Frey wanderte als 22jähriger in die USA aus, arbeitete auf einer Farm, erkrankte und wurde auf die Strasse gestellt. Schliesslich landete er bei der US-Freiwilligen-Armee. Als Major wurde Frey im Sezessionskrieg gefangengenommen. Eineinhalb Jahre vegetierte er in Gefängnissen. Doch das Blatt wendete sich. Emil Frey kehrte in die Schweiz zurück und machte eine glänzende Karriere – als Baselbieter Regierungsrat, als Brigadekommandant, als Mitbesitzer der «Basler Nachrichten», als Parlamentarier und schliesslich als Bundesrat.

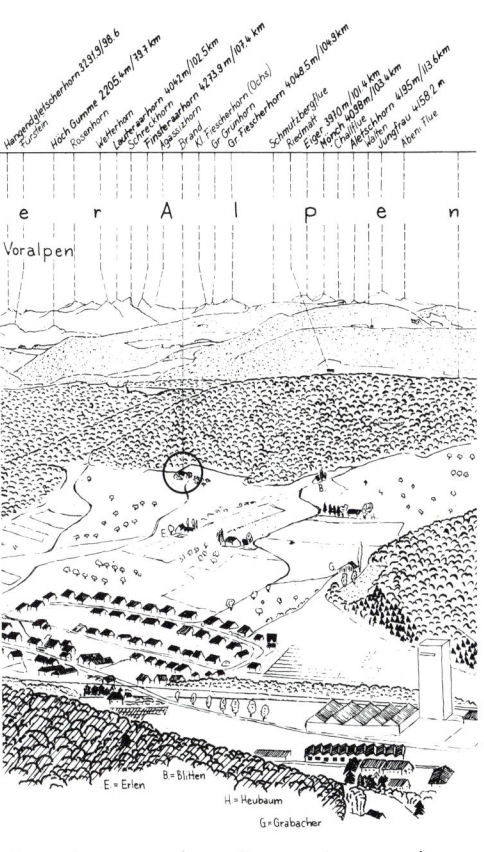

Ausschnitt aus dem «Panorama von der Sissacher Flue»

Panorama von der Sissacher Flue
Faltblatt, schwarzweiss, 188x22 cm.
Die Sissacher Flue, das Wahrzeichen des Oberbaselbieter Bezirkshauptortes, ist einer der schönsten Aussichtspunkte im Baselbiet. An Tagen mit guter Fernsicht kann man von hier aus Teile der Alpen sehen. Vor der Kulisse des Kettenjuras liegen die Hochebenen des Tafeljuras mit den weichen Mulden seiner Täler. Das vorliegende Panorama entstand in den Jahren 1977 bis 1987. Es wurde vollständig nach der Natur gezeichnet.

Baselbieter Heimatbücher
Seit über 40 Jahren werden im Baselbiet geschichtliche, volkskundliche, kulturelle und literarische Arbeiten gesammelt und periodisch herausgegeben. Das Erscheinungsbild der Reihe hat eine Verjüngung erfahren und ist nun ein buntes, abwechslungsreich gestaltetes Werk. Als jüngste Publikation dieser Reihe ist erschienen:

Baselbieter Heimatbuch, Band XVI
Verschiedene Autoren
1987, 344 Seiten, gebunden.
Der neue Band beschäftigt sich vor allem mit dem Thema «Siedlung und Umwelt». Ein Problemkreis, der für das Baselbiet mit seinem Bevölkerungswachstum, dem oft gesichtslosen Siedlungsbau und der grossen Mobilität von lebenswichtiger Bedeutung ist. Es werden Bezüge zur Vergangenheit hergestellt und aktuelle Fragen aufgegriffen mit Beiträgen über Siedlungsbau, modernes Bauen und Wohnen.

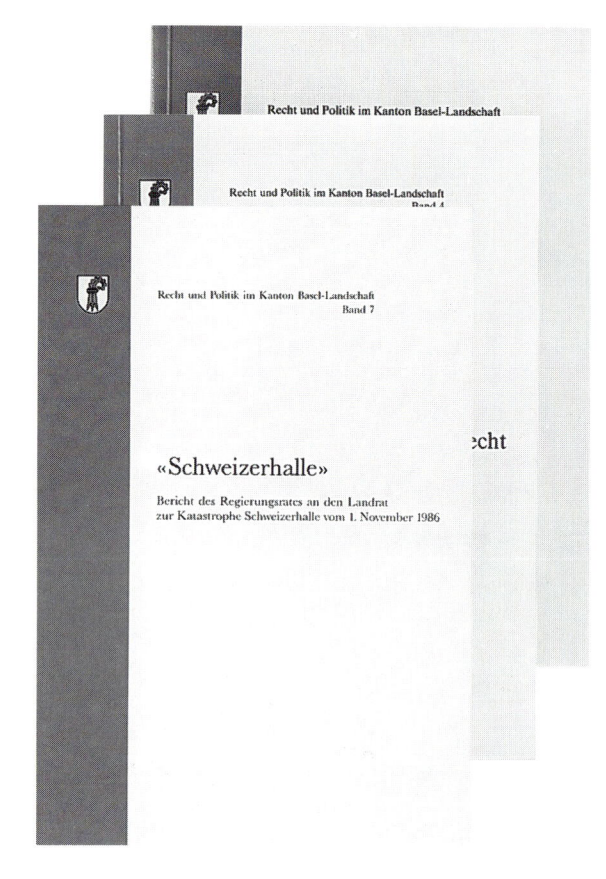

Recht und Politik
In der Reihe «Recht und Politik im Kanton Basel-Landschaft» werden Texte publiziert, die einen Beitrag liefern zum Verständnis politischer Entscheide oder Entwicklungen. Als Beispiel sei hier erwähnt:

*Bericht des Regierungsrates an den Landrat
zur Katastrophe Schweizerhalle*
1987, 172 Seiten, broschiert.
Der Chemiebrand in Schweizerhalle hat weit über unsere Region hinaus Betroffenheit ausgelöst. Der Bericht ist Bestandesaufnahme und Wegweiser zugleich, zeigt Erkenntnisse und Folgerungen auf und beschreibt detailliert, wo und wie der Staat handeln muss. An den Landrat richten sich die praktischen politischen Forderungen, eine Umweltschutzdirektion, ein Sicherheitsinspektorat und eine Stelle für Katastrophenvorsorge zu schaffen.

BASELBIETER BÜCHER

Heimatkunden der Gemeinden
Der Verlag betreut und gibt die beliebten Heimatkunden seiner 73 Gemeinden heraus. Sie erscheinen in lockerer Folge und ermöglichen dem Baselbieter Bürger vertiefte Beschäftigung mit seiner Wohngemeinde.

Bisher sind folgende Heimatkunden erschienen:
Aesch, 1985; Allschwil, 1981; Anwil, 1967; Augst, 1984; Binningen, 1978; Birsfelden, 1976; Bretzwil, 1980; Buus, 1972; Eptingen, 1967 (vergriffen); Frenkendorf, 1986; Gelterkinden, 1966 (vergriffen); Hemmiken, 1989; Liestal, 1970; Lupsingen, 1985; Maisprach, 1968; Muttenz, 1968 (vergriffen); Oberwil, 1989; Ormalingen, 1980; Pfeffingen, 1966 (Neuauflage 1989); Pratteln, 1968; Reigoldswil, 1987; Reinach, 1975; Rünenberg, 1971; Sissach, 1984; Tecknau, 1987; Waldenburg, 1957 (vergriffen); Zeglingen, 1983; Ziefen, 1973.
Weitere Heimatkunden sind in Vorbereitung.

Neuerscheinung:
Natur aktuell. Ein Naturführer für den Kanton Basel-Landschaft
1989, 344 Seiten, gebunden.
Mit «Natur aktuell» liegt erstmals eine umfassende Beschreibung der Naturräume im Kanton Basel-Landschaft vor. Als Grundlage für ein kantonales Natur- und Landschaftsschutzkonzept geht das Werk die Fragen an: Was ist für die Natur und Landschaft des Baselbiets besonders charakteristisch? Wie stark und wodurch sind sie bedroht? 35 Fachleute zeichnen mit ihren Beiträgen ein Bild der aktuellen Situation und erfassen damit die für den Naturschutz wesentlichen Aspekte.

Weitere Publikationen
Der Kantonsverlag veröffentlicht auch eine grosse Anzahl Bücher und anderes, was zum Kanton Basel-Landschaft in irgendeiner Beziehung steht.

Alle Publikationen können in jeder Buchhandlung oder beim Verlag bestellt werden:

Verlag des Kantons Basel-Landschaft
Rheinstrasse 32
4410 Liestal
Telefon 061/925 60 20.

STICHWORTREGISTER

A
AA Anonyme Alkoholiker/Angehörige. S. 114
Aargau. S. 61, 131
Aberglaube. S. 190
Abfallflut. S. 44
Abtei Peterlingen. S. 229
Abwanderung. S. 22
Abwasserreinigung. S. 45
Ackerit. Schweinemast. S. 48
Adlerberg. S. 248
Aegypten. S. 156
Aerbeerischnitzer. Seltisberger. S. 254
Aesch. S. 209   S. 112, 134
Agglomeration. S. 34   S. 70
Agglomerationsgürtel, Basler A. S. 28
Agrochemie. S. 88
Agrarkrise. S. 77
Agrarreform. S. 76/77
Akademische Berufsberatung Baselland. S. 103
Alimenten-Bevorschussung. S. 111
Alimenten-Inkasso. S. 111
Allschwil. S. 210   S. 112, 126, 135
Almosen. S. 111
Alpbad, Sissacher A. S. 134
Alpen-Rundsicht. S. 70
Alte Stadtmühle. S. 237
Alternativheilkunst. S. 107
Alters- und Pflegeheim. S. 109
Altes Kornhaus. S. 237
Altes Zeughaus. S. 162
Altmarkt. S. 62
Amerika. S. 32, 107
Ammel. Anwil. S. 72
Amt für Berufsbildung. S. 101
Amt für Bevölkerungsschutz. S. 125
Amt für Museen. S. 125
Anatomie. S. 106
Anti. Partei. S. 120, 200
Anwil. S. 211   S. 73
Anwilerweiher. S. 73
Appenzell Ausserrhoden. S. 106
Appenzeller-Zeitung. S. 139
Arbeiter-Touring-Bund (ATB). S. 67
Arbeitsamt, kantonales A. S. 125
Arbeitslosenversicherung. S. 85
Arbeitsplatzangebot. S. 25

Arboldswil. S. 211   S. 72
Argentinien. S. 33
Arisdorf. S. 212
Arlesheim. S. 212   S. 89, 96, 112, 125, 128
Armenpflege. S. 111
Arxhof. Arbeitserziehungsanstalt. S. 125, 242
Augst. S. 213   S. 84
Augusta Raurica. Augst. S. 164, 192, 213
Ausbildung, berufliche A. S. 100
Ausländeranteil. S. 22
Auto. S. 57
Aventicum. Avenches. S. 232

B
Bachkorrektion. S. 52
Bad Bubendorf. S. 170, 197, 220
Bad Ramsach. S. 73
Baden. S. 60
Bahnhof Cornavin, Genf. S. 156
Banntag. S. 179
Bären. Restaurant in Langenbruck. S. 136
Basel-Stadt. S. 194   S. 61, 89, 156
Basel-Zürcher Eisenbahn. S. 60
Baselbieterdütsch. S. 150   S. 151
Baselbieterlied. S. 144
Baselbieterstab. S. 18
Baseldytsch. S. 150
Baselland Transport AG (BLT). S. 64
Basellandschaftliche Zeitung (bz). S. 139
Baselstab. S. 18
Basler Landschaft, Alte B. L. S. 17
Basler Pressevereinigung. S. 138
Basler Revolution. S. 212
Basler Verkehrs-Betriebe (BVB). S. 64
Basler Zeitung (BaZ). S. 138/139
Bau- und Umweltschutzdirektion. S. 125   S. 44, 124
Baubranche. S. 85
Bäuerinnenschule Ebenrain, Sissach. S. 101
Bauernhausmuseum. S. 241
Bauernkrieg. S. 28
Baugewerbe. S. 90
Bauinspektorat. S. 125
Bauprogramm. S. 42/43
Bauwirtschaft. S. 86
Befestigungsmauer, Muttenz. S. 40

Behindertenhilfe. S. 112
Behindertenwerkstatt. S. 80
Beiz. Gastwirtschaft. S. 170
Bekleidungsindustrie. S. 86
Bennwil. S. 214
Beratungsstelle für Behinderte Baselland. S. 112, 114
Bern. S. 61, 131
Berufsberatungsstelle. S. 100
Berufslehre. S. 100
Berufsschule. S. 100
Beuggen, Kloster B. S. 221
Bevölkerungsentwicklung. S. 22, 38
Bevölkerungsexplosion. S. 22
Bevölkerungsprognose. S. 43
Bevölkerungswachstum. S. 42
Bevölkerungszunahme. S. 24/25
Bezirk Arlesheim. S. 24   S. 17, 25, 146, 155
Bezirk Birseck. S. 17
Bezirk Liestal. S. 17, 24/25
Bezirk Sissach. S. 17, 25
Bezirk Waldenburg. S. 17, 24/25
Bezirksschreiberei. S. 125, 129
Bezirke. S. 17   S. 24
Bezirksgericht. S. 128
Bezirksgericht Sissach. S. 17, 24
Bibliobus. Fahrende Bibliothek. S. 147
Bibliotheken. S. 146
Biel-Benken. S. 215
Bier. S. 135
Bierbrauerei. S. 135
Biga-Berufe. S. 100
Binningen. S. 216   S. 25, 100, 112, 125, 126, 135
Birs. S. 72, 150
Birseck. S. 196   S. 69, 150
Birsfelden. S. 217   S. 25, 59, 126, 127, 135
Birsig. S. 52
Birsigtal-Bahn. S. 258
Blauburgunder. Wein. S. 134
Blauen. Berg. S. 14
Blutspendezentrum beider Basel. S. 130
Böckten. S. 218
Boom-Jahrzehnte. S. 86
Botanischer Garten. S. 240

273

Bottmingen. S. 218   S. 216
Bourgogne (Marne). S. 211
Bözberg. S. 58
Brandgräberfeld. S. 210
Bräuche. S. 178
Bräuche, Herbst und Winter B. S. 180
Brauchtumskalender, Baselbieter B.
  S. 182/183
Brennholzbedarf. S. 48
Bretzwil. S. 219
Bruderholz. S. 108
Bruderholzdenkmal. S. 250
Bruderholzspital. S. 42
Brunnen. S. 134
Bubendorf. S. 220
Bubendorf-Ziefen, Kirchgemeinde B.-Z. S. 28
Buche. S. 48
Buckten. S. 221
Büren. S. 72
Burg bei Münchenstein. S. 239
Burg Bischofstein. S. 255
Burg Madlen. S. 248
Burg Ramstein. S. 219
Burganlage, Zunzgen. S. 263
Bürgergemeinde. S. 127
Bürgergeschlecht. S. 28/29
Bürgerliche. S. 118
Burghalden, Liestal. S. 193
Burgruine Scheidegg. S. 226
Burgruine Alt-Schauenburg. S. 224
Burgruine Bischofstein. S. 218
Burgruine Farnsburg. S. 224, 246
Burgruine Homburg. S. 221
Burgruine Münchsberg. S. 247
Burgruine Neu-Schauenburg. S. 224
Burgruine Oedenburg. S. 261
Burgruine Pfeffingen. S. 247
Burgruine Rifenstein. S. 249
Burgruine Schalberg. S. 247
Burgruine Wartenberg. S. 241
Burgruinen Schalberg. S. 209
Burgstelle Altenberg. S. 225
Burgunderkrieg. S. 28
Buus. S. 221   S. 17, 134, 136

C

Castrum Rauracense. S. 213
Centralbahngesellschaft. S. 61   S. 62, 64
Centralbahnlinie Basel-Olten. S. 229
Challhöchi. S. 223
Chastelenflue. S. 211
Chemie. S. 88   S. 85, 86, 89, 100
Chemiekatastrophe Schweizerhalle. S. 44, 207
Chienbäsen-Umzug. S. 28
Chilpen, Diegten. S. 71
Chirsipfeffer. S. 132
Cholera. S. 104
Chor. S. 152
Chrétien & Co. S. 84
Christlichdemokratische Volkspartei (CVP).
  S. 118
Christliche Gewerkschaftsvereinigung. S. 91
Chronik der Kantonsbibliothek. S. 149
Cluniazenserkloster Payerne. S. 229
Colline du pape. Wein. S. 156

D

Denkmalpflege. S. 40
Denkmalschutz, staatlicher D. S. 40
Département du Haut-Rhin. S. 210
Département du Mont-Terrible. S. 209, 210, 223
Dialektregion. S. 150
Dichtermuseum. S. 141, 237
Diegten. S. 222   S. 17
Diegterbach, Sissach. S. 52
Dienstleistung. S. 86, 89
Diepflingen. S. 222
Dinghof, Bubendorf. S. 249
Dinghof, Kloster St. Alban. S. 248
Diplommittelschule. S. 98, 125
Direktionssekretariat. S. 124
Disco. S. 166
Dom von Arlesheim. S. 40, 212
Dorfkirche St. Arbogast, Muttenz. S. 40
Dorfnamen. S. 29
Dornach. S. 72, 213
Dreiberg. S. 228
Dreifelderwirtschaft. S. 76   S. 74
Dritte-Welt-Organisation. S. 80
Drop-in. S. 114

Durchgangsland. S. 70   S. 36, 136

E

Eastern Air Lines. S. 33
École des Beaux Arts, Genf und Paris. S. 158
Egghübel. S. 231
Eiche. S. 48
Eidgenossenschaft. S. 20
Eierleset. S. 178
Einbürgerungspraxis. S. 31
Einbürgerungsstopp. S. 31
Einführungsklasse. S. 98
Einwohnerrat. S. 111, 126
Einwohnerzahlen. S. 208
Eisenbahn. S. 58
Eisenbahn-Kanton. S. 60
Eisenbahnbau. S. 84/85
Eisenbahnbewegung. S. 60
Eisenbahnlinie Basel-Olten. S. 58, 198
Eisenbahnnetz. S. 56
Eiszeit. S. 69
Elbisgraben, Deponie. S. 44
Elektra Birseck, Münchenstein. S. 85
Elektrifizierung der Bahn. S. 62
Elsass. S. 29
Elternbildung Baselland. S. 98
Emmental. S. 106
Energiegesetz. S. 44
Energiepolitik, Baselbieter E. S. 44
Energiesparen. S. 44
Eptingen. S. 134, 223   S. 17, 73
Eptinger. Getränk. S. 135
Erbschafts-, Konkurs- und Betreibungsamt.
  S. 125
Erdbeben von Basel. S. 209
Eremitage-Höhle. S. 212
Ergolz. S. 73
Ergolzhof Feldmühle. S. 237
Erziehungs- und Kulturdirektion. S. 125
Ettingen. S. 223
Evangelisch-reformierte Kirche Baselland.
  S. 189
Evangelische Volkspartei (EVP). S. 118
Exekutive. S. 126
Exporte. S. 85
Externat. S. 112
Externe Psychiatrische Dienste (EPD). S. 108

F

Familienprobleme. S. 114
Farben. S. 88
Farnsburg. S. 17, 221
Feldgemüseanbau. S. 77
Ferienpass. S. 169
Feste. S. 170
Fichte. S. 49
Finanz- und Kirchendirektion. S. 124
Finanzplan. S. 42
Finanzreferendum, fakultatives F. S. 116
Finnenbahn. S. 176
Fitness. S. 176
Fleischproduktion. S. 74
Florenz. S. 156
Flüchtlinge. S. 30
Flughafen Basel-Mülhausen. S. 59
Flugpionier. S. 32
Föhren. S. 49
Forschung. S. 77
Forstamt. S. 125
Fortschritte, technische F. S. 76
Frankfurter Zeitung. S. 30
Frauenhaus Basel. S. 114
Frauenstimm- und Wahlrecht. S. 200
Freidorf, Muttenz. S. 241
Freiheitsbaum. S. 236
Freischarenzug. S. 31
Freisinnig-Demokratische Partei (FDP). S. 118
Fremde. S. 30
Fremdenhass. S. 30
Fremdenpolizei. S. 125
Fremdenverkehr. S. 71
Frenkendorf. S. 224   S. 112
Friedensrichter. S. 128
Fuhrwerk. S. 58
Füllinsdorf. S. 225   S. 114
Fünfjahresplan. S. 42
Fürsorge, öffentliche F. S. 110
Fürsorgeamt. S. 125
Fürsorgebehörde. S. 111   S. 110
Futtermittelproduktion. S. 76

G

Galerien. S. 164
Gämpestolle. S. 144
Gastgewerbe/Gastronomie. S. 136   S. 90
Gastronomieführer. S. 137
Geburtenrate. S. 22
Geburtenüberschuss. S. 22
Gehörlosen- und Sprachheilschule. S. 112
Gelterkinden. S. 226   S. 17, 48, 101, 128, 135, 159
Gemeinde. S. 126   S. 124
Gemeinde-Parteien. S. 119
Gemeindebibliotheken. S. 147
Gemeindekommission. S. 126
Gemeindeordnung. S. 127
Gemeindeorganisation. S. 126
Gemeindestuben. S. 170
Gemeindeverwaltung. S. 126
Gemeindewappen. S. 20
Gemüseanbau. S. 76, 78
Genussmittel. S. 85
Gerichte. S. 128
Geschichte des Kantons. S. 198
Geschlechternamen. S. 28
Gesellschaft für das Gute und Gemeinnützige (GGG). S. 146
Gesundheit. S. 38
Gesundheitswesen. S. 104   S. 43, 101
Getränke. S. 134
Getreideanbau. S. 78   S. 76
Gewässer. S. 52
Gewässerschutz, baulicher G. S. 45
Gewässerschutz, differenzierter G. S. 45
Gewerbe, grafisches G. S. 86
Gewerkschaftsbund Baselland. S. 91
Giebenach. S. 227
Giesserei Erzenberg AG. S. 84
Gitterli, Liestal. S. 54
Glasgemälde. S. 252
Glaubensfreiheit. S. 184
Glockengiessgrube. S. 231
Goetheanum, Dornach. S. 213
Gotteshäuser. S. 186
Gotthard. S. 58
Grenzstein-Versetzung. S. 29
Grenzsteine. S. 18
Grossholz zu Wenslingen. S. 49
Grundbuchamt. S. 125
Gründerzeit. S. 84
Grundschulen Metall. S. 101
Grüne Liste Baselbiet. S. 118/119
Grüne Partei Baselland. S. 118/119
Gymnasium. S. 98   S. 42, 125

H

Häfelfingen. S. 227   S. 136
Hafenanlage, Muttenz. S. 59
Hahnemann Medical College. S. 107
Hallen- und Freibäder. S. 169
Handelsmühle, Lausen. S. 84
Handelsschule. S. 100
Handwerk. S. 85
Hardwasser AG. Trinkwasserversorgung. S. 130
Hauenstein-Basislinie. S. 226, 233
Hauenstein-Basistunnel. S. 58, 61, 141, 232, 256
Hauenstein-Pässe. S. 58
Hausärzte. S. 109
Hebamme. S. 104
Heidenbüchel, Zunzgen. S. 263
Heilen. S. 106
Heilige Allianz. S. 30
Heiliger Martin. S. 158
Heilkraft. S. 105
Heilpädagogische Tagesschulen. S. 112
Heilsarmee. S. 80
Heilsarmee, Liestal. S. 114
Heimarbeiter. S. 84
Heimindustrie. S. 38, 56
Heimposamenter. S. 140
Helvetik. S. 17
Hemmiken. S. 228
Hennenbühlhof. S. 226
Henri Dunant-Denkmal, Genf. S. 156
Hersberg. S. 228   S. 136
Hexenglaube. S. 191
Hilfe. S. 114
Hirten-, Bischofsstab. S. 18
Hochkonjunktur. S. 22   S. 42, 199
Hochleistungsstrassen. S. 36
Hochwasser. S. 52
Hochwasserabführung. S. 52
Höhensiedlungen. S. 192
Holeeschloss. S. 216
Hölstein. S. 229   S. 114
Holzbrücke. S. 240
Holzindustrie. S. 48

Holzknappheit. S. 46
Homburg. S. 17
Homburgertal. S. 61
Homöopathie. S. 107
Hornberg. S. 73
Hotellerie. S. 90
Hühner. S. 79

I
IG Velo Basel. S. 70
Impfzwang. S. 104
Importe. S. 85
Industrialisierung. S. 22, 84
Industrie. S. 56, 85, 89
Industriebau. S. 77
Industriekanton. S. 84
Industrielle Bevölkerung. S. 38
Ingenieurschule beider Basel, Muttenz. S. 102 S. 98, 130
Interessengemeinschaft Velo. S. 67
Internat. S. 112
Interpellation. S. 121
Investitionsprogramm. S. 43
Isaak Bowe-Brunnen. S. 219
Israel. S. 157
Ita-Wegmann-Klinik. S. 105, 213
Itingen. S. 230

J
Juden. S. 188
Jugend und Sport Baselland (J+S). S. 174
Jugendanwaltschaft. S. 125, 129
Jugendgericht. S. 129
Jugendhäuser. S. 166
Jugendmusikschulen. S. 169 S. 152
Jugendsozialdienst Baselland. S. 112, 114, 125, 169
Julirevolution (Frankreich). S. 30, 197
Jungfernstein, Oedenburg. S. 261
Jura. S. 131
Jurabutter. S. 76
Jurahöhen. S. 69
Justiz- und Vormundschaftsbehörde. S. 109
Justiz-, Polizei- und Militärdirektion. S. 125 S. 124

K
Kaiseraugst. S. 213
Kalifornien. S. 32
Kalk. S. 69
Kamille. S. 107
Känerkinden. S. 230 S. 136
Kantonalbank, Basellandschaftliche K. S. 198
Kantonale Frauenverbände, Liestal. S. 104
Kantonale Psychiatrische Klinik, Liestal. S. 105
Kantonaler Gewerbeverband Baselland. S. 91
Kantonales Fürsorgeamt. S. 111
Kantonales Fürsorgegesetz. S. 110, 111
Kantonales Sportamt. S. 176 S. 174
Kantonsbibliothek. S. 147, 148 S. 31, 125
Kantonsbürgerrecht. S. 127
Kantonsgründung. S. 196
Kantonsmuseum. S. 162 S. 31
Kantonspolizei. S. 125
Kantonsspital. S. 104
Kantonsspital Bruderholz. S. 105, 109
Kantonsspital Liestal. S. 105, 109
Kantonsstrasse. S. 56
Kantonstrennung. S. 46
Kantonsverfassung. S. 130
Kantonswappen. S. 18 S. 19
Kartoffel. S. 76
Kaufmännischer Verein Baselland. S. 98, 100
Kehrichtverbrennungsanstalt Basel. S. 44
Kettenjura. S. 69, 70
Kilchberg. S. 231
Kindergarten. S. 112 S. 98
Kinderheim «Auf Berg», Seltisberg. S. 114
Kinderheim Sonnenhof. S. 112
Kindersterblichkeit. S. 104
Kino Oris, Liestal. S. 166
Kirche Lausen. S. 40
Kirche Oltingen. S. 40
Kirche Pratteln. S. 40
Kirche St. Arbogast, Muttenz. S. 241
Kirche St. Margarethen, Binningen. S. 229
Kirche St. Romai. St. Remigiuskirche. S. 235, 249
Kirchengesetz. S. 185
Kirschbrennerei, Tecknau. S. 135
Klassische Konzerte. S. 166
Klee. S. 76

Kleinbauern. S. 195 S. 140
Kleinhandwerker. S. 84
Kleinhüningen. S. 17
Kleinkind. S. 112
Kloster Beinwil. S. 254
Kloster Beromünster. S. 221
Kloster Hohenburg. S. 212
Kloster Murbach. S. 232, 242, 248, 260
Kloster Olsberg. S. 222, 223, 225, 227, 228, 243
Kloster Reichenau. S. 258
Kloster Schöntal. S. 214, 231, 232, 235, 249, 254, 259
Kloster St. Alban. S. 226, 229, 259
Kloster St. Gallen. S. 225
Kloster St. Klara. S. 254
Kluserberg. S. 134
Know-How, Baselbieter K.-H. S. 82
Kochweise, Baselbieter K. S. 132
Kollegialbehörde. S. 122
Komitee der Vaterlandsfreunde. S. 30
Kommissionen. S. 127
Konfessionsgeschichte, schweizerische K. S. 184
Königsbaum. S. 220
Königsbrunnen. S. 220
Konkurrenz. S. 89
Konzerte, klassische K. S. 152
Kraftwerk Birsfelden AG. S. 130, 217
Krankenkasse. S. 108
Kreis Arlesheim. S. 129
Kreis Binningen. S. 129
Kreis Liestal. S. 129
Kreis Sissach. S. 129
Kreis Waldenburg. S. 129
Krise. S. 85
Kultur in Brüglingen. S. 166
Kulturelle Vereinigungen. S. 166
Kulturfläche. S. 77
Kulturförderung. S. 160
Kulturgeschichte des Kantons. S. 163
Kulturkampf. S. 184
Kunstkredit-Kommission. S. 160
Kunstvereinigung, Basellandschaftliche K. S. 165 S. 160
Kurpfuscher-Initiative. S. 106

L

Laienbühnen, Theater- und Spielvereine. S. 173
Laientheater. S. 172
Lampenberg. S. 231
Landbaurichtung, biologische L. S. 77
Landesausstellung. S. 20
Landeskanzlei. S. 120, 122, 124
Landesring der Unabhängigen (LDU). S. 118
Landrat. Legislative. S. 120   S. 121, 124
Landschreiber. S. 124
Landschule Röserntal. S. 112
Landvogteien. S. 17   S. 18
Landvogteischlösser. S. 230
Landwirtschaft. S. 74, 76, 101
Landwirtschaftsschule Ebenrain, Sissach. S. 199
Langenbruck. S. 232   S. 80
Langlaufen. S. 70
Laubenhaus. S. 238
Läufelfingen. S. 233   S. 73
Lausen. S. 234
Lauwil. S. 235
Legislative. S. 120
Lehrerseminar. S. 125
Leimental. S. 69
Leitbild Baselland. S. 42
Liberale Idee. S. 200
Liedertswil. S. 235
Liestal. S. 236   S. 17, 30, 62, 84, 89, 98, 100, 101, 108, 112, 114, 125, 126, 128, 135
Linke. S. 118
Literatur. S. 142
Literaturgeschichte, Baselbieter L. S. 140
Literaturkritiker. S. 141
Literaturpreisträger. S. 143
Lokalradio. S. 154/155
Lotteriefonds. S. 160
Ludotheken. S. 168
Lufthygieneamt beider Basel, Liestal. S. 125, 130
Luftreinhalte-Verordnung. S. 44
Luftverschmutzung. S. 44
Lukas-Klinik. S. 105, 21
Lupsingen. S. 238   S. 136

Luther-Gedächtniskirche. S. 157
Luzern. S. 61

M

Mädchensekundarschule. S. 31
Maibaum. S. 178
Maisprach. S. 238   S. 17, 134, 136
Majorzsystem. S. 122, 127
Maler, Baselbieter M. S. 158
Margrite. Rünenberger. S. 253
Marignano-Krieger, Olten. S. 156
Märkte. S. 80
Martinskirche. S. 259
Maschinenbranche. S. 85
Maschinenindustrie. S. 86
Mechanisierung. S. 77
Medizinische Gesellschaft Basel-Stadt. S. 105
Medizinische Versorgung. S. 104
Mehrheitswahlrecht. S. 120
Meliorationen. S. 77
Metall. S. 85
Metallbranche. S. 85
Metallindustrie. S. 86
Milchproduktion. S. 74
Milchwirtschaft. S. 77
Militär. S. 54
Militärmacht, basellandschaftliche M. S. 55
Militärpilot. S. 33
Militärverwaltung. S. 125
Mineralwasser. S. 134
Mineralwasserindustrie. S. 135
Mist. S. 76
Motion. S. 121
Motorfahrzeug-Prüfstation beider Basel. S. 130
Motorfahrzeugkontrolle. S. 125
Motorisierung. S. 58
Mühle. S. 84
München. S. 158
Münchenstein. S. 239   S. 17, 98, 101, 112, 125, 135
Münchner Glaspalast. S. 156
Mundartdichter. S. 140
Munzach. S. 215, 236
Müschterli, literarische M. S. 144
Muttenz. S. 241   S. 25, 59, 98, 100, 114, 125, 135

N

Nadelholz. S. 48
Nahrungsmittel. S. 85, 132
Nahrungsmittelproduzent. S. 76
Nationale Aktion (NA). S. 118/119
Nationalheld. S. 32
Nationalstrasse. S. 56
Nationalstrassenbau. S. 58
Natura Liestal. S. 31
Naturheiler. S. 104, 106
Naturkatastrophe. S. 46
Naturschutz. S. 70   S. 50
Naturschutzgebiete. S. 70
Neuansiedler. S. 29
Neuwiller (Frankreich). S. 72
Niederdorf. S. 242
Niederschönthal. Industriesiedlung. S. 225
Niederwald. S. 48
Niederwaldbewirtschaftung. S. 48
Nobelpreisträger. S. 140
Nord-Süd-Verkehr. S. 36
Nordwestschweizerische Regierungskonferenz. S. 131
Nordwestschweiz. S. 131
Notar. S. 129
Notariat. S. 125
Notfall-Nummer. S. 105
Notfallstation. S. 105
Nunningen (SO). S. 219
Nusshof. S. 243   S. 17
Nutztierbestand. S. 79
Nutztiere. S. 76
Nutzungsdenken. S. 46
Nüünichlingle. S. 180

O

Oberbaselbiet. S. 150
Oberdorf. S. 244   S. 73, 135
Oberer Hauenstein. S. 58
Obergericht. S. 129
Oberrheinische Tiefebene. S. 14, 69, 70
Oberwil. S. 245   S. 72, 98, 125, 135
Obstkultur. S. 78
Öffentlicher Verkehr. S. 25, 43, 57, 64
Oekologie. S. 77
Oekonomie. S. 77
Oekozentrum Langenbruck. S. 232

Öpfelhauet. S. 180
Olsbergerhof, Liestal. S. 237
Oltingen. S. 246 S. 73
Ombudsman. S. 121, 201
Onolzwil. Niederdorf. S. 242, 244
Oppositionspartei. S. 117
Oris Watch & Co. SA. Uhrenfabrik. S. 229
Ormalingen. S. 246
Ortsbürgerrecht. S. 127
Ortsmuseen. S. 164

P

Pädagogisch-therapeutischer Dienst Basselland. S. 112
Palazzo, Kulturhaus, Liestal. S. 166 S. 165
Papierindustrie. S. 86
Papiermühle, Lausen. S. 234
Paris. S. 156
Parlament. S. 121
Parteien. S. 118
Parteilose Einwohner Reinach (PER). S. 119
Passwang. S. 14
Pathologie. S. 106
Pendelverkehr. S. 57
Pepita. Getränk. S. 135
Personentransport. S. 62
Personenverkehr. S. 58
Pfäffikon (Zürich). S. 28
Pfeffingen. S. 247
Pharma. S. 88
Physiologie. S. 106
Pietismus, Baselbieter P. S. 188
Pillenknick. S. 22
Planung. S. 42
Pocken. S. 104
Poesie der Baselbieter Mundart. S. 150
Politische Führung. S. 122
Politische Verantwortung. S. 122
Posamenterei. Seidenbandweberei. S. 195 S. 38, 77, 84, 85, 132
Post. S. 62
Post. Restaurant in Oberwil. S. 136
Postulat. S. 121
Pratteln. S. 248 S. 17, 25, 84, 98, 112, 126, 134
Presse. S. 138
Pressefreiheit. S. 138

Primarschule, Liestal. S. 97
Pro Familia Baselland. S. 114
Pro Juventute. S. 114
Pro Rheno AG. Abwasserreinigungsanlage. S. 130
Pro Senectute. S. 114
Produktion, gewerbliche P. S. 86
Produktion, industrielle P. S. 86
Produktion, landwirtschaftliche P. S. 78
Produktivitätssteigerung. S. 77
Progressive Organisation (POBL). S. 118/119
Propaganda. S. 138
Proporzwahl. S. 116, 120, 127, 198
Psychiatrische Klinik. S. 42
PTT. S. 64
Prüfungskommission für Naturärzte. S. 104
Pyrenäenflug. S. 32

Q

Quellen. S. 208

R

Räbeliechtli. S. 180
Rad- und Motorfahrer-Bund (SRB). S. 67
Radio Basilisk. S. 154
Radio DRS. S. 154/155
Radio Raurach. S. 154
Radroutennetz. S. 66
Ramlinsburg. S. 249
Rangierbahnhof, Muttenz. S. 59
Rappenkrieg. S. 195
Rapsfelder. S. 74
Rathaus Basel. S. 158
Rathaus Liestal. S. 141, 158, 237
Rationalisierung. S. 77
Raurachische Republik. S. 209, 210, 245
Realschule. S. 98
Rebbau. S. 134
Recht. S. 128
Rechte, politische R. S. 116
Rechtsanspruch. S. 111
Rechtsdienst. S. 125
Rechtsfragen. S. 129
Rechtsmittelbelehrung. S. 129
Rechtsstaat. S. 128
Rechtssystem. S. 128
Referendum. S. 116 S. 126

Reformation. S. 28
Regierungsgebäude, Liestal. S. 120
Regierungspolitik. S. 122
Regierungspräsident. S. 122
Regierungsprogramm. S. 42/43
Regierungsrat. Exekutive. S. 122 S. 29, 121, 124
Regio Basiliensis. S. 131
Regio-Wirtschaftsstudie. S. 89
Regional-Journal. S. 155
Regionalplanung. S. 43
Regionalplanungsstelle beider Basel, Liestal. S. 130
Reigoldswil. S. 249 S. 57, 70
Reigoldswiler. Bus. S. 57
Reinach. S. 250 S. 25, 72, 100, 114, 126, 135
Reinacherheide. S. 70
Rekrutenschule, Liestal. S. 55
Rektorat der Universität Basel. S. 103
Republik Diepflingen. S. 222
Revisionspartei. Revi. S. 120, 200
Revolution. S. 196
Rezepte, Baselbieter R. S. 133
Rezession. S. 43
Rezessionsjahre. S. 22
Rheinbrücke. S. 58
Rheinebene. S. 14
Rheinhafenanlage. S. 217
Rheinknie. S. 58
Richter. S. 128
Rickenbach. S. 251
Rickenbacher Flue. S. 251
Rickenbacker Car Company (RCC). S. 33
Riedflue. S. 223
Riehen. S. 17 S. 112
Rindviehhaltung. S. 78
Robinsonspielplätze. S. 168
Rom. S. 156
Römerhaus, Augst. S. 164, 213
Römisch-katholische Landeskirche. S. 189
Römisches Theater, Augst. S. 213
Rotes Kreuz. S. 114
Rothenfluh. S. 252
Rucheptingen. S. 223
Rudolf-Steiner-Kindergarten. S. 98
Rudolf-Steiner-Schule Mayenfels. S. 98

Rümlingen. S. 252   S. 48
Rünenberg. S. 253
Runkelrübe. S. 76
Rüti. S. 46

S
Sacramento. S. 32
Salzlager am Rhein, Pratteln. S. 84
Sanitätsdirektion. S. 111
Sanitätsgesetz. S. 106
Sanitätsrat. S. 104, 106
Santichlaus-Ylütte. S. 180
Savoyen. S. 30
Schafe. S. 79
Schafmatt. S. 246, 262
Schauenburgerflue. S. 224
Schillingsrain. Internat. S. 112
Schlachtdenkmal in Dornach. S. 156
Schlafgemeinde. S. 25
Schlafquartiere. S. 38
Schleifenberg, Aussichtsturm. S. 48, 237
Schlittler. S. 70
Schloss Aesch. S. 209
Schloss Angenstein. S. 209
Schloss Binningen. S. 216
Schloss Ebenrain. S. 152, 165, 255
Schloss Homburg. S. 233
Schloss Pratteln. S. 248
Schloss Wildenstein. S. 220
Schlossruine auf dem Rehhaggrat. S. 260
Schmalspurlinie. S. 62
Schönenbuch. S. 72, 254
Schul- und Büromaterialverwaltung, Liestal. S. 125
Schulbau. S. 98
Schulbibliotheken. S. 147
Schule. S. 97
Schule, landwirtschaftliche S. S. 101
Schulgeschichte, Baselbieter S. S. 96
Schulgesetz. S. 96   S. 98, 124
Schulinspektorat. S. 125
Schulkind. S. 112
Schulmedizin. S. 106
Schulpflege. S. 127
Schulpioniere. S. 199
Schulpsychologischer Dienst. S. 125
Schulraumplanungssystem. S. 43

Schulwesen, Liestal. S. 97
Schutzzoll. S. 77
Schwangerschaftsberatungsstelle. S. 104
Schwarzwald. S. 69, 70, 131
Schweinemast (Ackerit). S. 48
Schweizerhalle, Chemische Fabrik. S. 84
Schweizerische Rheinsalinen AG. S. 84
Schweizerische Volkspartei (SVP). S. 118
Schwellenholz. S. 48
Schwendi. S. 46
Seele. S. 108
Seelisch Leidende. S. 108
Sekundarschule. S. 98
Selbstbedienung. S. 132
Selbsthilfe. S. 110
Selbstversorgung. S. 132   S. 76
Seltisberg. S. 254   S. 114
Sennheim. S. 28
Siedlungsbau. S. 77
Sissach. S. 255   S. 17, 80, 89, 100, 101, 112, 125, 128, 135
Sissacher Fluh. S. 154, 255
Skiwandern. S. 70
Solothurn. S. 61, 131
Sommerau. Internat. S. 112
Sonderbund, jesuitisch-aristokratischer S. S. 184
Sonderbundskrieg. S. 60
Sonderschulheim Leiern, Gelterkinden. S. 112
Sozial- und Pflegeberufe. S. 109
Sozialberatungsstelle. S. 111   S. 109, 114
Sozialdemokratische Partei (SP). S. 118
Spanischbrötlibahn. S. 60
Sparmassnahmen. S. 44
Speditionsgewerbe. S. 59
Spezialisierung. S. 77
Spitalabkommen. S. 130
Spitalberufe. S. 101
Spitalkommission. S. 104
Spitteler-Denkmal. S. 214
Splitterpartei. S. 117
Sport-Toto-Fonds. S. 176   S. 174
Sportamt. S. 125
Sportliches Baselbiet. S. 174
SRG-Forschungsdienst. S. 154
St. Blasius-Kapelle. S. 259

St. Hilarius-Kapelle. S. 235, 249
St. Margaretha-Kapelle. S. 224
St. Martins-Kirche. S. 231, 247
St. Niklaus-Kapelle. S. 242
Staatsanwaltschaft. S. 125, 129
Staatsarchiv. S. 149
Staatssiegel. S. 19
Staatsstempel. S. 19
Staatswappen. S. 19
Stadttor Liestal. S. 40
Statistik der Studierenden. S. 103
Statistik, Konfession. S. 188
Statistisches Amt. S. 125
Statthalteramt. S. 125
Steinhauerei. S. 228
Steinkohle. S. 85
Steinplattengrab. S. 210
Stimmrecht. S. 116
Strafgericht. S. 128
Strassenbau. S. 36   S. 77
Strassengestaltung. S. 36
Stuttgart. S. 157
Suchtprobleme. S. 114
Sundgau. S. 14, 210, 215
Sundgauer Mundart. S. 150
Sunnenberg. S. 238
Surfer. S. 70
Sutter county. S. 32

T
Tafeljura. S. 14, 69, 70
Tagesklinik. S. 109
Tagesschule für motorisch- und sehbehinderte Kinder. S. 130
Talkirche Oberkirch. S. 219
Talweiher, Anwil. S. 71
Tannen. S. 49
Tarifverbund Nordwestschweiz. S. 130, 207
Tarifverbund-Abonnement (TNW-Abo). S. 64
Technikum. S. 102
Tecknau. S. 256
Tempel Schönbühl. S. 213
Tenniken. S. 257   S. 17
Teufelsschlucht. S. 232
Textilindustrie. S. 84/85, 86
Therwil. S. 258
Thierstein-Farnsburg. S. 228

Thürnen. S. 259
Tiere. S. 79
Titterten. S. 259   S. 73
Toco. Getränk. S. 135
Tollkirsche. S. 107
Totalrevision. S. 201
Touring-Club der Schweiz (TCS). S. 67
Tourismus. S. 70   S. 134
Transitland. S. 58
Transitverkehr. S. 56, 62
Treffpunkte. S. 170
Tschäpperli. S. 134
Tschoppenhof. S. 235

U

Uhrenindustrie. S. 84, 199
UKW-Sender, internationale UKW-S. S. 155
UKW-Sender, Schweizer UKW-S. S. 155
Uli Schad-Brunnen. S. 73
Umweltschutz. S. 44   S. 43
Unabhängigkeitsbewegung. S. 31
Unerschrockener Rauracher. S. 138/139
Unfälle. S. 56, 66
Unglück, Waldenburgerbahn. S. 62
Universität. S. 102
Universität Basel. S. 103   S. 98, 157
Universitätsbibliothek Basel. S. 147
Universitätsvertrag. S. 130
Untertor, Laufen. S. 158
Urbaselbieter. S. 25
Urnenabstimmung. S. 126
USA. S. 107

V

Velo. S. 67
Velofahrer. S. 66   S. 70
Velonummern. S. 67
Velopendler. S. 66
Verband der Industriellen von Baselland. S. 91
Verkehr. S. 56   S. 90
Verkehrsbüro, offizielles V. S. 71
Verkehrspolitik. S. 57
Verlage. S. 143
Verschuldung. S. 77
Versorgungsnetz, medizinisches V. S. 105
Versteinerung. S. 69
Verwaltung, kantonale V. S. 124

Verwaltungs- und Versicherungsgericht. S. 129
Verwaltungsbezirke. S. 17
Viehwirtschaft. S. 78
Viehzucht. S. 77
Vitznau-Rigi-Bahn. S. 253
Vogesen. S. 69, 70, 131
Vogtei Birseck. S. 212, 250
Vogtei Farnsburg. S. 252
Volksabstimmung. S. 116
Volkseinkommen. S. 90
Volksinitiative. S. 117   S. 116
Volksmedizinische Tips. S. 107
Volksrechte. S. 116
Volksstimme. Sissacher Zeitung. S. 139
Volkswirtschafts- und Sanitätsdirektion. S. 125
Volkswirtschaftsdirektion. S. 111
Volkszählung. S. 84
Vordere Frenke. S. 52
Vreenesunntig. S. 180

W

Wachstum, wirtschaftliches W. S. 86
Wachstumsrate. S. 22
Wachstumsrückgang. S. 43
Waffenplatz, Liestal. S. 55
Waffensaal. S. 237
Wahlrecht. S. 116
Wahlsystem. S. 120
Wald. S. 46
Waldbewirtschaftung. S. 46
Waldbild. S. 50
Waldeigentümer. S. 50
Waldenburg. S. 260 S. 17, 30, 62, 84, 89, 125, 128, 135, 152
Waldenburgerbahn (WB). S. 62, 64
Waldenburgertal. S. 62
Waldfläche. S. 51
Waldkommission. S. 46
Waldordnung. S. 46
Waldschäden. S. 57
Walibach. S. 73
Wandern. S. 68/69
Wappen. S. 20
Wartenberg. S. 241
Wasserbau. S. 52
Wasserbaugesetz. S. 52
Wasserbaupolizei. S. 52

Wasserfallen. S. 70
Wasserversorgung. S. 45
Wegzölle. S. 58
Weiherschloss Bottmingen. S. 218
Wein. S. 134
Weinbaugemeinde. S. 134
Weinproduktion. S. 79
Weisse Frau (im Belchentunnel). S. 191
Weleda AG. Heilmittelfabrik. S. 85, 213
Welsch- und Deutschschweiz. S. 140
Weltwirtschaft, Baselbieter W. S. 82
Weltwirtschaftskrise. S. 85
Wenslingen. S. 261
Wertschöpfung. S. 88   S. 89/90
Wiedervereinigungsverfassung. S. 201
WIG-Knoblauch, Münchenstein. S. 119
Wildeptingen. S. 223
Wintersingen. S. 261   S. 17, 134, 136
Wirtschaft, Baselbieter W. S. 90   S. 85
Wirtschaft, regionale W. S. 88
Wirtschaftsförderung. S. 198
Wirteverbände Baselland und Basel-Stadt. S. 137
Wittinsburg. S. 262
Wohn- und Bürozentrum für Gelähmte. S. 112
Wohnbevölkerung. S. 24
Wohngemeinde. S. 25
Wohngruppe für behinderte Kinder. S. 112
Wohnung. S. 25, 38
Wohnungsbau. S. 38
Wohnungsfrage. S. 38
Wunderdoktor. S. 106

Z

Zahnarzt. S. 105
Zeglingen. S. 262   S. 106
Zeittafel. S. 202
Zeitung. S. 138
Zentrum für angepasste Technologie und Sozialökologie, Ökozentrum, Langenbruck. S. 199
Zeughaus. S. 237
Zeughausplatz, Liestal. S. 156
Zichorienfabrik. S. 248
Ziefen. S. 263
Ziegelhof. S. 135
Ziegelhofbier. S. 84

280

Ziegenbestand. S. 79
Zivilprozessordnung. S. 128
Zuchtmethoden. S. 77
Zukunft. S. 42
Zunzgen. S. 263   S. 17
Zuwanderung. S. 28 S. 22
Zuzüger, prominente Z. S. 31

A

Aesch, Herren von Ae. S. 209
Alder, Philipp. Pfarrer und Schriftsteller. S. 142/143
Alt-Homburg (Alt-Homberg), Grafen von A.H. S. 211   S. 227
Andlau, Franz Carl von A. Freiherr. S. 213
Annone, Hieronymus d'A. Pietist. S. 188/189
Appiani, Josef A. A. Kunstmaler. S. 212

B

Bachofen-Heitz, Martin. Basler Bandfabrikant und Erbauer des Ebenrain. S. 255
Ballmer. Familie. S. 29
Banga, Benedikt (1802–1865). Regierungsrat. S. 31, 139 S. 149
Bärenfels, Adelberg III. von B. S. 212
Bärenfels, Herren von B. S. 212
Baumgartner, Daniel. S. 98
Bechburg, Edle von B. S. 250
Belser, Edi. Regierungsrat. S. 123
Berri, Melchior. S. 240
Bider, Oskar (1891–1919). Flugpionier. S. 32/33
Bider. Familie. S. 29
Binningen, von B. Adelsgeschlecht. S. 216
Birmann, Martin. Ständerat (= Martin Grieder). S. 104, 199 S. 110, 140, 253
Bitterli, Jürg. S. 92
Blapp. Familie. S. 29
Blarer, Anton von B. Anführer in den Trennungswirren. S. 197
Blarer, Jakob Christoph von B. Bischof. S. 197 S. 250
Boeglin. Familie. S. 29
Bohny. Familie. S. 29
Bonaparte, Napoleon. Französischer Kaiser. S. 236, 237
Bossert, Helene. Mundartdichterin. S. 142/143
Bossert. Familie. S. 29
Bowe, Isaak. Bauernführer. S. 203, 219
Breitenstein, Jonas (1828–1877). Pfarrer und Literat. S. 140
Brislach, Herren von B. Zähringisches Dienstmannengeschlecht. S. 219

Brodbeck, Ambrosius. Schneider. S. 30
Brodbeck. Familie. S. 56
Brodmann. Familie. S. 29
Bruckner, Daniel. Historiker. S. 48
Brüderlin. Familie. S. 29
Brugg, Johann von B. (= David Joris). S. 216
Brunner, Rolf. Künstler. S. 161
Bubendorf, Herren von B. S. 220
Bubendorf. Familie. S. 29
Büchel, Emanuel. Kunstmaler. S. 48 S. 49, 248
Buchs, Ralph. S. 93
Buess, Marcel W., Radiodirektor. S. 154
Buess, Walter. Künstler. S. 160
Bühlmann, Gaby. Sportlerin. S. 175
Burckhardt, Jakob. Historiker. S. 40
Bürgin, Fritz. Künstler. S. 244
Bürgin. Familie. S. 29
Buser. Familie. S. 29
Butz. Familie. S. 29

C

Caesar, Julius. Römischer Feldherr. S. 202
Cleis, Ugo. Kunstmaler. S. 222   S. 263

D

Dachsfelden, Edle von D. S. 250
Dettwiler, Fritz. Alt-Stadtpräsident von Liestal. S. 80
Dettwiller, Henry. Homöopath. S. 107
Dexter, Robert. Schriftsteller. S. 142
Divico. Führer der Helvetier. S. 202
Dörflinger, Stefan. Sportler. S. 174
Düblin, Jacques. Kunstmaler. S. 209, 218, 223 S. 252
Düblin. Familie. S. 29
Dunant, Henri. S. 156
Duvanel, Adelheid. Schriftstellerin. S. 142

E

Eglin Walter (1895–1966). Mosaikkünstler. S. 157   S. 103, 156, 222, 233, 252, 263
Eptingen, Grafen (Ritter) von E. S. 202, 223 S. 164, 248, 255, 259, 263
Eptingen, Verena von E. Gemahlin des Hans Münch von Gachnang. S. 230

Erny, Dorothea. Künstlerin. S. 161
Erny. Familie. S. 29
Eschenz, Edelknechte von E. Rittergeschlecht. S. 222
Eschenz, Henman von E. Ritter. S. 257
Escher, Albert von E. (1833–1905). Kunstmaler. S. 55
Eticho, Elsässischer Herzog. S. 212
Ettlin. Familie. S. 29

F

Falkenstein, Grafen von F. S. 222   S. 251
Falkenstein, Hans von F. Graf. S. 261
Falkenstein, Thomas von F. Graf. S. 202 S. 238, 261
Feigenwinter. Familie. S. 29
Felix, Georg (Pseudonym). Schriftsteller. S. 142
Feuchtmeyer. Stuckateur. S. 212
Firestone, Charles E., Automobilkonstrukteur. S. 33
Freund. Familie. S. 29
Frey, Emil Remigius (1803–1889). Nationalrat, Regierungsrat, Ständerat. S. 31
Frey, Emil. Bundesrat. S. 54
Frick, Edle von F. S. 263
Fridez, Bruno. S. 92
Friedrich der Grosse. Deutscher Kaiser. S. 188
Friedrich Wilhelm IV., Preussischer König. S. 141
Frohburg, Adalbero von F. S. 232
Frohburg, Grafen von F. S. 193   S. 202, 211, 212, 220, 221, 222, 224, 225, 226, 231, 236, 242, 246, 249, 254, 259, 260
Frohburg, Hermann II., Graf von F. S. 214
Fünfschilling, Hans. Regierungsrat. S. 123

G

Gachnang, Hans Münch von G. S. 230
Geiger, Ursula. Schriftstellerin. S. 142
Gelterkinden, Herren von G. S. 226
General Rolle, Rolle Christoph. S. 198
General Sutter. Sutter, Johann August (1803–1880). S. 32
Gerber, Bruno. Sportler. S. 174/175
Gisin. Familie. S. 29
Glaser. Familie. S. 29

NAMENREGISTER

Glenck, Karl Christian. S. 248
Glor, Johanna Franziska. Ehefrau von Ambrosius Brodbeck. S. 30
Goethe, Johann Wolfgang von G. Deutscher Dichter. S. 182
Gotthelf, Jeremias. Pfarrer und Dichter. S. 70 S. 140
Grieder Martin (= Martin Birmann). S. 253
Grieder, Heinrich (1821–1913). Sängervater. S. 261
Gschwind. Familie. S. 29
Guggisberg, Franz. Landschreiber. S. 123
Gunzenhauser, Hans. Handwerker aus Bayern. S. 30
Gürtler. Familie. S. 29
Gutzwiller, Stephan. Kantonsgründer. S. 60, 139, 197, 200 S. 149, 198, 258
Gutzwiller. Familie. S. 29
Gysin, Hans (1881–1969). Bauer und Dichter. S. 141, 144
Gysin, Karl Wilhelm. Bierbrauer. S. 135
Gysin, Uli. Bauernführer. S. 233
Gysin. Familie. S. 29

H
Haberthür. Familie. S. 29
Habsburg-Laufenburg, Grafen von H.-L. S. 213, 221, 222 S. 246, 252, 263
Häfelfinger, Helmut. Lehrer. S. 72/73
Hahnemann, Samuel (1755–1843). Homöopath. S. 107
Hamm, Wilhelm. Reiseschriftsteller. S. 30
Hasenböhler. Familie. S. 29
Hauser. Familie. S. 29
Hayek, Nicolas G., Unternehmensberater. S. 94
Hebdenstreit (= La Roche). Basler Bürger. S. 257
Heckendorn. Familie. S. 29
Heinis. Familie. S. 29
Heinrich II., Deutscher König. S. 202, 216 S. 247
Heinrich III., Deutscher König. S. 202 S. 255
Heller. Familie. S. 29
Hennig, Martin. Schriftsteller. S. 145 S. 142

Herwegh, Georg (1817–1875). Deutscher Freiheitsdichter. S. 141 S. 31, 164, 237
Heyer. Familie. S. 29
Hiltbrunner, Hermann. Schriftsteller. S. 70
Hodler, Ferdinand. Kunstmaler. S. 158
Hofmeier, Christine. Sportlerin. S. 174
Hohenburg, Willebirgis von H., Äbtissin. S. 212
Holinger. Familie. S. 29
Homburg (Homberg), Grafen von H. S. 202, 218 S. 241, 246, 252, 261, 262, 263
Huber. Familie. S. 28
Hügin. Familie. S. 29

I/J
Jauslin, Karl. Historienmaler. S. 241
Jauslin. Familie. S. 29
Jenni Paul. Alt-Regierungsrat und Schriftsteller. S. 143
Jenni. Familie. S. 29
Joris, David. Besitzer von Schloss Binningen. S. 216

K
Karl der Grosse. S. 223
Kern. Familie. S. 29
Kestenholz. Familie. S. 29
Kettiger. Familie. S. 29
Kienberg, Herren von K. S. 211
Kilchberg, Herren von K. S. 231
Kohler. Familie. S. 29
Konrad II., Kaiser. S. 241
Kramer, Karl (1812–1895). Bezirkslehrer. S. 31
Krattiger. Familie. S. 29
Kron. Familie. S. 29
Kühne, Karl der K., Feldherr. S. 237
Küng, Peter. Radioredaktor. S. 154
Kury, Niklaus (1737–1803). Künstler. S. 250

L
Lampenberg, Edle von L. S. 231
Lenzburg, Grafen von L. S. 221
Leopold von Österreich. Herzog. S. 236
Ligerz, Heinrich von L. Domherr. S. 213
Lindau, Balthasar Walch von L. S. 251

Löliger. Familie. S. 29
Löw. Familie. S. 29
Luchsinger, Hans Jörg. S. 93
Lutz, Markus (1772–1835). Historiker. S. 46

M
Macerel. Adelsgeschlecht. S. 209
Mächler, Martin. S. 145
Meier. Familie. S. 28/29
Merian, Christoph. S. 240
Meyer, E. Y., Schriftsteller. S. 143
Meyer, Traugott (1895–1959). Schriftsteller. S. 141 S. 256
Meyer-Wiggli, Jakob. Bierbrauer. S. 135
Meyer-Zeller, Theophil. Bierbrauer. S. 135
Meyer. Familie. S. 28/29
Mörsberg, Peter von M. S. 218
Mügge, Theodor. Deutscher Schriftsteller. S. 170
Müller, Eric. Sportler. S. 175
Müller. Familie. S. 28
Münch, Hans Thüring. S. 241
Münch-Löwenberg, Konrad VIII., Herr zu Wartenberg. S. 241
Münchenstein, Münch von M., Ministerialengeschlecht. S. 239 S. 252
Mundschin, Walter. 2. Landschreiber. S. 123
Mundschin. Familie. S. 29

N
Neu-Homberg (Homburg), Grafen von N.-H. S. 233

O
Oberer. Familie. S. 29
Odilia, Tochter von Herzog Eticho. S. 212
Offenburg, Henman von O., Basler Adeliger. S. 224
Oser, Friedrich. Dichter-Pfarrer. S. 215
Oser. Familie. S. 29

P
Pascal, Blaise. Französischer Dichter und Philosoph. S. 100
Pfaff, Lislott. Schriftstellerin. S. 142/143
Pfirter. Edelknechte von Liestal. S. 213

Pius II., Papst. S. 102
Plancus, Munatius. Gründer der Colonia Raurica. S. 202
Plattner, Otto (1886–1951). Kunstmaler. S. 158   S. 80, 237
Probst, Jakob (1880–1966). Bildhauer. S. 156   S. 249
Probst. Familie. S. 29
Pümpin, Fritz (1901–1972). Kunstmaler. S. 159   S. 158
Pümpin. Familie. S. 29

R

Ramstein, Edelknechte (Herren) von R. S. 219   S. 235, 245
Ramstein. Familie. S. 29
Rapp. Familie. S. 29
Rechberg, Hans von R. S. 238
Recher. Familie. S. 29
Regenass, René. Schriftsteller. S. 143
Regenass. Familie. S. 29
Reichert, Achilles. Kantonsbibliothekar. S. 148/149
Reigoldswil, Edle von R. S. 249
Reinhard, Joseph (1749–1829). Kupferstecher. S. 189
Rentsch, Peter O., Schriftsteller. S. 142
Rickenbacher, Peter (1841–1915). Homöopath. S. 106/107
Rickenbacher. Familie. S. 29
Rickenbacker, Edward Vernon (1890–1973). Abenteurer. S. 33
Rifenstein, Edle von R. S. 249
Riggenbach, Niklaus. Erbauer der Viznau-Rigibahn. S. 253
Rippas, Claude. Handwerker aus Savoyen. S. 30
Rolle, Christoph. «General», Regierungsrat. S. 198, 205   S. 149, 200
Rot. Adelsfamilie. S. 229
Rudin. Familie. S. 29
Rudolf III., König. S. 241
Ryff, Andreas. Basler Ratsherr. S. 202

S

Salis, von S. Adelsgeschlecht. S. 216
Schad, Uli. Bauernführer. S. 73   S. 244
Schad. Familie. S. 29
Schäfer, J.J. (1749–1823). Orismüller und Revolutionär. S. 194
Schaffner. Familie. S. 73
Schaler. Basler Rittergeschlecht. S. 215
Schaub. Familie. S. 29
Schauenburg, Grafen von Sch. S. 224, 225
Schilling, Basler Adelsgeschlecht. S. 218
Schmassmann. Familie. S. 29
Schmid, Peter. Regierungsrat. S. 123
Schneider. Familie. S. 29
Scholer. Familie. S. 29
Schulz-Stutz, Wilhelm. Drucker. S. 138
Schüppach, Michel (1707–1781). Naturarzt. S. 106
Schwab-Plüss, Margarethe (1881–1967). Dichterin. S. 141, 144
Schweighauser. Familie. S. 29
Schweizer-Buser, Ida. Mundartdichterin. S. 151
Schweizer. Familie. S. 29
Senn, Wilhelm. Verfasser des Baselbieterliedes. S. 70, 144
Sevogel, Henman. S. 249
Sevogel. Basler Familie. S. 249
Silbermann, Johann August. Orgelbauer. S. 187, 212
Siroka, Suzanne. Künstlerin. S. 161
Sissach, von S. Liestaler Bürgergeschlecht. S. 255
Snell, Wilhelm (1789–1851). Rechtsprofessor, Landrat. S. 31
Spichty. Familie. S. 29
Spinnler. Familie. S. 29
Spitteler, Carl (1845–1924). Dichter. S. 140/141, 214   S. 164, 237
Spitteler, Werner. Regierungsrat. S. 123
Spitteler. Familie. S. 29
Staal, Balbina von (vom) St. S. 213
Stanzani, Emilio. Kunstmaler. S. 222
Steiner, Rudolf. Philosoph. S. 98, 213
Stocker, Hans. Kunstmaler. S. 209
Stöckli, Clemens. Regierungsrat. S. 123
Stöckli. Familie. S. 29
Stöcklin. Familie. S. 29
Stössinger, Verena. Schriftstellerin. S. 142
Stohler, Emil. S. 248

Strübin, Chrispinus. Schultheiss in Liestal. S. 28
Strübin, Hans. Junker, Zunftmeister. Basel. S. 28
Strübin, Heinrich. Liestaler Wirt. S. 156, 237
Strübin. Familie. S. 28, 29
Stutz, Eugen. Bäckermeister. S. 28
Stutz, Heinrich. Bauernführer. S. 28
Stutz, Johann Jakob (Sohn). Ständerat. S. 28
Stutz, Johann Jakob (Vater). Statthalter. S. 28
Stutz, Oskar. Stadtpräsident von Liestal. S. 28
Stutz. Familie. S. 28
Suter. Familie. S. 29
Sutter, Hans. Staatsarchivar. S. 149
Sutter, Johann August (1803–1880). «General Sutter». S. 32   S. 253
Sutter. Familie. S. 28/29

T

Tanner. Familie. S. 29
Thierstein, Grafen von Th. S. 202, 212, 221, 222   S. 226, 228, 231, 236, 238, 245, 246, 247, 250, 251, 252, 258, 261
Thierstein, Hermann von Th. Graf. S. 253
Thommen, Gedeon. Industrieller. S. 260
Thommen. Familie. S. 29
Thun, Heinrich von Th. Bischof. S. 58
Titterten, Edle von T. S. 259
Tschopp, Louis. Industrieller. S. 260
Tschopp. Familie. S. 72

U

Utingen. Basler Geschlecht. S. 230

V

Vescoli, Urs. Radrennnfahrer. S. 67
Vogt. Familie. S. 29
Völlmin. Familie. S. 29
von Arx. Familie. S. 29

W

Wagner, Ernst. Velokonstrukteur. S. 67
Wahl. Familie. S. 29
Walser, Robert. Dichter. S. 141
Weber, Johann Jakob. Pfarrer und 1. Kantonsbibliothekar. S. 149

Weber-Thommen, Vreni. Schriftstellerin.
  S. 142/143
Weimar, Bernhard von W. Herzog. S. 247
Werdenberg. Familie. S. 29
Wider von Pfeffingen. Edelknechte. S. 247
Widmann, Joseph Otto (1816–1873).
  Pfarrer und Kulturförderer in Liestal. S. 31
Widmann, Joseph Viktor (1842–1911).
  Pfarrer und Dichter. S. 140/141   S. 237
Wiesner, Heinrich. Lehrer und Schriftsteller.
  S. 142/143, 144   S. 145
Wintersingen, Rudolf von W. S. 261
Wunderlin, Marcel. Schriftsteller. S. 144

Z

Zegliger Peter (= Peter Rickenbacher).
  S. 106/107
Zeisen, Heinrich. Erbauer von Schloss
  Binningen. S. 216
Zeugin, Ernst. S. 248
Zielemp, Edelknechte von Z. S. 246
Zschokke, Heinrich. Schriftsteller und Politiker.
  S. 31
*Zschokke, Johann Friedrich Emil
  (1808–1889).* Gründer gemeinnütziger
  Vereine. S. 31   S. 149
Zumthor. Familie. S. 29
Zweibrucker, Peter. Wollweber. S. 255

Wir danken den nachfolgend aufgeführten Firmen, Institutionen und Privatpersonen für die freundliche Genehmigung der Abdrucksrechte.

10/11	Heiner Grieder, Langenbruck
12/13	Felix Gysin, Mikrofilmstelle (MFSt), Liestal
14/15	Max Mathys, Muttenz
16	Basellandschaftliche Kantonalbank, Liestal
17	Staatsarchiv Baselland, Liestal
18	aus: Unser Kanton, Fritz Klaus, Liestal 1982
19	Felix Gysin, MFSt, Liestal
	Stempel und Kantonswappen aus: Die Gemeindewappen des Kantons Baselland, Paul Suter, Liestal 1984
20	Felix Gysin, MFSt, Liestal
	Wappen aus: Die Gemeindewappen des Kantons Baselland, Paul Suter, Liestal 1984
23	Grafik: Axon, Liestal
24	Schulkarte Basel-Stadt und Basel-Landschaft 1:50'000, 1988
25	aus: Baselland unterwegs, Liestal 1982 (Grafik: Theo Ballmer)
26	Flugaufname 10.5.86, Gemeindeverwaltung Zunzgen
26/27	Grafiken: Axon, Liestal
28	Felix Gysin, MFSt, Liestal
29	Staatsarchiv Baselland, Liestal
30	Felix Gysin, MFSt, Liestal
31	Grafiken: Axon, Liestal
32	Staatsarchiv Baselland, Liestal
33	Hans Christian Adamson, New York 1946
34	Felix Gysin, MFSt, Liestal
35 ol/or	Swissair, Zürich, Gemeindeverwaltung Reigoldswil
35 ul/ur	Gemeindeverwaltung Füllinsdorf
37	Hans Leu, Tiefbauamt, Liestal
38	Max Mathys, Muttenz
39 ol	Felix Gysin, MFSt, Liestal
39 or	Max Mathys, Muttenz
39 ul	Theo Meyer, Muttenz
39 ur	Felix Gysin, MFSt, Liestal
41	Amt für Naturschutz und Denkmalpflege, Liestal
42	Grafik: Axon, Liestal
43	Felix Gysin, MFSt, Liestal
45	Karte: Kantonales Forstamt, Liestal
46	Kantonales Forstamt, Liestal
47	Felix Gysin, MFSt, Liestal
49	aus: Historische und natürliche Merkwürdigkeiten der Landschaft Basel, Daniel Bruckner, 1748
50	Forstwirtschaftliche Zentralstelle der Schweiz
51	Grafik: Axon, Liestal (Andreas Loosli)
52/53	Amt für Umweltschutz und Energie, Liestal
54	Felix Gysin, MFSt, Liestal
55 o	Kantonsmuseum Baselland, Liestal (Grafische Sammlung)
55 u	Staatsarchiv Baselland, Liestal (Photoarchiv Seiler)
56	Karte: Regionalplanungsstelle beider Basel, Liestal
57	Autobus AG, Liestal
59	Max Mathys, Muttenz
60 l	Staatsarchiv Baselland, Liestal
60 r	Felix Gysin, MFSt, Liestal
61	Kantonsmuseum Baselland, Liestal
62	Waldenburgerbahn AG, Waldenburg
63	Rolf Jeck, Basel
64/65	Grafik: Axon, Liestal (Hans Buner)
66	Marc Gusewski, Liestal
67 l	Hans Leu, Liestal
67 r	Ernst Wagner, Böckten
68/69	Zeichnung: Hannes Huber, Basel
70	Swissair, Zürich
71 l	Felix Gysin, MFSt, Liestal
71 r	Max Mathys, Muttenz
72/73	Primarklasse 5f, Liestal 1982
74 ol	Eidgenössische Alkoholverwaltung, Bern
74 ul	Max Mathys, Muttenz
74 or/ur	Agrosuisse, Zürich
75	Zentralstelle für Tierzucht, Liestal
76	Felix Gysin, MFSt, Liestal
78	Grafik: Axon, Liestal
79	Grafik: Axon, Liestal
80	Original: Stefy Plattner, Liestal
81	Peter Basler, Basel
82/83	Fotos von den entsprechenden Firmen zur Verfügung gestellt
84	Felix Gysin, MFSt, Liestal
85	Vereinigte Schweizerische Rhein-Salinen, Pratteln
86	Felix Gysin, MFSt, Liestal
87	Grafik: Axon, Liestal
88	Grafik: Axon, Liestal
89	Felix Gysin, MFSt, Liestal
90	Felix Gysin, MFSt, Liestal
90	Grafik: Axon, Liestal
91	Felix Gysin, MFSt, Liestal
92	Felix Gysin, MFSt, Liestal
93	IEU, Liestal
95	Fotos von den entsprechenden Firmen zur Verfügung gestellt
96 l	Staatsarchiv Baselland, Liestal
96 r	Felix Gysin, MFSt, Liestal

BILDNACHWEIS

96	Grafik: Axon, Liestal
97	Max Mathys, Muttenz
98	Felix Gysin, MFSt, Liestal
99	Grafik: Axon, Liestal
101	Felix Gysin, MFSt, Liestal
102/103	Erziehungs- und Kulturdirektion, Liestal
104/105	Felix Gysin, MFSt, Liestal
106	Archiv Peter Rentsch, Seltisberg (Nachlass Zegliger Peter)
107 l	Archiv Peter Rentsch, Seltisberg (Nachlass Zegliger Peter)
107 r	aus: Mysterien der Heilkunde, Dr. Martin Furlenmeier, Stäfa 1981
108/109	Grafik: Axon, Liestal (Heike Fischer-Fehling)
110	Staatsarchiv Baselland, Liestal
111	Felix Gysin, MFSt, Liestal
112	Felix Gysin, MFSt, Liestal
113 ol/or/ml	Karl Lehner, Liestal
113 ul/m/ur	Eingliederungsstätte, Liestal
115 ol	Felix Gysin, MFSt, Liestal
115 or	Kinderheim «Auf Berg», Seltisberg
115 ul	Pro Infirmis, Liestal
115 ur	Pro Senectute, Liestal
117	Felix Gysin, MFSt, Liestal
118/119	Grafik: Axon, Liestal
121	Felix Gysin, MFSt, Liestal
122/123	Felix Gysin, MFSt, Liestal
124	Felix Gysin, MFSt, Liestal
127	Felix Gysin, MFSt, Liestal
128	Felix Gysin, MFSt, Liestal
131	Pro Rheno AG, Basel
132 l	aus: Baselland unterwegs, Liestal 1982
132 r	Max Mathys, Muttenz
133	aus: Baselbieter Rezepte, P. und F. Suter, Arboldswil 1978
134	Felix Gysin, MFSt, Liestal
135 l	Brauerei Ziegelhof, Liestal
135 r	Zentralstelle für Obst- und Weinbau, Liestal
136 l	Hotel Bären, Hans Grieder, Langenbruck
136 r	Felix Gysin, MFSt, Liestal
137	Felix Gysin, MFSt, Liestal
138	Staatsarchiv Baselland, Liestal
139	Felix Gysin, MFSt, Liestal
140	Staatsarchiv Baselland, Liestal
141 l	Kantonsmuseum Baselland, Liestal (Grafische Sammlung)
141 m	aus: Baselbieter Heimatbuch, Band XI, Liestal 1969
141 r	aus: Schwyzer Lüt, Nr. 2, Affoltern a.A. 1959
142	Felix Gysin, MFSt, Liestal
143	Fotos von den Autoren zur Verfügung gestellt
143 ml	Felix Gysin, MFSt, Liestal (Helene Bossert)
145	Scherenschnitt: Martin Mächler aus «Kürzestgeschichten» von Heinrich Wiesner, Basel 1980
146	Felix Gysin, MFSt, Liestal
147	Felix Gysin, MFSt, Liestal
149	Felix Gysin, MFSt, Liestal
150	Felix Gysin, MFSt, Liestal
151	Zentralstelle für Obst- und Weinbau, Liestal
153	Dr. Jürg Ewald, Arboldswil
154	Felix Gysin, MFSt, Liestal
156 l	Original: Max Schneider, Liestal
156 r	Alberto Flammer, Locarno
157 l	aus: Walter Eglin, Gedenkausstellung, Basellandschaftliche Kunstvereinigung, Sissach 1970
158 l	Original: Stefy Plattner, Liestal
158 r	Felix Gysin, MFSt, Liestal
159	Originale: R. Pümpin-Gerster, Gelterkinden
160	Felix Gysin, MFSt, Liestal
161	Felix Gysin, MFSt, Liestal
162/163	Kantonsmuseum Baselland, Liestal
164 l	Kantonsmuseum Baselland, Liestal
164 m/r	Felix Gysin, MFSt, Liestal
165	Felix Gysin, MFSt, Liestal
167 o	Felix Gysin, MFSt, Liestal
167 u	Werner Spichty, Münchenstein
168	Felix Gysin, MFSt, Liestal
169	Peter Basler, Basel
171 o	Felix Gysin, MFSt, Liestal
171 u	Peter Basler, Basel
172	Theater- und Spielverein, Lupsingen
174 l	TV Niederdorf, Niederdorf
174 o	Werner Beetschen, Reinach
174 u	Christine Hofmeier, Nuglar
175 ol	Werner Beetschen, Reinach
175 or	Key-Color, Zürich
175 ul	Schweizerischer Bankverein, Basel
175 ur	Tip Sportmagazin, Basel
176	Felix Gysin, MFSt, Liestal
177	Kantonales Sportamt, Liestal
178 l	Felix Gysin, MFSt, Liestal
178 m	Max Mathys, Muttenz
178 r	Hans Leu, Tiefbauamt Liestal
179	Felix Gysin, MFSt, Liestal
180	Max Mathys, Muttenz
181 l	Foto Bärtsch, Liestal
181 m	Max Mathys, Muttenz
181 r	Hans Reber, Sissach

182	Felix Gysin, MFSt, Liestal
183	Elisabeth Schwarz, Liestal
184	Felix Gysin, MFSt, Liestal
185	Felix Gysin, MFSt, Liestal
186 l/m	Felix Gysin, MFSt, Liestal
186 r	Max Mathys, Muttenz
187	Felix Gysin, MFSt, Liestal
189 l	aus: Geschichte der Landschaft Basel und des Kantons Basel-Landschaft, Liestal 1932, Band II
189 r	Mennonitenschule Bienenberg, Liestal
191	aus: Baselbieter Sagen, Paul Suter/Eduard Strübin, Liestal 1981 (Federzeichnung Willy Stäheli)
192	Amt für Museen und Archäologie, Liestal
193	Amt für Museen und Archäologie, Liestal
194	Historisches Museum, Bern (F. Rebsamen)
195	Felix Gysin, MFSt, Liestal
196	Staatsarchiv Basel-Stadt, Basel
197	Kantonsmuseum Baselland, Liestal (Grafische Sammlung)
198	aus: Geschichte der Landschaft Basel und des Kantons Basel-Landschaft, Liestal 1932, Band II
199	Staatsarchiv Basel-Land, Liestal
200	Staatsarchiv Basel-Land, Liestal
202	Felix Gysin, MFSt, Liestal
203	Amt für Museen und Archäologie, Liestal
204 l	Felix Gysin, MFSt, Liestal
204 r	aus: 100 Jahre Basellandschaftliche Hypothekenbank 1849–1949, Liestal 1949
205	Staatsarchiv Baselland, Liestal
206 ol	Albert Wirth, Liestal
206 ul/ur	Felix Gysin, MFSt, Liestal
207 l	Felix Gysin, MFSt, Liestal
207 r	Erkennungsdienst der Kantonspolizei Basel-Landschaft, Liestal
268 271	Felix Gysin, MFSt, Liestal